Thomas O. H. Kaiser

„Von guten Mächten wunderbar geborgen…"

Dietrich Bonhoeffer

Theologe, Pastor und Dichter
im Widerstand gegen Hitler

Mit einem `Who is who´

© 2024 Thomas O. H. Kaiser
Verlag: BoD · Books on Demand GmbH,
In de Tarpen 42, 22848 Norderstedt
Druck: Libri Plureos GmbH, Friedensallee 273,
22763 Hamburg
ISBN: 978-3-7597-6044-9

4., durchgesehene Auflage 2024

Salome,
Balthasar,
Gloria
und
Gabriel

zum besseren Verständnis
von
Vergangenheit
Gegenwart
und
Zukunft

herzlich
zugeeignet

„Nicht das Beliebige,
sondern das Rechte tun und wagen,/
nicht im Möglichen schweben,
das Wirkliche tapfer ergreifen,
nicht in der Flucht der Gedanken,
allein in der Tat ist die Freiheit."

Dietrich Bonhoeffer,
Stationen auf dem Weg zur Freiheit
(21.7.1944)

Inhalt

9

Vorwort

„Von guten Mächten treu und still umgeben/behütet und getröstet wunderbar,/so will ich diese Tage mit euch leben/und mit euch gehen in ein neues Jahr."[1]

Diese Zeilen aus dem Gedicht „Von guten Mächten" stammen von dem weltweit wohl bedeutendsten deutschen Protestanten des Zwanzigsten Jahrhunderts: Dietrich Bonhoeffer. Seine Worte über die guten Mächte, die einen im Leben begleiten mögen, sind Ende 1944 in dem gefürchteten Kellergefängnis der `Geheimen Staatspoli-

---

[1] Dietrich Bonhoeffer, Von guten Mächten (1944), in: ders., Widerstand und Ergebung. Briefe und Aufzeichnungen aus der Haft, hg. von Eberhard Bethge, München ¹⁴1990, 219. Das Gedicht privater Natur, in einem Brief Bonhoeffers vom 19.12.1944 an Maria von Wedemeyer überliefert, ist das letzte Gedicht, das der gefangene Bonhoeffer im Kellergefängnis der Prinz-Albrecht-Straße verfasst hat, vgl. Dietrich Bonhoeffer Werke (DBW) 8, 607f.). In der Nachkriegszeit vielfach vertont, hat es so auch – außergewöhnlich für ein privates Gedicht – als Lied Eingang ins deutsche Evangelische Gesangbuch (EG 65) gefunden. In vielen Gemeinden in Deutschland wird es regelmäßig zum Jahreswechsel gesungen. Es gibt über 50 musikalische Fassungen, von denen sich zwei durchgesetzt haben: Zum einen die 1959 in Ost-Berlin entstandene Melodie von Otto Abel (1905-1977), zeitweise Landeskirchenmusikdirektor der Evangelischen Kirche in Berlin-Brandenburg, die in der DDR populär war und Eingang in den Stammteil des EG gefunden hat; zum anderen die musikalische Fassung von Siegfried Fietz (geb. 1946), eine gefällige Melodie im Sechsachteltakt, eher dem Sacro-Pop zuzurechnen, die sich derzeit in den Gemeinden in der Bundesrepublik Deutschland durchzusetzen scheint. Zur Interpretation des Gedichts, vgl. Jürgen Henkys, Geheimnis der Freiheit. Die Gedichte Dietrich Bonhoeffers aus der Haft. Biographie, Poesie, Theologie, Gütersloh 2005, 262-287. Bonhoeffers Gedichte sind samt und sonders in DBW 8 (1998) veröffentlicht worden. Das Original liegt in Maria von Wedemeyers Nachlass in der Houghton Library in Harvard.

zei´ (Gestapo) in der Prinz-Albrecht-Straße in Berlin entstanden. Sein Verfasser, am Widerstand gegen *Adolf Hitler*[2] - Diktator, Massenmörder, Psychopath, Neurotiker und Verbrecher[3] - beteiligt, sollte zwar in ein neues Jahr gehen. Aber Dietrich Bonhoeffer hat Silvester 1945 nicht mehr erlebt. Der evangelische Theologe, Pastor und Dichter starb im Konzentrationslager Flossenbürg einen grausamen Märtyrertod, von den Nationalsozialisten ermordet wie viele andere Gegner des Naziregimes und so

---

[2] Auf die im Druck kursiv gesetzten Namen – mit Ausnahme von Hitler und der verbrecherischen Führungsriege der Nazis – wird im Personenverzeichnis im Anhang gesondert eingegangen. Das soll Leserinnen und Lesern ermöglichen, sich bei der Fülle der Personen schnell einen Überblick zu verschaffen. Informationen über die besondere Terminologie der Nazis und ihre Ideologie sowie über das von ihnen errichtete Terrorsystem sind aus den vielen Standardwerken zum Thema, die inzwischen erschienen sind, sowie im Internet leicht ersichtlich. Ich verzichte deshalb in diesem Buch bei der Erwähnung von Begriffen wie NSDAP, SA, SS, KZ usw. auf eine ausführliche Erklärung oder auf die nähere Entfaltung der historischen Hintergründe. Ich verweise stattdessen auf Wolfgang Benz/Hermann Graml/Hermann Weiß, Enzyklopädie des Holocaust, Stuttgart 1997; Ian Kershaw, Der NS-Staat. Geschichtsinterpretation und Kontroversen im Überblick, Reinbek bei Hamburg 1999 und ders., Hitler. 1889-1936 (Bd. 1), München 2013 und 1936-1945 (Bd. 2), München 2013; Martin Broszat, Der Staat Hitlers. Grundlegung und Entwicklung seiner inneren Verfassung, München 2000; Daniel J. Goldhagen, Hitlers willige Vollstrecker. Ganz gewöhnliche Deutsche und der Holocaust, München 2000; Anna Maria Sigmund, Die Frauen der Nazis, Bd. I+II, Wien 1998, München [11]2000. Im Internet gibt es unzählige Links zum Thema. Informative Homepages sind z.B. https://www.hagalil.com und https://www.topographie.de (beide Links aufgerufen am 11.10.2024).
[3] Hitler ist dem deutschen Historiker und Publizisten Sebastian Haffner (1907-1999) zufolge ein Verbrecher, weil er „zahllose harmlose Menschen (hat) umbringen lassen, zu keinem militärischen oder politischen Zweck, sondern zu seiner persönlichen Befriedigung" (Sebastian Haffner, Anmerkungen zu Hitler, München [22]1978, 155).

ein der Opfer der Shoah[4] – sechs Millionen europäischer Juden, hilflose Kranke und oppositionelle Gesunde, Sinti und Roma, Mitglieder aller christlichen Konfessionen, Katholiken, Protestanten, Zeugen Jehovas, Mitglieder aller Parteien, Sozialdemokraten, Sozialisten, Kommunisten und Liberale, Bürgerliche und Unbürgerliche, Homosexuelle und Heterosexuelle. Dietrich Bonhoeffer gilt heute wegen seines Einsatzes für die Menschlichkeit aus seinem Glauben heraus als einer der wenigen „Heiligen"[5], die wir evangelischen Christinnen und Christen

---

[4] In der Begrifflichkeit über die ungeheuren Verbrechen der Nazis gegen die Menschlichkeit schließe ich mich dem Heidelberger Historiker Prof. Dr. Götz Aly (geb. 1947) an: „Das Wort Holocaust verbirgt, was Deutsche anrichteten. Sie trieben die Juden Europas, derer sie habhaft werden konnten, in Judenhäuser, Lager und Ghettos. Hunderttausende verhungerten dort, erlagen Kälte und Krankheiten. Die anderen deportierten die Deutschen und ihre Helfer – zu Fuß, auf Lastwagen oder in Zügen. Am Zielort warteten Erschießungs- oder Gaskammerkommandos. Einige der Todgeweihten hatten die Massengräber auszuschachten, die Krematorien zu befeuern und zu füllen" (Götz Aly, Warum die Deutschen? Warum die Juden? Gleichheit, Neid und Rassenhass 1800-1933, Frankfurt am Main [im Folgenden: FfM] 2011, 2012, 16f.). Theodor W. Adorno hatte die Shoah treffend als „Mord an Millionen durch Verwaltung" bezeichnet (Theodor W. Adorno, Negative Dialektik, FfM [5]1988, 355). Günther Anders meinte, „daß Auschwitz unserer Epoche seinen Stempel aufgedrückt hat..." (Günther Anders, Wir Eichmannsöhne. Offener Brief an Klaus Eichmann, München 1964, [2]1988, 60).

[5] So Prof. Dr. Dr. h.c. mult. Wolfgang Huber (geb. 1942), Mitherausgeber der Dietrich-Bonhoeffer-Werke (DBW) im Jahr 2005. Schon Payne Best, Bonhoeffers Mitgefangener, mit dem er seine Tabakrationen geteilt hatte, hatte Bonhoeffer als einen guten Menschen bezeichnet, der „etwas von einem Heiligen" hatte (Payne Best, zit. nach Ferdinand Schlingensiepen, Dietrich Bonhoeffer 1906-1945. Eine Biographie, München 2005, 384). Zur Liste der Heiligen, darunter auch Dietrich Bonhoeffer, im Internet: https://de.wikipedia.org/wiki/Liste_der_Seligen_und_Heiligen/B (aufgerufen am 11.10.2024).

kennen bzw. überhaupt akzeptieren. Wie kein anderer Theologe wurde Bonhoeffer nach dem Krieg gelesen und sein Handeln weltweit geachtet – bei Christen wie bei Nichtchristen, bei Agnostikern wie bei Nihilisten, bei Atheisten wie bei Angehörigen anderer Konfessionen.

Vor ein paar Jahren wurde vielerorts Dietrich Bonhoeffers öffentlich gedacht. Dabei erstreckte sich, um genau zu sein, der Zeitraum des Gedenkens vom Datum der Wiederkehr seines 60. Todestages am 9. April 2005 bis zu den Jubiläumsfeiern zu seinem Geburtstag, der sich am 4. Februar 2006 zum hundertsten Mal jährte. Zwischen diesen beiden Eckdaten ging es darum, sich an den großen Theologen, Schriftsteller und Widerstandskämpfer angemessen zu erinnern. Dies gilt auch heute: sich Dietrich Bonhoeffers angemessen zu erinnern. Und es geht, wie schon so häufig vor uns, darum, die Frage zu beantworten: Wer ist Dietrich Bonhoeffer für uns heute? Was ist für sein Werk charakteristisch? Und was ist die Wirkung, die er durch sein Werk nach seinem Tod hinterlassen hat?

Während die Täter, Gesinnungstäter und Mitläufer nach der Befreiung Deutschlands vom Faschismus später behaupteten, sie seien zu ihren Handlungen von den Nazis gezwungen worden und hätten von all dem Unrecht nichts gewusst, sind Dietrich Bonhoeffer, seine Familie und seine Freunde von Anfang an über die Verbrechen der Nazis informiert gewesen.[6] Deshalb bewies Bonhoeffer, seinem Glauben und seinem Gewissen folgend, den Mut, den der Großteil seiner Kirche und auch der nicht vom Nazi-Bazillus infizierte Teil des deutschen Volkes nicht gehabt hatte: Er war an den Vorbereitungen des militärischen Widerstands gegen Hitler beteiligt, mit dem Ziel, den Diktator gewaltsam zu töten. Und er war auch selbst dazu bereit – sich dessen bewusst, dass, wer jemanden tötet, damit Schuld[7] auf sich lädt. Er wollte dadurch Schlimmeres verhindern.

Dietrich Bonhoeffer wusste, wie gesagt, sehr früh von den Verbrechen gegenüber den Juden und er wusste

---

[6] Vgl. Marikje Smid, Hans von Dohnanyi/Christine Bonhoeffer. Eine Ehe im Widerstand gegen Hitler, Gütersloh 2002, 167 und 249f.

[7] Sabine Dramm brachte es auf den Punkt: „Das Dilemma der Schuld bestand für Bonhoeffer darin, daß er sich schuldig machte, wenn er der Gewalt tatenlos zusah, *und* daß er sich schuldig machte, wenn er, getarnt als Agent der Abwehr, indirekt mit Umsturz und Gewalt und konkret: mit der Tötung von Menschenleben verflochten war" (Sabine Dramm, Dietrich Bonhoeffer. Eine Einführung in sein Denken, Gütersloh 2001, a. a. O., 212). Es findet sich in Bonhoeffers Nachlass – der sich heute in der Staatsbibliothek zu Berlin-Stiftung Preußischer Kulturbesitz befindet, nachdem er von Eberhard Bethge und seiner Frau 1996 dorthin übergeben und 2009 dank der Hilfe vieler Unterstützer renoviert worden war – übrigens kein Buch, das sich mit der Schuld speziell beschäftigt; wohl aber gibt es verstreute Texte von Bonhoeffer, die Schuld zum Thema haben, z.B. in der `Ethik´ über `Schuld, Rechtfertigung und Erneuerung´, vgl. DBW 6, 125-136 und weiterführend Barbara Green, Die politische Dimension von Schuld und Versöhnung bei Dietrich Bonhoeffer, in: Wolfgang Huber (Hg.), Schuld und Versöhnung in politischer Perspektive. Dietrich-Bonhoeffer-Vorlesungen in Berlin (IBF Bd. 10), Gütersloh 1996, 11-20, und Christine Schließer, Schuld durch rechtes Tun? Verantwortliches Handeln nach Dietrich Bonhoeffer, Neukirchen-Vluyn 2006 (diss. theol.).

auch von den Morden an behinderten und kranken Kindern [8] und Erwachsenen. Einem Staat, der das Leben seiner Bürger vernichtete, statt es zu schützen, einem Staat, der Wehrlose und Kranke tötete [9], dem konnte aus

---

[8] Als chronisch krankes Kind hatte ich unter `spastischer Bronchitis´ zu leiden, was mich im regelmäßigen Abständen über Tage ans Bett fesselte und 15 Jahre lang auf starke Medikamente angewiesen sein ließ. Einmal waren die Atemnot auslösenden Krämpfe so stark – Asthmasprays gab es damals noch nicht – und das Fieber so hoch, dass ich von den Ärzten aufgegeben und der Gnade Gottes anempfohlen wurde. Die Erfahrung des Krankseins hat mich schon früh sensibilisiert für die menschenverachtenden Implikationen des sozialdarwinistischen Weltbildes der Nazis, in dem Kranke als die `Volksgemeinschaft´ belastende `unnütze Esser´ angesehen wurden.

[9] Mit dem Begriff `Aktion T4´ bezeichneten die Nazis ihre systematische und zentralisierte Ermordung Behinderter und psychisch Kranker. Im Prinzip geht das Verbrechen auf die Idee der `Rassenhygiene´, dem Glauben an die menschliche Ungleichheit der Nazis, zurück. Das aus dem Griechischen stammende Wort `Euthanasie´ (griech.: „leichter, guter Tod") meinte ursprünglich die Vorbereitung auf den Tod und die Erleichterung des Sterbens. Erst mit dem sozialdarwinistischen, rassistischen und eugenischen Gedankengut des 19. und 20. Jahrhunderts zieht der Gedanke der Tötung Kranker oder Behinderter in die Geschichte ein. Im Wikipedia Artikel zur `Geschichte der Euthanasie´ wird diese Begriffswandlung im Zeitraum von 1902-1934 anhand einiger Lexika-Definitionen gut dargestellt (https://de.wikipedia.org/wiki/Geschichte_der_Euthanasie, aufgerufen am 11.10.2024). Grafeneck ist 1940 Ort des Beginns des `Euthanasie´-Programms der Nazis, das ihren Ausgangspunkt im „Gesetz zur Verhütung erbkranken Nachwuchses" vom 14.7.1933 nimmt. Die in einer Villa untergebrachte Sonderverwaltung in der Berliner Tiergartenstraße 4 gab der Aktion nach 1945 ihren Namen. Die Nazi-Führung selbst sprach von der Tötung `lebensunwerten Lebens´ oder von der `Aktion Gnadentod´. Damit sollten die Verbrechen verschleiert werden. War mit `Euthanasie´ bisher die Erleichterung des Sterbens oder die Sterbehilfe auf Bitte unheilbar erkrankter, dem Tode naher Patienten gemeint, bezeichnete er Begriff nun die Tötung von Kranken, sozial Unerwünschten oder Behinderten. Heute hat sich in der Forschung die Bezeichnung `Krankenmord´ durchgesetzt, wobei auch diese Bezeichnung nicht ganz treffend ist, da sie nicht alle Opfer der Euthanasie-Verbrechen einschließt. Denn in den Heil- und Pflegeanstalten gab es auch

Verantwortung gegenüber Gott und den Menschen nur die Gefolgschaft aufgekündigt werden – so Bonhoeffers Überzeugung.[10] Nur das Militär war nach der brutalen

---

Personen, die als „politisch unliebsam galten, sozial unangepasst oder auf Betreiben der Familie entmündigt waren" (Thomas Stöckle, Grafeneck 1940. Die Euthanasie-Verbrechen in Südwestdeutschland, Tübingen 2002, 10). Der T4-Aktion fielen beispielsweise auch Alkoholiker zum Opfer: Die biologistische Sichtweise auf Suchtkranke ließ sie als unheilbar, da so geboren und veranlagt, gelten. In einem Jahr wurden in Grafeneck 10654 Menschen mit geistigen Behinderungen oder psychischen Erkrankungen auf Geheiß der Nazis ermordet, vgl. weiterführend die Untersuchungen des Heidelberger Historikers Götz Aly (Hg.), Aktion T4.1939-1945. Die `Euthanasie´-Zentrale in der Tiergartenstraße 4, Berlin ²1989. Über 400000 Menschen wurden in der Folge dieses Programms sterilisiert, vgl. Gabriel Richter u.a., Sie holten sie mit grauen Bussen. Die Heil- und Pflegeanstalt Emmendingen 1933-1945, Emmendingen 1993, 57f. Ziel war es, vor allem, „unheilbar Geisteskranke zu töten. Das sei aufgrund der Kriegssituation erforderlich, da die Kranken für das deutsche Volk nur eine Last darstellten" (Ernst Klee, `Euthanasie´ im Dritten Reich, überarbeitete Neuausgabe Frankfurt a. M. 2010, 220f.). Dr. h.c. Ulrich Bach (1931-2009), nach seiner Polioerkrankung an den Rollstuhl gefesselt, reflektierte den behinderten Menschen als Gegenstand der Theologie, vgl. Ulrich Bach, Ohne die Schwächsten ist die Kirche nicht ganz. Bausteine einer Theologie nach Hadamar, Neukirchen-Vluyn 2006.
[10] Vgl. weiterführend Christine-Ruth Müller, Dietrich Bonhoeffers Kampf gegen die nationalsozialistische Verfolgung und Vernichtung der Juden. Bonhoeffers Haltung zur Judenfrage im Vergleich mit Stellungnahmen aus der evangelischen Kirche und Kreisen des deutschen Widerstandes (diss. theol.), München 1990, 290-303. Die Verfasserin macht darauf aufmerksam, dass Bonhoeffer das Recht auf das menschliche Leben in seiner `Ethik´ diskutiert und zu dem Schluss gelangt: „Kommen wir also zu dem Ergebnis, dass auch die Rücksicht auf die Gesunden kein Recht zur vorsätzlichen Tötung unschuldig kranken Lebens gibt, so ist damit die Frage der Euthanasie negativ entschieden. Die heilige Schrift fasst dieses Urteil in dem Satz zusammen: `Den Unschuldigen ... sollst du nicht erwürgen´ (Ex 23,7)" (DBW 6, 179-191, Zitat auf 191). Bonhoeffer hatte schon im August 1933 im Brief an seine Großmutter Julie Bonhoeffer auf dem Hintergrund des `Gesetzes zur Verhütung erbkranken Nachwuchses´ das Vorhaben, das Kranke durch Gesetze aus der Gesellschaft auszutilgen, als „Wahnsinn" bezeichnet (Dietrich Bonhoeffer, Ethik, a. a. O., 191, Anm. 83).

Zerschlagung der bürgerlichen und der kommunistischen politischen Opposition noch in der Lage, diesen Schritt zu tun.[11] Das Attentat des 20. Juli 1944 ist bekanntlich fehlgeschlagen.[12] Das misslungene Attentat steigerte Hitlers Popularität noch einmal: Es wurde als Zeichen der Vor-

---

[11] Helmut Gollwitzer erinnerte sich an ein Gespräch mit Dietrich Bonhoeffer: Beide begleitete „der Attentatsgedanke ständig, und sicher haben wir über die Haltung der Generale gesprochen. Wir waren ja beide mit oppositionellen Generalen verbunden. Das waren die einzigen, die das hätten machen können" (Helmut Gollwitzer, Skizzen eines Lebens, Gütersloh 1998, 174. In Anmerkung 54 finden sich auch Verweise auf Parallelstellen bei Dietrich Bonhoeffer, in: DBW 16, a. a. O., 46+538).

[12] Ich verzichte darauf, den Tagesablauf des 20. Juli 1944 zu rekonstruieren. Die historischen Fakten sind erforscht, bekannt und dokumentiert. Ich verweise gerne auf einen informativen Film der Deutschen Bundeswehr auf YouTube: https://www.youtube.com/watch?v=68KyO6OB23l (aufgerufen am 11.10.2024). Empfehlenswert ist auch der Dokumentarfilm: https://www.youtube.com/watch?v=BjiT1NSglZo (aufgerufen am 11.10.2024). Das Attentat vom 20. Juli ist der „letzte(n), zu späte(n) und vergebliche(n) Widerstand Preußens gegen eine Diktatur, die das Deutsche Reich auf Dauer zerstört hat" (Bodo Scheurig, Preußischer Ungehorsam – Tradition und Verfall, in: DIE ZEIT Nr. 29 v. 16.7.1993, 28). Besonders in den vergangenen zehn Jahren ist zum 20. Juli 1944 eine Fülle empfehlenswerter Literatur erschienen. Gerne verweise ich zum Einstieg ins Thema auf die informativen Bücher von Gerd R. Ueberschär, Stauffenberg. Der 20. Juli 1944, FfM 2004, bes. 14-26 (Chronik der Ereignisse) sowie ders., Für ein anderes Deutschland. Der Widerstand gegen den NS-Staat, FfM ²2006 und (trotz aller berechtigter methodischer Kritik an dem historischen Ansatz des Professors der restaurativen Gustav-Siewerth-Akademie Alma von Stockhausens [geb. 1927] in Bierbronnen), Guido Knopp, Sie wollten Hitler töten, München 2004 (ausgewählte Literatur zum Thema auf: 333-336). Durch folgende Links kann man sich ebenfalls einen guten Überblick verschaffen: https://de.wikipedia.org/wiki/Claus_Schenk_Graf_von_Stauffenberg, https://de.wikipedia.org/wiki/Attentat_vom_20._Juli_1944 und https://de.wikipedia.org/wiki/Personen_des_20._Juli_1944 (alle Links aufgerufen am 11.10.2024). Weitere Literaturangaben befinden sich im Literaturverzeichnis.

sehung interpretiert, dass der Diktator – wieder einmal – überlebt hatte! Mit unerbittlicher Härte ging das Regime nun gegen die Attentäter vor und die Repressalien, denen die gefangenen Hitler-Gegner und auch der sich zu diesem Zeitpunkt in Haft befindliche Bonhoeffer ausgesetzt waren, wurden nach dem Attentat erhöht. Der Deutschen Wehrmacht, zu dem der militärische Geheimdienst, genannt `Abwehr/Ausland im Oberkommando der Wehrmacht´ (OKW), in dem Bonhoeffer zum Schluss mitarbeitete, gehörte, wurden nach dem Attentat keinerlei Privilegien mehr eingeräumt.

Aus Respekt vor seinem Mut und der Wertschätzung für das, was Dietrich Bonhoeffer mit seinen Freunden im Widerstand an persönlichem Leid und persönlicher Opferbereitschaft auf sich genommen hat, ist dieses Buch nach langen Studien zu Bonhoeffer und seiner Zeit entstanden. Natürlich wäre es ohne die unermüdliche Arbeit von Dietrich Bonhoeffers Freund und Weggefährten *Eberhard Bethge* nicht zu denken, der akribisch das ihm vorliegende Material seines Freundes sicherte, sichtete, zusammentrug, publizierte, bis an sein Lebensende dessen Erbe bewahrte und auf das ich, wie viele andere vor mir, zurückgreifen konnte.[13] Eberhard Bethge hat mit sei-

---

[13] Eberhard Bethge (1909-2000), Bonhoeffers Freund und späterer Ehemann von dessen Nichte Renate Bethge, geb. Schleicher (1925-2019), ist es zu verdanken, dass Dietrich Bonhoeffer nicht in Vergessenheit geraten ist. Schon an Bonhoeffers erstem Todestag gab er unter dem Titel `Auf dem Wege zur Freiheit´ erstmals dessen Gedichte aus der Tegeler Haft heraus.

ner Biographie über Dietrich Bonhoeffer Maßstäbe gesetzt, an der sich jede andere Annäherung an Bonhoeffers Leben und Werk messen lassen muss.[14] Berge von

---

Bethge war der erste, der eine Biografie über Bonhoeffer verfasst hat: die
unübertroffene 1129 Seiten starke Bonhoeffer-Biografie, die inzwischen
zahlreiche Auflagen erlebt hat und in mehrere Sprachen übersetzt worden
ist. Bethge gliedert Bonhoeffers Leben in drei Teile: die des wissenschaftlichen Theologen (bis 1931), die des konsequenten Christen (bis 1940) und
die des kritischen Zeitgenossen (bis 1945). Sie hat deshalb als Untertitel:
„Theologe – Christ – Zeitgenosse". Auf diese Biografie, die u.a. wegen ihrer
Detailfülle und ihrem theologischen Schwerpunkt für heutige Leserinnen und
Leser relativ schwer zugänglich ist, habe ich in den folgenden Ausführungen
zurückgreifen können; sie liegt auch als Taschenbuch vor, vgl. Eberhard
Bethge, Dietrich Bonhoeffer. Eine Biographie, München [6]1986, 1989 (= DB).
Bethge bleibt bis heute der wichtigste Biograph Bonhoeffers, vgl. F.A.Z v.
12.10.2005. Aus Eberhard Bethges Feder stammt auch die kurze Bildmono-
grafie: Dietrich Bonhoeffer in Selbstzeugnissen und Bilddokumenten dargestellt (rororo-bildmonographien; 236), Reinbek 1976, [2]1983. Das freund-
schaftliche Verhältnis zwischen den beiden wurde inzwischen untersucht,
vgl. Christian Gremmels/Wolfgang Huber (Hg.), Theologie und Freundschaft.
Wechselwirkungen Eberhard Bethge und Dietrich Bonhoeffer, Gütersloh
1994. Das Buch versammelt sieben Beiträge unterschiedlicher Autoren, die
sich mit verschiedenen Aspekten dieser Freundschaft beschäftigen und
diese u.a. in Relation zu Bonhoeffers Glauben und Theologie setzen. John
W. de Gruchy (geb. 1939) aus Südafrika hat eine Biografie über Bonhoeffers
Biografen geschrieben, vgl. John W. de Gruchy, Eberhard Bethge. Freund
Dietrich Bonhoeffers, Gütersloh 2007.
[14] Über Dietrich Bonhoeffer sind zahlreiche Publikationen erschienen, darunter auch einige Biografien, vgl. Edwin H. Robertson, Dietrich Bonhoeffer.
Leben und Verkündigung, Göttingen 1989; Christian Feldmann, „Wir hätten
schreien müssen". Das Leben des Dietrich Bonhoeffer, Freiburg-Basel-Wien
1998; Renate Wind, Dem Rad in die Speichen fallen. Die Lebensgeschichte
des Dietrich Bonhoeffer, Weinheim und Basel 1990, [2]1994; Ferdinand
Schlingensiepen, Dietrich Bonhoeffer 1906-1945, München 2005; Josef
Ackermann, Dietrich Bonhoeffer – Freiheit hat offene Augen. Eine Biographie, Gütersloh 2005 und Eric Metaxas, Bonhoeffer. Pastor, Agent, Märtyrer
und Prophet, Holzgerlingen [4]2012. Hatte noch 2005 bei Amazon eine Anfrage nach Büchern von und über Dietrich Bonhoeffer 377 Treffer erbracht, so
liefert die Internet-Suchmaschine `Google´ im Juni 2014 genau 1897 Ergeb-

Sekundärliteratur sind zwischenzeitlich dazugekommen.[15] Bildbände, die erschienen sind, nehmen Leserinnen und Leser mit in eine untergegangene Welt.[16] Auch im Internet ist zwischenzeitlich sehr viel über Dietrich Bonhoeffers Leben und Werk in Erfahrung zu bringen.[17]

---

nisse! Eine sehr gute Zusammenstellung älterer und neuerer Sekundärliteratur zu Dietrich Bonhoeffer findet man im Lesesaal der kanadischen Tyndale University College & Seminary, bei der University of New York und unter https://www.columbia.edu/cu/lweb/img/assets/5435/PrimarySources.pdf (aufgerufen am 11.10.2024).

[15] Die internationale Bibliografie zu Dietrich Bonhoeffer zählt ca. 4000 Titel, vgl. Ernst Feil (Hg.), Internationale Bibliographie zu Dietrich Bonhoeffer (unter Mitarbeit von Barbara E. Fink), Gütersloh 1998. Publikationen, die nach Abschluss von Ernst Feils internationaler Bibliografie herauskamen, finden sich zunächst in: Dietrich Bonhoeffer Jahrbuch 2003, hg. v. Victoria Barnett u.a., Gütersloh 2003, 153-180 und dann in den folgenden Jahrbüchern. Zu empfehlen ist der RGG-Artikel des Kasseler Bonhoeffer-Experten und langjährigen Vorsitzenden der deutschen Sektion der Internationalen Bonhoeffer-Gesellschaft (1986-2008), dem emeritierten Professor für Systematische Theologie (der nach eigenen Angaben seit 2008 Gärtner ist!), Dr. Christian Gremmels (geb. 1941), vgl. Christian Gremmels, Art. Dietrich Bonhoeffer, in: RGG⁴, Band 1, Tübingen ⁴1998, 1683f.

[16] Vgl. Eberhard Bethge/Renate Bethge/Christian Gremmels (Hg.), Dietrich Bonhoeffer. Sein Leben in Bildern und Texten, München 1986, ²1989. In dem Bildband befinden sich über 500 Fotos (darunter Familienfotos, Bildpostkarten, Flugblätter, Zeitungsausschnitte, Dokumente), „wobei sich der persönlich-familiäre Bereich immer wieder zu den Umfeldern etwa des Kirchenkampfes oder des politischen Widerstands ausweitet" (Einband-Klappentext).

[17] So etwa auf den Seiten der EKD (https://www.ekd.de/dietrich-bonhoeffer-54680.htm), der Internationalen Bonhoeffer Gesellschaft (https://www.dietrich-bonhoeffer.net/ibg/), im Dietrich Bonhoeffer-Portal (https://www.dietrich-bonhoeffer.net), im United States Holocaust Memorial Museum (https://www.ushmm.org/de), in der Internet Encyclopedia of Philosophy (https://iep.utm.edu/dietrich-bonhoeffer/) oder auf der deutschen (https://de.wikipedia.org/wiki/Dietrich_Bonhoeffer) und englischsprachigen Seite von Wikipedia (https://en.wikipedia.org/wiki/Dietrich_Bonhoeffer) (alle Links (aufgerufen am 11.10.2024).

Das ist sehr erfreulich. Erfreulich sind auch die vielen Formen der Erinnerung an Dietrich Bonhoeffer. Eine Form der Erinnerung ist, ein Haus nach dem zu Erinnernden zu benennen.

Der Kirchengemeinderat der evangelischen Kirchengemeinde Kadelburg, in der ich zusammen mit meiner Frau, Pfarrerin Andrea Kaiser, von 1998 bis 2008 im Jobsharing den Dienst als Gemeindepfarrer versah, beschloss auf unseren Antrag 2005 hin *einstimmig*, das bis dato namenlose Kadelburger `Evangelische Gemeindehaus´ Dietrich Bonhoeffer zu Ehren in `Dietrich-Bonhoeffer-Haus´ umzubenennen. Die kleine Diaspora-Gemeinde ganz im Süden Deutschlands, unmittelbar an der Grenze zur Schweiz gelegen, von deren heutigen Mitgliedern viele nach dem Krieg aus Deutschlands Osten zugezogen waren, würdigte damit das Leben und das Werk eines Theologen, der vielen Menschen durch sein Denken und seine Texte im Glauben weitergeholfen hat. Außerdem ehrte sie einen verantwortlich handelnden Christen, der in schwieriger Zeit in Deutschland gebetet *und* das Gerechte getan hat. Mit dieser Namensgebung sollte die Erinnerung an Dietrich Bonhoeffer für die Zukunft wachgehalten werden.

Kadelburg, 20. Juli 2014   Thomas O. H. Kaiser

1. Kindheit und Jugend

Dietrich Bonhoeffer wird am 4. Februar 1906 in Breslau – dem heutigen polnischen Wroclaw – zusammen mit seiner Zwillingsschwester Sabine als jüngster Sohn des Professors für Neurologie und Psychiatrie, Dr. *Karl Bonhoeffer* und dessen Frau *Paula, geb. von Hase,* geboren.[18] Die Familie – insgesamt sind es acht Kinder[19] – entstammt dem alten deutschen Adel und dem aufstrebenden Bürgertum und gehört zur „Bildungselite des Deutschen Reiches"[20]. Unter den Vorfahren des Vaters befinden sich kaisertreue Monarchisten und liberale Republi-

---

[18] Vgl. weiterführend Gerhard Krause, Art. Dietrich Bonhoeffer, in: TRE VII (1981), 55-66. Bonhoeffers Geburtshaus in Breslau, eine mächtige Villa, wurde durch sowjetische Bomber im Krieg stark getroffen, die Stadt sehr zerstört. Die Fassade konnte teilweise restauriert werden; der linke Teil des Hauses ist ein typischer funktionaler Nachkriegsbau. Am Haus ist heute eine zweisprachige Gedenktafel angebracht, die Dietrich Bonhoeffer als Mitglied des deutschen Widerstands gegen Hitler ehrt.

[19] Dietrich Bonhoeffer hatte sieben Geschwister: Karl-Friedrich (1899-1957), Walter (1899-1918), Klaus (1901-1945), Ursula (1902-1983), Christine (1903-1965), Susanne (1909-1991) und Sabine (1906-1999), die Zwillingsschwester Dietrich Bonhoeffers, die kurz nach ihm geboren wurde. Alle Kinder machten Abitur. Später heirateten die Geschwister: Sabine Bonhoeffer und Gerhard Leibholz (1901-1982), Klaus Bonhoeffer und Emmi Delbrück (1905-1991), Christine Bonhoeffer und Hans von Dohnanyi (1925-1945), Karl-Friedrich Bonhoeffer und Margarete, gen. Grete von Dohnanyi (1903-1993), Susanne Bonhoeffer und Walter Dreß (1904-1979). Vgl. dazu Sabine Leibholz-Bonhoeffer, vergangen, erlebt, überwunden. Schicksale der Familie Bonhoeffer, Gütersloh 1976, [7]1993, bes. 13-68. Eine tabellarische „Familienübersicht" befindet sich in: Dietrich Bonhoeffer Auswahl (DBA), hg. v. Christian Gremmels/Wolfgang Huber, Bd. 6, Gütersloh 2006, 230 und eine „Ahnentafel" bei Eric Metaxas, Bonhoeffer, a. a. O., 732f.

[20] So Renate Wind, Dem Rad in die Speichen fallen, a. a. O., 9.

kaner, Goldschmiede, Bürgermeister, Pfarrer und Ärzte. Seit 1513 sind die Bonhoeffers in Schwäbisch-Hall beheimatet, an einigen Häusern befindet sich noch heute ihr Familienwappen von 1590.[21] Unter den preußisch-adligen Vorfahren der Mutter gibt es Gutsbesitzer, Militärs, Maler und Musiker – auch einen Demokraten, der in der Festung Hohenasperg[22] gesessen hat, weil er 1848 für die Republik gekämpft hat.[23] Die Familie ist sich ihrer

---

[21] Dietrich Bonhoeffer trug einen Siegelring mit dem Familienwappen – einem Löwen, der eine Bohnenranke in der Tatze hält. Die Grabmale der Vorfahren des Vaters befinden sich in der Michaelskirche in Schwäbisch-Hall.

[22] Die in Württemberg gelegene Festung Hohenasperg, ursprünglich zur Landesverteidigung gedacht, wurde bald nach ihrer Erbauung zum Hochsicherheitstrakt umfunktioniert und damit zum Kerker für viele Freidenker und Demokraten – eine Art deutsche Bastille, Symbol der Unterdrückung. Im Volk wurde das Gefängnis `Demokratenbuckel´, `großes Freiheitsgrab´ und `Tränenberg´ genannt. Erster politischer Gefangener war der Journalist, Dichter und Musiker Christian Friedrich Daniel Schubart (1739–1791), der am 23. Januar 1777 dort aufgrund kritischer Artikel inhaftiert worden war, jedoch aus dem Gefängnis heraus veröffentlichen durfte. 1848 saßen ca. 400 politische Häftlinge in den engen und überfüllten Zellen des Hohenasperg. 1933 wurde dort der württembergische Staatspräsident und Zentrumspolitiker Eugen A. Bolz (1881-1945) inhaftiert, der Hitler einst eine Kundgebung in Stuttgart verboten hatte und am 23. Januar 1945 in Plötzensee im Zusammenhang des Attentats vom 20. Juli 1944 hingerichtet wurde.

[23] Die Großmutter mütterlicherseits, Clara von Kalkreuth, war einst Klavierschülerin von Franz Liszt (1811-1886) und Clara Schumann (1819-1896) gewesen. Der Vater der Mutter, Karl-Alfred von Hase (1842-1914), wurde 1889 von Kaiser Wilhelm II. zum Hofprediger in Potsdam ernannt und war später Konsistorialrat und Professor für Praktische Theologie in Breslau. Dietrich Bonhoeffers Urgroßvater war der bedeutende Jenaer Kirchen- und Dogmengeschichtler und Wirkliche Geheimrat Prof. Karl August von Hase (1800-1890). Die Traurede von D. Karl von Hase anlässlich der Hochzeit seiner Tochter Paula von Hase mit Dr. Carl Bonhoeffer am 5. März 1898 in der Kirche St. Maria-Magdalena zu Breslau erschien im selben Jahr ge-

Herkunft und Tradition bewusst; dennoch gelten Adels-
privilegien wenig, im Unterschied zu Persönlichkeit und
Leistung. Doch bewahrt man sich seinen Standort in der
`guten alten Zeit´ und ist tief davon überzeugt, dass das
neue Jahrhundert vor allem Frieden, Wohlstand und
Fortschritt bringen wird.

Die Fotos aus der Kinderzeit zeigen Dietrich Bonhoeffer
als einen aktiven, blond gelockten Jungen mit auffallend
weichen Gesichtszügen[24], er wird beschrieben als ein
fantasievolles Kind voller Energie und Temperament. Als
er sechs Jahre alt ist, zieht die Familie aus der schlesischen Landeshauptstadt nach Berlin[25] um, weil der Vater
einem Ruf als Professor an das Institut für Neurologie
und Psychiatrie gefolgt war und die Leitung der Universitätsnervenklinik der renommierten Berliner Charité übernommen hatte. Von 1912, dem Jahr des Untergangs der
Titanic[26], bis 1948, dem Jahr der Währungsreform in
Deutschland, wird Karl Bonhoeffer als eine Koryphäe auf
seinem Fachgebiet gehandelt – *der* Berliner Psychiater

---

druckt bei Breitkopf&Härtel in Leipzig. Karl August von Hase hatte 1831
Pauline Härtel, die Tochter des bekannten Leipziger Verlegers, geheiratet.
[24] Vgl. Eberhard Bethge/Renate Bethge/Christian Gremmels (Hg.), Dietrich
Bonhoeffer, a. a. O., 27-41.
[25] Einen guten Eindruck, wie sich damals das Leben in der Reichshauptstadt
abgespielt hat, vermittelt der SPIEGEL-TV-Film Nr. 4: „100 Jahre Berlin.
Vom Kaiser bis zur Kanzlerin" (2007).
[26] Zur bekannten Geschichte des bis dato modernsten Kreuzfahrtschiffs aller
Zeiten, der Titanic, das auf seiner Jungfernfahrt gegen einen Eisberg fuhr
und sank, vgl. SPIEGEL-TV Nr. 33 (2012).

und Neurologe schlechthin.[27] Die Familie findet ihr Zuhause im Nobel-Stadtteil Grunewald in der Wangenheim-

---

[27] Karl Bonhoeffer, über sechsundzwanzig Jahre Chef der Psychiatrie, so lange wie kein Fachkollege vor ihm Ordinarius für Neurologie und Psychiatrie, war im Volk bekannt. Der Volksmund sprach von der Nervenklinik – die 1957 nach ihm benannt wurde – als `Bonnies Ranch´. Heute (2014) ist in Berlin ein S- und ein U-Bahnhof nach `Karl-Bonhoeffer-Nervenklinik´ benannt. Taucht Karl Bonhoeffer noch in der freien Internet-Enzyklopädie Wikipedia als jemand auf, der „aktiven Widerstand gegen das `Euthanasie´-Programm, die Tötung psychiatrisch Kranker im Rahmen der Aktion T4" leistete (http://de.wikipedia.org/wiki/Bonhoeffer, aufgerufen am 30.8.2004) und darin seinen Sohn Dietrich unterstützte – 1976 hatte Heinz Eduard Tödt in einem Aufsatz nachzuweisen versucht, dass Karl Bonhoeffer die Euthanasie nicht bejaht hatte –, so ist in den letzten Jahren wegen seiner positiven Gutachten im Blick auf Eugenik und Zwangssterilisation sowie im Blick auf seine aktive Beteiligung an der Umsetzung des `Gesetztes zur Verhütung erbkranken Nachwuchses´ seine lange Zeit makellose Fassade ins Bröckeln geraten. 1998 wurde eine Karl-Bonhoeffer-Bronzebüste von Unbekannten aus dem Park der Berliner Karl-Bonhoeffer-Nervenklinik und der Charité gestohlen. Zwei Jahre später tauchten zwei Bronzebüsten des israelischen Künstlers Igael Tumarkin (1933-2021) auf, die dieser dem Landesverband Psychiatrie-Erfahrener Berlin Brandenburg 1999 gespendet hatte und mit denen auf das verbrecherische Handeln Karl Bonhoeffers hingewiesen werden sollte. Ein nach Karl Bonhoeffer benannter Konferenzraum im Gebäude der Nervenklinik der Charité-Universitätsmedizin Berlin wurde inzwischen entwidmet, die dortige Büste entfernt. 1998 benannten Aktivisten die Klinik in `Lady-Diana-Clinic´ um. Karl Bonhoeffer gilt heute als „ein Mittäter und Wegbereiter" des Nationalsozialismus, vgl. weiterführend Dag Moskopp/Dorothea Jäkel (Hg.), Karl Bonhoeffer – ein Nervenarzt. Vorträge zum 60. Todestag, Berlin 2009, Zitat auf 61 sowie Bernhard Meyer, 26 Jahre auf dem Psychiatrie-Lehrstuhl. Der Arzt Karl Bonhoeffer (1868–1948), in: Berlinische Monatsschrift beim Luisenstädtischen Bildungsverein, Berlin 9/2000, 124-132. Zum Verhältnis von Karl und Dietrich Bonhoeffer im Blick auf die Euthanasie, vgl. die Dissertation von Uwe Gerrens, Medizinisches Ethos und theologische Ethik. Die Position von Karl Bonhoeffer und Dietrich Bonhoeffer in den Auseinandersetzungen um Zwangssterilisation und Euthanasie im Nationalsozialismus, Heidelberg 1994 (diss.), online leicht abrufbar unter: https://books.google.de/books?id=nOfp9wn3Qb0C&printsec=copyright#v=onepage&q&f=false (aufgerufen am 11.10.2024).

straße 14, einem bürgerlich-herrschaftlichen Haus mit einem großen Garten. Bis zur Pensionierung des Klinikdirektors im Jahre 1935 wird dieses Haus der Mittelpunkt der Familie sein.[28] Es ist ein Professorenviertel, in dem die Kinder des `Herrn Geheimrats´, der über die Universi-

---

[28] Karl Bonhoeffer sollte zum 1. April 1936 emeritiert werden; deshalb zog die Familie aus der Wangenheimstraße in ihr neuerbautes Haus in der Marienburger Allee 43. Direkt daneben (Marienburger Allee 42) bauten Tochter Ursula und Schwiegersohn Rüdiger Schleicher. Am 1. Oktober 1935 zogen sie ein (1945 wurde das Haus von einer Granate getroffen und das Ehepaar Bonhoeffer mit weiteren im Keller lebenden Familienmitgliedern verschüttet). Karl Bonhoeffer blieb aber noch im Amt und konnte so nach 25 Jahren als Direktor der psychiatrischen Klinik 1937 sein Jubiläum begehen. Erst im Sommer 1938 hielt er seine Abschiedsvorlesung. Am 31. März 1943 feierte er im Kreise seiner Familie und Gästen seinen 75. Geburtstag (und bekam am selben Tag die von Hitler unterzeichnete Goethe-Medaille verliehen!). Das Haus, in dem später in den 50er Jahren Eberhard Bethge als Studentenpfarrer wohnte, wechselte in den folgenden Jahren mehrfach seinen Besitzer. Heute befindet sich im ehemaligen Haus der Familie Bonhoeffer im Untergeschoss eine Dietrich-Bonhoeffer-Gedenkstätte, im Dachgeschoss wurde Bonhoeffers Studierzimmer mit Bibliothek originalgetreu nachgebildet, vgl. Gert von Bassewitz/Christian Bunners, Auf den Spuren von Dietrich Bonhoeffer, Hamburg 2004, 20f. An beiden Häusern befinden sich Gedenktafeln: Am Haus in der Wangenheimstraße 14 seit dem 1.9.1988 für Karl und Dietrich Bonhoeffer; am Haus in der Marienburger Allee 43 (`Bonhoefferhaus´) für Klaus und Dietrich Bonhoeffer, Rüdiger Schleicher und Hans von Dohnanyi. Seit 1987 ist das Haus Die Gedenk- und Begegnungsstätte in Charlottenburg-Wilmersdorf wird von der Evangelischen Landeskirche Brandenburg-schlesische Oberlausitz getragen. Sie steht Besucherinnen und Besuchern, die auch von der gut bestückten Präsenzbibliothek zu Bonhoeffer Gebrauch machen dürfen, nach vorheriger Absprache offen. Ich selbst bin dort 1989 gewesen und konnte mich von der Wirkungsstätte Dietrich Bonhoeffers, die noch immer seinen Geist atmet und von seiner Aura erfüllt ist, überzeugen, vgl. dazu Kuratorium Bonhoeffer Haus (Hg.), Begleitheft zur Ausstellung, Berlin ²1996, bes. 124-127, und die Internet-Präsenz: https://www.bonhoeffer-haus-berlin.de (aufgerufen am 11.10.2024).

tät Zugang zu höchsten Regierungskreisen hat, in unmittelbarer Nachbarschaft des Physiknobelpreisträgers *Max Planck*, des Theologieprofessors *Adolf von Harnack* und des Historikers *Hans Delbrück* aufwachsen.[29] Die Eltern führen einen standesgemäßen Haushalt; man hat Dienstpersonal – Köchin, Kindermädchen und Chauffeur[30] –, wie es in Kreisen des Bürgertums, des Adels und der Akademikerschaft zu Beginn des 20. Jahrhunderts üblich ist.[31] Die Erziehung der Kinder verläuft mehr oder weniger nach den autoritären Vorgaben der damaligen Zeit: Gehorsam, Fleiß, Sparsamkeit, Pflichterfüllung und Treue gehören zu den Erziehungsidealen, aber auch Hilfsbereitschaft, Fürsorglichkeit, Barmherzigkeit und

---

[29] Jeden Mittwoch versammelte sich im Hause von Delbrück (1848-1929) ein illustrer `Mittwochskreis´, dem u.a. Adolf von Harnack (1851-1930) und Ernst Troeltsch (1865-1923) angehörten. Wie damals dort diskutiert wurde, kann man sich heute lebhaft vorstellen! Das Verhältnis von Adolf von Harnack und seinem Schüler untersuchte in seiner theologischen Dissertation Carl-Jürgen Kaltenborn, Adolf von Harnack als Lehrer Dietrich Bonhoeffers, Berlin 1973.
[30] Vgl. E. Bethge, DB, 38. Man beachte, dass damals viele Haushalte über Bedienstete verfügten, da sich deren Kosten wegen der nicht vorhandenen Sozialversicherungspflicht auf freie Kost und Logis und ein geringes Taschengeld beliefen. Zwar war die Waschmaschine damals schon erfunden; die erste vollautomatische Waschmaschine kam in Deutschland aber erst 1951 auf den Markt und fand dort in Privathaushalten erst in den 60er und 70er Jahren Verbreitung. Haushaltsgeräte wie Staubsauger oder elektrische Bügeleisen waren verhältnismäßig teuer; Hausangestellte, die putzten, wuschen und bügelten, waren zu Bonhoeffers Zeiten günstiger!
[31] Vgl. dazu etwa den berühmten Roman Thomas Manns, `Buddenbrooks. Verfall einer Familie´ (1901), den Abgesang auf das bürgerliche Zeitalter, der seinem Autor den Nobelpreis für Literatur (1929) und materiellen Wohlstand brachte. Thomas Mann und seine Familie lebte ähnlich wie die Bonhoeffers, vgl. die Beschreibung bei Armin Strohmeyr, Klaus Mann (dtv portrait, hg. von Martin Sulzer-Reichel), München 2000, 15.

Verantwortungsübernahme.[32] Eine Nachlässigkeit in der Sprache ist nicht gestattet. Die Kinder werden dazu angehalten, sich selbst zu disziplinieren und sich nicht gehen zu lassen. Im Hause Bonhoeffer gibt es eine klare Rollenverteilung: Der Mann ist für die materielle Existenzsicherung der Familie verantwortlich. Die Frau ist für das Managen des Haushalts und für die Erziehung der Kinder da.[33] So ist Karl Bonhoeffer der Patriarch der Familie, der `pater familias´ – der leise und überlegt spricht, sich unter Kontrolle hat, sachlich und rational gesteuert ist und seine Gefühle nach außen im Griff hat. Er verhält sich zu den Kindern zwar gütig; aber körperliche Nähe und Zärtlichkeiten mit ihnen lässt er kaum zu. Sein Ar-

---

[32] Heinrich Mann (1871-1950) hat dem Geist dieser Zeit mit seinem 1914 beendeten Roman `Der Untertan´, der `Bibel des Wilhelminischen Zeitalters´, der erst 1918 erschien, ein bleibendes literarisches Denkmal gesetzt: Der Protagonist, der obrigkeitshörige Diederich Heßling, ein feiger Mitläufer und Opportunist, ist ein nationalistisch gesinnter Aufsteiger, der die Erziehungsstationen des Wilhelminismus durchlaufen hat: Schule, Universität und Korporation. In seiner Fabrik gebärdet er sich wie ein Despot und unterjocht die Arbeiter. Der Film `Der blaue Engel´ mit Marlene Dietrich (1901-1992) und Emil Jannings (1884-1950), der das Buch zur Vorlage hatte, erzählt die Geschichte eines tyrannischen, auf Abwege geratenen Lehrers, der sich in eine Tingeltangeltänzerin verliebt. Das Buch persifliert die wilhelminische Epoche, vgl. weiterführend Thomas O. H. Kaiser, Heinrich Mann. Auf den Spuren eines vergessenen Schriftstellers, in: Horst Lickert (Hg.), Grenzgänge. Festschrift für Hans Geißer, Zürich 2003, 267-284.
[33] Renate Bethge, die Nichte Dietrich Bonhoeffers, betont, dass die Kinder auch viel Freiheit hatten: „Die Eltern verlangten zwar Rücksichtnahme von ihren Kindern, gleichzeitig gaben sie ihnen jedoch viel Freiheit. Sie bemühten sich, jedes Kind nach seinen eigenen Interessen und Fähigkeiten zu fördern" (Renate Bethge, Dietrich Bonhoeffer. Eine Skizze seines Lebens, Gütersloh 2004, 7).

beitszimmer ist für die Kinder tabu und darf nur in Ausnahmefällen betreten werden. [34] Die Kinder sehen ihn regelmäßig nur beim Mittagessen - pünktlich um zwei Uhr, wenn die Mahlzeit, von den Angestellten gekocht und aufgetischt, von der Familie gemeinsam eingenommen wird; reden dürfen sie bei Tische nur dann, wenn sie gefragt werden. Stärker ist deshalb die Bindung der Kinder an die Mutter, deren Rolle klar definiert ist: Sie ist für das Gefühl zuständig und verkörpert die emotionale Seite. Sie eröffnet den Kindern Freiräume; daneben hat sie dafür zu sorgen, dass die Sorgen des Alltags möglichst von ihrem an der Universität forschenden Gatten ferngehalten werden. All das ist nichts Ungewöhnliches für die Stellung der Frau in der damaligen Zeit in den Kreisen des gehobenen Bürgertums. Ungewöhnlich ist jedoch, dass Paula Bonhoeffer das `Lehrerinnenexamen für mittlere und höhere Mädchenschulen´ (Diplom 1894) abgelegt hat und damit von der Möglichkeit Gebrauch machen kann, ihre Kinder zusammen mit Kindern aus der Nachbarschaft in den ersten Schuljahren selber zu unterrich-

---

[34] Die Ähnlichkeiten des Hauses Bonhoeffer im Vergleich zu dem Thomas Manns, die Klaus Mann in seiner Autobiographie beschreibt, sind erstaunlich, vgl. Klaus Mann, Der Wendepunkt. Ein Lebensbericht, 29: „Von neun Uhr morgens bis zwölf Uhr mittags muß man sich still verhalten, weil der Vater arbeitet, und von vier bis fünf Uhr nachmittags hat es im Hause auch wieder leise zu sein: Es ist die Stunde der Siesta. Sein Arbeitszimmer zu betreten, während er dort mysteriös beschäftigt ist, wäre die grässlichste Blasphemie. Keines von uns Kindern hätte sich dergleichen je in den Sinn kommen lassen.“

ten. Dem wilhelminischen Schulsystem mit seinen preußischen Erziehungsidealen Ordnung, Sauberkeit und Pflichtbewusstsein steht sie kritisch gegenüber. Überliefert ist ein geflügeltes Wort von ihr: Dem Deutschen werde in der Regel zweimal das Rückgrat gebrochen – einmal in der Schule und einmal beim Militär.[35] Sie legt Wert auf eine umfassende Bildung; dazu gehört auch, dass die musikalischen Begabungen der Kinder gefördert werden.[36] Dietrich Bonhoeffer wird deshalb später einmal sehr gut Klavier spielen können, so dass sogar ernsthaft erwogen wird, ob er nicht Musik studieren sollte. Im Blick auf die religiöse Erziehung der Kinder sind Paula Bonhoeffer und ihr Mann wenig kirchlich ausgerichtet, sind nicht praktizierende Protestanten: Die Familie ist nicht in einer Ortsgemeinde aktiv, besucht so gut wie nie den sonntäglichen Gottesdienst, Amtshandlungen wie Taufen übernehmen die nächsten Verwandten. Die Kinder werden nicht in den Kindergottesdienst geschickt; stattdessen

---

[35] Vgl. DB, 38f.

[36] Hausmusik war eine Selbstverständlichkeit im Hause Bonhoeffer. Jedes Kind erlernte ein Instrument, es wurde Kammermusik gemacht. Wie aus Quellen und Augenzeugenberichten hervorgeht, ist Dietrich Bonhoeffer ein sehr guter Pianist gewesen, der seine musikalischen Fähigkeiten noch als Erwachsener, z.B. in der Gemeindearbeit, einsetzte, vgl. dazu den Eberhard Bethge zum 85. Geburtstag gewidmeten Beitrag von Andreas Pangritz, Polyphonie des Lebens. Zu Dietrich Bonhoeffers `Theologie der Musik´ (Dahlemer Heft Nr. 13), Berlin 1994, bes. 8-13. Bonhoeffer konnte auch Gitarre spielen, vgl. seinen Brief aus Rom vom 16.4.1924, in dem er seine Schwester um Geld für den Kauf einer Gitarre bat und vom 22.5.1924, in: Dietrich Bonhoeffer, Italienreise 1924, Gütersloh 2012, 54 und 99.

übernimmt ihre Mutter ihre religiöse Erziehung selbst.[37] Üblich sind im Hause Bonhoeffer Vorlesestunden, regelmäßig liest Paula Bonhoeffer den Kindern aus der Kinderbibel vor, es werden Kirchenlieder gelernt, auch wird vor dem gemeinsamen Essen bei Tisch gebetet; Weihnachten wird entsprechend im familiären Kreis gefeiert.[38] Insgesamt gesehen ist man in dieser Zeit vaterländisch und kaisertreu – wie der Protestantismus um die Jahrhundertwende insgesamt. Der Vater trägt in sein Tagebuch, das er regelmäßig an Silvester führt, ein: „Trotz der Kinderzahl 8, die in jetzigen Zeiten vielen erstaunlich erscheint, haben wir den Eindruck, dass es nicht zuviel sind. Das Haus ist geräumig, die Kinder normal entwickelt, wir Eltern noch nicht zu alt und darum bemüht, sie nicht zu verwöhnen und ihnen die Jugend freundlich zu gestalten."[39] Die Familie, zu der selbstverständlich auch Onkel und Tanten gehören, die sich immer wieder einmal mehr oder weniger länger bei den Bonhoeffers aufhalten, ist gastfreundlich und offen, der Familienzusammenhalt –

---

[37] Neben ihr hat ein aus der Herrnhuter Brüdergemeine stammendes Kindermädchen, Maria Horn, auf die religiöse Erziehung der Kinder Einfluss gehabt.

[38] Vgl. dazu Sabine Leibholz-Bonhoeffer, Weihnachten im Hause Bonhoeffer, Gütersloh 1991, [13]2005, bes. 28-39. 1943 wird sich der inhaftierte Dietrich Bonhoeffer an diese Weihnachtsfeste im Kreise der Familie erinnern und seinen Eltern in einem Brief dafür danken. Diese Erinnerung an Weihnachten wurde ihm u.a. zur inneren Kraftreserve.

[39] So Karl Bonhoeffer in seinem Silvestertagebuch im Jahr 1909, zitiert nach DB, 37.

anders als heute[40] – sehr groß. Persönlichkeiten des kulturellen und universitären Lebens gehören zum täglichen Umgang, Freunde und Kollegen des Vaters gehen aus und ein. So genießen die Großstadtkinder ein in materieller Hinsicht sorgenfreies Leben, mit Spielzeug, Büchern und einem großen Haus, in das sie ihre Freunde einladen und Kinderfeste feiern. Ihren späteren Erinnerungen zufolge fühlen sie sich geborgen im Schoß der großen Familie und verleben eine unbeschwerte, glückliche Kindheit – das Jahr über in Berlin und in den Ferien im eigenen Ferienhaus im Harz in der Sommerfrische.[41] Vergleicht man Dietrich Bonhoeffers Kindheit und Jugend mit der eines gleichaltrigen Kindes, beispielsweise aus Berlins Arbeiterviertel Wedding, so wird der krasse Gegensatz offenbar. In den Arbeiterbezirken leben viele am Rande des Existenzminimums. Kinderarbeit ist – obwohl für Kinder unter zwölf Jahren gesetzlich untersagt – durchaus noch üblich. Dietrich Bonhoeffer wächst im Unterschied zur Mehrheit dieser Kinder privilegiert in der Sicherheit eines Elternhauses inmitten eines großen Ge-

---

[40] Dies betont auch Wolf-Dieter Zimmermann (1911-2001): „Unser Leben war damals viel stärker an die eigene Familie und den engeren Bekanntenkreis gebunden, als man sich das heute vorstellen kann" (Wolf-Dieter Zimmermann, Wir nannten ihn Bruder Bonhoeffer, a. a. O., 20).

[41] Dietrich Bonhoeffer hat es rückblickend einmal so geschrieben: „Ich habe es als einen der stärksten geistigen Erziehungsfaktoren in unserer Familie empfunden, dass man uns so viele Hemmungen zu überwinden gegeben hat (in Bezug auf Sachlichkeit, Klarheit, Nüchternheit, Takt, Einfachheit etc.), bevor wir zu eigenen Äußerungen gelangen konnten" (Dietrich Bonhoeffer, Widerstand und Ergebung, München 1951, [14]1990, 209).

schwisterkreises behütet auf, wird von seinen Eltern gefördert und erhält von vielen Seiten vielfältige Anregungen. Das kann in der damaligen Zeit in Deutschland nicht
jeder von sich behaupten…

Vielseitig begabt und interessiert – bereits in seiner
Schulzeit von 1913 bis 1919 auf dem humanistisch ausgerichteten Friedrichswerderschen Gymnasium und ab
1919 auf dem ebenfalls den humanistischen Bildungs-
und Erziehungsidealen folgenden Grunewald-
Gymnasium[42] hat sich Dietrich Bonhoeffer neben den
Schriftstellern und Philosophen der Antike im altsprachli-
chen Unterricht und den Klassikern im Deutschunterricht
mit den Werken von *Friedrich Schleiermacher*, *Friedrich
Naumann* und *Max Weber* auseinandergesetzt –, fasst
Bonhoeffer seinen Entschluss, Theologie zu studieren,
schon früh. Über die Hintergründe kann nur spekuliert
werden: Vielleicht ist es sein Streben nach Selbstverwirk-
lichung und Eigenständigkeit, vielleicht wird die Entscheidung, Theologie zu studieren und Pfarrer zu werden,
ausgelöst durch die Erlebnisse des Ersten Weltkrieges[43],

---

[42] Das 1903 gegründete Grunewald-Gymnasium ist (seit 1946) die heutige
Walther-Rathenau-Schule (WRS) in der Herbertstr. 2-6 in 14193 Berlin
(Charlottenburg-Wilmersdorf).
[43] Zum Ersten Weltkrieg vgl. die Einschätzung von Jörn Leonhard, Die
Büchse der Pandora, München 2014. Jörn Leonhard macht in seinem Buch
den Krieg selbst zum Hauptthema – zu einem globalen Ereignis, der für die
Zeitgenossinnen und Zeitgenossen mit all seiner Gewalt nicht zu begreifen
war. Vgl. dazu auch die Rezension von Adam Tooze, Hellwach in den Krieg,

in dem sein älterer Bruder *Walter*[44] gefallen war. Vielleicht möchte er sich auch in der Wahl seiner Studienrichtung, in der naturwissenschaftlich ausgerichteten Familie Bonhoeffer ein mit Skepsis betrachtetes Unterfangen, vom Kreis der Geschwister absetzen[45] und als jüngster Sohn insbesondere seinen Vater herausfordern?[46] Für den jungen Dietrich Bonhoeffer jedenfalls beginnt der Weg zur Theologie und zur Kirche persönlich ganz von außen.[47] Nicht wie so viele seiner Kommilitonen von einem binnenkirchlichen Kontext – viele Pfarrerskinder studieren noch heute auf den Spuren ihrer Eltern Evangelische Theologie –, sondern von einem weltlichen Lebenshintergrund her kommend, steht zunächst die intellektuelle Auseinandersetzung mit wissenschaftlich-

---

in: DIE ZEIT Nr. 15 v. 3.4.2014, 51, und FR Plus in der Frankfurter Rundschau v. 28.7.2004, 23-28.

[44] Walter Bonhoeffer, der zweitälteste der Geschwister, starb am 28.4.1918 an einer Schrapnell-Wunde in Flandern. Paula Bonhoeffer fiel nach seinem Tod in eine tiefe Depression, die ungefähr ein Jahr lang andauerte. Der Tod seines älteren Bruders gilt als Wendepunkt im Leben Dietrich Bonhoeffers, vgl. Eric Metaxas, Bonhoeffer. Eine Biografie in Bildern, Holzgerlingen 2013, 27f. und DBW 9, 16+19.

[45] Zum Spott der Geschwister im Blick auf den außergewöhnlichen Berufswunsch Dietrich Bonhoeffers vgl. Christian Gremmels/Hans Pfeifer, Theologie und Biographie. Zum Beispiel Dietrich Bonhoeffer, München 1983, 22.

[46] So schrieb Karl Bonhoeffer später: „Als Du Dich seinerzeit für Theologie entschlossen hast, dachte ich manchmal im Stillen, dass ein stilles, unbewegtes Pastorendasein ... eigentlich zu schade für Dich wäre" (Karl Bonhoeffer, Brief vom 2. Februar 1934 an seinen Sohn Dietrich, zitiert nach DB, 61f.). Der Text befindet sich auch in DBW 13, 90.

[47] Sicherlich hatte es unter Dietrich Bonhoeffers Vorfahren einige Pfarrer und Theologen gegeben; doch war demgegenüber die naturwissenschaftlich-empirische Strömung in der Familie dominant.

theologischen Problemen im Vordergrund seiner Interessen; die Kirche tritt erst sehr viel später in sein Blickfeld.

Wie für alle Zeitgenossinnen und Zeitgenossen bedeutet der Erste Weltkrieg auch für Dietrich Bonhoeffer, der zu Beginn des Krieges acht und bei dessen Ende zwölf Jahre alt ist, eine große Zäsur. Hatten einige Leute noch bei der Generalmobilmachung am 1. August 1914 auf den Straßen getanzt und gejubelt, so wird bald die ganze erschreckende Wirklichkeit des Krieges offenbar.[48] Zwei Brüder hatten sich 1917 freiwillig gemeldet; sein Bruder Walter war, wie erwähnt, gestorben – einer Kriegsverletzung erlegen. Giftgaseinsätze, der Einsatz von Tanks, ein unendlich großes Massensterben auf den Schlachtfeldern in den „Stahlgewittern"[49], für das der Name `Verdun´ steht, sowie erste Ansätze eines industriellen Vernichtungsfeldzuges verändern langsam das Bewusstsein des Einzelnen – auch die bis dahin übliche Symbiose zwischen Staat und Kirche. Es ist nichts Ungewöhnliches für die evangelische Kirche im kaiserlichen Deutschland gewesen, dass sie den Krieg bis dato stets befürwortet hatte. Seit dem Bestehen des christlichen Glaubens ist die Kirche mit Kriegen konfrontiert gewesen. Im kaiserlichen Deutschland wird der Krieg nach vorherrschender

---

[48] Vgl. weiterführend GEO EPOCHE. 1914: Das Schicksalsjahr des 20. Jahrhunderts, Hamburg 2014, bes. 92-115.
[49] So der Titel des kriegsverharmlosenden Bestsellers von Ernst Jünger, der 1920 erstmals erschien und 1994 die 35. Auflage erreichte, vgl. Ernst Jünger, In Stahlgewittern, Stuttgart 2014.

Meinung wie ein Handwerk betrachtet, als „bloße Fortsetzung der Politik mit anderen Mitteln"[50]; der Beruf des
Soldaten ist gesellschaftlich hoch geachtet. Zum allgemeinen Wertekodex gehört es, sein Leben im Einsatz für
das deutsche Vaterland auf dem `Feld der Ehre´ zu las-
sen.[51] Man verspricht sich vom Krieg den Durchbruch
elementarer Kräfte, die in einer als kraftlos empfundenen
Zeit den Anstoß für religiöse und moralische Neubesin-
nung liefern können. Der `Lehre vom gerechten Krieg´
zufolge sind die Christen darüber hinaus sogar verpflichtet, an einem gerechten Krieg teilzunehmen, weil es sein
Ziel ist, die Freiheit zu gewinnen, sie zu erhalten oder sie
zurückzuerobern. Zu dieser Lehre gehören im Wesentli-
chen drei Kriterien: Der Grund, warum Krieg geführt wird,
muss gerecht sein, die Mittel zur Kriegsführung müssen
gerecht sein und der Krieg soll sein Ziel erreichen.[52] Der
Kriegsausbruch wird deshalb im wilhelminischen
Deutschland wie ein Volksfest begangen, anlässlich dessen die Straßen festlich geschmückt sind und allerorten
Partystimmung herrscht – Teil der Propaganda–Aktionen

---

[50] Carl von Clausewitz, zitiert nach Werner Hahlweg (Hg.), Carl von Clausewitz, Vom Kriege (1832), Bonn [19]1980, 210.
[51] Der Dichter Bertolt Brecht wird fast der Schule verwiesen, weil er in einem
Aufsatz im Jahre 1916 den Ausspruch, dass es „süß und ehrenvoll sei, für
das Vaterland zu sterben", als Zweckpropaganda gewertet hatte, vgl. Werner Hecht (Hg.), Brecht, FfM 1988, 21, und Klaus Völker, Bertolt Brecht, FfM
1978, 16.
[52] Zur Lehre vom gerechten Krieg vgl. genauer Wolfgang Lienemann, Frieden – vom `gerechten Krieg´ zum `gerechten Frieden´ (Bensheimer Hefte;
92), Göttingen 2000, bes. 31-44.

Kaiser Wilhelms II![53] Geistliche segnen Kanonen und beten für den Sieg. Auf den Koppelschlössern der Soldaten steht `Gott mit uns´ – für Kaiser und Vaterland mit Gottes Geleit und seinem Segen. Das ist wie in Jahrhunderten zuvor die evangelische Devise.[54] Feldgeistliche begleiten die Soldaten auf die Schlachtfelder, geben ihnen moralische Unterstützung, kümmern sich um sie nach der Schlacht, spenden den Angehörigen im Todesfall Trost.[55] Dieser Krieg wird der bis dato größte in der Geschichte der Menschheit werden! In Europa begonnen, setzt er die Welt binnen kurzem in Brand! Etwa vierzig Staaten sind beteiligt, fast siebzig Millionen Menschen stehen unter Waffen, rund siebzehn Millionen werden sterben. Umgerechnet belaufen sich die Kosten des Krieges auf 950 Milliarden Goldmark – dem entsprechen heute ca. vier Billionen Euro! In Deutschland hatten Vertreter fast aller Parteien den Krieg begrüßt: Liberale wie *Max Weber* genauso wie Sozialdemokraten wie *Friedrich Ebert*, der sich für die Bewilligung von Kriegskrediten ausgesprochen

---

[53] Vgl. dazu SPIEGEL-TV: „Wilhelm II. Der letzte Kaiser" (2009) sowie ZEIT Geschichte 1/2014, 30-37 und Brigitte Hamann, Der Erste Weltkrieg in Wahrheit und Lüge in Bildern und Texten, München 2004.
[54] Vgl. Heinrich Missalla, „Gott mit uns"?, in: Publik Forum Nr. 14/2004, 24-26. 90 Jahre nach Kriegsbeginn erinnert der Autor an die gotteslästerliche Lobpreisung des Ersten Weltkriegs.
[55] Vgl. dazu weiterführend Hendrik Stössel, Die Evangelische Kirche im Ersten Weltkrieg, in: Pfarrvereinsblatt 3-4/2014, 87-110. Dr. Stössel ist theologischer Referent der Evangelischen Landeskirche in Baden an der Europäischen Melanchthon-Akademie in Bretten. Er untersucht in seinem Beitrag die Entstehungsbedingungen und die Rolle, die Theologie und Kirche im Ersten Weltkrieg gespielt haben.

hatte. Allein Kommunisten wie *Karl Liebknecht* und *Rosa Luxemburg* sind mit wenigen anderen von Anfang an Kriegsgegner![56]

Kaiser und Kirche jedenfalls sind sich in diesem Punkt einig: Die Theologen haben das biblische Diktum „Jedermann sei Untertan der Obrigkeit" (Römer 13,1) jahrhundertelang eins zu eins auf die jeweilige Gegenwart, das heißt im Fall des Deutschen Reiches auf den monarchistischen Staat übertragen.[57] Die Pfarrerschaft hat zwar selbst für sich den Anspruch, unpolitisch und überparteilich zu sein, weist aber de facto eine sehr große Affinität zur Monarchie auf, gegenüber der man – da Obrigkeit – unbedingten Gehorsam aufzubringen habe. Dem Staat gegenüber verhält sich die Kirche loyal. Auch wenn der Staat für die Nöte und Sorgen der aufkommenden Arbeiterbewegung keinerlei Antworten parat hat, ist dies im Kaiserreich nicht Gegenstand kirchlicher Kritik.[58] Vereinzelt versuchen Pfarrer wie *Adolf Stoecker* oder *Friedrich von Bodelschwingh, sen.* sich für soziale Reformen ein-

---

[56] Während sich die meisten Kirchenleute dem nationalistischen Rausch ergaben, blieb eine pazifistische Minderheit zu Kriegsbeginn nüchtern und versuchte, den Krieg zu verhindern. Vgl. hierzu Jürgen Wandel, Das vergessene Konzil von Konstanz. Vor neunzig Jahren versammelten sich Pazifisten am Bodensee und versuchten, den Ersten Weltkrieg aufzuhalten, in: zeitzeichen 8/2004, 12-15.

[57] Vgl. dazu grundlegend Wolfgang Huber, Kirche und Öffentlichkeit, München 1991, bes. 135-160.

[58] Vgl. dazu weiterführend Christian Nottmeier, Religion, Krieg und Demokratie. Berliner Theologieprofessoren im Ersten Weltkrieg, in: DtPfrBl 8/2005, 413-415.

zusetzen und das Elend der Massen zu lindern. Die Mehrheit der Pfarrer jedoch denkt monarchistisch und nationalistisch. Die wenigen Pfarrer, die sich der aufstrebenden Sozialdemokratischen Partei Deutschlands (SPD) anschließen, werden mit dem Argument politischer Einseitigkeit von ihren reaktionären Kirchenleitungen vom Dienst suspendiert[59] – als ob die Monarchisten nicht einseitig gewesen wären![60]

Nach vier Jahren ist der Krieg für das kaiserliche Deutschland verloren. Vier Jahre Weltkrieg, in dem die Kriegsführung grausam und die Verluste beträchtlich waren, sind zu ihrem Ende gekommen. 1918 tritt der Waffenstillstand in Kraft. In Deutschland müssen der Kaiser und damit die Monarchie außenpolitisch unter dem Druck der amerikanischen Regierung und innenpolitisch unter dem Druck der Arbeiter- und Soldatenrevolten abdan-

---

[59] „Die Kirche hatte in ihrer Mehrheit den Vätern der Weimarer Demokratie nicht verziehen, die Trennung von Staat und Kirche in der Verfassung festgeschrieben zu haben. Sie war nicht bereit, die sittliche Erziehung des Volkes, die sie seit Jahrhunderten verantwortet hatte, widerstandslos einer Behörde zu überlassen, hinter deren erklärter weltanschaulicher Neutralität sie in Wahrheit die von ihr verhasste sozialdemokratische Gesinnung argwöhnte. (…) Der in der Monarchie verhaftete Protestantismus der Weimarer Republik nahm nicht wahr, dass der demokratische Staat ein Partner im Kampf gegen Armut und Elend war" (Matthias Schreiber, Martin Niemöller, Reinbek 1997, 42f.).

[60] Pastor Heinrich Albertz gab viele Jahre später die Stimmung der Pfarrerschaft um das Jahr 1930 wider: „`Die braunen Horden kommen´, sagte man wohl in den Pfarrhäusern. Aber weniger, weil man ihre nationalistischen, auch ihre antisemitischen Ziele verwarf, sondern einfach, weil sie zu ordinär waren und das verfemte Wort `sozialistisch´ im Namen führten" (Heinrich Albertz, Miserere nobis. Eine politische Messe, München 1987, 49).

ken.[61] In München sammeln sich Arbeiter, Soldaten und Intellektuelle in `Räten´, Spartakisten und Anarchisten kämpfen um die Macht, der bayerische Ministerpräsident *Kurt Eisner* wird ermordet. Reichskanzler Prinz *Max von Baden* verkündet am 9. November 1918 eigenmächtig, das heißt ohne Absprache mit dem Kaiser, den Verzicht von *Wilhelm II.* auf den Thron und ernennt *Friedrich Ebert* von der SPD, dem Vorsitzenden der stärksten Reichstagsfraktion, zum neuen Reichskanzler. Am 9. November 1918 ruft *Philipp Scheidemann* im Berliner Reichstag die Republik aus.[62] Bis ins Jahr 1919 gehen die Auseinandersetzungen darüber, welche Staatsform für Deutschland gewählt werden soll – bürgerliche Republik oder Räterepublik?[63] Die extreme Rechte wie die Deutschnatio-

---

[61] Als am 11. November 1918 das Waffenstillstandsabkommen unterzeichnet wurde, floh Kaiser Wilhelm II. ins niederländische Exil, am 28. November erklärte er offiziell seinen Verzicht auf die Kaiserwürde und auf die preußische Krone. Er entband die Angehörigen des Heeres und der Beamten von ihrem Treueeid und forderte sie auf, die neuen Machthaber bei der Sicherung der öffentlichen Ordnung und der Versorgung der Bevölkerung mit Lebensmitteln zu unterstützen.

[62] Sie ging in die Geschichte ein unter dem Namen `Weimarer Republik´, vgl. weiterführend Gunther Mai, Die Weimarer Republik, München 2009, bes. 6-12+51-83.

[63] Dabei ging es um die Bildung einer ausschließlich sozialistischen Reichsregierung, an der bürgerliche Fachminister beteiligt werden sollten oder um die sofortige Errichtung einer `Diktatur des Proletariats´. Mitglieder der SPD und der links von ihr stehenden Unabhängigen Sozialdemokratischen Partei Deutschlands (USPD) einigten sich am 10. November 1918 auf die Bildung eines `Rats der Volksbeauftragten´, zu dessen Hauptaufgaben nach der Unterzeichnung des Waffenstillstands die Demobilmachung gehörte. Nach den Wahlen zur Nationalversammlung vom 19. Januar 1919 wurde der `Rat

nale Volkspartei (DNVP) und die Monarchisten setzen auch weiterhin der jungen Republik zu: Die Niederlage des unbesiegbaren deutschen Heeres, so die Ansicht vieler im rechten Spektrum, sei nicht durch den Feind von außen, sondern durch die ihr `Vaterland´ verratende Arbeiterklasse verursacht worden, die das Heer feige von hinten `erdolcht´ hätte.[64] Insbesondere die Sozialdemokraten – zusammen mit den Kommunisten das Feindbild des kommenden Jahrzehnts schlechthin – hätten Deutschland durch die Unterzeichnung des Friedensvertrages zerstört und seien damit für die völlige Entwaffnung Deutschlands, für die als belastend empfundenen Reparationen und für die Preisgabe der Kolonien verantwortlich.[65] Obwohl historisch gesehen für die Niederlage

---

der Volksbeauftragten´ aufgelöst, vgl. Gunther Mai, Die Weimarer Republik, a. a. O., 26ff.

[64] Paul von Hindenburg hatte am 18. November 1919 vor dem Untersuchungsausschuss der Nationalversammlung über die Ursachen der Niederlage von einer heimlichen und planmäßigen Zersetzung von Flotte und Heer gesprochen und zu Protokoll gegeben, dass das Heer `von hinten erdolcht´ worden sei – womit er die Verantwortung für die militärische Niederlage ins Politische zog und damit die Friedensresolution von 1917 oder den Munitionsarbeiterstreik von 1918 verantwortlich machte.

[65] Die Nationalversammlung, die aus den Wahlen vom 19. Januar 1919 hervorgegangen war, trat am 6. Februar 1919 zu ihrer konstituierenden Sitzung in Weimar zusammen, da in Berlin Revolutionskämpfe geführt wurden. Friedrich Ebert wurde zum Reichspräsidenten gewählt, Philipp Scheidemann mit der Regierungsbildung betraut. Am 11. Februar 1919 nahm die `Weimarer Koalition´, bestehend aus SPD, Zentrum und DDP, ihre Arbeit auf und stimmte unter dem Druck der Mächte der Entente am 23. Juni 1919 dem Versailler Vertrag zu. Am 14. August 1919 trat die Weimarer Reichsverfassung in Kraft. Die Nationalversammlung wurde nach den Reichstagswahlen vom 6. Juni 1920 vom Reichstag abgelöst.

der Deutschen eindeutig nicht die innenpolitische Situation, sondern die militärische Überlegenheit der Gegner verantwortlich gewesen war, wird sich die `Dolchstoßlegende´ der deutschnationalen Antidemokraten durch die ganze Weimarer Republik hindurch bis hin zur Machtübernahme der Nationalsozialisten halten.

So kann man sagen, dass der Erste Weltkrieg einen tiefen Einschnitt bedeutet – in das Verhältnis von Kirche und Staat und auch in das Leben von Dietrich Bonhoeffer. Die alte Welt war untergegangen.[66] Die Werte der älteren Generation hatten ihre Gültigkeit verloren. Die Jüngeren suchen jetzt neue Orientierung – zu ihnen gehört auch Dietrich Bonhoeffer.

---

[66] Vgl. GEO EPOCHE. Der Erste Weltkrieg. Von Sarajewo bis Versailles: die Zeitenwende 1914-1918, Hamburg 2004, bes. 22f.

2. Die Studienjahre

In Dietrich Bonhoeffers Schul- und Studienzeit fällt die als
`Goldenen Zwanziger Jahre´ später romantisierend be-
zeichnete Zeit wirtschaftlicher und kultureller Blüte der
Weimarer Republik[67], aber auch der Niedergang der Demokratie und das Heraufziehen des Nationalsozialismus
mit seiner wesenseigenen Ausprägung des Antisemitismus[68]. Alles ist in Bewegung, die Welt der zwanziger und
frühen dreißiger Jahre ist schillernd und politisch aufge-
peitscht! Mit der erstmaligen Ausrufung der Republik auf
deutschem Boden durch Philipp Scheidemann bricht für

---

[67] Vgl. hinsichtlich eines schnellen Überblicks GEO EPOCHE. Die Weimarer
Republik. Drama und Magie der ersten deutschen Demokratie, Hamburg
2007, bes. 44-53.

[68] Antisemitismus war seit der Jahrhundertwende sehr in Deutschland verbreitet, auch unter ansonsten fortschrittlich denkenden Zeitgenossinnen und
Zeitgenossen. Ich denke beispielsweise an Wilhelm Raabes `Hungerpastor´
(1863/64) oder an Heinrich Manns `Im Schlaraffenland´ (1900). Wilhelm
Raabe schildert die Entwicklung vom Kind armer Leute zum Pastor auf dem
Lande. Heinrich Mann schreibt mit `Im Schlaraffenland´ eine Typologie des
deutschen Kaiserreichs – eine durch Geld bestimmte dekadente Gesellschaft der Nachgründerzeit im Berlin der neunziger Jahre. Sein Roman ist
das erste Beispiel eines sozialkritischen Romans in der deutschen Literatur
des Zwanzigsten Jahrhunderts. In beiden Büchern werden Juden unverkennbar auf Seiten des Bösen verortet, beide Autoren bedienen antisemitische Klischees. Bei den Nazis dann wird der Judenhass – denn nichts anderes ist Antisemitismus – zum ausgeprägten wesenseigenen Element der
`Bewegung´. Hannah Arendt schreibt: „Indessen kann kein Zweifel daran
bestehen, daß der Antisemitismus das charakteristische Merkmal war, welchem die faschistische Bewegung ihre internationale Anziehungskraft und
Mitläufer in jedem Land und jeder Klasse verdankte" (Hannah Arendt, Antisemitismus und faschistische Internationale, in: dies., Nach Auschwitz. Essays & Kommentare 1, hg. von Eike Geisel und Klaus Bittermann, Berlin
1989, 31-48, Zitat auf 31).

die monarchistisch ausgerichtete Gesellschaft eine völlig neue Zeit an. Damit steht besonders auch die evangelische Kirche vor einer politisch und geistig wahrgenommenen Umbruchsituation: Die Monarchie, die seit Jahrhunderten in Deutschland geherrscht hat, ist von der demokratischen Staatsform abgelöst worden.[69] Die Kirche empfindet diese Zeit des Umbruchs hauptsächlich als Krise. Denn das landesherrliche Kirchenregiment, das seit den Konfessionskriegen bestand, kommt mit dem Jahr 1919 zu seinem Ende. Der Kaiser ist nicht mehr länger der preußische Landesherr, der ʹsummus episcopusʹ, der zugleich der altpreußischen Kirche[70] vorsteht. Er hat sich ins Ausland abgesetzt, so dass die evangelische Kirche kopflos da steht. Der Weimarer Staat sichert nun seinen Bürgerinnen und Bürgern volle Glaubens- und Gewissensfreiheit sowie eine ungestörte Religionsausübung zu.[71] Kirche und Staat werden fortan in der neuen Republik getrennt sein.[72] Die Kirchen werden zu

---

[69] Vgl. dazu grundlegend und weiterführend Ernst-Rudolf Huber/Wolfgang Huber, Staat und Kirche im 19. und 20. Jahrhundert, Bd. I-V, Berlin 1973-1995.

[70] Die Altpreußische Union (APU), die Lutheraner und Reformierte vereinte und damit der größte Zweig des Kirchenbundes war, war wie die BK-APU gespalten: in die konservativ-rheinländischen Kirchenprovinzen und in die ʹprogressiveʹ Kirche von Berlin-Brandenburg.

[71] So die Artikel 135 und 137 der Weimarer Reichsverfassung vom August 1919.

[72] Vgl. ausführlicher Günter Wollstein, Evangelische Kirche und Weimarer Republik. Erschütterung – Besinnung – Deformation, in: Richard Ziegert (Hg.), Die Kirchen und die Weimarer Republik, Neukirchen-Vluyn 1994, 7-22: „Die evangelische Kirche war organisatorisch über das Landeskirchen-

Körperschaften des öffentlichen Rechts und dürfen damit Kirchensteuern erheben. Religionsunterricht wird zum ordentlichen Lehrfach in den Schulen. An den staatlichen Universitäten entstehen theologische Fakultäten. All diese Neuerungen werden von den mehrheitlich national-konservativ denkenden evangelischen Kirchenmitgliedern und der Pfarrerschaft[73] als eine Katastrophe empfunden, weil der Wegfall des landesherrlichen Kirchenregiments zunächst den Zusammenbruch der äußeren Organisation der Kirche zur Folge hatte. Weil sie, wie gesagt, sehr monarchistisch gesinnt sind, können sich nur wenige Pfarrer und Theologen damals überhaupt eine Kirche in der Demokratie vorstellen. Verwirrung macht sich breit. Bald jedoch konsolidiert sich die Lage: Zunächst behält man die 28 selbstständigen Landeskirchen bei, die sich 1922 zum `Deutschen Evangelischen Kirchenbund´ zusammenschließen. Ziel dieses Bundes, der die Selbst-

---

system mit dem politischen System und Denken dieses wilhelminischen Deutschlands aufs engste verbunden; es gab einen weitreichenden Gleichklang von kirchlichem und staatlich-gesellschaftlichen Leben." (9)

[73] Ein Beispiel für einen solchen deutschnationalen Pfarrer war der junge Martin Niemöller, der seine Kriegserlebnisse später heroisch in einem Buch verarbeitete, vgl. Martin Niemöller, Vom U-Boot zur Kanzel, Berlin 1934. Das Buch, 1933 auf Amrum abgeschlossen und erst 1935 erschienen, wurde zum Bestseller in der Bekennenden Kirche, vgl. Hans J. Oeffler/Hans Prolingheuer u.a. (Hg.) Martin Niemöller. Ein Lesebuch, Köln 1987, 63. Erst Jahrzehnte später votierten Theologen wie Helmut Gollwitzer für einen `christlichen Kommunismus´ oder Friedrich-Wilhelm Marquardt (1928-2002) für den Marxismus, vgl. Friedrich-Wilhelm Marquardt, Verwegenheiten. Theologische Stücke aus Berlin, München 1981, bes. 88 und 510 und weiterführend https://www.fwmarquardt.eu/index.html (aufgerufen am 11.10.2024).

ständigkeit der einzelnen Landeskirchen wahrt, ist es, nach außen ein einheitliches Erscheinungsbild des Protestantismus zu signalisieren und auch gemeinsame Interessen durchzusetzen. Die Organe des Bundes sind Kirchentag, Kirchenbundesrat (das sind die Vertreter der Leitungen der 28 Landeskirchen) und Kirchenausschuss (das sind 18 Delegierte des Kirchentages und 18 Delegierte des Kirchenbundesrats). Die Ordnungen der Landeskirchen erfolgen nach einem synodal-presbyterialen System. So gibt es eine Synode (Vertretung der Kirchenmitglieder), eine Verwaltungsbehörde (Ober- oder Landeskirchenrat) und häufiger einen aus Mitgliedern der anderen beiden Gremien zusammengesetzten Kirchensenat. Alle weiteren kirchlichen Entscheidungsorgane sind von Landeskirche zu Landeskirche unterschiedlich. Die Synode setzt sich nach einem Mehrheitswahlsystem zusammen und ist wie in der Politik nach Parteien organisiert. Ewiger Streitpunkt in den Landeskirchen ist es, ob es einen Bischof geben soll oder nicht, und so fällt die Entscheidung je nach konfessioneller Ausprägung unterschiedlich aus. Insgesamt gibt es fünfzehn lutherische, zwölf unierte und eine reformierte Landeskirche. Dem Kirchenbund angeschlossen sind außerdem die `Evangelische Brüder-Unität´ und der `Bund freier evangelisch-reformierter Gemeinden´. Kirchenverträge regeln die Angelegenheiten zwischen den Landeskirchen und den einzelnen Ländern im Detail.[74]

In der Theologie stellt sich die Situation ähnlich dar. Erst allmählich entwickelt sich ein Selbstbewusstsein, das mit der neuen Situation konstruktiv umzugehen versucht. Zur Zeit des Ersten Weltkrieges waren die theologischen Entwürfe von *Albrecht Ritschl* und *Wilhelm Herrmann* führend, auch *Rudolf Otto* und *Reinhold Seeberg* waren bei den Studenten populär. Ihre zentralen theologischen Begrifflichkeiten waren `Sittlichkeit´ und `Kultur´. Das erklärte Ziel ihres theologischen Ansatzes war es, dass der Einzelne und die Gemeinschaft sittlich gefördert werden sollten. Diese theologische Denkrichtung wird heute als `liberaler Kulturprotestantismus´ bezeichnet. *Karl Holl* und *Otto Dibelius* versuchten, aus lutherischer Perspektive die theologisch und kirchlich neuen Verhältnisse, die

---

[74] Die römisch-katholische Kirche pflegte einen anderen Umgang mit der veränderten politischen Situation, da sie nicht so eng mit dem landesherrlichen Kirchenregiment verzahnt war. Sie regelte ihre Angelegenheiten in Länderkonkordaten und hatte mit der Zentrumspartei eine Partei, mit der sie in der Politik Einfluss nehmen konnte. Der Katholizismus erlebte in dieser Zeit eine Blüte. Zu erwähnen sind die liturgische Erneuerungsbewegung, die Jugendbewegung, ein neues Kirchenbewusstsein und die Bibelbewegung. Katholische Studentenverbindungen und katholische Arbeitervereine wurden ins Leben gerufen. Papst Pius XI. (1922-1939) schloss mit Italien Lateranverträge ab (1929), die die Gründung des souveränen Vatikanstaates, staatliche Schutzverträge für die katholische Kirche und Entschädigung für Kurie für die Verluste von 1870 beinhalteten. Am 20. Juli 1933 unterzeichnete der Papst das Reichskonkordat, den Staatskirchenvertrag zwischen dem Heiligen Stuhl und dem Deutschen Reich, der das Verhältnis zwischen der römisch-katholischen Kirche und dem Deutschen Reich neu regelt und noch heute Gültigkeit besitzt.

mehr Selbstständigkeit ermöglichten, aufzuarbeiten.[75] Die nationalkonservativen Lutheraner von der Erlanger Fakultät, *Werner Elert und Paul Althaus* sowie *Emanuel Hirsch* aus Göttingen werden auf diesem Hintergrund ihre völkische `Politische Theologie´[76] entwickeln. Antijudaistische und antikommunistische Denkmuster waren dem völkisch-christlichen Gedankenwust auch der evangelischen Kirche in dieser Zeit inhärent.[77]

Mit *Karl Barth* kommt nun neuer Schwung in die theologische Diskussion. Barth kam zwar auch von der protes-

---

[75] Karl Holl hielt 1917 seinen Vortrag `Was verstand Luther unter Religion?´, mit dem die sog. Luther-Renaissance begann, die vor allem die Kreuzes- und Rechtfertigungstheologie des jungen Luthers aufnahm. Richtungsweisend war Karl Holls Vortrag `Luther und das landesherrliche Kirchenregiment´ von 1911 (2. Aufl. 1921). 1926 erschien Dibelius´ vielbeachtetes Buch `Das Jahrhundert der Kirche´. In ihm machte er die Novemberrevolution von 1918 für den Zusammenbruch des christlich fundierten Staatswesens verantwortlich. Doch erblickte er darin auch eine Chance, dass sich die Kirche erneuern und in einem säkularen Staat das Wächteramt führen würde.

[76] Der Begriff `Politische Theologie´ ist nicht mit der gleichnamigen, von Dorothee Sölle (1929-2003) favorisierten theologischen Richtung der sechziger Jahre des 20. Jahrhunderts zu verwechseln. Im Unterschied zu Sölles Ansatz ging es dieser Spielart Politischer Theologie um die völkische Blut-und-Boden-Theologie der Nazis, vgl. weiterführend Dorothee Sölle, Politische Theologie, Stuttgart 1971 und 1982, bes. 62f.

[77] Vgl. weiterführend Hans-Walter Krumwiede, Evangelische Kirche und Theologie in der Weimarer Republik, Neukirchen-Vluyn 1990, bes. 77-92 (Emanuel Hirsch) und 184-207 (Paul Althaus). Vgl. dazu auch Folkert Rickers, Zwischen Kreuz und Hakenkreuz, Neukirchen-Vluyn 1995, 1-36 (zu Helmuth Kittel). Zur völkischen Ideologie Emanuel Hirschs vgl. weiterführend die theologischen Dissertationen von Gunda Schneider-Flume, Die politische Theologie Emanuel Hirschs 1918-1933, Bern-FfM 1971, und Markus Hentschel, Gewissenstheorie als Ethik und Dogmatik. Emanuel Hirschs `Christliche Rechenschaft´, Neukirchen-Vluyn 1995.

tantischen liberalen Theologie der Zeit vor dem Ersten Weltkrieg her, reflektierte aber durch den Krieg seine theologischen Grundüberzeugungen neu und versuchte, in der Bibel Antworten für die Gegenwart zu finden. 1919 erscheint sein Römerbriefkommentar[78], in dem er das Anderssein Gottes unterstreicht und Christus in den Mittelpunkt des Geschehens rückt.[79] Gott ist der ganz Andere, der sich jenseits menschlicher Erkenntnis offenbart. 1921 folgt eine zweite Auflage des Buches: Karl Barth stellt darin klar, dass es für ihn eine Beziehung zwischen Gott und der Welt nur senkrecht von oben geben kann. Der Mensch kommt nicht zu Gott, sondern Gott zum Menschen; Christus ist „die uns unbekannte Ebene, die die uns bekannte senkrecht von oben durchschneidet"[80]. Eine Entsprechung von Glauben und Denken gibt es nicht. Weil Karl Barth häufig zur Veranschaulichung des Gesagten paradoxe Formulierungen wählt, erhält diese theologische Schule unter seiner Leitung den Namen `Dialektische Theologie´. Die Dialektische Theologie hat zum Ziel, den Kulturprotestantismus des 19. Jahrhun-

---

[78] Vgl. Karl Barth, Der Römerbrief 1919, ²1921, Zürich ⁹1954. Wie die lutherischen Theologen der zwanziger Jahre, so griff auch Barth in seinem `Römerbrief´ auf das Vokabular des Existentialismus (Krise, Paradox, Existentialität) zurück, um die überwältigende Begegnung mit Gott in Worte zu fassen.

[79] Vgl. in kurzer Form Karl Barth, Dogmatik im Grundriß, Zürich 1947, ⁶1983, bes. 75-83.

[80] Karl Barth, Der Römerbrief 1919, ²1921, Zürich ⁹1954, 6. Die Formulierung `senkrecht von oben´ stammte bekanntermaßen von Barths Freund Eduard Thurneysen.

derts mit seiner Nähe der Kirche zur Kultur zu überwinden. Neben Barth sind die glühenden Verfechter dieses Ansatzes *Eduard Thurneysen, Friedrich Gogarten, Emil Brunner* und *Rudolf Bultmann*, die mit den anderen Theologen eine bittere Auseinandersetzung führen. [81] Zum Schluss ist die Gruppe der dialektischen Theologen allerdings zerstritten – untereinander und auch mit Karl Barth.

Das ist ein Teil des Spektrums der geistigen und kulturellen Situation damals, die berühmten Namen der theologischen und kirchlichen Repräsentanten jener Zeit, in der Dietrich Bonhoeffer seine Schulzeit beendet und das Studium der Theologie aufnimmt. Existentiell und existential wird er weder von den wirtschaftlichen, politischen, kirchlichen noch von den geistig-geistlichen Aufbrüchen seiner Zeit unberührt bleiben. Der neu entstehenden Weimarer Republik, der ersten Demokratie auf deutschem Boden, begegnet sowohl er als auch seine Familie mit Zurückhaltung. Auch hatte man im Hause Bonhoeffer mit großer Selbstverständlichkeit, wie viele andere auch, Kriegsanleihen unterzeichnet und die finanzielle Unterstützung des Krieges als vaterländische Pflicht begriffen. Der Verlust des zweitältesten Sohnes und der verlorene Krieg haben jedoch der scheinbar heilen Welt ein jähes Ende bereitet. Die Mutter Bonhoeffers ist wegen des Todes ihres Sohnes Walter lange Jahre psy-

---

[81] Von 1923 bis 1933 war das zentrale Organ der Dialektischen Theologie die Zeitschrift ʼZwischen den Zeitenʼ.

chisch instabil. Der Vater lässt sich seine Trauer nach außen nicht anmerken, stoppt aber zehn Jahre lang seine alljährlichen Eintragungen ins Silvestertagebuch. In der jetzigen Umbruchsituation blickt man verunsichert in die Zukunft, muss seinen Platz in der Welt neu definieren. Die Eltern sind wie viele Angehörige des Bürgertums gegen die Bedingungen des Versailler Friedensvertrages[82] und wählen deutschnational. Im Wahlverhalten unter den Geschwistern und in ihrem Verhältnis zur Republik sind allerdings die Liberalen genauso vertreten wie die SPD.[83] Auf den verlorenen Krieg folgen Hunger, Not und

---

[82] Vgl. als Hintergrundbericht Klaus Wiegrefe, Der Unfriede von Versailles, in: DER SPIEGEL Nr. 28 v. 6.7.2009, 90 Jahre Versailler Vertrag: Der verschenkte Frieden. Warum auf den Ersten Weltkrieg ein zweiter folgen musste, 44-53.

[83] Vgl. dazu auch Eberhard Bethge, Bonhoeffer, Reinbek 1983, 25ff. Ich bezweifle, nach allem, was ich gelesen habe, die Einschätzung von Ruth-Alice von Bismarck, dass Bonhoeffers Elternhaus `SPD-orientiert´ war, vgl. http://www.brot-und-rosen.de/detail.details+M5bbd4eecc64.0.html (aufgerufen am 30.8.2004). Ich gehe vielmehr davon aus, dass das familiäre Umfeld Bonhoeffers liberal-konservativ war und schließe mich der Einschätzung von Heinz Eduard Tödt (1918-1991) und Ernst-Albert Scharffenorth (1939-2023) an, die herausfanden, dass die meisten aus dem Bonhoeffer-Dohnanyi-Kreis „vor 1933 zur Deutschen Demokratischen Partei, die ab 1930 Staatspartei hieß, oder zu Stresemanns Deutscher Volkspartei" tendierten (Vorwort der Herausgeber, in: Christoph Strohm, Theologische Ethik im Kampf gegen den Nationalsozialismus. Der Weg Dietrich Bonhoeffers mit den Juristen Hans von Dohnanyi und Gerhard Leibholz in den Widerstand, München 1989, XIII). Christine von Dohnanyi schrieb später über ihren Mann, Hans von Dohnanyi, dass dieser kein ausgeprägter Anhänger einer Partei gewesen war, sondern – liberaler christlicher Gesinnung – am ehesten der liberalen Demokratischen Partei nahestand, vgl. Christoph Strohm, Theologische Ethik im Kampf gegen den Nationalsozialismus, a. a. O., 238. Auch Renate Bethge, Bonhoeffers Nichte, spricht in einem 1985 gehaltenen und für die Veröffentlichung überarbeiteten Vortrag in der Gedenkstätte Deutscher Wi-

Massenarbeitslosigkeit. Brot erhält man nur noch auf Lebensmittelkarten. Besonders die Städter, die darauf angewiesen sind, von außen durch die Landwirtschaft versorgt zu werden, sind betroffen. Und dann die Inflation: Das Geld verliert sehr schnell an Wert und die Preise steigen ins Unermessliche. Bald kostet ein Liter Milch eine Million Reichsmark!

Der junge Dietrich Bonhoeffer, der bis zum Ende seiner Schulzeit kaum aus seinem Wohnviertel herausgekommen ist, vertritt – anders als seine demokratisch gesinnten linksliberalen älteren Brüder – in dieser Zeit die konservativen Werte der Eltern. Die Macht der Straße ist ihm ein Graus. Er nimmt sie als Bedrohung wahr. Als Sechzehnjähriger hatte er die Schüsse, die auf den liberalen Reichsaußenminister *Walther Rathenau,* Jude und Frie-

---

derstand davon, dass in Dietrich Bonhoeffers Elternhaus „der Geist des Empirismus, der Rationalität und des Liberalismus" herrschte, man DVP, DDP bzw. ab 1930 Deutsche Staatspartei gewählt habe und ansonsten der familiäre Hintergrund Bonhoeffers ein christlich-liberaler gewesen sei, vgl. Renate Bethge, Bonhoeffers Familie und ihre Bedeutung für seine Theologie (Gedenkstätte Deutscher Widerstand: Beiträge zum Widerstand 1933-1945), Berlin 2003, 16+3+23. Von Eberhard Bethge wissen wir, dass Dietrich Bonhoeffer „ein Mann... bürgerlich-liberaler, konservativer Herkunft und Vorstellungsweise" gewesen ist und auch Dietrich Bonhoeffers Schwester Ursula Schleicher, Bethges Schwiegermutter, zwar eher konservativ eingestellt war, aber später sozialdemokratisch gewählt hat, vgl. Eberhard Bethge, Erstes Gebot und Zeitgeschichte, a. a. O., 125. Auf diesem Hintergrund war es deshalb wenig überzeugend, als Günther Beckstein (geb. 1943, CSU), zu Zeiten von Bonhoeffers 100. Geburtstag bayerischer Innenminister und evangelisch, später bayerischer Ministerpräsident, postulierte, dass Bonhoeffer, hätte er den Krieg überlebt, „in die Union eingetreten wäre". Zudem bleibt es Spekulation.

denspolitiker, abgegeben worden waren, im Grunewald-Gymnasium gehört, in das er inzwischen gewechselt war: Am Morgen des 24. Juni 1922 hatten zwei Mitglieder der terroristischen rechtsradikalen `Organisation Consul´ Walter Rathenau, der sich auf der Fahrt ins Außenamt befand, erschossen. Der militärische Apparat des Kaiserreichs war bruchlos in die Republik übergegangen: Generäle, Industrielle und rechtsgerichtete Politiker samt weiten Teilen der Presse redeten schon lange wieder von einer Revanche für die Niederlage des Ersten Weltkrieges. Auch die Mörder Rathenaus, Antisemiten und Nationalisten, bekämpften wie die anderen Nationalisten und Monarchisten in Heer, Verwaltung und Justiz die junge Republik – mit Terror. Von den Pistolenschüssen und einer Handgranate, die in seinen Wagen geworfen worden war, getroffen, war Rathenau sofort tot. Auf den Straßen machte die Arbeiterbewegung mobil, protestierte gegen den Terror von rechts und klagte längst überfällige Reformen ein. Wenig später nach dem Mord an Walter Rathenau wurden die führenden Sozialisten Rosa Luxemburg und Karl Liebknecht von Freikorps-Soldaten am 15. Januar 1919 in Berlin hinterrücks ermordet; die Täter wurden nicht bestraft.[84] Das politische Gefüge der Republik erwies sich insgesamt als labil – wie auch Putsch-

---

[84] Ihr Andenken wird heute durch die Partei `Die Linke´ in Ehren gehalten, vgl. https://www.morgenpost.de/berlin-aktuell/article123785541/Tausende-erinnern-an-Rosa-Luxemburg-und-Karl-Liebknecht.html (aufgerufen am 11.10.2024).

aktionen der extremen Rechten wie der Lüttwitz-Kapp-Putsch[85] von 1920 oder der Putschversuch von Adolf Hitler 1923 bewiesen hatten.

Am 1. März 1923 hält der siebzehnjährige Dietrich Bonhoeffer sein Abitur in Händen.[86] Der strebsame, intellektuell sehr leistungsfähige und hochbegabte Schüler hatte die einseitige und starre Schule des Kaiserreichs und der beginnenden Weimarer Republik in rasanter Geschwindigkeit und mit recht gutem Erfolg bewältigt. Die Welt der Bücher, in die er sich vergraben hatte, ersetzte gute Freunde. Noch im selben Jahr – 1923 ist Inflationsjahr und das Geld verfällt bei der Mehrheit der Bevölkerung in Deutschland schneller, als es verdient werden kann[87] – nimmt der individualistische junge Mann das Studium der Theologie in Tübingen auf. Dort kann er bei seiner Großmutter wohnen. Er schließt sich der nicht-

---

[85] Aufgrund von Art. 160 des Versailler Vertrags sollte das deutsche Heer auf 100000 Berufssoldaten und aus einem aus Freiwilligen zusammengesetzten Freikorps bestehen. Frustrierte Militärs, die damit nicht einverstanden waren, planten deshalb einen Putsch. Einer der Rechtsextremisten war Generallandschaftsdirektor Wolfgang Kapp (1858-1922), der zum ranghöchsten General der Reichswehr, Walther von Lüttwitz (1859-1942), Kontakte unterhielt. Zu den Hintergründen vgl. Volker Ullrich, Marsch auf Berlin, in: DIE ZEIT Nr. 11 v. 11. 3. 2010.

[86] Vgl. Jugend und Studium 1918-1927, hg. von Hans Pfeifer in Zusammenarbeit mit Clifford Green und Carl-Jürgen Kaltenborn, München 1986 (DBW 9).

[87] Bonhoeffer schrieb: „Jedes Essen kostet 1 Milliarde. Für Brot habe ich 6 Milliarden geben müssen. Margarine kostet 20 M. Außerdem habe ich 35 M. für die Universitätsgebühren zu bezahlen. Die Wäsche kostet ungeheuer. 1 steifes Hemd vor ein paar Tagen 15 M" (DBW 9, 60f.).

schlagenden, liberal-konservativen Studentenverbindung `Der Igel´ an, der schon sein Vater angehörte und in der auch sein Schwager *Rüdiger Schleicher* Mitglied ist. Weil Deutschland in seinen Reparationszahlungen säumig ist, marschieren im Januar 1923 60000 französische und belgische Truppen in Essen und Gelsenkirchen ein und besetzen das Ruhrgebiet. Es gibt Tote. Die `Schwarze Reichswehr´ macht mobil. Als im Herbst 1923 der militärische Ausnahmezustand verhängt wird, um drohende Putschversuche von rechts und Aufstände von links im Keim zu ersticken, meldet sich auch Dietrich Bonhoeffer mit anderen Studenten zur – wie er später im Rückblick sagen wird – reaktionären `Schwarzen Reichswehr´ und nimmt bei den Ulmer Jägern an Militärübungen teil. Aber die Zeit in Uniform ist nur kurz und bald kehrt er in den Elfenbeinturm der Universität zurück.

In dieser Zeit ist Bonhoeffer hauptsächlich philosophisch interessiert, belegt aber auch Religionsgeschichte bei *Adolf Schlatter*[88]. Weil ihm – im Unterschied zu den meisten Theologiestudenten – die Selbstverständlichkeit der kirchlichen Sozialisation fehlt, ist er an der theologischen Fakultät ein Außenseiter. 1924 schenken die Eltern dem

---

[88] Vgl. weiterführend Werner Neuer, Adolf Schlatter. Ein Leben für Theologie und Kirche, Stuttgart 1996 sowie die kritischen Beiträge von Leonore Siegele-Wenschkewitz (Hg.), Christlicher Antijudaismus und Antisemitismus. Theologische und kirchliche Programme Deutscher Christen, FfM 1994, 95-110, und dies., Die vergessene Kumpanei mit den Mördern, in: Das Sonntagsblatt Nr. 4 v. 21. Januar 1997, 20f.

die Theologie aufsaugenden Studenten zum achtzehnten Geburtstag einen mehrwöchigen Studienaufenthalt in Rom, eine Bildungs- und Abenteuerreise, die bei Dietrich Bonhoeffer tiefe Eindrücke von der Welt der Antike, von der internationalen Weite der römisch-katholischen Kirche und von der Provinzialität der eigenen, national gesinnten Kirche hinterlässt.[89] Er reist zusammen mit seinem Bruder Klaus. In Rom besuchen die beiden alte Bekannte.[90] Von Sizilien aus reisen sie einige Tage nach

---

[89] Vgl. Dietrich Bonhoeffer, Italienreise 1924, hg. von Fulvio Ferrario und Manuel Kromer, Gütersloh 2012 und sein `Italienisches Tagebuch´ in: DBW 9, 81-112. Bonhoeffer reiste insgesamt dreimal nach Rom: 1924, 1936 und 1942. Das Buch enthält das Reisetagebuch der Reise von 1924, die er mit seinem Bruder Klaus unternahm, sowie Auszüge aus Briefen und Karten Dietrich Bonhoeffers an seine Verwandten. Bei seiner ersten Reise, die von Berlin mit dem Zug 44 Stunden dauerte, und seiner ersten Begegnung mit dem Katholizismus und dem Petersdom äußerte er sich euphorisch, vgl. Dietrich Bonhoeffer, Italienreise 1924, a. a. O., 38: „Es war fabelhaft." Bonhoeffer hat allerdings nicht in Rom studiert („Nach zwei Semestern wechselt er nach Rom...“), wie Bonhoeffer-Biograph Christian Feldmann (geb. 1950) dem Leser durch seine Wortwahl nahelegt, sondern war lediglich nach Rom gereist, vgl. Christian Feldmann, „Wir hätten schreien müssen", a. a. O., 20.

[90] Erstaunlich, dass Dietrich Bonhoeffer in Rom seine Sandkastenfreundin und Klassenkameradin Marion Winter, spätere Gräfin Yorck von Wartenburg (1904-2007) traf. Ihr späterer Mann, Peter Graf Yorck von Wartenburg (1904-1944), ein bekennender Lutheraner, wurde entschiedener Hitler-Gegner. Während ihr Mann am 8.8.1944 auf ausdrücklichen Befehl Hitlers zum Tode verurteilt und gehängt wurde, kam sie später für drei Monate in `Sippenhaft´ und wurde 1945 in der Bundesrepublik Deutschland Richterin und Landgerichtsdirektorin. Als solche war sie eine entschiedene Gegnerin der Homosexualität und setzte sich dafür ein, dass wegen Homosexualität verurteilte KZ-Insassen keine Entschädigungsleistungen erhielten. Sie lebte ab 1952 mit dem Juristen und CDU-Politiker Ulrich Biel zusammen, dem `Entdecker´ Konrad Adenauers (1876-1967). In Rom hat Bonhoeffer auch seinen alten Griechisch- und Lateinlehrer Walther Kranz (1884-1960) und Axel von Harnack (1895-1974), den Sohn Adolf von Harnacks, aufgesucht.

Tripolis und in die libysche Wüste[91], bevor beide nach Berlin zurückkehren – in Dietrich Bonhoeffers alte Heimat und an seinen neuen Studienort.

Berlin – die weltoffene Großstadt mit ihrem Tempo und ihrer Dynamik ist die aufstrebende Metropole, „die kulturelle als auch die politische Hauptstadt der Weimarer Republik"[92]. Nach dem Krieg gelangt die Zwei-Millionen-Einwohner-Stadt zu neuer kultureller Blüte. Auf der anderen Seite wächst aber auch das Elend. In den Arbeitervierteln hausen die Familien mit vielen Kindern in krank machenden feuchten Quartieren. Die Kindheit in Proletarierbezirken ist kurz; wer nicht bettelt, muss sich in Lohnarbeit früh verdingen. Es ist eine ganz andere Welt als die, die Dietrich Bonhoeffer kennt.

Bonhoeffer ist auf der Sonnenseite des Lebens geboren worden. Er ist weit davon entfernt, arm oder ein Asket zu

---

[91] Vgl. Dietrich Bonhoeffer, Italienreise 1924, a. a. O., 22ff. Die Fotos, die sich im Bonhoeffer-Nachlass in Berlin befinden, stammen nicht von Klaus und Dietrich Bonhoeffer, sondern von dem Stuttgarter Fotografen Paul Hommel (1880-1957). Sie haben dem Mitreisenden die Negative abgekauft – eine nicht unübliche Praxis damals.

[92] So die US-amerikanische Historikerin Suzanne Selinger, Charlotte von Kirschbaum und Karl Barth. Eine biografisch-theologiegeschichtliche Studie, Zürich 2004, 41. Eberhard Bethge schreibt: „Berlin wurde und blieb für Bonhoeffer die bestimmende Stadt: das kaiserliche, das republikanische und das zögernd nationalsozialistisch gewordene Berlin; das liberale und das kirchliche, das konservative und das weltoffene Berlin mit seinen akademischen und proletarischen Bezirken, seinen Konzerthäusern und Museen; das Berlin der Straßenkämpfe und später das Berlin der Konspiration" (Eberhard Bethge, Bonhoeffer, Reinbek 1983, 16).

sein: Er kleidet sich modisch – die Fotos zeigen ihn meist in einer Kombination aus Hose und Jackett –, liebt gutes Essen, schätzt guten Wein und raucht gerne und viele Zigaretten.[93] Er nimmt teil am öffentlichen Leben der Stadt, besucht Konzerte, Theateraufführungen und Museen, geht ins Kino. Der junge Mann ist zuhause eingebettet in das Leben der großen Familie mit seinen vielen Geschwistern und deren Freundinnen und Freunden. Mit ihnen musiziert er gerne, spielt Karten wie Rommé und Bridge. An der Berliner Universität hört er am liebsten Vorlesungen bei dem Kirchenhistoriker *Karl Holl* und bei dem systematischen Theologen *Reinhold Seeberg*, der später seine Doktorarbeit betreuen wird; theologisch-literarisch macht er im Wintersemester 1924/25 die ihn persönlich nachhaltig prägende theologische Entdeckung von Karl Barth.[94] Mit seiner Promotion beginnt Dietrich

---

[93] Man würde Bonhoeffer heute als Kettenraucher bezeichnen, vgl. Wolfgang Seehaber, Maria von Wedemeyer – Bonhoeffers Verlobte. Ein Lebensbild, Basel-Giessen 2012, 94. Auf dem bekannten Foto, das Bonhoeffer im Tegeler Gefängnishof mit weißem Hemd und einem Buch in der rechten Hand im Sommer 1944 zeigt, ist die Zigarette in der Linken für die Veröffentlichung des Bildes wegretuschiert worden, vgl. Werner Milstein, Einen Platz in der Welt haben, Gütersloh 2005, 78 und Ferdinand Schlingensiepen, Dietrich Bonhoeffer, a. a. O., 337. Zur Personenbeschreibung Bonhoeffers vgl. auch den Bericht von Albrecht Schönherr, in: Christian Gremmels/Heinrich W. Grosse, Dietrich Bonhoeffer. Der Weg in den Widerstand, Gütersloh 22004, 35-38.

[94] Obwohl Dietrich Bonhoeffer Karl Barth „Offenbarungspositivismus" vorgeworfen hatte, verstand er sich während seines Amerika-Aufenthaltes als überzeugtester Anhänger Barths, vgl. Andreas Pangritz, Karl Barth in der Theologie Dietrich Bonhoeffers – eine notwendige Klarstellung (Dahlemer Hefte 9), Westberlin 1989, 38+136ff. Helmut Gollwitzer erklärte: „Daß Bon-

Bonhoeffer 1925, da ist er neunzehn Jahre alt; er wird sie nur zwei Jahre später, im Juli 1927, an der Theologischen Fakultät der Friedrich-Wilhelm-Universität zu Berlin mit dem Titel „Sanctorum Communio. Eine dogmatische Untersuchung zur Soziologie der Kirche"[95] als Doktorarbeit einreichen. Sie wird 1930 im Druck erscheinen. Am 17. Dezember 1927, kurz vor Weihnachten, verteidigt er öffentlich seine Promotionsthesen. Er wird für diese Arbeit ein ˋsumma cum laudeˊ erhalten, das heißt ˋmit höchstem Lobˊ, eine Eins mit Sternchen sozusagen. Bonhoeffer hat in seiner Arbeit den Anspruch, Soziologie und Historische Darstellung mit einem offenbarungstheologischen Denken zu verbinden und denkt darin ganz vom Christusgeschehen aus.[96] Anfangs von der Fachwelt kaum beachtet, finden sich in ihr später viel zitierte Sätze wie der, der auf die christliche Gemeinde bezogen ist: „Die Gemeinde…kann mehr tragen als alle ihre Glieder zusammen. Sie muß als solche eine geistliche Realität sein, die über alle Einzelnen hinausgreift. Nicht alle Einzelnen, sondern sie als Ganzheit ist in Christus, ist der ˋLeib Christiˊ; sie ist ˋChristus als Gemeinde existie-

---

hoeffer ihn damals so mißverstehen konnte, hängt m.E. damit zusammen, daß er mit dieser Kritik an Barth sich von einer eigenen früheren Periode und damit seiner früheren Art, Barth zu lesen, kritisch distanzierte" (Helmut Gollwitzer, Befreiung zur Solidarität, München 1978, ²1984, 22, Anm. 9).

[95] DBW 1.

[96] Im Prinzip ist hier angelegt, was später Sabine Dramm überspitzt in Worte gefasst hat. „Bonhoeffers ganze Theologie ist Christologie" (Sabine Dramm, Dietrich Bonhoeffer, a. a. O., 62).

rend´(...), sie ist der gegenwärtige Christus selbst, und darum ist ``in Christus sein´ und `in der Gemeinde sein´ dasselbe...."[97] Die konkrete Gestalt des Glaubens interessiert Bonhoeffer nun, nicht mehr nur theologisch abstrakte Fragestellungen, mit denen er sich bisher beschäftigt hatte.[98] Der Glaube – das hat für den jungen Bonhoeffer in erster Linie nichts mit dem himmlischen Jenseits, sondern mit dem Diesseits, mit der ganz konkreten, realen Welt zu tun. In dieser Welt ist die Kirche verankert – in all ihrer Unvollkommenheit als `corpus per mixtum´, als durchmischter Körper mit mehr heiligen und mehr unheiligen Menschen. Als solche ist Kirche für Bonhoeffer „Christus als Gemeinde existierend"[99]. Kirche ist für ihn gleichzeitig eine soziale Gemeinschaft und eine geistige Größe. Sie übersteigt von ihren Ursprüngen, von ihrem Wesen und von ihrem Anspruch her die Welt – und übernimmt zugleich Verantwortung für die Welt.[100] `Stell-

---

[97] Dietrich Bonhoeffer, Sanctorum Communio, zit. nach Christian Feldmann, „Wir hätten schreien müssen", a. a. O., 9. Der bekannte Text aus `Sanctorum Communio´ von 1930 befindet sich in DBW 1, 127.

[98] Karl Barth hat später einmal diesen Gedanken im Blick auf die Theologie aufgegriffen: „Der Ort der Theologie gegenüber dem Worte Gottes und seinen Zeugen befindet sich nicht irgendwo im leeren Raum, sondern sehr konkret in der Gemeinde" (Karl Barth, Einführung in die Theologie, Zürich ³1985, 45).

[99] Dietrich Bonhoeffer, zit. nach DBA 1, a. a. O., 39 = DBW 1, 127.

[100] Wolfgang Huber hat später in Aufnahme von Bonhoeffer die vielen Dimensionen des Kirchenbegriffs geklärt, vgl. Wolfgang Huber, Kirche, München 1988, 7-12+14-44. Huber unterscheidet mehrere Sozialgestalten von Kirche, u.a. Ortsgemeinde, Initiativgruppe, Regionalkirche und Föderation (47-58).

vertretung´ ist der theologische Begriff dafür. In der Kirche pflegt man das Miteinander und ist füreinander da („Kirche für andere"[101]). Bonhoeffer identifiziert in seiner Doktorarbeit die Kirche mit Christus. Das wird sich später ändern. Denn später wird er zu der Erkenntnis gelangen, dass auch die Kirche von Christus her kritisiert werden muss und dass auch sie unter dem Gericht Christi steht. Und er wird die Gegenwart Christi nicht auf die Kirche beschränken, sondern auch die sündige Welt vor Augen haben, für die Christus gestorben ist.

Das Thema Kirche wird Bonhoeffer fortan nicht mehr loslassen.[102] Einen Monat später, im Januar 1928, beendet er sein Studium, indem er vor dem Evangelischen Konsistorium der Kirchenleitung der Berlin-Brandenburgischen Provinzialkirche der Altpreußischen Union sein Erstes Theologisches Examen ablegt. Er ist jetzt einundzwanzig Jahre alt und hat ein enormes Arbeitspensum bewältigt: In sechs Semestern hat er acht

---

[101] DBW 8, 560f.
[102] Joachim von Soosten (geb. 1957), einer der Herausgeber der DBW, der sich mit Bonhoeffers Frühwerk beschäftigt hat, schreibt: „Die Kirche war das Thema Bonhoeffers von seinen Anfängen an." Soosten fand heraus, dass sich Bonhoeffer von einem Sermon Martin Luthers (1483-1546) hat anregen lassen (`Ein Sermon von dem hochwürdigen Sakrament des heiligen wahren Leichnams Christi´). In seiner Dissertation hob Bonhoeffer die Wechselwirkung von Glaube und Liebe zum Hauptkennzeichen der Kirche. Soosten kommt zu dem Schluss, dass bei der Betrachtung von Bonhoeffers früher theologischer Prägung sein weiterer Lebensweg „nicht unbedingt erstaunlich anmuten" muss (Joachim von Soosten, Die theologischen Anfänge Dietrich Bonhoeffers, in: DtPfrBl 1/1986, 12-15, Zitate auf 14).

Seminararbeiten, neun katechetische und homiletische Entwürfe und seine Dissertation geschrieben! In dem Alter, in dem er sein Examen gemacht hat, fängt manch anderer erst mit dem Studium an. Die Arbeit geht jedoch nicht spurlos an ihm vorbei. Er leidet in dieser Zeit unter Depressionen und unter der Einsamkeit.[103] Es ist klar, dass ihm die zielstrebige Arbeit kaum Zeit zu außerfamiliären Kontakten, geschweige denn zu Freundschaften, gelassen hat. „Außerhalb der Familie gibt es niemanden, den er duzt. Er hat keinen nahen Freund und natürlich auch keine Freundin."[104]

Ab Februar 1928 absolviert er ein einjähriges Vikariat in der evangelischen Auslandsgemeinde deutscher Sprache in der spanischen Hafenstadt Barcelona, das ihm durch einen für die Berliner Examenskandidaten zuständigen ökumenisch gesinnten Superintendenten vermittelt worden war. Er möchte aus einem bisherigen Bekann-

---

[103] Später schrieb er rückblickend: „Ich stürzte mich in die Arbeit in sehr unchristlicher und undemütiger Weise. Ein ... Ehrgeiz, den manche an mir gemerkt haben, machte mir das Leben schwer... Damals war ich furchtbar allein und mir selbst überlassen... Ich weiß, ich habe damals aus der Sache Jesu Christi einen Vorteil für mich selbst, für meine wahnsinnige Eitelkeit gemacht..." (Dietrich Bonhoeffer, zitiert nach Eberhard Bethge, Bonhoeffer, Reinbek 1983, 42f.).
[104] Renate Wind, Dem Rad in die Speichen fallen, a. a. O., 53. Bonhoeffer war mit der Vikarin Elisabeth Zinn (1908-1995) befreundet, der späteren Ehefrau des Heidelberger Theologieprofessors Günther Bornkamm (1905-1990). Bonhoeffer selbst äußerte sich dazu, vgl. Dietrich Bonhoeffer/Maria von Wedemeyer, Brautbriefe Zelle 92. Dietrich Bonhoeffer – Maria von Wedemeyer 1943-1945, hg. v. Ruth-Alice von Bismarck und Ulrich Kabitz, München ²1995, 190.

tenkreis heraus, auf eigenen Füßen stehen. Die ca. 300 Mitglieder große Auslandsgemeinde besteht weitgehend aus deutschnational gesinnten Kaufleuten und ihren Familien.[105] Als sog. `Lehrvikar´ predigt er, hält Vorträge[106], feiert Kindergottesdienst und unterrichtet Religion an der Deutschen Schule.[107] In der deutschen Kolonie ist er Mitglied im Deutschen Club sowie im deutschen Tennis- und Gesangverein, pflegt die Geselligkeit. Im `Deutschen Hilfsverein´ wendet er sich hilfsbedürftigen gestrandeten Deutschen zu.[108] Er bereist das Land, besucht u.a. Sevil-

---

[105] Eberhard Bethge bezeichnet sie in diesem Zusammenhang als „kaufmännisch orientierte, kleinbürgerlich denkende Auslandsdeutsche" (DB, a. a. O., 129).

[106] Dietrich Bonhoeffer hielt hier mehrere Vorträge. Hartmut Kramer-Mills hat in seiner theologischen Dissertation nachgewiesen, dass Bonhoeffer in Barcelona den Liberalen Friedrich Naumann rezipierte, vgl. Hartmut Kramer-Mills, Wilhelminische Moderne und das fremde Christentum. Zur Wirkungsgeschichte von Friedrich Naumanns „Briefe über Religion", Neukirchen-Vluyn 1996, 202-212. Ein Gedanke findet sich in einem Vortrag des damals 22jährigen im Blick auf das Verhältnis Christentum und Kirche: „Das Christentum birgt in sich einen kirchenfeindlichen Kern, denn nur allzunahe liegt es, dass wir nur auf unsere Christlichkeit und Kirchlichkeit einen Anspruch an Gott begründen wollen, und damit die christliche Idee wieder völlig missverstehen und verzerren" (DBW 10, 316).

[107] Zum Prediger Dietrich Bonhoeffer vgl. den Beitrag von Christian Möller, Dietrich Bonhoeffer – Prophetische Rede in Widerstand und Ergebung, in: Michael Heymel/Christian Möller, Sternstunden der Predigt. Von Johannes Chrysostomos bis Dorothee Sölle, Stuttgart 2010, 192-207.

[108] „(Man) bekommt mit den merkwürdigsten Leuten zu tun, mit denen man sonst so leicht wohl nicht ein Wort gewechselt hätte: Weltenbummler, Vagabunden, geflüchtete Verbrecher, viele Fremdenlegionäre, Löwen- und sonstige Tierbändiger, die dem Zirkus Krone auf seiner Spanienreise durchgebrannt sind, deutsche Tänzerinnen auf hiesigen Varietébühnen, deutsche verfolgte Fememörder – die einem alle ihre Lebensschicksale bis ins Detail berichten..." (Dietrich Bonhoeffer in einem Brief an seinen Bruder Karl-

la und Madrid und schaut sich auch Stierkämpfe an, von denen er nach anfänglicher Zurückhaltung begeistert ist.[109]

Am 17. Februar 1929, ein Jahr später, kehrt er nach Berlin an die Universität zurück. Kurzzeitig wird er Assistent des systematischen Theologen *Wilhelm Lütgert*[110]. Seine erste Vorlesung im Wintersemester 1931/32 hält er zur `Geschichte der systematischen Theologie des 20. Jahrhunderts`; ein Seminar hat das Thema `Die Idee der Philosophie und die protestantische Theologie`.[111] Die restliche Zeit ist ganz der Arbeit an seiner Habilitation „Akt und Sein. Transzendentalphilosophie und Ontologie in der systematischen Theologie"[112] im Fachgebiet Systemati-

---

Friedrich v. 7.7.1928, zitiert nach DB, 141; vgl. dazu auch DBW 10, 71). Zum Pfarrer der deutschen Auslandsgemeinde, Fritz Olbricht, hatte Bonhoeffer ein eher distanziertes Verhältnis. Dieser ließ dem jungen Kollegen jedoch seine Freiheit und dafür war Bonhoeffer ihm dankbar.

[109] Vgl. Ferdinand Schlingensiepen, Dietrich Bonhoeffer, a. a. O., 72f.

[110] Formal war Bonhoeffer sechs Jahre lang Assistent von Wilhelm Lütgert, nämlich von April 1929 bis Januar 1925; de facto war er aber nur 1929/30 und 1931-1933 sein Assistent. Er erhielt dafür monatlich 150 Reichsmark, vgl. Dietrich Bonhoeffer Jahrbuch 2, 2005/2006, 58. Zum Nachfolger von Reinhold Seeberg vgl. weiterführend Walter Sparn, Art. Lütgert, Wilhelm (1867-1938), in: TRE XXI, 497-500.

[111] Es folgten eine Vorlesung über das `Wesen der Kirche` in Abgrenzung zu Harnacks `Wesen des Christentums` und eine Vorlesung zur Christologie 1933. Bonhoeffer eröffnete seine Lehrveranstaltungen entgegen dem Geist der Zeit stets mit einem Gebet.

[112] Wie in seiner Dissertation, so versuchte Bonhoeffer auch hier scheinbar unversöhnliche theologische Positionen miteinander zu verbinden. „Offenbarung ist für ihn `Akt und Sein´ zugleich", fasst Biograf Christian Feldmann Bonhoeffer zusammen, „Akt des sich dem Menschen zuwendenden Gottes und des sich zum Glauben entschließenden Menschen, stets neu und ris-

sche Theologie gewidmet. Mit ihr wird er an der Theologischen Fakultät der Berliner Universität habilitiert. Ein Jahr später wird die schwer verständliche Arbeit, ein in philosophisch-theologischer Formelsprache verdichteter Text, veröffentlicht.[113] Bonhoeffer bekommt in Berlin in diesen Tagen zwar die Veränderungen im Alltag mit, die Aufmärsche der Nazis und die Straßenkämpfe in den Berliner Straßenschluchten mit den Kommunisten. Er verfolgt aber nicht detailliert die Tagespolitik, etwa die Auftritte des neu ernannten Reichspropagandaleiters der Nationalsozialistischen Deutschen Arbeiterpartei (NSDAP), *Joseph Goebbels*[114]. Sicher hat er in dieser

---

kant, und gleichzeitig ist sie Sein, eine feste Größe, hat sie sich ein für allemal ereignet, ist sie bewahrt in der Kirche. Die Kirche ist der Schnittpunkt, an dem sich Akt und Sein begegnen, an dem der ferne Gott in die menschliche Geschichte eintritt" (Christian Feldmann, „Wir hätten schreien müssen", a. a. O., 29). Der schöne Satz: „Einen Gott, den `es gibt´, gibt es nicht" (DBW 2, 94) befindet sich darin (vgl. dazu auch DBA, 1, a. a. O., 69).

[113] Zur Interpretation vgl. Sabine Dramm, Dietrich Bonhoeffer, a. a. O., 93-99. Sabine Dramm meint, es gehe darin um Bonhoeffers „Kardinalfrage, um die nach der Wirklichkeit Gottes. (…) Gott als kosmische Größe, als Abstraktum, als Super-Wesen, das in sich und für sich existiert ohne Bezug zum Menschen, ist ein leerer, unverbindlicher Gott, der mit dem lebendigen Gott der biblischen Botschaft nicht viel gemein hat." (95)

[114] Der zynische, kalt-berechnende und menschenverachtende Rheinländer Goebbels (1897-1945), Hitlers `Reichsminister für Volksaufklärung und Propaganda´, hatte wesentlichen Anteil am Aufstieg der NSDAP. Der katholisch erzogene und wegen seiner Ehe mit einer Protestantin exkommunizierte Demagoge ist einer der Hauptverantwortlichen für den Zweiten Weltkrieg und für den Völkermord an den Juden. Goebbels nahm sich im `Führerbunker´ mit seiner Frau Magda mit Zyankali das Leben und tötete seine sechs Kinder. Sein verkohlter Leichnam wurde von den Sowjets vor dem Bunkerausgang gefunden. 1970 (!) wurden seine sterblichen Überreste verbrannt

Zeit eine politische Meinung – beispielsweise gibt es den Krieg betreffende ablehnende Äußerungen von ihm –; er betätigt sich aber nicht politisch. Aber Bonhoeffer ist in den Gottesdiensten von Pfarrer *Günther Dehn* in Moabit zu sehen, der als Pazifist und religiöser Sozialist die Nazis bekämpft und von ihnen ihrerseits bekämpft wird.[115] In diese Zeit fällt auch der Beginn von Bonhoeffers Freundschaft mit *Franz Hildebrandt.*

Am 8. Juli 1930 legt Dietrich Bonhoeffer sein Zweites Theologisches Examen ab. Nur zehn Tage später habilitiert er sich und hält seine Antrittsvorlesung an der Berliner Universität[116] – mit vierundzwanzig Jahren ist er der jüngste Privatdozent für Theologie in Deutschland! Weil er für den Pfarrdienst noch zu jung ist – für die Ordination zum Pfarrer ist fünfundzwanzig Jahre das kanonische Mindestalter –, entschließt er sich dazu, noch einmal ins Ausland zu gehen: Er hat für ein Studienjahr am renommierten Union Theological Seminary in New York ein Stipendium bekommen. Es wird ein gutes Jahr für ihn werden, in dem er viele wichtige Impulse erhält. [117] In

---

und in der Elbe verstreut. Viel Hintergrundmaterial liefert SPIEGEL-TV: „Der Hetzer: Joseph Goebbels. Der Mann, der Hitler machte" (2010).

[115] Günther Dehn (1882-1970) sollte Helmut Gollwitzer im Herbst 1940 im Konfirmandenunterricht in Berlin-Dahlem vertreten.

[116] Der Titel seiner Antrittsvorlesung am 31. Juli 1930 in der Aula der Berliner Universität lautete: „Die Frage nach dem Menschen in der gegenwärtigen Philosophie und Theologie" (DBW 10, 357-378).

[117] War er noch zu Beginn seines Aufenthaltes der Meinung, dass es eine Theologie am `Union´ nicht gäbe, so schrieb er am Ende: „Der Eindruck, den

Deutschland löst Reichspräsident von Hindenburg unterdessen den Reichstag auf. Die Nazis, die ihre Reichstagssitze von zwölf auf 107 gesteigert haben, marschieren ins Parlament! Deutschland wird braun...

Anfang September 1930 begibt sich Dietrich Bonhoeffer per Schiff auf die Reise nach Amerika, wo er ein knappes Jahr bleiben wird.[118] Er ist von New York City überwältigt, den Wolkenkratzern und Steinschluchten, der Skyline von Lower Manhattan. Das `Union´, wie das theologische Seminar abgekürzt genannt wird, ist ein Bau im englischgotischen Stil, der sich vom Rest der Architektur deutlich abhebt. Es liegt in Harlem, dem schwarzen Stadtteil New Yorks. Dietrich Bonhoeffer wird in Harlem mit der großen Armut konfrontiert, die unter der afroamerikanischen Minderheit herrscht.[119] Die Stadt selbst steht noch ganz unter dem Eindruck des Börsencrashs von 1929 und be-

---

ich von den heutigen Vertretern des *social gospel* empfangen habe, wird für mich auf lange Zeit hinaus bestimmend sein" (Dietrich Bonhoeffer, zitiert nach Eberhard Bethge/Renate Bethge/Christian Gremmels [Hg.], Dietrich Bonhoeffer, a. a. O., 74).

[118] Bonhoeffer reiste mit der `Columbus´, dem damals größten Schiffsbau nach dem Ersten Weltkrieg. Der Expressdampfer, der 1929 Passagiere fassen konnte und durchschnittlich 35 km/h fuhr, wurde 1939 von der eigenen Besatzung versenkt, damit er nicht in die Hände der Briten fiel. Die Reise eines deutschen Theologen in dieser Zeit war außergewöhnlich. Zu den neuen Anstößen und Einsichten, die Bonhoeffer in den USA erhielt, vgl. Christoph Strohm, Theologische Ethik im Kampf gegen den Nationalsozialismus, a. a. O., 23ff.

[119] Einen guten Eindruck vom pulsierenden Leben Harlems in dieser Zeit bietet GEO EPOCHE. New York 1625-1945: Die Metropole der Moderne, Hamburg 2008, 124-136.

findet sich in der *great depression*. Tausende New Yorker haben ihre Arbeit verloren, Obdachlose übernachten im Central Park.[120] Bonhoeffer fühlt sich an der Hochburg des fortschrittlich-liberalen und gleichsam kritischen Geistes sofort wohl, muss sich aber an die andere, amerikanische Art des Studierens erst gewöhnen, an die lockere Art und Weise des Umgangs und der Art, theologisch zu diskutieren. Der an das Einhalten gewisser Formen gewöhnte Privatdozent wundert sich beispielsweise darüber, dass sich die amerikanischen Professoren wie `good fellows´ (`gute Kollegen´) und nicht – wie damals in Deutschland üblich – wie Angehörige einer schwarz gekleideten Kaste den Studierenden gegenüber verhalten! Über den Alltag am *Union* hinaus beeindrucken ihn besonders die schwarzen Prediger des *social gospel* in Harlem.[121] Ihn fesseln ihre donnernden, leidenschaftlichen Predigten, die von lauten Zurufen der emotional angesprochenen Gemeindeglieder unterbrochen werden – diese Gottesdienste, in denen laut gebetet und gesungen, gelacht und geweint wird, sind ganz anders, als Bonhoeffer sie von Deutschland her kennt, und sie gefal-

---

[120] Der `Schwarze Freitag´ an der New Yorker Börse im Oktober 1929 löste eine Weltwirtschaftskrise aus. In Deutschland stieg die Zahl der Arbeitslosen innerhalb kurzer Zeit auf drei Millionen an und zog eine Radikalisierung der Massen nach sich, vgl. weiterführend Wolfgang Michalka/Gottfried Niedhart (Hg.), Die ungeliebte Republik. Dokumente zur Innen- und Aussenpolitik Weimars 1918-1933, München 1980, 267ff.

[121] Vgl. Bonhoeffers Bericht über seinen Studienaufenthalt in GS I, 84-112, bes. 94f. und in DBW 10, 274f.

len ihm.[122] Wortgewaltig beziehen die Prediger Stellung zu aktuellen Tagesereignissen, attackieren verbal die amerikanische Regierung und interpretieren die Bergpredigt als Aufruf zu Frieden und sozialer Gerechtigkeit![123] Das Evangelium wird unmittelbar als frohe Botschaft der Befreiung für die Armen verstanden, die Bibel direkt gelesen und die biblische Hoffnung von den Afroamerikanern auf ihren tristen Alltag bezogen.[124] Die Art, wie die Gottesdienste gefeiert werden, wirkt auch auf Dietrich Bonhoeffer äußerst befreiend. Er war dazu erzogen worden, seine Gefühle möglichst im Zaum zu halten. Ein schwarzer Freund nimmt ihn mit in die Abessynian Bap-

---

[122] Bonhoeffer meldete nach Hause zurück, dass er in den schwarzen Kirchen „das Evangelium predigen gehört" (Dietrich Bonhoeffer, zit. nach Renate Bethge, Wunderbar geborgen. Dietrich Bonhoeffer, Gütersloh 1998, ²2000, 13) habe.

[123] 1935 schrieb Dietrich Bonhoeffer an seinen Bruder Karl-Friedrich zum Geburtstag: „Es gibt doch nun einmal Dinge, für die es sich lohnt, kompromisslos einzustehen. Und mir scheint, der Friede und soziale Gerechtigkeit, oder eigentlich Christus, sei so etwas" (Dietrich Bonhoeffer, Brief v. 14. Januar 1935, in: DBW 13, 272f.). Dietrich Bonhoeffer hat ein besonderes Verhältnis zu seinem sieben Jahre älteren Bruder, wie die zahlreiche vorhandene Korrespondenz von beiden zeigt, vgl. Eberhard Bethge, Dietrich und Karl-Friedrich. Zum 50. Todestag von Dietrich Bonhoeffer, in: Christoph Meier (Hg.), Dietrich Bonhoeffer. Seine Wirkungsgeschichte im geteilten und vereinigten Deutschland, Tutzing 1995, 5-14. Der Physiko-Chemiker war von der Widerstandtätigkeit seines jüngeren Bruders genauestens unterrichtet.

[124] Jahrzehnte später wird aus diesem Verständnis heraus der Ansatz einer nordamerikanischen Befreiungstheologie entstehen, vgl. Thomas O. H. Kaiser, „Oh, freedom…!" Die nordamerikanische Theologie der Befreiung. Eine kritische Skizze des theologischen Werkes von James H. Cone, Trier 2000.

tist Church, die in Laufnähe zum *Union* liegt.[125] In dieser afroamerikanischen Gemeinde arbeitet Dietrich Bonhoeffer Sonntag für Sonntag ehrenamtlich im Kindergottesdienst, der `sunday school´, mit. Durch die Kontakte zu Afroamerikanern wird er auch mit dem Problem des amerikanischen Rassismus konfrontiert.[126]

Ein anderer wichtiger Impuls, den er in Amerika erhält, ist der Pazifismus[127]: Dietrich Bonhoeffer, der als Angehöriger des deutschen Bürgertums mit großer Selbstverständlichkeit antifranzösisch gesinnt ist und das jahrhundertealte Feindbild vom `Erbfeind´ Frankreich in seinem Herzen trägt, trifft im `Union´, wie das theologische Seminar kurz genannt wird, auf den französischen Pazifis-

---

[125] Gemeint ist der Afroamerikaner Albert Franklin `Frank´ Fisher aus Alabama, später Professor in Atlanta/Georgia. Mit 14000 Mitgliedern war die Abessynian Baptist Church die größte evangelische Kirchengemeinde in den USA. An Ostern nahm Bonhoeffer in New York an einem Synagogengottesdienst teil, vgl. DBW 10, 251.

[126] Vgl. dazu Bonhoeffers Reisebeschreibung nach Washington in DBW 10, 213, wo er berichtet, dass er in afroamerikanischer Begleitung in einem Restaurant nicht bedient worden war. Neun Jahre später reflektierte er den Rassismus nochmal in seinem Aufsatz `Protestantismus ohne Reformation´, in: DBA 3, 52-73, bes. 69f.

[127] Schon in Moabit, einer aus 10000 Mitgliedern bestehenden Arbeitergemeinde, hatte Bonhoeffer Günther Dehn (1882-1970) gehört, einen erklärten Pazifisten, der 1931 als frisch an die Universität Halle berufener Theologieprofessor mit den dortigen nationalsozialistischen Studenten in Konflikt geriet (`Der Fall Dehn´). Dehn gilt als eines der ersten Opfer nationalsozialistischer Hetzkampagnen gegen kritische Intellektuelle. Einer der Hauptdrahtzieher gegen ihn, der SS-Mann und Arzt Joachim Mrugowsky (1905-1948), war später an Humanexperimenten an KZ-Häftlingen beteiligt und wurde im Nürnberger Ärzteprozess zum Tod durch den Strang verurteilt. Das Urteil wurde vollstreckt.

ten *Jean Lasserre*. Dieser konfrontiert ihn mit den Seligpreisungen der Bergpredigt und Jesu Forderung nach Feindesliebe – eine Begegnung, die Bonhoeffers Vorurteile beseitigen hilft und nachhaltig wirken wird. Er stellt die alle Grenzen überwindende Gemeinschaft der Heiligen der Idee des Nationalismus gegenüber.[128] Bonhoeffer interessiert sich für ein breites Themenspektrum, er besucht Seminare und Vorlesungen zu kontemporärer amerikanischer Philosophie und Literatur. Und wie zuvor in Spanien, so verschafft sich Bonhoeffer auch in Amerika einen Eindruck des Landes; er unternimmt u.a. Trips nach Philadelphia und Washington und besucht die Nachbarländer: Weihnachten 1930 reist er mit Freunden[129] nach Kuba und am Ende seines Studienaufenthal-

---

[128] Mit Lasserre sah Bonhoeffer im Kino den von den Nazis indizierten Anti-Kriegsfilm `Im Westen nichts Neues´ von Erich Maria Remarque (1898-1970), der ihn schwer beeindruckte. Bei Reinhold Niebuhr belegte er am `Union´ einen Kurs über moderne Schriftsteller. Er wählte Remarques Bestseller, vgl. Joseph Ackermann, Dietrich Bonhoeffer, a. a. O., 56.

[129] Bleibende Freundschaften vom Amerika-Aufenthalt waren die mit dem Schweizer Erwin Sutz (1906-1987), der ihn mit Karl Barth und Emil Brunner persönlich bekannt machte; mit Albert `Frank´ Fisher, der ihn in die schwarzen Gottesdienste nach Harlem mitnahm; mit Paul Lehmann (1906-1994), dem damaligen Assistenten für systematische Theologie, in dessen Haus er seinen fünfundzwanzigsten Geburtstag feierte; und mit Jean Lasserre (1908-1983), dem Pfarrer und Reisesekretär des französischen Zweiges des Internationalen Versöhnungsbundes, der ihn mit den Gedanken des christlichen Pazifismus bekannt machte und dessen Gedanken in sein Buch `Nachfolge´ einflossen. Der Versöhnungsbund feiert in diesem Jahr (2014) übrigens sein 100jähriges Bestehen: Im August 1914 hatten sich 90 christliche Friedensaktivisten aus zwölf Ländern in Konstanz getroffen und einander Freundschaft versprochen. Dies war der Impuls zur Gründung des International Fellowship of Reconciliation, der sich bis heute für die Ächtung von militärischer Gewalt,

tes nach Mexiko, bevor er 1931 mit vielen Büchern und einer Plattensammlung Spirituals im Gepäck nach Deutschland zurückkehrt.

In seiner deutschen Heimat hatte die NSDAP zwischenzeitlich den politischen Durchbruch geschafft.[130] Bei den Reichstagswahlen am 14. September 1930 hatte die Partei Hitlers über sechs Millionen Stimmen erhalten und, wie gesagt, ihre Mandate von bislang 12 auf 107 erhöhen können. Ab jetzt konnte sie nicht nur öffentlich gegen die Weimarer Republik und deren innenpolitische Lage polemisieren, sondern auch im Parlament: Massenarbeitslosigkeit, Rufe im Volk und auch in der Kirche nach einer Autorität, nach einem `Führer`, der Ruhe und Ordnung wiederherstellte, für einen wirtschaftlichen Aufschwung sorgte und den Menschen wieder Arbeit geben würde, wurden laut und mit Nachdruck verbreitet.[131] Insbesondere die Jungwähler – es war die Jugend, die die Nazis als Zielgruppe vor allem im Blick hatten – wählten stramm

---

für die Abschaffung des Militärs, für Konflikttransformation, Versöhnung und Frieden einsetzt. Prominentester Vertreter des Bundes ist heute vielleicht Martin Luther King, jr. (1929-1968).

[130] Vgl. für einen guten Überblick GEO EPOCHE. Deutschland unter dem Hakenkreuz, Teil 1: 1933-1936, Hamburg 2011.

[131] Immer wieder taucht noch heute sowohl in Gesprächen mit Seniorinnen und Senioren als auch mit Jugendlichen das Argument auf, dass Hitler von 1933-1935 die Autobahnen gebaut und die Arbeitslosigkeit beseitigt hat – dass dies aber aufgrund einer „verantwortungslosen Staatsverschuldung" (Götz Aly, Hitlers Volksstaat, a. a. O., 365) der Nazis geschah, wird meistens nicht erwähnt. Der Krieg, ein ungeheuerlicher Raub- und Vernichtungsfeldzug, war systemerhaltend und verhinderte einen Staatsbankrott!

nationalsozialistisch.[132] Auf den Straßen verlieh die SA den parlamentarischen Forderungen der Nazis mit Gewalt Nachdruck.[133]

Dietrich Bonhoeffer kehrt über einen kleinen Umweg in die Hauptstadt zurück: Bevor er mit seiner Lehrtätigkeit an der Universität beginnt, stattet er Ende Juli 1931 Karl Barth in Bonn einen Besuch ab.[134] Die Begegnung mit

---

[132] „Für die Mehrzahl der jungen Deutschen bedeutete der Nationalsozialismus nicht Diktatur, Redeverbot und Unterdrückung, sondern Freiheit und Abenteuer. Sie sahen darin eine Verlängerung der Jugendbewegung, ein körperliches Anti-aging-Programm. Die tonangebenden 20- bis 30-Jährigen…sahen sich als moderne, antiindividualistische Tatmenschen" (Götz Aly, Hitlers Volksstaat, a. a. O., 12). Götz Aly bezeichnet den Nationalsozialismus daher zutreffend als „Jugenddiktatur" (Götz Aly, Hitlers Volksstaat, a. a. O., 14). Aly spricht gleichzeitig von einer „Gefälligkeitsdiktatur" (Götz Aly, Hitlers Volksstaat, a. a. O., 49). Bemerkenswert ist die These, dass bis 1945 „mehr als die Hälfte aller [NSDAP-] Parteimitglieder der Kirche" angehörte. Ich halte es jedoch für historisch falsch, daraus im Umkehrschluss zu folgern, dass die „NSDAP … so gesehen durchaus eine christliche Partei" war. Die Geschichte des Pfarrerssohnes und Nazihelden Horst Wessel (1907-1930), der in der Nazi-Hymne, der `zweiten Nationalhymne des `Dritten Reiches´, die in der Regel nach dem Deutschlandlied gesungen wurde, verehrt wurde, spiegelt „das große Versagen des deutschen Protestantismus zwischen 1914 und 1945 im Kleinen" wider (DIE ZEIT Nr. 37 v. 8.9.2011, Zitate auf 25).

[133] Ziel der 1920 als paramilitärischer braun uniformierter Kampfverband gegründeten `Sturmabteilung´ war es, auf den Straßen Präsenz zu zeigen, den politischen Gegner zu provozieren und gegnerische politische Veranstaltungen zu stören. Die SA wurde von der NSDAP in den letzten Jahren der Weimarer Republik massiv zum Straßenterror eingesetzt und schwächte dadurch die innere Ordnung der Republik.

[134] Barth empfing Bonhoeffer freundlich. In die Wege geleitet hatte das Treffen Bonhoeffers Freund Erwin Sutz. Barth gefiel es, als Bonhoeffer in seinem Seminar ein Lutherwort einwarf, nämlich dass die Flüche der Gottlosen in den Ohren Gottes manchmal besser klängen als das Halleluja der Frommen. Bonhoeffer wiederum war vom Verfasser des `Römerbriefes´, den er

dem später als bedeutendsten Theologen des Zwanzigsten Jahrhunderts apostrophierten Schweizer gibt ihm soviel, dass er es zutiefst bedauert, nicht bei Barth studiert zu haben. Im Juni 1931 trifft er schließlich wieder in Berlin ein; zwei Monate später, im August, wird ihm die `venia legendi´ für das Fach Systematische Theologie an der Friedrich-Wilhelms-Universität zu Berlin verliehen, an der er künftig als Privatdozent Vorlesungen hält und Seminare gibt.[135] Bonhoeffer ist jetzt 25 Jahre alt. Die uni-

---

bisher nur aus der Lektüre kannte, beeindruckt: „Es ist da eine Offenheit, Bereitschaft für den Einwand, der auch auf die Sache zielen soll, und dabei eine derartige Konzentration und ein ungestümes Drängen auf die Sache, der zuliebe man stolz oder bescheiden, rechthaberisch oder völlig unsicher reden kann, wie es sicher nicht der eigenen Theologie in erster Linie zu dienen bestimmt ist" (Dietrich Bonhoeffer, zit. nach E. Bethge, DB, a. a. O., 216f.; vgl. dazu auch DBW 11, 15-22.) Im Dezember 1933 weigerte sich Barth, seine Vorlesungen mit dem `deutschen Gruß´ zu eröffnen, wie es sonst alle anderen deutschen Professoren taten; im November 1934 verweigerte er als evangelischer Christ den uneingeschränkten Treueeid auf Hitler. Karl Barth wurde im Herbst 1935 verhaftet und in die Schweiz abgeschoben (vgl. zu seinem Leben und Werk die Biografie von Eberhard Busch, Karl Barths Lebenslauf, München 1976, [4]1986, bes. 248-275, wo es um die Bekennende Kirche, Barmen und Barths Haltung zu Hitler geht).
[135] Die Hörsäle und Seminare waren damals mit ca. 1000 Theologiestudenten überfüllt. Dietrich Bonhoeffer hielt in den folgenden Jahren zahlreiche Vorträge, die von der *Geschichte der Protestantischen Theologie* bis hin zur veröffentlichten einstündigen Wintersemester-Vorlesung 1932/33 zum Thema *Schöpfung und Fall. Theologische Auslegung von Genesis 1-3, München 1933* (DBW 3) reichten. Bonhoeffer legte die Sündenfallgeschichte exegetisch und systematisch aus und wandte sich damit gegen die herrschende Lesart, die das Völkische betonte, vgl. Gottfried Claß, Der verzweifelte Zugriff auf das Leben, Neukirchen-Vluyn 1994, 4ff., der von Bonhoeffers „Kritik an den theologischen Grundlagen der Volkstums-Ideologie" (4) spricht. Besonders bemerkenswert ist Bonhoeffers Christologie-Vorlesung vom Sommersemester 1933 – die so allerdings nie gehalten wurde, sondern auf einer Nachschrift Eberhard Bethges basiert – in der sich der Satz findet: „Als Wort

formierte, im Gleichschritt marschierende Masse bei den nationalsozialistischen Aufmärschen samt ihrer Blut-und-Boden-Mystik ist dem feinsinnigen Intellektuellen fremd. Die politische Auseinandersetzung auf den Straßen zwischen den derben Verfechtern rechter und linker Ideen ist nichts für den sensiblen und besonnenen jungen Privatdozenten.

3. Vom Kirchenkampf zur Ökumene

Am 15. November 1931 wird der 25jährige Dietrich Bonhoeffer in der Berliner Matthäuskirche im Stadtteil Tiergarten zum Pfarrer ordiniert. Anschließend wird er bis 1933 von der Kirchenleitung mit dem Hilfsdienst als Stadtvikar und dem auf Anregung des Generalsuperintendenten *Otto Dibelius* neu eingerichteten Dienst als Studentenpfarrer an der Technischen Hochschule in Charlottenburg beauftragt.[136] Ab jetzt verläuft sein Leben in Berlin zweigleisig: An der Universität steht er vor der Aufgabe, als Privatdozent seinen Lehrverpflichtungen

---

und Sakrament ist Christus gegenwärtig als Gemeinde" (vgl. DBA 2, a. a. O., 139-170, Zitat auf 157; vgl. dazu auch DBW 12, 341f.). Otto Dudzus hatte seinerzeit diese Vorlesung als „Stundenbuch" herausgegeben, vgl. Dietrich Bonhoeffer, Wer ist und wer war Jesus Christus? Seine Geschichte und sein Geheimnis. Ein Stundenbuch, hg. v. Otto Dudzus, Hamburg 1962.

[136] Das Angebot der Evangelischen Studentengemeinde wurde von den Studierenden nicht angenommen, die Gemeinde deshalb 1933 aufgelöst.

nachzukommen. Als Pfarrer hat er eine Konfirmanden-klasse in der Zionskirche im Stadtteil Prenzlauer Berg zu betreuen[137] und hin und wieder auch zu predigen[138]. Um die Konfirmanden schneller erreichen zu können, mietet er in der Nähe des Alexanderplatzes ein kleines Zimmer an. In der Art des Unterrichtens ist er für damalige Ver-hältnisse kreativ: Mit den Studierenden unternimmt er Wanderungen und führt Freizeiten durch. Auch den Kon-firmandinnen und Konfirmanden wendet er sich persön-lich zu: Er erteilt einen relativ unkonventionellen Konfir-mandenunterricht, erzählt begeistert von seinen Erlebnis-sen im schwarzen Amerika und spielt mit ihnen Tischten-nis und Schach. Die aus proletarischen Verhältnissen stammenden Jugendlichen lädt er im Anschluss an die Konfirmation ins elterliche Ferienhaus nach Friedrichs-brunn[139] in den Harz ein. Er kümmert sich um arbeitslose

---

[137] Vgl. dazu mehr bei Wilfried Schulz, Bonhoeffers Konfirmanden kamen nicht aus dem Stadtteil Wedding, wie Eberhard Bethge meinte, in: Dietrich Bonhoeffer Jahrbuch 4, 2009/2010, hg. v. Clifford J. Green u.a., Gütersloh 2010, 257ff. Bonhoeffer nahm sich ein Zimmer am Prenzlauer Berg (vgl. Christian Feldmann, „Wir hätten schreien müssen", a. a. O., 41). Bonhoeffer selbst berichtete in einem Brief an Erwin Sutz v. 25.12.1931 von den armen Verhältnissen, in denen die Jugendlichen lebten und seinen anfänglichen Disziplinschwierigkeiten, in: DBW 11, 50f.

[138] So nahm er beispielsweise Vertretungsdienste an der Kaiser-Wilhelm-Gedächtniskirche wahr. Diese Kirche war die bevorzugte Kirche von Reichs-präsident Paul von Hindenburg (1847-1934). In seinen Predigten äußerte sich Bonhoeffer kritisch gegen den Geist der Zeit (vgl. DBW 12, 426) und hatte bald über die Gemeinde hinaus einen Ruf als guter Prediger.

[139] Das Ferienhaus im Harz war von Karl Bonhoeffer 1913 gekauft worden. Die Familie verlebte ihre Ferien regelmäßig dort. Dietrich Bonhoeffer erinner-te sich nach einem Jahr Haft in Tegel: „In meinen Phantasien lebe ich viel...

Jugendliche[140] und pachtet 1932 Land in Biesenthal am Rand von Berlin, auf dem er eine einfache Hütte errichten lässt, in der er mit seinen Studenten an den Wochenenden meditiert und diskutiert.

Der 13. März 1932, an dem in der Berliner Zionskirche Konfirmation gefeiert wird, ist Wahltag: Adolf Hitler kandidiert erstmals für das Amt des Reichspräsidenten gegen Reichspräsident *Paul von Hindenburg*, unterliegt aber. Es ist klar, dass die Konfirmandeneltern im Arbeiterbezirk Prenzlauer Berg mehrheitlich kommunistisch wählen – für den aus großbürgerlichen Verhältnissen stammenden Dietrich Bonhoeffer selbst eine undenkbare Vorstellung! Die Präsidialkabinette unter *Brüning, Franz von Papen* und *Kurt von Schleicher* hatten das Ihre dazu beigetragen, die Weimarer Republik seit 1930 auszuhöhlen. Die NSDAP wird mit den Reichstagswahlen vom 31. Juli 1932 die stärkste Partei, erzielt 230 Mandate von insge-

---

in den Waldwiesen bei Friedrichsbrunn... Ich liege dann auf dem Rücken im Grase, sehe bei leichtem Wind die Wolken über den blauen Himmel ziehen und höre die Geräusche des Waldes. (...) Das Mittelgebirge ist für mich die Natur, die zu mir gehört – Harz, Thüringer Wald, Weserberge – bzw. die mich mit gebildet hat" (DBW 8, 322, zit. nach Eric Metaxas, Bonhoeffer, a. a. O., 469). Heute ist das Haus in Privatbesitz; eine Ausstellung erinnert an das dortige unbeschwerte Ferienleben der Familie Bonhoeffer, außerdem finden regelmäßig Führungen und Vorträge statt. Zur Homepage: https://www.bonhoeffer-haus-friedrichsbrunn.de (aufgerufen am 11.10.2024).
[140] Die von Bonhoeffer im Herbst 1932 als weiteres soziales Projekt eingerichtete `Jugendstube´ für arbeitslose Jugendliche in Charlottenburg wurde 1933 von den Nationalsozialisten als `kommunistisch´ eingestuft und aufgelöst, nachdem die jüdische Mäzenin, Anneliese Schurmann, nach dem 30. Januar 1933 aus Deutschland geflohen war.

samt 608 Sitzen und drängt nach Regierungsbeteiligung. Während sich Sozialdemokraten und Kommunisten gegenseitig bekämpfen, statt gemeinsam gegenüber der sich abzeichnenden Diktatur Stellung zu beziehen, einigen sich von Papen und Hitler auf eine Kooperation. Hatte Reichspräsident von Hindenburg im August des Jahres 1932 den Aspiranten auf das Amt des Reichskanzlers, Hitler, noch abgelehnt, gelangt nach nochmaligem Anlauf und mit Unterstützung der Schwerindustrie, der Großagrarier, der Banken und der rechten Presse die NSDAP, die Partei des `Führers und Reichskanzlers´, an die Macht: Am 30. Januar 1933 ernennt Paul von Hindenburg den Aufsteiger Hitler zum Reichskanzler – damit ist das Ziel der Nazis erreicht![141] Hitler löst zwei Tage nach seiner Ernennung zum Reichskanzler den Reichstag, der erst im November 1932 gewählt worden war, auf und setzt Neuwahlen für den 5. März 1933 fest. Denn weil von der NSDAP bei den Wahlen im November 1932 nur knapp über 33 Prozent der Stimmen erzielt wurden und sie nach ihrem Aufstieg 4,2% der Wählerstimmen verloren hatten, wodurch das Bild ihres unaufhaltsamen Vormarsches nicht mehr gesichert war – die SPD konnte 20, 4% aller abgegebenen Stimmen und die KPD als drittstärkste Kraft 16,9 Prozent der Stimmen auf sich vereini-

---

[141] Vgl. weiterführend den Dokumentarfilm GEO EPOCHE. 12 Jahre, 3 Monate, 9 Tage. Die Jahreschronik des `Dritten Reichs´ 1933-1945 (Buch und Regie: Michael Kloft, 2012).

gen –, versucht Hitler jetzt, die kurze Zeit bis zu den Neuwahlen zur verstärkten Propaganda zu nutzen, um eine Mehrheit für die NSDAP im Parlament zu beschaffen.[142] In diesem Moment kommt ihm der Brand des Reichstages am 27. Februar 1933 sehr gelegen: Der 24jährige niederländische Maurergeselle *Marinus van der Lubbe* war in den Berliner Reichstag eingedrungen und hatte den Plenarsaal und weitere Gebäude in Brand gesetzt, so dass diese komplett ausbrannten – ein willkommener Anlass für die Nazis, ihre `Verordnung zum Schutz von Volk und Staat´, die sog. `Reichstagsbrandverordnung´[143], zu erlassen, der zufolge Regimegegner willkür-

---

[142] Einen guten Eindruck bekommt man durch Filme, die im Vorfeld gedreht wurden und die Stimmung im Deutschland der Dreißiger Jahre widerspiegeln, vgl. dazu SPIEGEL-TV Nr. 11: „1933 – Hitlers Machtergreifung" (2008). Allerdings führt das Wort `Machtergreifung´ auf eine falsche Spur. Die Nazis gelangten nicht durch einen Putsch an die Macht, sondern demokratisch – sie wurden gewählt! Erst danach konnte Hitler durch eine parlamentarische Entscheidung die totale `Macht ergreifen´.

[143] Unter dem Vorwand der `Abwehr kommunistischer staatsgefährdender Gewaltakte´ beschnitt das bereits einen Tag nach dem Brand, am 28. Februar 1933, erlassene Gesetz u.a. das Recht der persönlichen Freiheit, der freien Meinungsäußerung, der Presse, des Vereins- und Versammlungsrechtes, des Brief-, Post-, Telegraphen- und Fernsprechgeheimnisses. Es enthielt die Anordnung von Hausdurchsuchungen und der Beschlagnahme von Eigentum „auch außerhalb der sonst hierfür bestimmten gesetzlichen Grenzen" (Walther Hofer [Hg.], Der Nationalsozialismus. Dokumente von 1933-1945, FfM 1957, ³1978, 53). Die auf der Basis von Artikel 48 der Weimarer Reichsverfassung einstimmig vom Kabinett verabschiedete und von Reichspräsident Paul Hindenburg unterzeichnete `Reichstagsbrandverordnung´ begründete einen permanenten Ausnahmezustand, der es dem Naziregime ermöglichte, repressive Maßnahmen gegen Nazi-Gegner mit dem Scheinmäntelchen der Legalität zu umgeben. Ab jetzt waren Verhaftungen ohne Anklage und Beweise möglich (sog. `Schutzhaft´) und regimekritische

lich ohne Anklage und Beweise in sog. `Schutzhaft´ genommen werden können. Noch in derselben Nacht kommt es zu Verhaftungen von über viertausend Funktionären der Kommunistischen Partei – aufgrund von Listen, die von den Nazis längst vorbereitet worden waren.[144] Karl Bonhoeffer und Dietrich Bonhoeffers Schwager, *Hans von Dohnanyi*, sind in den Reichstagsbrand involviert: Karl Bonhoeffer als psychiatrischer Gutachter für Marinus van der Lubbe und Hans von Dohnanyi als Prozessbeobachter des Justizministeriums.[145]

Ein in Deutschland zuvor nicht gekannter Massenexodus von antifaschistischen Intellektuellen setzt nun ein. Es sind vor allem die Dichter und Denker, die Schriftsteller, Philosophen, Natur- und Geisteswissenschaftler, die Kreativen und Talentierten, die das Land verlassen – darunter *Bertolt Brecht, Theodor W. Adorno, Ernst Bloch, Hannah Arendt, Günther Anders, Walter Benjamin* und

---

Zeitungen konnten verboten werden, vgl. weiterführend Wolfgang Gerlach, Als die Zeugen schwiegen. Bekennende Kirche und die Juden (SKI Bd. 10), hg. v. Peter von der Osten-Sacken, Berlin 1993 (diss. theol.), 44ff.

[144] Unter den Verhafteten befanden sich so bekannte Schriftsteller, Journalisten und kritische Geister wie Carl von Ossietzky (1889-1938), Erich Mühsam (1878-1934) und Egon Erwin Kisch (1885-1948).

[145] Bis heute wird es immer wieder hinterfragt, dass Marinus van der Lubbe als Einzeltäter in Betracht kommt, da es vor allem unter pyrotechnischen Bedingungen kaum möglich war, als Einzeltäter ein so großes Gebäude wie den Reichstag in Brand zu setzen. Zum Urteil gegen van der Lubbe vom 23.12.1933 vgl. online: https://opinioiuris.de/entscheidung/1668 (aufgerufen am 11.10.2024).

Heinrich, *Thomas* und *Klaus Mann*.[146] Insgesamt fliehen nach dem 30. Januar 1933 ca. 500000 Menschen aus rassistischen Gründen, 35000 aus politischen und 5000 aus kulturellen Motiven aus Deutschland. Bevorzugtes Ziel ist zunächst Frankreich[147]– bis sie nach der Okkupation Frankreichs durch die Nazis erneut fliehen: in die Schweiz, die USA und in die Sowjetunion. Natürlich ist jede Ausreise an die persönliche Verfügung über größere Geldmittel und gute Kontakte zur Beschaffung von Pässen, Aufenthaltsgenehmigungen, Arbeitsbewilligungen etc. gebunden. Viele profitieren von diesem Exodus und verdienen daran. Dafür stehen die Namen *Heinz Rühmann* oder *Gustaf Gründgens*. Die beiden berühmten Schauspieler arrangieren sich ohne weiteres mit den neuen braunen Machthabern. Gegen die Oppositionellen, die im Land bleiben – Juden und Andersgläubige, Oppositionelle und Andersdenkende, Arbeiter und Indust-

---

[146] Darunter befanden sich ferner Herbert Marcuse (1898-1979), Alfred Döblin (1878-1957), Anna Seghers (1900-1983), Albert Einstein (1879-1955), Max Planck (1858-1947), Else Lasker-Schüler (1869-1945) und viele andere. Besonders für die in deutscher Sprache publizierenden Flüchtlinge, die zudem wenig vermögend waren, war die Emigration mit gravierenden existentiellen Problemen verbunden. Dennoch gab es Zeitschriften und Zeitungen, in denen sie veröffentlichen konnten, wie `Die Sammlung´ (Amsterdam 1933-1935), `Neue deutsche Blätter´ (Prag 1933-1935), `Maß und Wert´ (Zürich 1937-1940), die `Pariser Tageszeitung´(1933-1940), `Das Wort´ (Moskau 1936-1939) oder `Decision´ (New York 1941-1942).

[147] Anfangs sammelten sich die deutschen Emigrantinnen und Emigranten in dem verschlafenen Fischerort Sanary-sur-Mer, der bald zur Hauptstadt der deutschen Exilliteratur wurde (vgl. Manfred Flügge, Wider willen im Paradies, Berlin 1996).

rielle, Liberale, Sozialdemokraten und Kommunisten – beginnt 1933 eine gewaltige Verfolgungs- und Verhaftungswelle. Innerhalb kürzester Zeit kommt es zu weiteren einschneidenden antidemokratischen Maßnahmen der Nazis wie dem `Ermächtigungsgesetz´[148], der Aufhebung der Gewerkschaften, dem Verbot der SPD, dem `Gesetz zur Neubildung von Parteien´ und dem antijüdischen `Gesetz zur Wiederherstellung des Berufsbeamtentums´ – um nur einige besonders gravierende zu nennen, die das Ziel haben, den politischen Gegner zunächst einzuschüchtern und später zu vernichten.[149]

Am 5. März 1933 erzielen die Nazis bei den Wahlen zum neuen Reichstag knapp 44 Prozent der Stimmen – von `freien Wahlen´ kann allerdings keine Rede mehr sein. Gewalttätige Trupps von SA, SS und `Stahlhelm´, marodierende Banden, die die Bevölkerung in den Straßen tyrannisierten, hatten den Wahlkampf begleitet.[150] Viele

---

[148] Dieses Gesetz vom 23. März 1933 höhlte zusammen mit der Reichstagsbrandverordnung die formal bis 1945 bestehende Weimarer Reichsverfassung aus und war für die Errichtung des NS-Regimes entscheidend.
[149] Weitere Einblicke in die NS-Gesetzgebung erlaubt Walther Hofer (Hg.), Der Nationalsozialismus, a. a. O., 53ff. Bemerkenswerter Weise stand der Schweizer Historiker Prof. Dr. Walther Hofer (1920-2013), der in meiner Schulzeit im Geschichtsunterricht zur Standardliteratur über den Nationalsozialismus zählte, der rechtspopulistischen Schweizerischen Volkspartei (SVP) nahe und war deren National- und Europarat, vgl. https://www.derbund.ch/mit-den-68ern-hatte-ich-manchen-streit-auszufechten-837675504123 (aufgerufen am 11.10.2024).
[150] Zur Taktik der Nazis vor der sog. `Machtergreifung´ vgl. ausführlich Karl Dietrich Bracher, Die deutsche Diktatur. Entstehung, Struktur, Folgen des Nationalsozialismus, Köln 2003, 195-209.

kommunistische Politiker saßen im Gefängnis oder waren ins Ausland geflohen, der SPD-Parteivorstand befand sich im Exil in Prag. Dennoch erzielte die SPD bei den Wahlen 18,3 Prozent der Stimmen, die KPD aus dem Untergrund heraus 12,3 Prozent. Drei Tage nach der Wahl erfolgte auf der Grundlage der `Reichstagsbrandverordnung´ die Annullierung aller politischen Mandate von KPD-Mitgliedern. Auch beim Verbot der SPD knapp drei Monate später und bei der Errichtung des Einparteienstaates war die Verordnung den Nazis von Nutzen. Das Resultat der letzten Reichstagswahl hatte jetzt nur noch symbolischen Wert – de facto war das NS-Regime errichtet![151]

Mit viel Tam-Tam und Öffentlichkeit boykottieren die Nazis am 1. April 1933 jüdische Geschäfte.[152] Ihr Antisemitismus zeigt erstmals offen und unverfroren sein hässliches, mörderisches Gesicht. Fotos, auf denen posierende SA-Männer mit Plakaten zu sehen sind, auf denen geschrieben steht `Deutsche, kauft nicht bei Juden!´ gehen um die Welt. Es ist überliefert, dass sich Bonhoeffers 91jährige Großmutter selbstbewusst an den SA-Sperren vorbei in die jüdischen Geschäfte schiebt – was ihren

---

[151] Vgl. SPIEGEL SPECIAL Geschichte: „Hitlers Machtergreifung. 30 Januar 1933: Der Anfang vom Untergang", Nr. 1/2008, bes. 6-18, 48-52 und 63-73.
[152] Vgl. Ernst Piper, Kurze Geschichte des Nationalsozialismus. Von 1919 bis heute, Hamburg 2007, 122ff.

Enkel schwer beeindruckt.[153] Anfang Mai 1933 planen die Kulturfunktionäre der Nazis die Bücherverbrennung und lassen zu diesem Zweck `Schwarze Listen´ für die Säuberung öffentlicher und privater Bibliotheken kursieren, auf denen sich vor allem die Namen jüdischer, sozialistischer und demokratisch gesinnter Publizisten befinden.[154] So vorbereitet, verbrennen die Nazis am 10. Mai 1933 vor der Berliner Oper sowie in anderen deutschen Städten auf großen Scheiterhaufen öffentlich und rituell die zuvor beschlagnahmten Bücher ihrer politischen und weltanschaulichen Gegner.[155] Am 23. August 1933 werden etliche deutsche Intellektuelle von den Nazis ausgebürgert.[156] Schriftsteller wie z. B. *Gottfried Benn*, Anhän-

---

[153] Dietrich Bonhoeffers Großmutter Julie Bonhoeffer, geb. Tafel (1842-1936) spielte im Unterschied zu seinem Großvater Friedrich Bonhoeffer (1828-1907), den viele Enkel nicht mehr kennen lernten, eine bedeutende Rolle in Dietrich Bonhoeffers Leben. Bei ihr hatte er zu Beginn seines Studiums in Tübingen gewohnt. Dietrich Bonhoeffer hielt seiner Großmutter die Trauerrede, in der er indirekt darauf Bezug nahm und in ihrem mutigen Handeln eine Verpflichtung sah, vgl. DB, a. a. O., 574.

[154] Allein in Berlin wurden aus öffentlichen Bibliotheken bis Ende Mai 1933 ca. 10000 Zentner Literatur beschlagnahmt. Ein Jahr später standen über 3000 Titel in Deutschland auf dem Index verbotener Schriften.

[155] Darunter befanden sich u.a. Philosophen wie Karl Marx (1818-1883), Dichter wie Heinrich Heine (1797-1856), Schriftsteller wie Bertolt Brecht (1898-1956), Erich Maria Remarque (1898-1970) und Lion Feuchtwanger (1884-1958) und Psychologen wie Sigmund Freud (1856-1939). Erich Kästner (1899-1974), dessen Bücher ebenfalls verbrannt wurden, konnte trotz manch zuvor gemachter kritischer Äußerung die zwölf Jahre Hitler-Diktatur im Land überleben. Zur Bücherverbrennung, vgl. SPIEGEL-TV Nr. 11, a. a. O., Min. 38ff.

[156] Unter ihnen waren der renommierte Kritiker Alfred Kerr (1867-1948) und der Politiker Philipp Scheidemann (1865-1939).

ger sozialdarwinistischer Anschauungen und nihilistischer Moralvorstellungen, begrüßen die Nationalsozialisten. Auch Philosophen wie *Martin Heidegger* sehen mit der NS-Bewegung ein neues Zeitalter anbrechen und in Hitler eine Lichtgestalt. Andere wie *Karl Jaspers*, mit einer Jüdin verheiratet, werden zwangspensioniert, können jedoch unbehelligt im Land bleiben. Auch für Dietrich Bonhoeffers weiteres Leben wird die Machtübernahme der Nazis einschneidende Veränderungen nach sich ziehen. Bei den Wahlen am 5. März hatte er – damals ungewöhnlich für einen protestantischen Pfarrer – die katholische Zentrumspartei gewählt, in der Annahme, dass vielleicht die international ausgerichtete katholische Kirche und ihre Partei dazu imstande waren, Hitler und den Nationalsozialisten Paroli zu bieten.[157] Relativ bald ist ihm klar, was die Politik der Nazis bewirken würde – die Freundschaft mit dem Pfarrer jüdischer Herkunft, Franz Hildebrandt und die verwandtschaftlichen Beziehungen zu seinem Schwager *Gerhard Leibholz*, der christlich erzogen worden war, aber jüdische Wurzeln hatte und damit bei den Nazis als Jude galt, haben ihn schnell für die Zeichen der Zeit und die Folgen für die Angehörigen jüdischen Glaubens sensibel werden lassen. Denn seine jüdischen Freunde bekommen die Gesetze verhältnis-

---

[157] Vgl. Eberhard Bethge, Bonhoeffer, a. a. O., 45.

mäßig bald zu spüren. Antisemitismus ist Dietrich Bonhoeffer völlig fremd.[158]

Seit 1931 hatte Dietrich Bonhoeffer aktiv in der weltweiten ökumenischen Bewegung mitgearbeitet.[159] In diesem Jahr war er zu einem von drei ehrenamtlichen Jugendsekretären bei der *Konferenz des Weltbundes für*

---

[158] Allerdings: „In manchen theologischen Äußerungen Bonhoeffers lassen sich traditionelle Antijudaismen nicht übersehen" (Heinrich W. Grosse, „Tu deinen Mund auf für die Stummen!" – Dietrich Bonhoeffers Kampf gegen Judendiskriminierung und -verfolgung, in: ders., Niemand kann zwei Herren dienen. Die Geschichte der evangelischen Kirche im Nationalsozialismus und in der Nachkriegszeit, Hannover ²2010, 37-70, Zitat auf 68). Der späte Bonhoeffer verwendete jedoch kaum noch Kategorien einer antijudaistischen Straf- und Enterbungstheorie, der zufolge Gott die Juden wegen der Kreuzigung Jesu gestraft und verflucht habe und die Kirche das `wahre Israel´ sei, vgl. Eberhard Bethge, Dietrich Bonhoeffer und die Juden, in: Heinz Cremers (Hg.), Die Juden und Martin Luther – Martin Luther und die Juden, Neukirchen-Vluyn ²1987, 211-248, und ders., Dietrich Bonhoeffer und die Juden, in: Konsequenzen. Dietrich Bonhoeffers Kirchenverständnis heute, hg. von Ernst Feil und Ilse Tödt (IBF; 3), München 1980, 171-214. In seiner `Ethik´ schrieb Bonhoeffer 1941: „Eine Verstoßung der Juden aus dem Abendland muß die Verstoßung Christi nach sich ziehen; denn Jesus Christus war Jude" (Dietrich Bonhoeffer, Erbe und Verfall, zit. nach Dietrich Bonhoeffer, Ethik, zusammengestellt und herausgegeben von Eberhard Bethge, München ¹¹1985, 94-116. Zitat auf 95). Prof. Dr. Dr. h.c. Johannes Wallmann hat darauf aufmerksam gemacht, dass Dietrich Bonhoeffer als Holl-Schüler – Holl war *der* Lutherforscher seiner Zeit – nur den jungen, projüdischen Luther von 1523 kannte, auf den er sich 1933 berief und ihm der alte, unerträglich-antisemitische Luther anscheinend nicht bekannt gewesen ist, vgl. Johannes Wallmann, Die Evangelische Kirche verleugnet ihre Geschichte. Zum Umgang mit Martin Luthers Judenschriften, Teil I, in: DtPfrBl 6/2014, 332-336, bes. 332.

[159] Vgl. Werner Milstein, Einen Platz in der Welt haben, a. a. O., 29f., wo sie eine gute Zusammenfassung befindet.

Freundschaftsarbeit der Kirchen in Cambridge[160] gewählt worden und repräsentierte damit dort die Deutsche Jugend. Seither war er an der Vorbereitung verschiedener Konferenzen beteiligt und hatte an einigen teilgenommen. Die Tatsache, dass Dietrich Bonhoeffer fließend Englisch sprach, kam ihm für diese Arbeit sehr entgegen. Der Wind blies Bonhoeffer und den Mitarbeitern der `Deutschen Mittelstelle für ökumenische Jugendarbeit´ jedoch ins Gesicht. Nationalistisch-völkisch gesinnte Kritiker der Ökumene wie die Erlanger Theologieprofessoren *Paul Althaus* und *Emanuel Hirsch*, warfen dem Weltbund `Internationalismus´ und `Pazifismus´ vor. Die für 1932 und 1933 in Deutschland geplanten Jahrestagungen des Weltbundes wurden abgesagt. Im Juli 1932 hielt Bonhoeffer auf der internationalen Jugend-Friedenskonferenz in Ciernohorské Kúpele in den Karpaten einen Vortrag „Zur Theologischen Begründung der Weltbundarbeit"[161], einer „der wichtigsten Aufsätze Bonhoeffers zur Ökumene und zur Friedensfrage"[162]. Im Au-

---

[160] Mit diesem Amt war er zugleich Mitglied des *Management Committee* und des *Rats*. Zu Dietrich Bonhoeffers ökumenischen Aufgaben gehörte es, die internationalen kirchlichen Beziehungen zu pflegen.

[161] Vgl. DBW 11, 327-344.

[162] DB, 296. Hier betont Bonhoeffer noch einmal, dass die Kirche die Gegenwart Christi auf Erden sei und das Gebot Gottes in Vollmacht verkündigen müsse. Bonhoeffers Thesen `Zur theologischen Begründung der Weltbundarbeit´, die in der von Friedrich Siegmund-Schulze edierten Zeitschrift `Die Eiche´ (4/1932) publiziert wurden, gelten heute als ein wichtiger theologischer Beitrag zur Ökumene. Er stellte u.a. die These auf, dass es „keine Theologie der ökumenischen Bewegung" gab. Zur Geschichte des `Welt-

gust 1932 reiste er nach Genf und nahm dort an der Sitzung des Weltbund-Committes teil.[163] Im Anschluss daran fand in Gland am Genfer See die Jugendkonferenz des Weltbundes statt. Im September 1933 reist Bonhoeffer zur Weltbundsitzung nach Bulgarien.

So ist das Jahr 1933 das Jahr, in dem Dietrich Bonhoeffers kirchliche Oppositionsarbeit beginnt. In der ersten Jahreshälfte kritisiert Bonhoeffer immer wieder die Gleichschaltung der Nazis. In seinem Radiovortrag „Wandlungen des Führerbegriffs in der jungen Generation"[164] und seinem Aufsatz „Die Kirche vor der Judenfra-

---

bundes´ vgl. Stefan Grotefeld, Friedensförderung durch internationale Freundschaftsarbeit der Kirchen von 1919 bis 1933. Das Beispiel der deutschen Weltbundvereinigung, in: KZG 1/1991, 46-72, zu Bonhoeffer bes. 71, Anm. 140. Zur Thematik vgl. weiterführend Hans-Volker Herntrich, Umkehr zu Tat und Leben. Dietrich Bonhoeffers Friedensethik für kommende Generationen, in: Lutherische Monatshefte 4/95, 6-8.

[163] Die deutschen Vertreter sind neben Dietrich Bonhoeffer die Ökumeniker Friedrich Siegmund-Schultze (1885-1969), Berlin und Hermann Maas (1877-1970), Heidelberg. Vgl. weiterführend Werner Keller u.a. (Hg.), Redet mit Jerusalem freundlich. Zeugnisse von und über Hermann Maas, Karlsruhe 1986 und Thomas O. H. Kaiser, Hermann Maas – ein Gerechter unter den Völkern, in: liberal 4/94, 83-90.

[164] So lautet der Titel des einzigen Radiovortrags von Dietrich Bonhoeffer, in der er sich kritisch mit dem Führerbegriff auseinandersetzte und vor einem Führer warnte, der sich zum Idol seiner Anhänger machte und damit zum Verführer wurde. Der Vortrag wurde an entscheidender Stelle plötzlich ausgeblendet und damit sinnentstellt, so dass ihn Bonhoeffer später in schriftlicher Form veröffentlichte. Vgl. DBW 12, 242-260+47 und ausführlich Christoph Strohm, Der Widerstandskreis um Dietrich Bonhoeffer und Hans von Dohnanyi. Seine Voraussetzungen zur Zeit der Machtergreifung, in: Jürgen Schmädeke/Peter Steinbach (Hg.), Der Widerstand gegen den Nationalsozialismus. Die deutsche Gesellschaft und der Widerstand gegen Hitler, München-Zürich ³1994, 295-313, bes. 302-307, und ders., Theologische Ethik im Kampf gegen den Nationalsozialismus. Der Weg Dietrich Bonhoeffers mit

ge"[165] reagiert er auf das erlassene ˋGesetz zur Wiederherstellung des Berufsbeamtentums´ vom 7. April 1933, das den sog. ˋArierparagraphen´ [166] enthält. In diesem Aufsatz weist er die Anwendung der antisemitischen staatlichen Gesetzgebung auf die eigenen Kirchenmitglieder jüdischer Herkunft zurück[167] und fordert die evan-

---

den Juristen Hans von Dohnanyi und Gerhard Leibholz in den Widerstand, München 1989, 115-129.

[165] Dietrich Bonhoeffer, Die Kirche vor der Judenfrage, in: DBW 12, 345-358. Bonhoeffer hielt seinen Vortrag im April 1933 vor einem theologisch interessierten Pfarrerkreis um den späteren Oldenburger Bischof Gerhard Jacobi (1891-1971). Der Aufsatz erschien in der Niederdeutschen Kirchenzeitung, 3. Jg., Nr. 13 am 1. Juli 1933, 234-238, mit dem Zusatz, dass das Manuskript am 15.4.1933 von Bonhoeffer fertiggestellt worden war. Er befindet sich auch in Dietrich Bonhoeffer, GS II, 44-53. Bei Eberhard Bethge/Renate Bethge/Christian Gremmels (Hg.), Dietrich Bonhoeffer, a. a. O., 99+107, sind Seiten des Manuskripts in Bonhoeffers charakteristischer Handschrift abgedruckt. Es ist zu erkennen, dass Bonhoeffer seinen Text nicht in einem Guss geschrieben, sondern darin viele Streichungen und Änderungen vorgenommen hat.

[166] In Paragraph 3 des rassistischen Gesetzes hieß es: „Beamte, die nicht arischer Abstammung sind, sind in den Ruhestand zu versetzen." Wie bekannt, waren der Wechsel des Personenstandes und die Religion von den Standesämtern erst 1875/76 beurkundet worden. Daher erstellten Pfarrer und Kirchenbuchführer die sog. ˋAriernachweise´ – und trugen so zum Funktionieren der rassistischen Politik des NS-Regimes bei! Ein schöner Gedanke: Was wäre passiert, hätten sich die 18000 Pfarrer im Reich geweigert, die Nachweise auszustellen? Fakt ist, dass viele Pfarrer in dieser Zeit das nationalsozialistische Wertesystem teilten, zumindest antijudaistisch oder antisemitisch eingestellt waren und daher überhaupt nicht auf den Gedanken kamen, dass hier Unrecht geschah! Am 11. April 1933 definierte die erste Verordnung zu dem Gesetz ˋnichtarisch´ wie folgt: Als nicht arisch galt, wer von nichtarischen, jüdischen Eltern oder Großeltern abstammte. Es genügte, wenn ein Elternteil oder ein Großelternteil nicht arisch war. Mit dieser Definition erklärten die Nationalsozialisten auch getaufte Juden zu Juden!

[167] Vgl. zur Problematik, nur die sog. ˋJudenchristen´ im Blick gehabt zu haben, ausführlich und exemplarisch Ursula Büttner, ˋWohl dem, der auf die

gelische Kirche weitergehend auf, sich mit allen Opfern staatlicher Gewalt solidarisch zu erklären.[168] Bei aller Gehorsamspflicht dem Staat[169] gegenüber gibt es für Christinnen und Christen drei Handlungsoptionen[170]: Zuerst müsse die Kirche den Staat nach der Legitimität seines Handelns fragen. Zweitens müsse sie den Opfern helfen. Drittens müsse die Kirche notfalls bereit sein, „nicht nur die Opfer unter dem Rad zu verbinden, sondern dem Rad selbst in die Speichen zu fallen."[171] Für

---

Seite der Leidenden gehört´. Der Untergang des Dichters Jochen Klepper mit seinen jüdisch-christlichen Angehörigen, in: dies./Martin Greschat, Die verlassenen Kinder der Kirche. Der Umgang mit Christen jüdischer Herkunft im `Dritten Reich´, Göttingen 1998, 12-149.

[168] Bei Christoph Strohm finden sich ausführliche Angaben zur Sekundärliteratur, die dieses Thema ausschöpfend behandeln, vgl. Christoph Strohm, Theologische Ethik im Kampf gegen den Nationalsozialismus, a. a. O., 148-192. Auf zwei grundlegende Arbeiten möchte ich dennoch gesondert hinweisen: Heinz Eduard Tödt, Judendiskriminierung 1933 – der Ernstfall für Bonhoeffers Ethik, in: Wolfgang Huber/Ilse Tödt (Hg.), Ethik im Ernstfall. Dietrich Bonhoeffers Stellung zu den Juden und ihre Aktualität (IBF Bd. 4), München 1982, 139-183, und Ernst-Albert Scharffenorth, Die Kirche vor der Bekenntnisfrage – Bonhoeffers Aufruf zur Solidarität mit den Juden, in: Wolfgang Huber/Ilse Tödt (Hg.), Ethik im Ernstfall, a. a. O., 184-234.

[169] Zu den Aufgaben und Grenzen des Staates, ausgehend von der 5. Barmer These vgl. weiterführend Wolfgang Huber, Folgen christlicher Freiheit, a. a. O., 95-112.

[170] Vgl. Tiemo Rainer Peters, Jenseits von Radikalismus und Kompromiss. Die politische Verantwortung der Christen nach Dietrich Bonhoeffer, in: Ernst Feil (Hg.), Verspieltes Erbe? Dietrich Bonhoeffer und der deutsche Nachkriegsprotestantismus (IBF Bd. 2), München 1979, 94-115, bes. 101f.

[171] Dietrich Bonhoeffer, Die Kirche vor der Judenfrage, zit. nach DBA 2, a. a. O., 69-79, Zitat auf 74 (= DBW 12, 353). Solches Handeln wäre Bonhoeffer zufolge „unmittelbar politisches Handeln" (zit. nach GS II, 489). Vgl. weiterführend Christoph Strohm, Theologische Ethik im Kampf gegen den Nationalsozialismus, a. a. O., 148-192.

Bonhoeffer steht fest, dass nur ein evangelisches Konzil über die Notwendigkeit unmittelbar politischen Handels der Kirche entscheiden kann.[172] So nimmt er sehr früh klar und dezidiert öffentlich Stellung gegen die Politik der Nazis, gegen den Einzug nationalsozialistischen Gedankengutes in die evangelische Kirche und gegen die mit ihr verbundene beginnende Judenverfolgung und begründet die christliche Pflicht zum Widerstand gegen staatliches Unrechtshandeln.[173] Bonhoeffers Darstellung des Problems gehört „zum aufschlussreichsten und politisch wie theologisch bedeutendsten, was diese Jahre überhaupt hervorgebracht haben."[174]

Mit den `Deutschen Christen´ (DC) hatte sich bereits 1932 eine nationalsozialistische Glaubensbewegung konstituiert, die sich darangemacht hatte, Ziele und Inhalte der nationalsozialistischen Rassenideologie in die Kirche zu tragen, also die Kirche gewissermaßen zu `ger-

---

[172] Vgl. dazu ausführlich Christine-Ruth Müller, Dietrich Bonhoeffers Kampf, a. a. O., 1-71.
[173] Vgl. weiterführend Wolfgang Huber, Wahrheit und Existenzform. Anregungen zu einer Theologie der Kirche bei Dietrich Bonhoeffer, in: Ernst Feil/Ilse Tödt (Hg.), Konsequenzen. Dietrich Bonhoeffers Kirchenverständnis heute (IBF Bd. 3), München 1980, 87-139, und Wolfgang Huber, Die Kirche vor der `Judenfrage´, in: Rolf Rendtorff/Eckhard Stegemann (Hg.), Auschwitz – Krise der christlichen Theologie. Eine Vortragsreihe (Abhandlungen zum christlich-jüdischen Dialog; 10), München 1980, 60-81, bes. 70ff., sowie ders., Folgen christlicher Freiheit, a. a. O., 71-93.
[174] Klaus Scholder, Die Kirchen und das Dritte Reich, Bd. I: Vorgeschichte und Zeit der Illusionen 1918-1934, FfM-Berlin-Wien 1977, 350. Der liberale Tübinger Kirchenhistoriker Klaus Scholder (1930-1985) war von den Gedanken des 27jährigen Pfarrers und Privatdozenten Bonhoeffer begeistert.

manisieren´ und die verantwortlichen Ämter in ihr zu besetzen. [175] Die völkischen `Christen´ bekannten sich zu einem `positiven Christentum´ gemäß dem Programm der NSDAP. [176] Sie forderten `Rassenreinheit´ als Bedingung für die Mitgliedschaft in der Kirche sowie die Trennung der Kirche von ihren jüdischen Wurzeln. [177] Der

---

[175] Hitler hatte der Bewegung den Namen `Deutsche Christen´ gegeben, weil er die Bezeichnung `Evangelische Nationalsozialisten´ für zu parteinah hielt. Im Prinzip lief es aber darauf hinaus: Wer Nationalsozialismus und Christentum vereinen wollte, wer meinte, antisemitisch und gleichzeitig völkisch-christlich sein zu können, der schloss sich den DC an. Am 13. November 1933 veranstalteten die `Deutschen Christen´ eine Kundgebung im Berliner Sportpalast, in denen der Berliner Gauobmann Krause zur „Befreiung vom Alten Testament mit seiner jüdischen Lohnmoral, von diesen Viehhändler- und Zuhältergeschichten" aufrief. Vgl. weiterführend Willy Schottroff, Theologie und Politik bei Emanuel Hirsch. Zur Einordnung seines Verständnisses des Alten Testaments, in: ders., Das Reich Gottes und der Menschen, München 1991, 137-193; Brigitte Schroven, Theologie des Alten Testaments zwischen Anpassung und Widerspruch (diss.theol.), Neukirchen-Vluyn 1995, bes. 120-137.

[176] `Chefideologe´ der Nazis war Alfred Rosenberg (1883-1946), später in Nürnberg als einer der Hauptkriegsverbrecher angeklagt und durch Erhängen hingerichtet. Der Antisemit veröffentlichte 1930 das Buch `Der Mythus des 20. Jahrhunderts´, in dem die `Religion des Blutes´ das Christentum ersetzen sollte. Das Buch erzielte über eine Million Auflage. Mitglieder der Bekennenden Kirche, darunter der Pfarrer und Widerstandskämpfer Martin Albertz (1883-1956), der Halbbruder des SPD-Politikers und Pastors Heinrich Albertz (1915-1993), bezogen dagegen Position und protestierten, vgl. weiterführend Peter Noss, Martin Albertz (1883-1956). Eigensinn und Konsequenz. Das Martyrium als Kennzeichen der Kirche im Nationalsozialismus, Neukirchen-Vluyn 2001.

[177] In ihren Statuten vom 6. Mai 1932 hatten die `Deutschen Christen´ formuliert: „Wir wollen eine evangelische Kirche, die im Volkstum wurzelt, und lehnen den Geist eines christlichen Weltbürgertums ab. Wir wollen die (...) verderblichen Erscheinungen wie Pazifismus, Internationale, Freimaurertum usw. durch den Glauben an unsere von Gott befohlene völkische Sendung

Reichsleiter dieser Bewegung, die sich selbst als `SA Jesu Christi´ bezeichnete, war Pfarrer *Joachim Hossenfelder*, ein ehemaliger Kriegsfreiwilliger und Freikorpskämpfer. Gegen die Bestrebungen der baldigen Kirchenpartei der `Deutschen Christen´, die evangelische Kirche dem Nationalsozialismus komplett unterzuordnen und gleichzuschalten, gründete *Martin Niemöller*[178] mit seinen Freunden *Walter Künneth*[179] und *Hanns Lilje* am 19. Mai 1933 die `Jungreformatorische Bewegung´, die zwar den neuen deutschen nationalsozialistischen Staat bejahte, aber sich gegen den Nationalsozialismus in der Kirche und für eine `bekennende Kirche´ aussprach sowie für eine Entpolitisierung des Pfarrerstandes und eine Entparlamentarisierung der Kirche eintrat.[180] Die Mitglieder der

---

überwinden" (H.-W. Krumwiede/M. Greschat/M. Jacobs/A. Lindt, Kirchen- und Theologiegeschichte in Quellen, Bd. IV/2, Neukirchen-Vluyn 1980, 119).

[178] Zur bewegten Vita des ehemaligen deutschnationalen U-Boot-Kommandanten vgl. http://www.martin-niemoeller-stiftung.de (aufgerufen am 30.8.2004).

[179] Der Erlanger Professor Walter Künneth hatte im April 1933 auf einer Konferenz den Generalsuperintendenten und Konsistorialpräsidenten der APU ein Gutachten vorgelegt, das den Titel trug: „Die Kirche und die Judenfrage in Deutschland." Künneth akzeptiert die Ausschaltung der Juden aus dem öffentlichen Leben, erkennt Teile der pseudowissenschaftlichen `Rassentheorie´ der NS-Ideologie an und schließt auch gewaltsame Maßnahmen gegen Juden nicht aus. Bonhoeffer hat vermutlich von Künneth gewusst und den ersten Teil seines Aufsatzes `Die Kirche vor der Judenfrage´ gezielt im Blick auf Künneths Überlegungen abgefasst, vgl. Wolfgang Huber, Folgen christlicher Freiheit, a. a. O., 78ff.

[180] Vgl. weiterführend Harald Iber, Die Apologetische Centrale und der Centralausschuß für die Innere Mission. Zur Geschichte der Apologetischen Centrale bis 1934, in: Theodor Strohm/Jörg Thierfelder (Hg.), Diakonie im

Jungreformatorischen Bewegung, die mehrheitlich aus dem konservativen und nationalen Lager stammten, bejahten zunächst den NS-Staat, verwahrten sich aber gegen dessen Einmischung in innere Angelegenheiten der Kirche und traten so für die Freiheit der Kirche gegenüber jeglicher politischer Vereinnahmung ein.[181] Es war früh absehbar, dass das auf die Dauer zu Konflikten mit dem totalitären Staat führen würde, weil dieser jeden Bereich des Lebens beherrschen wollte. Bei einigen Mitgliedern

---

'Dritten Reich': Neuere Ergebnisse zeitgeschichtlicher Forschung, Heidelberg 1990, 108-124.

[181] Heinrich Albertz schreibt rückblickend: „Alle Väter der Bekennenden Kirche, mit ganz wenigen Ausnahmen..., haben ihre deutschnationale Vergangenheit und Gegenwart. Widerstand wurde nicht wegen der Verfolgung von Juden, Sozialdemokraten und Kommunisten wach, nicht wegen des offensichtlichen Marsches in den nächsten Krieg, sondern wegen der Eingriffe staatlicher Gewalt in die Rechte und Glaubensüberzeugungen der Kirche" (Heinrich Albertz, Die Reise. Vier Tage und siebzig Jahre, München 1985, 91). Heinrich Albertz erwähnt hier am Rande ein Problem, dass den Widerstand durchgängig durchzieht: seine Verortung im deutschnationalen Spektrum und damit seinen vorhandenen Antisemitismus, d.h. Judenhass! Als personelles Beispiel sei an dieser Stelle Erich Hoepner (1886-1944) genannt: Einerseits verkehrte der später hingerichtete Generaloberst und Ritterkreuzträger, der als einer der bekanntesten deutschen Panzeroffiziere seiner Zeit galt und dennoch von Hitler 1942 wegen 'Feigheit und Ungehorsam' unehrenhaft aus der Wehrmacht entlassen worden war, nachdem er einen Durchhaltebefehl im russischen Winter ignoriert hatte, in Kreisen des Widerstands gegen den Nationalsozialismus (Ludwig Beck war sein vorgesetzter Offizier); andererseits hatte er als Panzergeneral – die Wehrmachtsgeneralität war durchgängig antisemitisch eingestellt – judenfeindliche Äußerungen von sich gegeben und völkerrechtswidrige Erschießungen angeordnet. Hoepner wurde vom 'Volksgerichtshof' zum Tod verurteilt, das Urteil durch Erhängen vollstreckt. Das seit 1956 nach ihm benannte Gymnasium wurde 2008 nach dem Kunstsammler Heinz Berggruen (1914-2007) umbenannt.

der `Jungreformatoren´, die Diktatur und Krieg überlebten, vollzog sich später ein radikaler Gesinnungswandel.[182]

Zu diesem Zeitpunkt jedoch widersprach lediglich *Karl Barth* im Juni 1933 in seinem Heft `Theologische Existenz heute!´ Für ihn gab es keine Vereinbarkeit zwischen der rassistischen nationalsozialistischen Ideologie und dem christlichen Glauben, zwischen dem schwülstigen Gefühl der Nazis im geistlichen Gewand und den alten Bekenntnissen. Auch Dietrich Bonhoeffer blieb im Blick auf den politischen Widerstand „der einzige unter den Konsequenten"[183]. Zur lautstarken Nazi-Propaganda in dieser Zeit äußerte er sich einmal in einer Predigt und

---

[182] So ist beispielsweise bei Martin Niemöller eine Entwicklung vom Anfang seines Lebens als nationalkonservativer Theologe, der sich aktiv am Krieg beteiligt hatte, zum radikaldemokratischen Pazifisten am Ende seines Lebens zu verzeichnen, vgl. Matthias Schreiber, Martin Niemöller, Reinbek 1997, 136-140. Eine ähnliche Entwicklung machte Helmut Gollwitzer durch, der zunächst – aus politisch konservativem Elternhaus stammend – als Jugendlicher von Hitler begeistert war, dann bald durch die Ereignisse als junger Theologe politisch links stand und sich 1933 als Sozialist fühlte, so dass er auch unter dem Einfluss Karl Barths „als bayerischer lutherischer Pfarrerssohn von der rechtesten Seite der Hitlerverehrung im Laufe meiner Studienjahre nach links gerutscht" war (Helmut Gollwitzer, zitiert nach Jens Müller-Kent, Vermächtnis für die Zukunft. Gespräche mit Helmut Gollwitzer und Kurt Scharf, München 1989, 98) und sich später für die Studenten- und Friedensbewegung einsetzte. Karl Barth als Mitglied der SPD ist unter den Pfarrern damals als eine Ausnahme zu sehen, wie auch Günther Dehn (1882-1970) oder Erwin Eckert (1893-1972) als Sozialisten.
[183] Heinrich Albertz, Die Reise, a. a. O., 94. 2013 erschien ein Buch, das Texte aus dem sog. `christlichen Widerstand´ aufgriff, vgl. Margot Käßmann/Anke Silomon (Hg.), Gott will Taten sehen. Christlicher Widerstand gegen Hitler. Ein Lesebuch mit Originaltexten, München 2013.

kontrastierte den `Höllenlärm´ der Nazipropaganda an Christi Himmelfahrt: „Himmelfahrtsfreude – man muß sehr still geworden sein, um den Klang dieses Wortes zu hören."[184]

Im Mai 1933 gründeten also diese drei Theologen die `Jungreformatorische Bewegung´, zu deren Sprachorgan die zweimal monatlich erscheinende, noch heute bestehende Zeitschrift `Junge Kirche´[185] wurde. Den `Jungreformatoren´ fühlte sich auch Dietrich Bonhoeffer zugehörig. Bei den Kirchenwahlen im Juli 1933, die die DC gewannen, ging es auch um die Wahl des künftigen Reichsbischofs. Der Kandidat der Jungreformatoren für das in der neuen Kirchenverfassung vorgesehene hohe Amt des Reichsbischofs war Pastor *Friedrich von Bodelschwingh*. Der Kandidat der Deutschen Christen war der Hitler ergebene Wehrkreispfarrer *Ludwig Müller*[186]. Als absehbar war, dass sich Ludwig Müller bei den Wahlen zum Reichsbischof durchsetzen würde, wählte die Mehrheit der Synodalen der alten Kirchenverfassung am 24. Mai 1933 Friedrich von Bodelschwingh, obwohl es das Amt noch gar nicht gab, weil es erst mit der neuen Kirchenverfassung am 14. Juli 1933 in Kraft trat. Die von

---

[184] Dietrich Bonhoeffer, Predigt zu Himmelfahrt 1933 über 1. Petrus 1, 7c-9, in: ders., Gesammelte Schriften, hg. v. Eberhard Bethge, Bd. 4: Auslegungen, Predigten, 1931-1944, München 1975, 118-122, bes. 121.
[185] https://www.jungekirche.de (aufgerufen am 11.10.2024).
[186] Vgl. weiterführend Thomas Martin Schneider, Reichsbischof Ludwig Müller. Eine Untersuchung zu Leben, Werk und Persönlichkeit, Göttingen 1993.

Hitler unterstützten `Deutschen Christen´ machten dagegen mobil und nach 26 Tagen, als der Kultusminister den Staatskommissar *August Jäger* für kirchliche Angelegenheiten einsetzte, der damit Friedrich von Bodelschwingh übergeordnet war, trat dieser von seinem Amt zurück. In fast allen kirchlichen Körperschaften erreichten die DC die erforderliche Mehrheit. Die Generalsynode der Evangelischen Kirche der altpreußischen Union beschloss am 6. September 1933 mit ihrer deutsch-christlichen Mehrheit als erste Kirchenleitung, den `Arierparagraphen´ in der Landeskirche einzuführen. Christen jüdischer Herkunft, Pfarrer und höhere Kirchenbeamte, wurden in den Ruhestand versetzt, falls sie jüdische Eltern hatten oder mindestens ein Großelternteil jüdisch war. Etwa hundert Personen, vor allem Theologen, waren davon betroffen. Pfarrer konnte fortan nur noch sein, wer `arischer´ Abstammung war. Es hieß: „Wer nichtarischer Abstammung oder mit einer Person nichtarischer Abstammung verheiratet ist, darf nicht als Geistlicher oder Beamter der allgemeinen Kirchenverwaltung berufen werden. Geistliche und Beamte arischer Abstammung, die mit einer Person nichtarischer Abstammung die Ehe eingehen, sind zu entlassen."[187] Bonhoeffer antwortete darauf ganz klar und sah als letzte Konsequenz den Kirchenaustritt: „Darum gibt es einer Kirche gegenüber, die den Arier-Paragraphen in dieser radikalen Form durchführt, nur

---

[187] DBA 2, 80.

noch einen Dienst der Wahrheit, nämlich den Austritt. Dies ist der letzte Akt der Solidarität mit meiner Kirche..."[188]

Auf der Nationalsynode, der `Braunen Synode´, die am 27. September 1933 in Wittenberg tagte, wurde Hitlers Mann Ludwig Müller zum Reichsbischof [189] gewählt: Heimlicher Bischof blieb jedoch für viele im Reich Friedrich von Bodelschwingh, von dem in der Folgezeit viel segensreiches Wirken ausgehen sollte. Dietrich Bonhoeffer und Martin Niemöller gehörten zu den Verfassern einer Verlautbarung, die von 2000 Pfarrern, die sich gegen das gesamte Procedere, insbesondere aber gegen die Einführung des staatlichen `Arierparagraphen´[190] in das kirchliche Dienstrecht wehrten, unterzeichnet wurde. Es hieß: „Ich bezeuge, dass eine Verletzung des Bekenntnisstandes mit der Anwendung des Arierparagraphen im

---

[188] Dietrich Bonhoeffer, Der Arier-Paragraph in der Kirche, in: DBA 2, 80-88, Zitat auf 84. Der Text befindet sich in DBW 12, 408-415.

[189] Im Volk wurde Ludwig Müller spöttisch `Reibi´ genannt, vgl. Ferdinand Schlingensiepen, a. a. O., 159. Müller gliederte im Alleingang schon im Dezember 1933 die christliche Jugend in die `Hitlerjugend´ (HJ) ein. Bonhoeffer protestierte von London aus in einem Brief an Reichspräsident von Hindenburg (in Kopie an Hitler!) gegen den Verbleib von Müller im Amt (Brief Bonhoeffers vom 15. Januar 1934).

[190] Der `Arierparagraph´ bedeutete, dass evangelischen Pfarrern jüdischer Herkunft die Ordination und ihre Rechte aberkannt wurden, auch das der freien Wortverkündigung und der Sakramentsverwaltung. Das kirchliche Lehramt war ausschließlich an die ordnungsgemäße Berufung gebunden, vgl. dazu Dietrich Bonhoeffer, Der Arierparagraph in der Kirche, in: GS II, 62-69.

Raum der Kirche Jesu Christi geschaffen ist."[191] Unverkennbar `outeten´ sie sich so als legitime Vertreter einer wahren, `bekennenden´ Kirche in Deutschland. Für Dietrich Bonhoeffer – der phänotypisch für die Nazis genau das Idealbild eines `Ariers´ erfüllte: blonde Haare, blaue Augen![192] – war mit diesem Beschluss ebenso wie für Karl Barth und Martin Niemöller der *status confessionis* gegeben, d.h. die Bekenntnisfrage gestellt.[193] Es war ihm ganz klar: Die Beschlüsse der Nazis im christlichen Gewande standen im Widerspruch zur Bibel und zu den Bekenntnissen der Kirche! Bonhoeffer schlug vor, als Antwort auf die Einführung des `Arierparagraphen´ in der Kirche kirchliche Amtshandlungen wie Trauungen und

---

[191] zit. nach Joachim Mehlhausen, Nationalsozialismus und Kirchen, in: TRE 24, Berlin-New York 1994, 54f.

[192] Karl Barth sprach in einem Brief vom 20.11.1933 von der „Germanengestalt" Bonhoeffers, vgl. Renate Bethge, Dietrich Bonhoeffer, a. a. O., 28, und sein Schüler Wolf-Dieter Zimmermann zitierte Paul Lehmann, der sich an seine „eindrückliche Erscheinung" und sein „entschlossenes Auftreten" erinnerte: „Er wirkte, als wäre er gerade aus einer Wagner-Oper entsprungen" (Wolf-Dieter Zimmermann, Wir nannten ihn Bruder Bonhoeffer. Einblicke in ein hoffnungsvolles Leben, Berlin 2004, 8).

[193] Zum Briefwechsel zwischen Dietrich Bonhoeffer und Karl Barth vom 9./11.9.1933, vgl. DBW 12, 124-126. Vgl. dazu weiterführend Eberhard Bethge, Zwischen Bekenntnis und Widerstand. Erfahrungen in der Altpreußischen Union, in: Jürgen Schmädeke/Peter Steinbach (Hg.), Der Widerstand gegen den Nationalsozialismus. Die deutsche Gesellschaft und der Widerstand gegen Hitler, München-Zürich ³1994, 281ff., und ders., Status confessionis – was ist das? Anmerkungen aus dem eigenen Erfahrungsbereich, in: ders., Bekennen und Widerstehen. Aufsätze – Reden – Gespräche, München 1984, 50-86. Bethge geht auf dem Hintergrund der im Zuge der Atomrüstung und der weltweiten kirchlichen Anti-Apartheid-Bewegung aufkommenden Status-confessionis-Frage auf die theologischen Grundlagen und auf Bonhoeffers Verständnis von 1933 ein.

Beerdigungen zu verweigern. Doch er konnte sich nicht durchsetzen.[194] Deshalb zog Bonhoeffer sogar die Gründung einer Freikirche in dieser Zeit in Erwägung.[195] Er selbst war, wie gesagt, privat über seinen Freund und seine Schwester betroffen: Der Ehemann seiner Zwillingsschwester Sabine, Gerhard Leibholz, sowie Bonhoeffers Freund Franz Hildebrandt waren jüdischer Herkunft und flohen später aus Deutschland. Im September traf Dietrich Bonhoeffer mit Martin Niemöller zusammen, um als Antwort auf die `braune Synode´ und nach der Selbstauflösung der `Jungreformatorischen Bewegung´ die Gründung des `Pfarrernotbundes´[196] vorzubereiten: Sie verschickten eine von ihnen verfasste Erklärung an alle Pfarrer im Deutschen Reich, durch die diese unter Bezugnahme auf Bibel und Bekenntnis dazu aufgerufen wurden, den `Arierparagraphen´ abzulehnen und sich mit

---

[194] 1941 wird diese Idee in Norwegen zur Rücknahme staatlicher Übergriffe der nationalsozialistischen Besatzer führen.

[195] In dieser Frage gab es einen Dissens zwischen Karl Barth und Dietrich Bonhoeffer: Während Bonhoeffer der Meinung war, dass ein Verbleiben angesichts der offensichtlichen Häresie in der DEK unmöglich war und erwog, sich von seiner Kirche zu trennen (vgl. Wolfgang Gerlach, Als die Zeugen schwiegen, a. a. O., 55, Anm. 9, und Kurt Scharf, Widerstehen und Versöhnen. a. a. O., 125), meinte Karl Barth, dass ein Verbleiben notwendig war, um den Häretikern zu zeigen, dass sie nicht die wahre Kirche waren. „Wer glaubt, flieht nicht" (Karl Barth, Reformation als Entscheidung, München 1933, 4) – so das bekannte Diktum Barths gegen Bonhoeffer. Barth wollte Bonhoeffer dazu bewegen, innerhalb der Kirche gegen den Antisemitismus zu kämpfen, vgl. Hans Prolingheuer, Der Fall Karl Barth. Chronologie einer Vertreibung 1934-1935, Neukirchen-Vluyn ²1984, 237.

[196] Vgl. weiterführend Wilhelm Niemöller, Der Pfarrernotbund, Hamburg 1973.

den betroffenen `nicht-arischen´ Amtsbrüdern solidarisch zu erklären. [197] Zwanzig Professoren für Neues Testament betonten in einem theologischen Gutachten die Unvereinbarkeit eines kirchlichen `Arierparagraphen´ mit dem Neuen Testament.[198] Bereits Anfang 1934 gehörten dem Pfarrernotbund von ca. 18000 evangelischen Pfarrern in Deutschland zunächst 1300, später über 5000 an.[199] Pfarrer in ganz Deutschland erklärten sich mit inhaftierten Amtsbrüdern solidarisch – auch finanziell![200] Die Zeitschrift der Jungreformatoren, die `Junge Kirche´, wurde zum Publikationsorgan des Pfarrernotbundes. Die Mehrheit der Pfarrer in Deutschland aber blieb dem Pfarrernotbund fern und dachte anders. Nachdem die `Deutschen Christen´ am 13. November 1933 in ihrer Berliner

---

[197] Vgl. weiterführend https://de.wikipedia.org/wiki/Arierparagraph (aufgerufen am 11.10.2024). Zum Wortlaut der Selbstverpflichtung des Pfarrernotbundes vgl. Kurt Scharf, Widerstehen und Versöhnen. Rückblicke und Ausblicke, Stuttgart 1987, ²1988, 82.

[198] Im sog. `Marburger Gutachten´ sprachen sich die Theologieprofessoren Hans von Soden (1881-1945), Rudolf Bultmann und weitere Kollegen in einem Gutachten gegen jede Form des Arierparagraphen in der Kirche aus (vgl. `Der Arierparagraph in der Kirche. Gutachten der Theologischen Fakultät der Universität Marburg vom 20. September 1933´, in: Junge Kirche 1/1933, 166-171).

[199] Im September 1933 nahm Dietrich Bonhoeffer an zwei ökumenischen Tagungen des `Weltbundes für Internationale Freundschaftsarbeit der Kirchen´ teil, auf der Balkanhalbinsel Novi Sad und in Sofia. In Sofia wurde eine Resolution gegen die `Rassenpolitik´ der Nazis im Allgemeinen und gegen die Einführung des `Arierparagraphen´ im Besonderen verabschiedet.

[200] Nach der Verhaftung Niemöllers kam es zu einer Hausdurchsuchung. Dabei fand die Gestapo 30000 Reichsmark im Tresor, die dem Pfarrernotbund gehörten. Das Geld wurde konfisziert (vgl. Ferdinand Schlingensiepen, a. a. O., 223).

Sportpalast-Kundgebung die Entfernung alles `Undeutschen´ aus der Bibel und die Abschaffung des Alten Testamentes gefordert hatten[201], verkündete am 4. Januar 1934 Nazi-Bischof Müller eine `Verordnung betreffs der Wiederherstellung geordneter Zustände in der Deutschen Evangelischen Kirche´ und untersagte der Pfarrerschaft unter Androhung strenger disziplinarischer Maßnahmen jegliche öffentliche Kritik an Erlassen des Reichsbischofs – eine Verordnung, die als `Maulkorberlass´ Furore machte. Am 14. Januar 1934 kritisierten Tausende von Pfarrern der BK, der Bekennenden Kirche, von den Kanzeln herab den Reichsbischof und übertraten bewusst diesen `Maulkorberlass´.[202]

Bei den Nazis gerät zunehmend Martin Niemöller in die Schusslinie: Sein Telefon wird abgehört. Als er am 25. Januar 1934 mit den bischöflichen Repräsentanten der offiziellen evangelischen Kirche in seiner Eigenschaft als

---

[201] Vgl. Hans Prolingheuer, Wir sind in die Irre gegangen. Die Schuld der Kirche unterm Hakenkreuz, Köln 1987, 41f.

[202] Der spätere populäre Flüchtlingspastor und Regierende Bürgermeister von Berlin, Heinrich Albertz, berichtet von seinen Kurierdiensten für die Bekennende Kirche und willkürlichen Verhaftungen durch die Gestapo, u.a. von seiner Gefangennahme und zweimonatigen Haft wegen des Verstoßes gegen den `Kanzelparagraphen´ (vgl. Heinrich Albertz, Dagegen gelebt – von den Schwierigkeiten, ein politischer Christ zu sein. Gespräche mit Gerhard Rein, Reinbek 1976, 29). Zum Lebensweg von Heinrich Albertz vgl. Reinhard Henkys, Heinrich Albertz – Stationen, Wege, Wendepunkte, in: Reinhard Henkys/Volkmar Deile u.a. (Hg.), Und niemandem untertan. Heinrich Albertz zum 70. Geburtstag (rororo aktuell 5536), Reinbek 1985, 13-44, bes. 14.

Sprecher des oppositionellen Pfarrernotbundes einer Einladung Hitlers folgt, zitiert der preußische Ministerpräsident *Hermann Göring*[203] zu Beginn der Audienz aus einem abgehörten Telefonat, in dem Niemöller davon gesprochen haben soll, Hitler die `letzte Ölung´ geben zu wollen, was einen heftigen Wortwechsel zwischen Niemöller und Hitler vor den Augen und Ohren der versammelten Bischöfe und Minister auslöst. Gleichzeitig pocht Niemöller auf die Legitimation des Kampfes um die Freiheit und die Reinheit des Evangeliums. Die Bischöfe der

---

[203] Hermann Göring (1893-1946) war als Stellvertreter Hitlers einer der Hauptkriegsverbrecher. Er war morphiumsüchtig und dadurch körperlich aufgedunsen. Der Reichstagspräsident von 1932 war entscheidend an der politischen Zerstörung der Weimarer Republik beteiligt. Im `Dritten Reich´ war Göring Luftfahrtminister, Reichsforst- und Reichsjägermeister, Preußischer Ministerpräsident und `Reichsmarschall´. Als preußischer Innenminister war er Leiter der preußischen Polizei und Gründer der Gestapo, aus der das RSHA entstand. Mit Himmler und Heydrich war er verantwortlich für die ersten Konzentrationslager. Göring war bekannt für seine Verschwendungssucht und seine Geldgier. Er war auch ein Kunsträuber. Nach Kriegsende wurde er im Nürnberger Kriegsverbrecherprozess angeklagt, in allen vier Anklagepunkten – Verschwörung gegen den Weltfrieden, Planung, Entfesselung und Durchführung eines Angriffskrieges; Verbrechen gegen das Kriegsrecht; Verbrechen gegen die Menschlichkeit –, schuldig gesprochen und zum Tod durch den Strang verurteilt. Durch Zyankali tötete er sich vor der Vollstreckung des Urteils selbst und entzog sich so seiner Verantwortung. Seine Leiche wurde verbrannt und die Asche in einem Seitenarm der Isar verstreut. Vgl. Joe J. Heydecker/Johannes Leeb, Der Nürnberger Prozeß, Köln 1995, 25-30, 103, 486ff. Der Prozess ist gut dokumentiert, vgl. SPIEGEL-TV: „Der Nürnberger Prozess: Tribunal des Todes. Dokumentation" (2006). Görings Tochter Edda Göring (1938-2018), die zuletzt im Münchener Stadtteil Lehel lebte, hat sich wie Gudrun Burwitz, geb. Himmler (1929-2018), und Wolf-Rüdiger Hess (1937-2001) nie von ihrem Vater distanziert, vgl. Dieter Wunderlich, Göring und Goebbels. Eine Doppelbiografie, Regensburg 2002.

sogenannten intakten Landeskirchen von Bayern, Hannover und Württemberg kritisieren Niemöllers Verhalten und bekräftigen öffentlich ihre Treue zum `Dritten Reich´ und seinem Führer.[204] Im Monat darauf erhält Niemöller Predigtverbot, über das er sich aber hinwegsetzt. Am 31. Mai 1934 nimmt er an der Barmer Bekenntnissynode teil und unterschreibt zusammen mit den Bischöfen *Hans Meiser* und *Theophil Wurm* die `Barmer Theologische Erklärung´[205], deren Hauptverfasser Karl Barth ist.[206] In sechs Thesen widerspricht die `Barmer Theologische Erklärung´ mit ihrem Bekenntnis zu Jesus Christus als dem `einen Wort Gottes´ als Dokument evangelischer Freiheit den Irrlehren innerhalb der Deutschen Evangelischen Kirche. Sie argumentiert von der Mitte christlicher Theologie her, indem sie festhält, dass Jesus Christus der einzige Herr der Kirche ist, neben dem es keine andere Macht gibt, die über Christinnen und Christen ir-

---

[204] Am 13. März 1934 widerriefen die Bischöfe Bayerns und Württembergs ihre öffentliche Erklärung nach einem Gespräch mit Hitler (vgl. Werner Koch, Sollen wir K. weiter beobachten? Ein Leben im Widerstand, Stuttgart 1982, 67).

[205] Zur `Barmer Theologischen Erklärung´ ist in den letzten Jahren einiges an weiterführender Literatur erschienen. Gerne verweise ich auf: https://www.ekd.de/Barmer-Theologische-Erklarung-11292.htm (aufgerufen am 11.10.2024).

[206] Vgl. Eberhard Busch, Die große Leidenschaft. Einführung in die Theologie Karl Barths, Gütersloh 1998, 40. Barth soll die Endfassung mittels eines starken Kaffees und zweier Brasilzigarren geschrieben haben.

gendeine Verfügungsgewalt hat.[207] Die Botschaft von der freien Gnade Gottes auszurichten an alles Volk wird als die zentrale Aufgabe der Kirche umschrieben. Weil sich auch die äußere Gestalt von Kirche daran auszurichten habe, dürfe die Kirche nicht von innen her gesellschaftlichen oder politischen Zielen unterworfen oder von außen gefügig gemacht werden. Was heute eher selbstverständlich anmutet, hatte zu Zeiten Bonhoeffers einen aufrührerischen Klang, obwohl von der Barmer Theologischen Erklärung nur indirekt die NS-Diktatur und ihre rassistische Politik kritisiert wurden und eine kritische Haltung der Bekennenden Kirche zur Verfolgung der Juden komplett fehlte.[208] Doch für damalige Hörerinnen und Hörer hatten die Verwerfungssätze einen unzweideutig politischen Klang: Wenn die falsche Lehre verworfen wird, die Kirche könne und müsse als Quelle ihrer Verkündigung außer und neben dem einen Wort Gottes auch noch andere Ereignisse und Mächte, Gestalten und Wahrheiten als Gottes Offenbarung anerkennen, dann

---

[207] Zu ihrer Interpretation und Aktualität vgl. Wolfgang Huber, Folgen christlicher Freiheit. Ethik und Theorie der Kirche im Horizont der Barmer Theologischen Erklärung (NSTB; 4), Neukirchen-Vluyn 1983, 23-30+249-269.

[208] Insofern war die `Bekennende Kirche´ eine nichtbekennende, schweigende Kirche. Nur einzelne Christinnen und Christen halfen den verfolgten Jüdinnen und Juden in ihrer Not (vgl. weiterführend Wolfgang Gerlach, Als die Zeugen schwiegen, a. a. O., 7ff.). Politisch deutlicher und theologisch klarer war in diesem Punkt das `Betheler Bekenntnis´ vom August 1933, an dessen Erstellung Bonhoeffer als Mitglied eines Arbeitskreises beteiligt gewesen war. Bonhoeffer und Sasse verweigerten ihre Unterschrift, als das Bekenntnis fertiggestellt und veröffentlicht wurde, weil der Text durch verschiedene Gutachter völlig verwässert worden war.

sind damit der `Führerstaat´ und die rassistische Blut-und-Boden-Ideologie gemeint. Damit wird der Anspruch der Nazis auf allumfassende Macht eindeutig in die Schranken gewiesen. Aus heutiger Sicht muss man allerdings sagen, dass es wünschenswert gewesen wäre, wenn `Barmen´ auch vom Jude-Sein Jesu gesprochen hätte.[209] Bonhoeffer wird diesen Gedanken sechs Jahre später in einem Schuldbekenntnis formulieren.[210] Auch

---

[209] Vgl. Eberhard Busch, Unter dem Bogen des einen Bundes. Karl Barth und die Juden 1933-1945, Neukirchen-Vluyn 1996, 214. Während Theodor W. Adorno Karl Barth für einen der wenigen hält, die innerhalb der christlichen Theologie dem Antisemitismus kritisch gegenüberstanden, wird von Barth-Kritikern heute angeführt, dass Barth im Blick auf den Antisemitismus der Nazis blind gewesen sei. Eberhard Busch stellt dem gegenüber, dass sich Barth auch aus Solidarität mit den deutschen Juden am Kirchenkampf so beteiligt hat, wie er es getan hat. Für die Untermauerung seiner These zieht Busch als Ausgangspunkt die Kirchliche Dogmatik heran, in der Barth schrieb, „dass `der Bogen des Bundes, den Gott in seiner Liebe zum Menschen von Ewigkeit her beschlossen und geschlossen hat´, der Bogen eines Bundes ist und in Jesus Christus beide überspannt: Israel und die Kirche" (Karl Barth, Kirchliche Dogmatik II/2, 318, zit. nach Eberhard Busch, Unter dem Bogen des einen Bundes, a. a. O., VIII; vgl. auch dort 36).
[210] Er schrieb 1940: (Die Kirche) „war stumm, wo sie hätte schreien müssen, weil das Blut der Unschuldigen zum Himmel schrie. (...) Sie hat es mit angesehen, daß unter dem Deckmantel des Namens Christi Gewalttat und Unrecht geschah. (...) Die Kirche bekennt, die willkürliche Anwendung brutaler Gewalt, das leibliche und seelische Leiden unzähliger Unschuldiger, Unterdrückung, Haß, Mord, gesehen zu haben, ohne ihre Stimme für sie zu erheben, ohne Wege gefunden zu haben, ihnen zu Hilfe zu eilen. Sie ist schuldig geworden am Leben der schwächsten und wehrlosesten Brüder Jesu Christi" (DBW 6, 129f.). Bei der Interpretation dieser Sätze neige ich dazu, dass Bonhoeffer hier nicht nur die verfolgten und entrechteten Juden meint, sondern primär die Morde an den Behinderten, die in der Tat „schwächsten und wehrlosesten Brüder Jesu Christi", im Blick hat. Dies um so mehr als Peter Möser in seiner theologischen Dissertation gegen Eberhard Bethge (IBF Bd. 3, 171ff.) schrieb: „Dennoch muß man mit dem Urteil, die Judenbehandlung

mit der Denkschrift an Hitler im Jahre 1936 wird die damals versäumte Überlegung nachgeholt werden. In den Köpfen ist diese Haltung 1934 noch nicht so ganz klar. Einige der Synodalen hoffen sogar, dass Hitler die Bekennende Kirche bei der Abwehr von Reichsbischof Müller und den Deutschen Christen unterstützen würde – ihnen geht es um die Konzentration auf das Evangelium angesichts der Bedrohung durch einen omnipotenten Staat.[211]

Die Kirche war also gespalten. Mit der `Barmer Theologischen Erklärung´, die von der ersten Reichssynode der Deutschen Evangelischen Kirche in Barmen anerkannt

---

im Dritten Reich stelle die Hauptmotivation für seinen Schritt in die Verschwörung dar, vorsichtig sein. Denn im Jahre 1940, als er diesen Schritt verbindlich vollzog, gab es noch keine Vernichtungslager" (Peter Möser, Gewissenspraxis und Gewissenstheorie bei Dietrich Bonhoeffer, Heidelberg 1983, Bd. 1, 78-90, Zitat auf 90).

[211] So gesehen war das theologische Bekenntnis von Barmen eine Auslegung des ersten Gebotes: „Ich bin der Herr, dein Gott. Du sollst keine anderen Götter haben neben mir." Vgl. weiterführend Alfred Burgsmüller/Rudolf Weth, Die Barmer Theologische Erklärung. Einführung und Dokumentation, Neukirchen 1983. Wolfgang Huber hat sich in mehreren weiterführenden Beiträgen den anderen Thesen zugewandt und sie für die heutige Zeit aktualisiert, vgl. Wolfgang Huber, Barmer Theologische Erklärung und Zweireichelehre. Historisch-systematische Überlegungen, in: Ulrich Duchrow (Hg.), Zwei Reiche und Regimente: Ideologie oder evangelische Orientierung? Gütersloh 1977, 33-52, und Wolfgang Huber u.a., Rundgespräch: Zur Problematik von Barmen V heute, in: W. Hüffmeier/M. Stöhr (Hg.), Barmer Theologische Erklärung 1934-1984. Geschichte – Wirkung – Defizite, Bielefeld 1984, 211-241 sowie Wolfgang Huber, Die wirkliche Kirche, in: A. Burgsmüller (Hg.), Kirche als `Gemeinde von Brüdern´(Barmen III), Gütersloh 1980, 249-277.

wurde, hatte sich die Bekennende Kirche[212] gebildet, die für sich in Anspruch nahm, die `wahre´ Kirche zu sein. Ein `Reichsbruderrat´ wird jetzt als ihr Leitungsorgan gewählt. Als „Kirchenkampf"[213] werden die Ereignisse des Jahres 1934 in die Geschichte eingehen. Bis 1945 wird die Mehrzahl der evangelischen Landeskirchen in der Hand der Deutschen Christen sein! Allerdings scheitern

---

[212] Unter `Bekennender Kirche´ versteht man den Flügel der evangelischen Kirche im Nationalsozialismus, der sich für die Verkündigung des Evangeliums gemäß Bibel und Bekenntnis einsetzte, für den Erhalt evangelischer Schulen kämpfte, die rassistische Lehre der Deutschen Christen für eine Irrlehre hielt, sich gegen den Machtanspruch des NS-Staates über die Kirche wandte und gegen Übergriffe der NSDAP auf die innere Struktur der Kirche protestierte. Wichtigstes Dokument der BK war die `Barmer Theologische Erklärung´ von 1934. Vgl. dazu aktuell: Evangelische Kirche im Rheinland (Hg.), Reformation und Politik. 80 Jahre Barmer Theologische Erklärung, Wuppertal 2014, bes. 5-9. Für die Mitgliedschaft in der BK erhielt man eine rote bzw. rosa Karte (vgl. weiterführend Beate Schröder/Gerdi Nützel, Die Schwestern mit der roten Karte. Gespräche mit Frauen aus der Bekennenden Kirche, Berlin 1992). Dietrich Bonhoeffer wurde zu den `Dahlemiten´ gezählt, die die Beschlüsse der Bekenntnissynode von Dahlem am 20.10.1934 und das dort verabschiedete kirchliche Notrecht mit den Bruderräten als alleinigen Leitungsorganen als verbindlich ansahen. 1936 schrieb er: „Wer sich von der Bekennenden Kirche in Deutschland trennt, der trennt sich vom Heil!" (Dietrich Bonhoeffer, Zur Frage nach der Kirchengemeinschaft, in: GS 2, hg. v. E. Bethge, München 1959, 238 und DBA 3, 31-51, bes. 49). Besonders die lutherischen Landeskirchen von Thüringen, Schleswig-Holstein, Lübeck, Sachsen und die Kirchenprovinzen in Altpreußen waren nicht bereit, sich der NS-Gleichschaltung zu widersetzen. Sie wurden von den `Deutschen Christen´ dominiert.

[213] Problematisch an dem Begriff `Kirchenkampf´ ist meines Erachtens noch immer, dass nicht ganz klar ist, auf wen dieser Kampf bezogen war und gegen wen, worum und wofür er geführt wurde. Aus der Fülle der Literatur zum Kirchenkampf sei verwiesen auf Eberhard Röhm/Jörg Thierfelder (Hg.), Evangelische Kirche zwischen Kreuz und Hakenkreuz. Bilder und Texte einer Ausstellung, Stuttgart ²1982 und Georg Kretschmar (Hg.), Dokumente zur Kirchenpolitik des Dritten Reiches, 2 Bde., München 1971+1975.

Pläne, die nicht-deutschchristlichen Landeskirchen Württemberg und Bayern 1934 in die Reichskirche einzugliedern. Vielfach werden nach dem Krieg die Angehörigen der Bekennenden Kirche zu Widerstandskämpfern hochstilisiert.[214] Doch das ist nicht der Fall, ganz im Gegenteil – Bonhoeffer verortet sich mit seiner Überzeugung zusehends in einer Minderheitsposition, sieht sich innerhalb der evangelischen Kirche an den Rand gedrängt.[215] Er beschließt deshalb, Deutschland vorübergehend zu verlassen und im Oktober den Dienst als Auslandspfarrer in der Deutschen Gemeinde in London anzutreten.[216] Er möchte zu den Ereignissen in Deutschland Abstand ge-

---

[214] Noch einmal Heinrich Albertz: „Das Nein der sich wehrenden Pfarrer und Gemeinden war kein politisches Nein – jedenfalls nicht im Anfang des Unheils. Zu den Konzentrationslagern, zum 30. Juni 1934, zum Ausbruch des Krieges wurde … geschwiegen. Dietrich Bonhoeffer hat nie auf einer Fürbittenliste der Bekennenden Kirche gestanden, weil er eben den Rubikon zum wirklichen politischen Widerstand bis hin zum Attentat auf den Mörder Hitler überschritten hatte. (…) Alles andere ist Legende" (Heinrich Albertz, Die Reise, a. a. O., 92f.).

[215] Vgl. dazu Martin Niemöller, Was würde Jesus dazu sagen? Reden – Predigten – Aufsätze 1937-1980, hg. von Walter Feurich, Berlin (Ost) 1980, 217-221.

[216] Im Frühsommer 1933 war ihm das Angebot von dem für die Auslandsgemeinden zuständigen Oberkonsistorialrat im Kirchenamt der DEK, Dr. Theodor Heckel, gemacht worden. Er hatte den gut Englisch sprechenden Bonhoeffer der Gemeinde empfohlen, vgl. DBW 12, 102. Später aber geriet Bonhoeffer in Konflikt mit Heckel, der ihn nach seiner Rückkehr 1936 als „Pazifist und Staatsfeind" beim Landeskirchenausschuss denunzierte (vgl. Ernst Klee, Das Personenlexikon zum Dritten Reich. Wer war was vor und nach 1945, FfM ²2005, 235 und DB, 581 sowie DBA 3, a. a. O., 12).

winnen.[217] Er reist vorab nach London, um sich einen Eindruck von der neuen Pfarrstelle zu verschaffen. Danach fährt er nach Bethel, um mit seinem Kollegen *Hermann Sasse* an einem evangelischen Bekenntnis zu arbeiten, mit dem sich die BK von den Deutschen Christen abgrenzen will. Allerdings erkennen die beiden, als der von Friedrich von Bodelschwingh an zwanzig Theologen gesandte Entwurf mit der Bitte um Begutachtung von diesen zurückkommt, dass die Form eines Bekenntnisses gegen die DC nicht geeignet ist. Bonhoeffer und Sasse können ein überarbeitetes Bekenntnis nicht mit tragen und zerstreiten sich.[218]

---

[217] In einem Brief an Karl Barth schrieb Dietrich Bonhoeffer, dass er selbst wegen seiner oppositionellen Haltung in die Isolation geraten war und sprach davon, „in die Wüste" zu gehen, vgl. Dietrich Bonhoeffer, Brief v. 24.10.1933, in: DBW 13, 13f. Vgl. dazu weiter Stefanie Schmitt, „Für eine Weile in die Wüste gehen – Dietrich Bonhoeffer in London 1933-1935" (Deutsch-Englisch), anlässlich des 60. Todestages Dietrich Bonhoeffers am 9. April 2005 und seines 100. Geburtstages am 4. Februar 2006 herausgegeben vom Kirchenvorstand der Dietrich-Bonhoeffer-Kirche, London, Forest Hill, im Dezember 2005.

[218] Bemerkenswerterweise haben Bonhoeffer und Sasse in einem mit `Die Kirche und die Juden´ betitelten Passus geschrieben: „Wir wenden uns gegen das Unternehmen, die deutsche evangelische Kirche ... umzuwandeln in eine Reichskirche der arischen Rasse..." (DBW 12, 404). Pinchas Lapide (1922-1997) hat in einem erhellenden Aufsatz darauf aufmerksam gemacht, wie sehr Dietrich Bonhoeffer theologisch mit dem jüdischen Denken, insbesondere mit Rabbiner Leo Baeck (1873-1956) verbunden war, vgl. Pinchas E. Lapide, Bonhoeffer und das Judentum, in: Ernst Feil (Hg.), Verspieltes Erbe? Dietrich Bonhoeffer und der deutsche Nachkriegsprotestantismus (IBF Bd. 2), München 1979, 116-130, bes. 124. Lapide wies darauf hin, dass es das Wort `Religion´ im biblischen Hebräischen nicht gibt und in der Bibel „Gott mit dem unaussprechlichen Tetragramm 5432mal und seine sechs

Am 17. Oktober 1933 zieht Dietrich Bonhoeffer ins Pfarrhaus im südlichen Londoner Vorort Forest Hill ein – und wird am 12. November 1933 von der Gemeindeversammlung zum Pfarrer von zwei deutschsprachigen Auslandsgemeinden gewählt.[219] Mit ihm zieht Bonhoeffers Freund Franz Hildebrandt ins Pfarrhaus ein.[220] Die Ereignisse in Deutschland sind Gegenstand des täglichen Gedankenaustauschs zwischen beiden. Zur musikalischen Zerstreuung hat sich Dietrich Bonhoeffer außerdem seinen Bechstein-Flügel nach London kommen lassen.[221]

---

häufigsten Umschreibungen über 3000mal" (122f.) genannt wird. Das ganze Leben sei ein permanenter Dialog mit Gott, was auch Bonhoeffer betont hat (unter Verweis auf WEN, 379).

[219] Dietrich Bonhoeffer wurde – erstmals verwaltete er als Pastor ein reguläres Pfarramt – am 12. November 1933 von der deutschen Gemeinde Sydenham in Forest Hill und der reformierten St.-Pauls-Gemeinde – das sind zwei der insgesamt sechs deutschen Gemeinden in London – einstimmig zum Pfarrer gewählt. Zur 1875 gegründeten unierten Sydenham-Gemeinde zählten u.a. Kaufleute und Botschaftsangehörige; die Gemeinde im Londoner Eastend bestand aus Handwerkern, Metzgern, Bäckern und Schneidern deutscher Herkunft, die vor Zeiten nach England ausgewandert waren, sich aber inzwischen akkulturiert hatten.

[220] Dietrich Bonhoeffers Schüler Wolf-Dieter Zimmermann hat das Leben im Pfarrhaus im Londoner Vorort Forest Hill damals eindrücklich geschildert, vgl. Wolf-Dieter Zimmermann (Hg.), Begegnungen mit Dietrich Bonhoeffer, a. a. O., 59ff., und ders., „Es gibt Krieg", in: Lutherische Monatshefte 4/95, 6-11, bes. 10.

[221] Sowohl Bonhoeffer als auch Hildebrandt sollen ausgezeichnete Pianisten gewesen sein. Es ist von Besuchern im Pfarrhaus in Manor Mount bekannt, dass Bonhoeffer gerne lange schlief, den Tag um 11.00 Uhr mit einem langen und reichhaltigen Frühstück bei der Lektüre der `Times´ begann und – nach gelegentlichen Kino- oder Theaterbesuchen, theologischen Diskussionen und gemeinsamem Musizieren – die Nächte zwischen 2 und 3 Uhr enden ließ. Doch schon im Januar 1934 kehrte Hildebrandt nach Berlin zurück, um den vom Dienst suspendierten Martin Niemöller zu vertreten.

In Deutschland unternimmt Hitler unterdessen alles, um seine Macht zu festigen: Am 30. Juni 1934 wird die gesamte SA-Führung um *Ernst Röhm* gewaltsam beseitigt – ein Machtkampf rivalisierender Gruppierungen innerhalb der NS-Bewegung. Gegenüber der Öffentlichkeit wird der Putsch als Maßnahme gegen einige homosexuelle Verschwörer ausgegeben.[222] Für die Homosexuellen ist dies der Beginn einer verschärften und systematischen Verfolgung. Tausende von ihnen werden verhaftet und in den kommenden Jahren mit einem Rosa Winkel gekennzeichnet in den KZs umgebracht.

---

[222] Das hatte eine Neufassung des §175 des Reichsstrafgesetzbuches, der schon 1871 im Deutschen Reich gegolten hatte, im Jahr 1935 zur Folge. Gleichgeschlechtliche Liebe unter Männern war schon in der Weimarer Republik als `widernatürliche Unzucht´ verboten. Sie wurde mit Gefängnis bestraft und konnte zum Verlust der bürgerlichen Ehrenrechte führen. In seine Formulierung waren Vorstellungen der mittelalterlichen Moraltheologie eingegangen, der zufolge alles Unzucht war, was nicht der Fortpflanzung des Menschen diente. Gegen die Kriminalisierung der Homosexualität wandten sich liberale Kritiker wie der Mediziner Rudolf Virchow (1821-1902), der Homosexualität als Krankheit betrachtete und deshalb gegen eine staatliche Verfolgung war. Stimmen wie die des Arztes Magnus Hirschfeld, dem Begründer des `Berliner Instituts für Sozialwissenschaft´, der betonte, dass Homosexualität weder ein Verbrechen noch eine Krankheit, sondern eine natürliche Variante der Sexualität und daher eine eigene Möglichkeit menschlicher Existenz sei, waren selten. Das Buch `Der fromme Tanz´ (1926) von Klaus Mann war einer der ersten Homosexuellen-Romane in der deutschen Literatur. In der Weimarer Republik scheiterten alle Versuche, das Sexualstrafrecht zu reformieren. Auch Umdenkprozesse breiter Bevölkerungsschichten konnten damals nicht erreicht werden.

Von London aus arbeitet Dietrich Bonhoeffer weiter in der ökumenischen Bewegung mit.[223] So bereitet er als gewählter Jugendsekretär des Internationalen Weltbundes für Freundschaftsarbeit der Kirchen eine für August 1934 geplante Ökumenische Jugendkonferenz auf Fanö, einer kleinen Insel vor der Westküste Jütlands, vor. Im Mai 1934 hatte die Barmer Bekenntnissynode die rassistische Ideologie der Deutschen Christen eindeutig als Häresie, als Ketzerei, bezeichnet. Damit beanspruchte die Bekennende Kirche für sich, die einzig rechtmäßige, wahre Deutsche Evangelische Kirche zu sein und schaffte sich ab Oktober 1934 eigene Leitungs- und Ausbildungsstrukturen. Bonhoeffer hatte klar gesagt, dass nicht die Bekennende Kirche, sondern die Reichskirche sich von der einen Kirche getrennt habe. Für Bonhoeffer bedeutet dies, dass nicht nur Vertreter der Reichskirchenregierung, sondern auch der Bekennenden Kirche nach Fanö eingeladen werden, was durch den anglikanischen Bischof *George Bell*[224] von Chichester, dem höchsten Re-

---

[223] Vgl. dazu Christine-Ruth Müller, Dietrich Bonhoeffers Kampf, a. a. O., 73-143. Die Autorin geht u.a. auf Bonhoeffers Auseinandersetzung mit dem Kirchlichen Außenamt, seinem Engagement in der Ökumene und seinem Einsatz in der Emigrantenfürsorge ein.
[224] Dietrich Bonhoeffer hatte Bischof George Bell von Chichester im Sommer 1932 auf einer ökumenischen Sitzung in Genf erstmals persönlich kennengelernt. In der Folgezeit kam es zur Freundschaft zwischen den beiden, die am gleichen Tag Geburtstag hatten. Unter Bonhoeffers Einfluss vollzog der einflussreiche anglikanische Bischof von Chichester den Bruch mit der deutschen Reichskirchenregierung. Bell war es, an den die letzten Worte Bonhoeffers gerichtet waren, angeblich: „This ist the end, for me the beginning of

präsentanten der Kirche von England und damals Präsident von `Life and Work´, einer Vorläuferorganisation des Ökumenischen Rates der Kirchen[225], auch bewerkstelligt wird. Auf Fanö wendet sich Bonhoeffer am 28. August 1934 öffentlich der Frage zu, wie Frieden wird und wer zum Frieden ruft. Er warnt davor, Frieden mit Sicherheit zu verwechseln: „Wie wird Friede? Durch ein System von politischen Verträgen? Durch Investierung internationalen Kapitals in den verschiedenen Ländern, d.h. durch die Großbanken, durch das Geld? Oder gar durch eine allseitige friedliche Aufrüstung zum Zweck der Sicherstellung des Friedens? Nein, durch dieses alles aus dem einen Grunde nicht, weil hier überall *Friede* und *Sicherheit* verwechselt wird. Es gibt keinen Weg zum Frieden auf dem Weg der Sicherheit. Denn Friede muss gewagt werden, ist das eine große Wagnis, und lässt sich nie und nimmer

---

life." Vgl. weiterführend Eberhard Bethge/Ronald C. D. Jasper (Hg.), An der Schwelle zum gespaltenen Europa. Der Briefwechsel zwischen George Bell und Gerhard Leibholz (1939-1951), Stuttgart 1974; Peter Zimmerling, Dietrich Bonhoeffer und George Bell. Ökumenische Freundschaft im Ernstfall, in: Christian Möller/Christoph Schwöbel/Christoph Markschies/Klaus von Zedtwitz, (Hg.), Wegbereiter der Ökumene im 20. Jahrhundert, Göttingen 2005, 294-313, und Peter Raina (Hg.), Bischof George Bell. Ökumeniker, Brückenbauer, Fürsprecher, Europäer. Reden vor dem Oberhaus des Britischen Parlaments und Briefwechsel mit Rudolf Heß, Wiesbaden und Berlin 2012.
[225] Der Ökumenische Rat der Kirchen ist der Dachverband von 349 Kirchen in über 120 Ländern (2014). Er wurde am 23. August 1948 in Amsterdam gegründet. Für das Entstehen des ÖRK waren neben der genannten `Bewegung für Praktisches Christentum´ (`Life and Work´) die Internationalen Konferenzen in Stockholm (1925) und Oxford (1937) und die Bewegung `Glauben und Kirchenverfassung´ (`Faith and Order´) verantwortlich, die sich 1938 in Utrecht vereinigten.

sichern. Friede ist das Gegenteil von Sicherung. Sicherheiten fordern heißt Misstrauen haben, und dieses Misstrauen gebiert wiederum Krieg. Sicherheiten suchen heißt, sich selber schützen wollen. Friede heißt sich gänzlich ausliefern dem Gebot Gottes, keine Sicherung wollen, sondern in Glaube und Gehorsam dem allmächtigen Gott die Geschicke der Völker in die Hand legen und nicht selbstsüchtig über sie verfügen wollen. Kämpfe werden nicht mit Waffen gewonnen, sondern mit Gott. Sie werden auch dort noch gewonnen, wo der Weg ans Kreuz führt."[226] Weil der einzelne Christ und auch die einzelne Kirche nicht zum Frieden aufrufen können, fordert Dietrich Bonhoeffer die Einberufung eines internationalen ökumenisches Konzils: „Nur das eine große ökumenische Konzil der Heiligen Kirche Christi aus aller Welt kann es so sagen, dass die Welt zähneknirschend das Wort vom Frieden vernehmen muss und dass die Völker froh werden, weil diese Kirche Christi ihren Söhnen im Namen Christi die Waffen aus der Hand nimmt und ihnen den Krieg verbietet und den Frieden Christi ausruft über die rasende Welt."[227] Es ist der Initiative Bischof Bells zu verdanken, dass die Weltkonferenz eine Solidaritätsadresse für die BK verabschiedet – gegen den Protest der anwesenden DEK-Repräsentanten.

---

[226] Dietrich Bonhoeffer, Kirche und Völkerwelt, in: Dietrich-Bonhoeffer-Lesebuch, hg. von O. Dudzus, München 1987, 37f. Der Text befindet sich auch in DBW 13, 298-301, bes. 300.
[227] Dietrich Bonhoeffer, Kirche und Völkerwelt, a. a. O., 38.

Am 23. September 1934 wird, ohne Anwesenheit von Gästen aus der Ökumene, im Berliner Dom der Hitler ergebene *Ludwig Müller* als Reichsbischof in sein Amt eingeführt. In der Folge sollen die süddeutschen Landeskirchen gewaltsam eingegliedert werden, über die Bischöfe Wurm und Meiser wird Hausarrest verhängt. Der Reichsbruderrat beruft daraufhin eine Reichsbekenntnissynode für den 19.-20. Oktober 1934 nach Berlin ein und verabschiedet ein eigenes Notkirchenregiment der Bekennenden Kirche, das der Reichskirchenregierung die Gefolgschaft aufkündigt.[228] In London treten daraufhin im November die Kirchenvorsteher fast aller deutschen evangelischen Gemeinden zusammen, erklären ihrerseits die Nicht-Anerkennung der Reichskirchenregierung unter Ludwig Müller und sind mit der Bekennenden Kirche solidarisch.[229]

Nachdem Bonhoeffer bereits im Sommer 1934 überlegt hatte, für längere Zeit zu *Mahatma Gandhi*[230] nach Indien

---

[228] Vgl. dazu Klaus Scholder, Die Kirchen und das Dritte Reich, Bd. 1, a. a. O., 615 und ders., Die Kirchen und das Dritte Reich, Bd. 2, Berlin 1986, 159ff.

[229] Am 5. November 1934 leitete Bonhoeffer eine Versammlung aller deutschsprachigen Gemeinden Großbritanniens in der Londoner Christuskirche. Die Gemeinden gingen auf Distanz zur hitlertreuen Reichskirche und schlossen sich der BK an.

[230] Vgl. Bonhoeffers Brief an Erwin Sutz v. 11. September 1934, in: DBA 2, 35. Bischof Bell hatte sich für Bonhoeffer verwendet und Gandhi geschrieben, vgl. DBW 13, 210. Gandhi hatte Bonhoeffer daraufhin mit den Worten eingeladen, „dass Sie sich bei mir aufhalten können, wenn ich nicht im Gefängnis bin…" (DBW 13, 499f.+213f.).

zu reisen und von diesem im November auch ein Einladungsschreiben erhalten hatte, gibt er dieses Vorhaben auf, als ihn die Bekennende Kirche wieder zurück nach Deutschland ruft.[231] Reichsbischof Müller hatte im März 1934 die altpreußischen Predigerseminare schließen lassen und von den Theologiestudenten zum kirchlichen Examen `Ariernachweise´[232] verlangt. Daraufhin hatte die Bekennende Kirche den Bruch mit der `Reichskirche´ des `Reichsbischofs´ auch organisatorisch vollzogen und eigene, aus Sicht der altpreußischen Kirchenleitung, illegale Predigerseminare einrichten lassen, die sich um die Ausbildung des Pfarrernachwuchses kümmern sollten. Fünf Predigerseminare wurden nun eingerichtet. 150 Theologen, die sich der BK verbunden wussten, sollten im Pommerschen von Dietrich Bonhoeffer auf den Pfarrdienst vorbereitet werden. Jeder der Seminaristen, der diese Entscheidung traf, ging damit aber einer unsicheren beruflichen Zukunft entgegen.[233]

---

[231] An seinen Freund Erwin Sutz schreibt er 1934: „Es muß auch endlich mit der theologisch begründeten Zurückhaltung gegenüber dem Tun des Staates gebrochen werden – es ist ja doch alles nur Angst. `Tu den Mund auf für die Stummen´ – wer weiß denn das heute noch in der Kirche, daß dies die mindeste Forderung der Bibel in solchen Zeiten ist?" (GS I,42 = DBW 13, 204f.)

[232] Als Universitätsangehörige hatten Prof. Dr. Karl Bonhoeffer und seine Söhne Dr. Dietrich Bonhoeffer und Dr. Karl-Friedrich Bonhoeffer den Ariernachweis bereits im März 1936 beim Reichserziehungsministerium erbracht.

[233] Eberhard Bethge zählt die Vorzüge einer Anstellung bei der Kirche als Körperschaft des öffentlichen Rechts mit allen Vorzügen auf (geregeltes

Bonhoeffer tritt, ernannt vom altpreußischen Bruderrat[234], am 1.1.1935 als Direktor des Berlin-Brandenburgischen Predigerseminars der BK sein neues Amt an – obwohl er persönlich selbst nie ein solches besucht hat[235] –, zunächst im April auf dem Zingsthof[236] in Zingst/Ostsee, dann ab Juni in Finkenwalde[237] bei Stettin/Pommern.[238]

Einkommen, wohnliches Unterkommen und verbürgtem Ankommen), dem die „vage Aussicht auf ein Bekenntnispfarramt ohne Haus, ohne Kirchengebäude, ohne Rechtsschutz und ohne Stempel" gegenüberstand (Eberhard Bethge, Lob des Pfarramts, in: ders., Am gegebenen Ort, a. a. O., 17-23, Zitat auf 19).

[234] Der Bruderrat zahlte Bonhoeffer ein Monatsgehalt von 360 Reichsmark, was damals einem unteren Beamtengehalt entsprach, vgl. Joseph Ackermann, Dietrich Bonhoeffer, a. a. O., 150.

[235] Vgl. Renate Bethge, Dietrich Bonhoeffer. Eine Skizze seines Lebens, a. a. O., 36.

[236] 1929 als Heim des Westfälischen Bibelkreises gegründet und im Frühjahr 1935 von Dietrich Bonhoeffer als Unterkunft des BK-Predigerseminars gewählt worden, erlebte der Zingsthof im `Dritten Reich´ viele Behinderungen durch die Nazis – bevor das Seminar im Mai/Juni nach Finkenwalde/Hinterpommern verlegt wurde. Der Heimleiter wurde verhaftet und verbannt. 1939 wurde das Gebäude verkauft. Zur Geschichte und zur heutigen Nutzung des Gebäudes: https://de.wikipedia.org/wiki/Zingsthof und https://martas.org/gaestehaeuser/martas-gaestehaeuser-zingsthof/ (beide Links aufgerufen am 11.10.2024).

[237] Insgesamt nahmen an Dietrich Bonhoeffers fünf Finkenwalder Seminaren und den anschließenden Sammelvikariaten 150 Vikare der Bekennenden Kirche teil, vgl. weiterführend Karl Martin (Hg.), Bonhoeffer in Finkenwalde. Briefe, Predigten, Texte aus dem Kirchenkampf gegen das NS-Regime 1935-1942. Studienausgabe mit Hintergrunddokumenten und Erläuterungen, unter Mitarbeit von L.-Maximilian Rathke, Wiesbaden/Berlin 2012 (Lit+Zeittafel: 765-978). Auf fast 1000 Seiten werden die Spuren Bonhoeffers im Predigerseminar Finkenwalde gesichert (in Ergänzung zu DBW 14, 15 und 16). Von Finkenwalde ist heute nichts mehr übrig: Die Seminargebäude sind in den letzten Tagen des Zweiten Weltkriegs zerstört worden. Die Erinnerung aber ist noch lebendig: Es gibt in Zdroje, wie der Ort heute heißt, einen `Dietrich-Bonhoeffer-Garten der Stille und Meditation´. Die beiden

Nachdem man zunächst über keinerlei Räumlichkeiten verfügt hatte, kann Ende Juni ein ehemaliger Gutshof bezogen werden. Die Ausstattung des Seminars geschieht größtenteils über Spenden; ebenso später die Verpflegung der Seminaristen. Zu Bonhoeffers Aufgaben gehört es, Theologiestudenten, die das rassistische Denken der `Deutschen Christen´ ablehnen, nach dem bestandenen Ersten Examen auf die Praxis im Pfarramt vorzubereiten – und zwar in Form einer Art Kommunität, in der man versucht, im Geiste Jesu Christi zu leben.[239] Am ersten Kurs in Finkenwalde mit dreiundzwanzig Pfarramtskandidaten[240] nimmt *Eberhard Bethge* teil, der

---

alten Bäume, die schon zu Bonhoeffers Zeiten dort standen, sind heute stumme Zeugen der Vergangenheit.

[238] Heute gibt es in Szczecin, wie Stettin auf polnisch heißt, ein Internationales Dietrich Bonhoeffer Studien- und Begegnungszentrum.

[239] Bonhoeffer hat seine Gedanken zum Leben in einer christlichen Gemeinschaft und zum angemessenen Beten in seinem `Gebetbuch der Bibel´ von 1940 reflektiert, in: DBW 5, 107-109. Vgl. weiterführend Sabine Bobert-Stützel, Dietrich Bonhoeffers Pastoraltheologie. Theologenausbildung im Widerstand zum `Dritten Reich´, dargestellt anhand der Finkenwalder Vorlesungen 1935-1937, Gütersloh 1995 (diss. theol. Berlin 1994). Sabine Bobert (geb. 1964), heute Professorin für Praktische Theologie an der Universität Kiel, hat u.a. nachgewiesen, dass Bonhoeffer – der die Psychoanalyse zur Kenntnis nahm, sie allerdings in Konkurrenz zur kirchlichen Beratung definierte – der Begründer eines Konzepts einer beratenden Seelsorge in Deutschland gewesen ist (obwohl er auch die verkündende Seelsorge wertgeschätzt hat).

[240] Eindrücklich der authentische Bericht von Richard Grunow, einer der Seminaristen des ersten Kurses, vgl. Richard Grunow, Begegnung mit Dietrich Bonhoeffer, in: bud 4/1965, 70-74. Grunow, in der Adenauerzeit als homosexueller Pfarrer bei der Inneren Mission (Diakonie) untergebracht und auf tragische Weise in Zürich bei einem Hotelbrand ums Leben gekommen, schafft es mit wenigen Zeilen, ein Bild vor dem geistigen Auge des Lesers

Dietrich Bonhoeffers Freund und Vertrauter werden und später durch zahlreiche Publikationen dafür sorgen wird, dass Bonhoeffers theologisches Erbe nicht in Vergessenheit gerät. Aus dieser Zeit sind viele Mitschriften und Nachschriften von Bonhoeffers Vorlesungen und Seminaren erhalten. Der Unterricht umfasst u.a. die Themen Homiletik, Katechetik, Seelsorge, Nachfolge, Christus in den Psalmen, König David, Sichtbare Kirche im Neuen Testament, Bibelkunde und Beichte nach dem Großen Katechismus Luthers. Es wird viel diskutiert und theologisch debattiert. Der Zusammenhalt unter allen Seminaristen ist eng.[241] Wichtig sind Bonhoeffer die täglichen Losungen, denen im Laufe der Zeit eine immer wesentli-

---

entstehen zu lassen: Wenn er schildert, wie er mit seiner 300er BMW im Predigerseminar vorfuhr und Bonhoeffer erstmals begegnet ist, dann feiert `Bruder Bonhoeffer´, wie die Seminaristen den Direktor anredeten, Auferstehung! Dazu passt eine Äußerung Christine von Dohnanyis in einem Brief an die Schriftstellerin, Dichterin, Historikerin und Philosophin Ricarda Huch (1864-1947) aus dem Jahre 1946, nämlich dass sie im Predigerseminar Finkenwalde „unter diesen jungen Leuten keinen `pastoralen´ Typ entdeckt" hatte (Christine von Dohnanyi, zit. nach Marikje Smid, Hans von Dohnanyi/Christine Bonhoeffer, a. a. O., 168). Gerhard Vibrans (1907-1942), der später gefallene Vetter Eberhard Bethges, war einer der ersten Vikare in Finkenwalde. In seinen Briefen sind das Studium, die Ausbildung und die pfarramtliche Praxis der Seminaristen damals zwischen Anpassung ans System und der Illegalität gut dokumentiert, vgl. Dietrich Bonhoeffer Ergänzungsband: So ist es gewesen. Briefe im Kirchenkampf 1933-1942 von Gerhard Vibrans, aus seinem Familien- und Freundeskreis und von Dietrich Bonhoeffer, hg. von Dorothea und Gerhard Andersen, Eberhard Bethge und Elfriede Vibrans, Gütersloh 1995.
[241] Karl Barth betrachtete aus der Ferne die Bemühungen Bonhoeffers mit der ihm eigenen Distanz. Er befürchtete, dass hinter Bonhoeffers Experiment „ein schwer zu definierender Geruch eines klösterlichen Eros [!,TOHK] und Pathos" lag (Karl Barth, zit. nach DBW 14, 253).

chere Bedeutung zukommt.[242] Bonhoeffer hält außerdem den Kontakt zu den Seminaristen über Rundbriefe[243] – auch noch, als diese längst im Krieg sind. Weitere Freundschaften Bonhoeffers entstehen zum pommerschen Landadel[244], was für ihn nicht nur kirchlich und

---

[242] Prof. Dr. Peter Zimmerling hat die wichtige Bedeutung des Herrnhuter Losungsbüchleins mit den biblischen Texten für Dietrich Bonhoeffer, auch in Zeiten seines Amerikaaufenthaltes und in der Haft, in einem Aufsatz herausgearbeitet und die These aufgestellt, dass die Losungen in den beiden Jahren im Gefängnis zusammen mit den Liedern Paul Gerhardts und den Psalmen zu den ihm Trost spendenden „spirituellen Grundnahrungsmitteln", wie Zimmerling es nennt, gehörten und Losung wie Lehrtext „ein großes Potential an Glaubens- und Lebenshilfe" entfalteten, vgl. Peter Zimmerling, Spirituelles Grundnahrungsmittel. Dietrich Bonhoeffer und die Losungen, in: DtPfrBl 1/2012, 4-8.

[243] Vgl. den Dietrich Bonhoeffer-Ergänzungsband zu DBW 14, Die Finkenwalder Rundbriefe. Briefe und Texte von Dietrich Bonhoeffer und seinen Predigerseminaren 1935-1946, hg. von Ilse Tödt (Hg.), Gütersloh 2013. Zu den Aufgaben der Theologen wie Albrecht Schönherr und Eberhard Bethge, die als Mitarbeiter Bonhoeffers in Finkenwalde blieben und das Bruderhaus bildeten, gehörte das Verfassen eines monatlichen Rundbriefes und Predigthilfen für die ehemaligen Seminaristen. Nach der Schließung des Seminars 1937 schrieb Bonhoeffer mit der Unterstützung Bethges `persönliche Briefe´ an sie. Bethge sammelte Bonhoeffers Rundbriefe und ihre Beilagen. Doch erst um die Jahrtausendwende bereitete Otto Berendts, Finkenwalder im Winterkurs 1936/37 und inzwischen Pfarrer im Ruhestand, mit der Unterstützung von Dr. Ilse Tödt die Rundbriefe für den Druck auf.

[244] In erster Linie waren das die Familien von Kleist-Retzow in Kieckow und von Kleist-Schmenzin in Wendisch-Tychow bei Schlawe sowie die Familie von Bismarck in Pätzig. Maria von Wedemeyers Vater, Hans von Wedemeyer, arbeitete ab November 1932 als enger Mitarbeiter von Vizekanzler Franz von Papen, deren Reichsvizekanzlei er bis Ende Mai 1933 leitete, bevor er sich aus der Politik zurückzog. Kirchlich war er eng mit der Berneuchener Bewegung verbunden. Hans von Wedemeyer galt als Patron von Pätzig, vgl. Wolfgang Seehaber, Maria von Wedemeyer – Bonhoeffers Verlobte. Ein Lebensbild, Basel-Giessen 2012, 42-58. Ruth von Wedemeyer hat über die Zeit und ihre Familie ein Buch geschrieben, vgl. Ruth von Wedemeyer, In des Teufels Gasthaus. Eine preußische Familie 1918-1945, hg. von P. v.

politisch, sondern auch persönlich weitreichende Folgen haben wird: Auf Gut Pätzig[245] begegnet Bonhoeffer nämlich der achtzehn Jahre jüngeren *Maria von Wedemeyer*[246], Tochter des Großgrundbesitzers und einstigen en-

---

Wedemeyer und P. Zimmerling, Moers 1993. Direkt in der Nachbarschaft wohnte die Familie von Kleist-Schmenzin: Ewald von Kleist-Schmenzin (1890-1945), Sohn des königlich preußischen Rittmeisters Hermann von Kleist (1849-1913) und Elisabeth Gräfin von Kleist (1863-1945), die am 2. Juni 1945 auf ihrem Gut Klein-Dubberow von Polen erschossen wurde, hatte nach dem Abitur Jura studiert und 1921 die Güter seiner Großmutter geerbt. In der Weimarer Republik war von Kleist-Schmenzin Mitglied der antidemokratischen DNVP und begrüßte den Kapp- und den Hitlerputsch. Er hielt den Nationalsozialismus für gefährlich und lehnte ihn ab, weil er in ihm eine Verwirklichung der Ideen von 1789 (!) sah. Er trat aus der DNVP aus, wurde Mitglied der Bekennenden Kirche und nahm Kontakt zum militärischen Widerstand um Ludwig Beck auf. Im August 1938 reiste er nach London, wo er die Haltung führender britischer Politiker, u.a. Winston Churchill, im Blick auf einen Umsturz in Deutschland auskundschaften wollte. Zu den Attentätern des 20. Juli 1944 hatte er über seinen Sohn Ewald-Heinrich von Kleist-Schmenzin Kontakt, der Hitler 1944 bei einem Selbstmordattentat töten sollte. Er bestärkte seinen Sohn darin, beim Attentatsversuch auf Hitler sein Leben zu riskieren. Nach dem gescheiterten Attentat des 20. Juli 1944 wurden beide verhaftet. Während Ewald-Heinrich von Kleist-Schmenzin aus Mangel an Beweisen freigelassen wurde, verurteilte der `Volksgerichtshof´ Ewald von Kleist-Schmenzin zum Tode. Er wurde am 9. April 1945 in Plötzensee mit der Guillotine hingerichtet. Auf die Beziehungen Dietrich Bonhoeffers zum Adel geht in einem weiterführenden Beitrag ein: Rainer Mayer, Brautbriefe aus der Zelle, in: ders./Peter Zimmerling, Dietrich Bonhoeffer aktuell, a. a. O., 54-83. Ulrich Tukur, der in dem Film „Bonhoeffer – Die letzte Stufe" den Protagonisten spielt, ist nach eigenem Bekunden der Neffe von Paul-Werner Schniewind, des ersten Ehemanns Maria von Wedemeyers (vgl. epd-Wochenspiegel 35/2000, 8).

[245] Pätzig im Kreis Königsberg in der Neumark hatte 3000 Morgen Acker, das sind 750 Hektar! Pätzig, das im Krieg zerstört wurde, ist das heute in Polen liegende Piaseczno (Trzcińsko Zdrój), vgl. weiterführend Dietrich Bonhoeffer/Maria von Wedemeyer, Brautbriefe, a. a. O., 219ff.

[246] Vgl. weiterführend Wolfgang Seehaber, Maria von Wedemeyer – Bonhoeffers Verlobte. Ein Lebensbild, Basel 2012, das u.a. auch das Schicksal

gen Mitarbeiters *Franz von Papens, Hans von Wedemeyer* und dessen Frau *Ruth,* wieder und verliebt sich in sie. Maria von Wedemeyer, eine der Enkelinnen von Bonhoeffers „Gönnerin und Bundesgenossin"[247] *Ruth von Kleist-Retzow,* die er als Kind erstmals gesehen hatte, besucht gerade ihre Großmutter. Die Abiturientin wird als spontan, klug und lebendig beschrieben. Bonhoeffer, 37 Jahre alt, fühlt sich zu der jungen Frau hingezogen. Er wird sich später mit ihr verloben.[248] Die Verlobung findet

---

Maria von Wedemeyers nach 1945 näher beleuchtet und unter Mitwirkung des Sohnes Paul Weller und der Schwestern Maria von Wedemeyers entstanden ist.

[247] Eberhard Bethge über Ruth von Kleist-Retzow, in: Dietrich Bonhoeffer/Maria von Wedemeyer, Brautbriefe, Nachwort, a. a. O., 300.

[248] Ihr Brief beginnt mit „Lieber Herr Pastor Bonhoeffer!" und ist in der Anredeform „Sie" formuliert (vgl. Dietrich Bonhoeffer/Maria von Wedemeyer, Brautbriefe, a. a. O., 278). Zu dieser Zeit bestand eine von Maria von Wedemeyers Mutter verhängte zwölfmonatige Kontaktsperre zwischen ihrer Tochter und dem älteren Bonhoeffer (keine persönlichen Gespräche, keine Briefe, keine Telefonate). Nachdem Bonhoeffer inhaftiert worden war, machte sich Ruth von Wedemeyer deshalb große Vorwürfe (vgl. Dietrich Bonhoeffer, Widerstand und Ergebung, DBW 8, 90f.). Bonhoeffers Gedicht ˋVon guten Mächten´ war Maria von Wedemeyer gewidmet. In einem Brief an sie interpretierte er es: „…Es ist eine große unsichtbare Welt, in der man lebt. An ihrer Realität gibt es keinen Zweifel. Wenn es in dem alten Kirchenlied von den Engeln heißt: zwei, um mich zu decken; zwei, um mich zu wecken – so ist diese Bewahrung durch gute unsichtbare Mächte am Morgen und in der Nacht etwas, das Erwachsene heute genauso brauchen wie die Kinder. Darum sollst Du nicht denken, ich wäre unglücklich. Was ist Glück und Unglück? Es hängt so wenig von den Umständen ab. Es hängt eigentlich nur von dem ab, was im Menschen vorgeht. Täglich bin ich dankbar, dass ich dich habe: das macht mich glücklich" (Dietrich Bonhoeffer, Von guten Mächten, Gebete und Gedichte, interpretiert von Johann Christoph Hampe, München [4]1983, 77). Neben den erwähnten unterschiedlichen Melodien gibt es bemerkenswerterweise auch unterschiedliche Textfassungen, da Bonhoeffer das Gedicht seiner Verlobten (Brief v. 19.12.1944, erhielt E. Bethge erst

– brieflich! – am 13. Januar 1943 statt: Brieflich gibt Maria von Wedemeyer Dietrich Bonhoeffer ihr Jawort. Kennengelernt hatte Bonhoeffer Maria von Wedemeyer durch deren Großmutter Ruth von Kleist-Retzow, die sonntags mit ihrer Enkelin in den Gottesdienst in Finkenwalde ging, in dem Bonhoeffer als Leiter des Predigerseminars regelmäßig predigte. Ruth von Kleist-Retzow unterstützte Bonhoeffer in seiner Arbeit und erkannte und förderte – im Unterschied zur Mutter Ruth Wedemeyer, die das Verhältnis nicht wollte – die sich anbahnende Beziehung zwischen ihrer Enkelin und ihrem Pastor. Auf Gut Pätzig lernt Bonhoeffer auch Mitglieder der Berneuchener Bewegung[249] kennen, die dort eine Heimat gefunden haben.

1988) und seiner Mutter (Brief v. 28.12.1944, erhielt E. Bethge 1945) geschickt hatte. Immer wieder ist deshalb in Zitaten von „...aufgescheuchten Seelen" die Rede (vgl. beispielsweise das Buch Dietrich Bonhoeffer lesen und verstehen, hg. von Roland Biewald, Leipzig 2005, 45 und Bernd Vogel, Glauben lernen. Auf Spurensuche bei Dietrich Bonhoeffer, Neukirchen-Vluyn 2006, 44. Eberhard Bethge hatte seit 1945 nur eine Schreibmaschinenabschrift gehabt, erst später konnte durch eine wiedergefundene Xerokopie der Handschrift Bonhoeffers der Text revidiert werden. In Bonhoeffers älterer Version an Maria von Wedemeyer vom 19.12.1944, die bis 1988 nicht zugänglich war, heißt es, soviel steht fest: „...aufgeschreckten Seelen" – was dem Sinn nach natürlich ein Unterschied ist (vgl. dazu Eberhard Bethge, Erstes Gebot und Zeitgeschichte, a. a. O., 153, Anm. 1).
[249] Die Berneuchener Bewegung ist eine Reformbewegung innerhalb der evangelischen Kirche. Sie fragt „nach sakramentaler Erneuerung der Kirche. Sie will einüben in eine Haltung, die alles von der Zuwendung Gottes erwartet und die sie mit Lobpreis in Singen, Beten und Tun beantwortet. Sie will eine zu stark sünden- und karfreitagsbezogene Kirche in eine fröhliche Osterkirche verwandeln. So legt sie Wert auf liturgische Farben anstelle des Schwarz, feiert das Abendmahl als Freudenmahl, übt brüderliche Seelsorge und Beichte und verpflichtet zu festen Text- und Gebetsordnungen, die den

In Finkenwalde kann Bonhoeffer seine Vorstellungen vom christlichen Leben umsetzen, die er in seinem Buch „Nachfolge"[250] zu Papier bringt. Dort, wo junge BK-

---

Reichtum des Kirchenjahres entfalten" (Dietrich Bonhoeffer/Maria von Wedemeyer, Brautbriefe, a. a. O., 247). Bonhoeffer stand der Bewegung kritisch gegenüber: „Alles Stilmäßige ist dem Glauben fremd. Mein Hauptbedenken gegen die Berneuchener geht dahin, dass sie den christlichen Glauben mit einem Stil belasten und so die Menschen nicht zu ihrer vollen Freiheit unter dem Wort Gottes kommen lassen" (Dietrich Bonhoeffer, Brief an Maria von Wedemeyer aus Tegel [ohne Datum], in: Dietrich Bonhoeffer/Maria von Wedemeyer, Brautbriefe, a. a. O., 176). In seinem später berühmt gewordenen Diktum „Nur wer für die Juden schreit, darf gregorianisch singen" (DB, 506, der auf die Mündlichkeit dieses Satzes hinweist) setzt sich Bonhoeffer m.E. gegen die Berneuchener ab – eine innerkirchliche Kritik an denen, die sich um die Ästhetik der Gottesdienste kümmern, den in Klöstern üblichen einstimmigen lateinischen gregorianischen Gesang pflegen und darüber ihre Verantwortung für die Welt vergessen. Meine eigene Begegnung mit einigen offenen, aber deutschnational denkenden Angehörigen der Berneuchener Bewegung, empfand ich Ende der 90er Jahre ähnlich wie damals Dietrich Bonhoeffer. Zur Datierung dieses Satzes vgl. Eberhard Bethge, Dietrich Bonhoeffer und die Juden, in: Ernst Feil/Ilse Tödt (Hg.), Konsequenzen. Dietrich Bonhoeffers Kirchenverständnis heute (IBF Bd. 3), 195f., und zur Diskussion vgl. Holger Roggelin/Andreas Pangritz, Wer singt gregorianisch? These und Kommentar, in: Dietrich Bonhoeffer Jahrbuch/Yearbook 2, 2005/2006, Gütersloh 2005, 196-209.

[250] Vgl. DBW 4. In dem Buch, einer Kritik des Luthertums, in das einige pazifistische Gedanken von Jean Lasserre mit eingeflossen waren und das seinen Autor in Theologenkreisen bekannt machte, stellte Bonhoeffer die `teure Gnade´ der `billigen Gnade´ gegenüber: „Billige Gnade ist der Todfeind unserer Kirche. Unser Kampf heute geht um die teure Gnade." Unter billiger Gnade versteht er „verschleuderte Vergebung, verschleuderter Trost, verschleudertes Sakrament..." Teure Gnade ist demgegenüber „das Evangelium..."...: „Teuer ist sie, weil sie in die Nachfolge ruft, Gnade ist sie, weil sie in die Nachfolge Jesu Christi ruft; teuer ist sie, weil sie dem Menschen das Leben kostet, Gnade ist sie, weil sie ihm das Leben erst schenkt..." (Dietrich Bonhoeffer Nachfolge, zit. nach DBA 3, 109-121, Zitat auf 109+111). Die berühmte Textstelle befindet sich auch in DBW 4, 29ff. Bonhoeffer bezog sich damit auf Worte innerhalb der evangelischen Kirche, denen keine Taten folgten. Demgegenüber ist die `teure Gnade´ eine Gnade, die ein sichtbares

Theologen in Halbjahreskursen auf ihr künftiges Pfarramt vorbereitet werden, kommt es zur Einrichtung eines „Bruderhauses"[251] mit festen Regeln für den Alltag. Dazu gehören die tägliche Andacht und das Gebet, die Meditation (`stille Zeit´), das Bibelstudium, die gemeinsame theologische Arbeit, der gemeinsame theologische Austausch und das gemeinsame Musizieren[252] sowie die Selbstverpflichtung, dem Notruf der Kirche zu folgen.[253] Der Tag

---

Leben in der Nachfolge, im Glaubensgehorsam, zur Konsequenz hatte. Es wird vermutet, dass Bonhoeffer Ideen der damals weit verbreiteten `Imitatio Christi´ von Thomas von Kempen (um 1380-1471) in sein Buch hat einfließen lassen. Karl Barth bedachte Bonhoeffers `Nachfolge´ in seiner `Kirchlichen Dogmatik´ mit höchstem Lob (vgl. Karl Barth, KD IV/2, 604. 612f.). Zur weiteren Interpretation, vgl. Sabine Dramm, Dietrich Bonhoeffer, a. a. O., 100-112, die Bonhoeffers `Nachfolge´ als „Auslegung der Bergpredigt" (103) interpretiert sowie die systematisch-theologische Studie von Florian Schmitz, `Nachfolge´. Zur Theologie Dietrich Bonhoeffers (Forschungen zur Systematischen und Ökumenischen Theologie; Bd. 138), Göttingen 2013, der zeigt, inwiefern Bonhoeffer die gegebene historische Situation zum Anlass für seine konkrete Theologie nimmt und so einen Beitrag dazu leistet, Bonhoeffers Theologie mehr als bisher einheitlich zu verstehen.

[251] DBW 14, 77. Das Bruderhaus war Theologieprofessor Dr. Peter Zimmerling zufolge „die erste evangelische Kommunität überhaupt" (Peter Zimmerling, Das Problem der toten Gemeinde bei Dietrich Bonhoeffer, in: DtPfrBl 4/2005, 180-183, bes. 183). Die Vikare lebten während ihrer Mitgliedschaft im Bruderhaus zölibatär; alles Geld kam in einen Topf. Zimmerling zieht von daher Parallelen zur heutigen Zeit und zur Neubelebung von Klöstern, Bruderschaften und Kommunitäten.

[252] Es wird vor allem viel gesungen. Bonhoeffer hat später seinen Bechstein-Flügel von London nach Finkenwalde kommen lassen. Auch gute Instrumentalisten befanden sich unter den Seminaristen. „Bonhoeffers Stellung zum evangelischen Kirchenlied" hat der Leipziger Praktische Theologe Prof. Dr. Peter Zimmerling näher untersucht (vgl. Peter Zimmerling, Bonhoeffer als Praktischer Theologe, a. a. O., 128-137).

[253] Zu den Absolventen des ersten Finkenwalder Kurses vom 15.10.1935 ist neben Eberhard Bethge besonders Albrecht Schönherr (1911-2009) hervor-

beginnt mit einer 45minütigen Andacht vor dem Frühstück am Esstisch mit Lied, Psalm und freiem Gebet und er schließt mit einer eben solchen.[254] Lebensgemeinschaft und Ausbildung – vita communis und vita contemplativa – gehören in Bonhoeffers Konzept zusammen.[255] Es soll über die Kurszeit der Seminaristen hinaus bestehen: eine lebendige geistliche Bruderschaft und ein starkes geistliches Band soll die Bekenntnispfarrer auch über große Entfernungen hinweg miteinander verbinden.[256]

Ab 1935 sind die Gegner der Bekennenden Kirche nicht mehr die Deutschen Christen, die in einzelne bedeutungslose Grüppchen zerfallen sind, sondern die kirchenfeindlichen neuheidnischen Glaubensbewegungen, die einen Germanenkult favorisieren und die in *Alfred Ro-*

---

zuheben, der spätere Bischof von Berlin-Ost. Allerdings wurden viele Vikare ab 1940 zur Wehrmacht eingezogen und fielen im Krieg. Dietrich Bonhoeffer schrieb an die Finkenwalder Brüder in Rundbriefen, ein damals übliches Kommunikationsmedium, bewegende Beileidsbekundungen (vgl. DBW 15, 267-272).

[254] Bonhoeffer schrieb: „Jeder neue Morgen ist ein neuer Anfang unseres Lebens. Jeder Tag ist ein abgeschlossenes Ganzes. (…) Beim Erwachen vertreiben wir die finsteren Gestalten der Nacht und die wirren Träume, indem wir alsbald den Morgensegen sprechen und uns für diesen Tag dem dreieinigen Gott befehlen. (…) Vor die tägliche Arbeit das morgendliche Gebet" (DBW 14, 871ff.).

[255] Vgl. DB, 490ff.

[256] An seinen Bruder Karl-Friedrich Bonhoeffer schrieb Dietrich Bonhoeffer 1935: „Die Restauration der Kirche kommt gewiß aus einer neuen Art Mönchstums, das mit dem alten nur die Kompromißlosigkeit eines Lebens nach der Bergpredigt in der Nachfolge Christi gemeinsam hat. Ich glaube, es ist an der Zeit, hierfür die Menschen zu sammeln" (DBW 13, 273).

senberg und General a. D. *Erich Ludendorff* prominente Vertreter finden. Per staatlichem Erlass wird die Bewegung der `Neuheiden´ in Deutschland vom Reichsinnenminister als gottgläubige Konfession anerkannt.[257] Die Mitglieder der Bekennenden Kirche, sowohl die Pastoren als auch Gemeindeglieder, sind hingegen zunehmend Repressalien des Staates wie Redeverboten, Ausweisungen und Verhaftungen ausgesetzt. In den Gemeinden wird der Betroffenen vielerorts durch Fürbitten gedacht. Im Sommer 1935 hat das von Hitler neu eingerichtete Kirchenministerium unter `Reichskirchenminister´ *Hanns Kerrl* die Aufgabe, die Kirche zu befrieden. In Kirchenausschüssen sollen Vertreter der Bekennenden Kirche, der Deutschen Christen und der Neutralen zusammen ins Gespräch kommen.[258] Grundlage ist allerdings die Bejahung der nationalsozialistischen Ideologie. Der Riss, der auch durch die Reihen der Bekennenden Kirche geht, wird immer tiefer. Mitte September tritt in Berlin-Steglitz die Altpreußische Bekenntnissynode zusammen und diskutiert die `Nürnberger Rassegesetze´, das `Blutschutz-

---

[257] Der spätere Berliner Bischof und EKD-Ratsvorsitzende Kurt Scharf (1902-1990) hatte dies klar erkannt, als er schrieb, dass der Kampf „zwischen einem verbrämten neuen Heidentum und dem christlichen Glauben…in Deutschland im Gange" war (Kurt Scharf, Wir gehen unseren Weg weiter, Brief vom 29. Mai 1935, in: Heinrich Albertz/Heinrich Böll/Helmut Gollwitzer u.a. [Hg.], `Pfarrer, die dem Terror dienen´? Bischof Scharf und der Berliner Kirchenstreit 1974. Eine Dokumentation [rororo aktuell 1885], Reinbek 1974, 19-21).
[258] Vgl. dazu online: https://www.dhm.de/lemo/kapitel/ns-regime/innenpolitik/christen (aufgerufen am 11.10.2024).

gesetz´, das sogenannte Mischehen verbietet und das
`Reichsbürgergesetz´, das den Juden ihre staatsbürgerli-
chen Rechte aberkennt. Die Mitglieder der Synode ver-
teidigen zwar die Judenmission und die Judentaufe, äußern sich aber nicht zu den `Rassegesetzen´. Am 2. De-
zember 1935 erklärt die `Fünfte Verordnung zur Durch-
führung des Gesetzes zur Sicherung der Evangelischen
Kirche´ alle `kirchenregimentlichen und kirchenbehördli-
chen Befugnisse durch kirchliche Vereinigungen oder
Gruppen für unzulässig´. Ab nun ist die Besetzung von
Pfarrstellen sowie die Ausbildung und Berufung von
Geistlichen abseits der Landeskirchen illegal. Und damit
ist auch die Existenz des Predigerseminars im Auftrag
der Bruderräte illegal. Dort ausgebildete Pfarrer können
ab jetzt nicht mehr legal kirchlich beschäftigt werden.
Dennoch entschließt man sich, weiterzumachen. Im Februar 1936 unternimmt der zweite Finkenwalder Kurs[259]
auf Einladung des Schwedischen Ökumenischen Ausschusses eine Studienreise nach Schweden, u.a. mit Besuchen in Lund und Uppsala, worüber die schwedischen
Tageszeitungen groß berichten.[260] Die Reaktion in
Deutschland erfolgt auf dem Fuße: Das Kirchliche Außenamt sieht mit der Einladung die `Bekenntniskirche´
auf- und die Kirchenleitung der Deutschen Evangelischen

---

[259] Von den Absolventen des zweiten Kurses ist besonders Werner Koch
(1910-1994) hervorzuheben.
[260] Vgl. Eberhard Bethge/Renate Bethge/Christian Gremmels (Hg.), Dietrich
Bonhoeffer, a. a. O., 154ff.

Kirche abgewertet und beschwert sich beim Landeskirchenausschuss über Dietrich Bonhoeffer. Auslandsbischof D. *Theodor Heckel* bezeichnet Bonhoeffer in denunziatorischer Absicht als Pazifist und Staatsfeind und spricht die Empfehlung aus, „dass nicht länger deutsche Theologen von ihm erzogen werden".[261] Der Vorsitzende des Reichskirchenausschusses, *Wilhelm Zoellner*, protestiert auf Initiative des Kirchlichen Außenamts beim schwedischen *Erzbischof Eidem*, der ganz diplomatisch betont, dass die Einladung rein privat-freundschaftlicher und nicht kirchenpolitischer Natur gewesen sei.

Im Mai 1936 kommt die Vorläufige Leitung der Bekennenden Kirche mit ihren Arbeiten an einer ʼDenkschrift an Hitlerʼ zum Abschluss. An ihr haben auch Franz Hildebrandt und Dietrich Bonhoeffer mitgewirkt. In dieser Denkschrift werden in sieben großen Punkten und 28 Anlagen mit Belegen die Themen Entkonfessionalisierung und Entkirchlichung, Zerstörung der kirchlichen Ordnungen und von Sittlichkeit und Recht, Missbrauch von Wahlen und Vereidigungen, die Einrichtung von Konzentrationslagern und das rechtlose Wüten der Gestapo sowie die Erziehung zu Antisemitismus und Antichristentum beim Namen genannt. Hatte sich die Bekennende Kirche bisher nur um sich selbst gedreht und sich um kircheninterne Belange gekümmert, so ergreift sie

---

[261] Bischof Theodor Heckel, zitiert nach Eberhard Bethge/Renate Bethge/Christian Gremmels (Hg.), Dietrich Bonhoeffer, a. a. O., 155.

jetzt erstmals das Wort gegen gesellschaftliche und staatliche Missstände. Weil die Denkschrift nicht für die Öffentlichkeit bestimmt ist, leiht sie sich *Ernst Tillich* von *Friedrich Weißler*, dem Leiter der Kanzlei der Vorläufigen Kirchenleitung, eine Nacht lang aus dem Panzerschrank der Kanzlei aus, fertigt sich eine Abschrift an und gibt sie vermutlich ohne Wissen seines Freundes *Werner Koch* und vor allem Friedrich Weißlers an Korrespondenten der internationalen Presse weiter. Am 4. Juni 1936 wird sie formal Hitler übergeben. Einen Monat später, am 16. Juli, erscheint sie in der *New York Harald Tribune* und wiederum eine Woche später, am 23. Juli, wird sie mit vollem Wortlaut in den *Basler Nachrichten* veröffentlicht. Geraume Zeit später werden alle drei verhaftet, Weißler und Koch werden im KZ Sachsenhausen inhaftiert, Weißler wird dort brutal geschlagen und schließlich ermordet.[262]

Im Juni 1936 erscheint in der Zeitschrift `Evangelische Theologie´ ein Artikel von Bonhoeffer `Zur Frage der Kirchengemeinschaft´. In ihm vertritt er die These, dass jeder, der sich von der Bekennenden Kirche trennt, sich vom Heil trennt. Der Artikel wird auf allen Ebenen in der Kirche diskutiert. Bonhoeffer ist im Sommer 1936 fast wöchentlich in Greifswald und bietet den Studierenden Ersatzvorlesungen an. Am 5. August 1936 entzieht man ihm die Lehrbefugnis als Privatdozent an der Berliner

---

[262] Zu den Ereignissen vgl. Werner Koch, Sollen wir K. weiter beobachten?, a. a. O., 157-184.

Universität. Man kann sich vorstellen, was das für ihn bedeutet haben muss... Am 16. August 1936 verabschiedet Bonhoeffer den dritten Finkenwalder Kurs.[263] Zwei Tage später begibt er sich mit seinem Freund Eberhard Bethge zur Ökumenischen Konferenz nach Chamby, die vom 21. – 25. August dauert und auf der unter der Federführung von Bischof George Bell die Weltkirchenkonferenz von Oxford vorbereitet werden soll.[264]

Unterdessen tobt in Spanien der `Spanische Bürgerkrieg´: Das spanische Volk hatte im Februar 1936 ein Volksfrontbündnis an die Regierung gewählt. Teile des Militärs unter Führung von General *Francisco Franco* hatten dagegen geputscht – unterstützt von militärischen Verbänden aus dem nationalsozialistischen Deutschland und dem faschistischen Italien, die ihren Einsatz für die Francisten mit dem `Kampf gegen den Bolschewismus´ begründeten.[265] Während also im August 1936 erste

---

[263] Von den Mitgliedern des dritten Finkenwalder Kurses sei besonders Wolf-Dieter Zimmermann besonders hervorgehoben. Zimmermann war der Sohn eines Superintendenten, der sich mit seiner oppositionellen kirchenpolitischen Orientierung gegen seinen Vater absetzte.

[264] Deutschland ist mit drei Delegationen vertreten: Karl Koch (1876-1951), ehemals Mitglied des Reichstags für die DNVP), Generalsuperintendent Otto Dibelius (1880-1967), Hans Böhm (1899-1962) und Dietrich Bonhoeffer für die Bekennende Kirche, Hanns Lilje (1899-1977) für die Lutheraner und Wilhelm Zoellner (1860-1937), Friedrich Brunstäd (1883-1944), H. Wahl und Theodor Heckel (1894-1967) für den Reichskirchenausschuss.

[265] Vgl. den Hintergrundbericht in GEO EPOCHE. Deutschland unter dem Hakenkreuz, Teil 2: 1937-1939, Hamburg 2012, 26-41.

`deutsche Freiwillige` der `Legion Condor` die Franco-Putschisten gegen die Spanische Republik unterstützen, leistet eine kleine republikanische Volksarmee gegen die spanischen Faschisten erbitterten Widerstand. Sogenannte `Internationale Brigaden`[266], bestehend aus demokratischen, sozialistischen und kommunistischen Freiwilligen aus der ganzen Welt, kämpfen einen aussichtslosen Kampf gegen die Übermacht der Faschisten.[267] Der Bürgerkrieg, an dem insgesamt 20000 Wehrmachtssoldaten beteiligt sind, dauert drei Jahre und ist für die Nazis eine willkommene Gelegenheit, neue Waffensysteme, insbesondere der Luftwaffe, auszuprobieren. So gilt der Spanische Bürgerkrieg als Prolog dessen, was global bald kommen sollte – doch zunächst vor allem für alle kriegstauglichen deutschen Männer.

Der vierte und fünfte Kurs in Finkenwalde[268] kommt noch zu seinem Abschluss, bevor das illegale Predigerseminar

---

[266] Unter ihnen waren so namhafte Künstler wie Ernest Hemingway (1899-1961) und George Orwell (1903-1950). Pablo Picasso (1881-1973) versuchte mit seinem berühmten Bild `Guernica`, die Welt auf die Leiden der Zivilbevölkerung aufmerksam zu machen und die internationale Öffentlichkeit aufzurütteln. Besonders die Bombardierung der spanischen Stadt Guernica, also der Zivilbevölkerung, am 26. April 1937 hatte zu internationalen Protesten geführt.

[267] Bemerkenswerterweise unterstützte Papst Pius XI. (1857-1939) den faschistischen General Franco und seine Putschisten, weil er im Krieg der demokratischen Republikaner einen Krieg gegen die christliche Religion und die katholische Kirche sah und seinerseits die Putschisten gegen den Kommunismus unterstützen wollte (vgl. weiterführend F.A.Z. 211 v. 10.9.2011).

[268] Der vierte Kurs endete am 14. März 1937. Der spätere renommierte Theologieprofessor Gerhard Ebeling (1912-2001) befand sich unter den Absol-

– Bonhoeffer ist zu der Zeit in Stettin – am 29. August 1937 als ˋErsatzhochschuleˊ der Bekennenden Kirche von der Gestapo geschlossen wird und die Unterrichtsräume polizeilich versiegelt werden.[269] Jegliche weitere Unterrichtstätigkeit samt Freizeiten wird verboten. Mittels Erlassen und Verboten sowie durch Inhaftierungen will das Kirchenministerium die Brüderräte zunächst zermürben und dann zerstören. Mit diesem Ziel ist bereits wenige Monate zuvor eine Verhaftungswelle übers Land gegangen: Über 800 Pfarrer und Mitarbeiter der Bekennenden Kirche sind dabei verhaftet worden. Am 23. Juni 1937 nimmt die Gestapo bei einer Razzia der Friedrichs-Werderschen-Kirche in Berlin die Mitglieder des Reichsbruderrates fest. Am 1. Juli 1937 fährt Dietrich Bonhoeffer zusammen mit *Eberhard Bethge* nach Dahlem[270] zur

---

venten. Das Ende des fünften Kurses war am 8. September 1937. In ihm befand sich der spätere Herausgeber mehrerer Monografien über Dietrich Bonhoeffer, Pfarrer Otto Dudzus (1912-2000).

[269] Dies geschah auf Befehl von Reichsführer SS und Polizeichef Reinhard Heydrich (1904-1942). Heydrich war der Organisator der sog. ˋEndlösung der Judenfrageˊ. Der spätere ˋReichsprotektor von Böhmen und Mährenˊ starb im Mai 1942 an den Folgen eines Attentats durch die polnischen Widerstandskämpfer Jozef Gabčík (1912-1942) und Jan Kubiš (1913-1942). Daraufhin wurden aus Rache der Nazis die Dörfer Lidice und Ležáky zerstört und alle Männer ermordet. Nachdem 1967 der israelische Historiker Shlomo Aronson eine erste Biographie zu Reinhard Heydrich vorgelegt hatte, erschien 2011 die Biographie des irischen Historikers Robert Gerwarth, Reinhard Heydrich. Biographie, München 2011.

[270] Die evangelische Kirchengemeinde in Dahlem war eine besondere Größe innerhalb der Bekennenden Kirche, eine der wenigen Zellen des kirchlichen Widerstands. In Dahlem wurde ernst gemacht mit Bonhoeffers Modell der „Kirche für andere" (DBW 8, 560: „Die Kirche ist nur Kirche, wenn sie für

Beratung mit Franz Hildebrandt und Martin Niemöller, den die Gestapo kurz zuvor in seinem Dahlemer Pfarrhaus verhaftet hatte. Bonhoeffer und Bethge werden mit Martin Niemöllers Frau und dem anwesenden Pfarrer *Eugen Rose* unter Hausarrest gestellt und werden Zeuge, wie die Gestapo acht Stunden lang Niemöllers Wohnung durchsucht. Von den Finkenwalder Pfarramtskandidaten sitzen an Weihnachten 1937 siebenundzwanzig im Gefängnis. Franz Hildebrandt, der bereits im Gefängnis gewesen war, gelingt mit Hilfe von Hans von Dohnanyi die Flucht über die Schweiz nach Großbritannien. Bonhoeffer selbst wird Anfang Januar 1938 zusammen mit dreißig weiteren Personen verhaftet, als er in Dahlem an einer Versammlung der Bekennenden Kirche teilnimmt. Die Gestapo verhört ihn sieben Stunden lang und erteilt ihm dann Aufenthaltsverbot für Berlin. Bonhoeffers Vater kann bei den Behörden erreichen, dass dieses Verbot nur für dienstliche Belange, nicht aber für familiäre Besuche gilt.

---

andere da ist."). In Dahlem gab es zwei Kirchen, die St. Annenkirche eine kleine Dorfkirche aus dem 13. Jahrhundert, und die Jesus-Christus-Kirche, die 1930 gebaut wurde und 1000 Sitzplätze hatte. In Dahlem, damals ein neuer Vorort Berlins – ein reines Wohnviertel – wohnten auch Mitglieder des NS-Regimes wie Heinrich Himmler oder hohe Militärs wie der Chef des Generalstabs, Ludwig Beck. Vgl. weiterführend Gerti Graff u.a. (Hg.), Unterwegs zur mündigen Gemeinde. Die evangelische Kirche im Nationalsozialismus am Beispiel der Gemeinde Dahlem, Stuttgart 1982, bes. 71ff. (zu Dietrich Bonhoeffers `Sonderweg´ vgl. 120-125), und Ulrich Kabitz/Friedrich-Wilhelm Marquardt, Begegnungen mit Helmut Gollwitzer, München-Berlin 1984, 122-128.

Das Seminar weicht Ende 1937 – getarnt als `Sammelvikariate´ – mit Hilfe der Unterstützung zweier befreundeter Superintendenten nach Hinterpommern aus. In einfachen Verhältnissen werden die Seminaristen dort offiziell als `Lehrvikare´ in benachbarten Gemeinden eingesetzt. Bonhoeffer selbst erhält in Schlawe bei Köslin an der Ostsee eine Hilfspredigerstelle zugewiesen, gibt die Superintendentur als offiziellen Wohnsitz an und bewohnt mit einer Gruppe Seminaristen das Pfarrhaus im nur wenige Kilometer entfernten Groß-Schlönwitz (heute: Slonowice). In der ersten Wochenhälfte unterrichtet er in Köslin; in der zweiten Wochenhälfte wendet er sich den Kandidaten zu, die in Groß-Schlönwitz untergebracht sind. Am 20. April 1938 ordnet die Kirchenleitung an, dass alle aktiven Pfarrer den Treue-Eid auf Hitler zu schwören haben.[271] Dietrich Bonhoeffer und die illegalen Pfarrer betrifft dies aber nicht mehr, da sie zu dem Zeitpunkt ohnehin nicht mehr auf den Listen des Konsistoriums geführt werden. Eine kirchliche Anstellung in einer dem Reichskirchenministerium unterstehenden Institution kann ab jetzt nur noch finden, wer „rückhaltlos für den nationalsozialistischen Staat"[272] eintritt. Die illegal ausge-

---

[271] Der Eid lautete: „Ich werde dem Führer des Deutschen Reiches und Volkes, Adolf Hitler, treu und gehorsam sein, die Gesetze beachten und meine Amtspflichten gewissenhaft erfüllen, so wahr mir Gott helfe." Wer sich weigerte, den Eid abzulegen, wurde entlassen.
[272] So das Kirchengesetz für die altpreußische Union vom 6.9.1933, abgedruckt in: Karl Kubisch (Hg.), Quellen zur Geschichte des deutschen Protestantismus 1871-1945, Göttingen 1960, 264.

bildeten Seminaristen werden keine solche Anstellung erhalten… Im April 1938 konfirmiert Bonhoeffer drei Enkel seiner Gönnerin, Ruth von Kleist-Retzow.[273]

Unterdessen vereinbart Hitler im Herbst des Jahres 1938 im ˋMünchner Abkommen´[274] mit den französischen, britischen und italienischen Staatschefs die ˋAbtretung´ von

---

[273] Der ältere Bruder Maria von Wedemeyers, Max von Wedemeyer (1922-1942), wurde zusammen mit Spes von Bismarck und Hans-Friedrich von Kleist-Retzow von Dietrich Bonhoeffer 1938 konfirmiert (vgl. DBW 15, 476-482). 1942 fiel Max von Wedemeyer nur zwei Monate nach seinem Vater als Soldat an der Ostfront. Dietrich Bonhoeffer wurde zunächst zu seiner Beerdigung ein-, dann aber von Ruth von Wedemeyer wieder ausgeladen (vgl. DBW 16, 325).

[274] Hitler hatte vorgehabt, nach dem ˋAnschluss Österreichs´ aus strategischen Gründen die angrenzende Tschechoslowakei unter deutsche Herrschaft zu bringen und nutzte dafür die permanenten Nationalitätenkonflikte innerhalb der Tschechoslowakei aus, die aus der Diskriminierung der sudetendeutschen Minderheit seit der Staatsgründung am 28. Oktober 1918 entstanden waren. Die im ˋKarlsbader Programm´ verabschiedeten Forderungen der Sudetendeutschen nach Autonomie für die deutsche Minderheit hätten wegen ihrer politischen Nichtumsetzbarkeit das Ende des tschechoslowakischen Staates bedeutet. Hitler nahm die daraus erwachsende Krise zum Anlass, die Abtretung des Sudetengebiets an das Deutsche Reich zu fordern, was die Mobilmachung der Tschechoslowakei und die Unterstützung von England und Frankreich bewirkte. Hitler seinerseits drohte Anfang September 1938 öffentlich den Einmarsch deutscher Truppen an. Ein Krieg stand kurz bevor. Der britische Premierminister Arthur Neville Chamberlain (1869-1940) akzeptierte schließlich Hitlers Forderungen. Das ˋMünchner Abkommen´ unter Beteiligung Hitlers, Mussolinis (1883-1945), Chamberlains und Édouard Daladiers (1884-1970) legte die Abtretung des Sudetengebiets an das Deutsche Reich fest. Gleichzeitig garantierten England und Frankreich den Bestand der übrigen Tschechoslowakei. Die Presse schrieb Hitler die Verhinderung eines drohenden Krieges zu und verschaffte ihm damit einen Popularitätszuwachs in Deutschland. Erste in dieser Zeit gehegte Putschpläne von Ludwig Beck und Hans Oster kamen nicht zur Ausführung, da der Rückhalt in der Bevölkerung für die Putschisten zu diesem Zeitpunkt fehlte.

Teilen der Tschechoslowakei an das Deutsche Reich. Ziel der westlichen Appeasement-Politik ist es, den Frieden durch Beschwichtigung der Nazis zu retten. Bereits im März 1938 war der ˋAnschlussˊ Österreichs an das Deutsche Reich unter dem Jubel vieler Österreicher vollzogen worden. Beobachter gehen jetzt von einem bevorstehenden Krieg aus und sehen zu, dass sie Deutschland noch rechtzeitig verlassen können, darunter viele in Richtung Amerika.

Von Berlin aus konnten sich am 9. September 1938 Sabine und Gerhard Leibholz mit ihren Kindern[275] vor den Nazis in Sicherheit nach England bringen. Dietrich Bonhoeffer hatte sie ein Stück weit auf ihrer Reise begleitet. Im leerstehenden Haus der Familie Leibholz in Göttingen schreibt er nun im Herbst 1938 unter dem Eindruck von Finkenwalde sein Buch „Gemeinsames Leben"[276] zu Ende, eine Art theologisch reflektierter Erfahrungsbericht

---

[275] Marianne und Christiane Leibholz kehrten später nach Deutschland, nach Göttingen und nach Karlsruhe, zurück. Dietrich Bonhoeffer war der Patenonkel von Marianne Leibholz.

[276] Vgl. Dietrich Bonhoeffer, Gemeinsames Leben, München 1939, [20]1985 (= DBW 5). Bonhoeffer schrieb das Buch in einem Zug im September und Oktober 1938 in Göttingen herunter. Es handelte sich nicht um ein Programm, sondern vielmehr um einen Erfahrungsbericht mit dem Glauben und von der Gemeinschaft ähnlich Gesinnter, der auf seine Zeit im Finkenwalder Predigerseminar zurückreichte, das im September 1937 von der Gestapo geschlossen worden war. Bonhoeffer rief das sog. ˋBruderhausˊ ins Leben. In diesem Haus gab es eine Gebetsordnung für das tägliche Gebet. Die Brüder arbeiteten hier gemeinsam theologisch und sorgten gemeinschaftlich für ihren Lebensunterhalt. Es wurde einander die persönliche Beichte abgenommen und sich gegenseitig brüderlich ermahnt.

seiner Zeit in Pommern, der gleichzeitig auch Bonhoeffers theologisches Konzept zum Ausdruck bringt. Darin findet man erschütternde Sätze wie diesen: „So gehört auch der Christ nicht in die Abgeschiedenheit eines klösterlichen Lebens, sondern mitten unter die Feinde. Dort hat er seinen Auftrag, seine Arbeit"[277] – ein Satz, der für Bonhoeffer selbst die Richtung anzugeben scheint, in die er sich bewegen wird. Die Maßnahmen des Regimes gegen die Juden werden immer unerträglicher: Im Oktober

---

[277] Dietrich Bonhoeffer, Gemeinsames Leben, a. a. O., 9. Prof. Dr. Dr. h.c. mult. Jürgen Moltmann (1926-2024) fand das `Gemeinsame Leben´ zu eng, „denn ich hatte vom Gemeinschaftsleben in Kasernen, Schützengräben und Gefangenenlagern die Nase voll. Ich suchte viel mehr die Einsamkeit und wollte endlich die Freiheit zum eigenen Leben" (Jürgen Moltmann, Theologie mit Dietrich Bonhoeffer. Die Gefängnisbriefe, in: John W. de Gruchy/Stephen Plant/Christiane Tietz [Hg.], Dietrich Bonhoeffers Theologie heute – Dietrich Bonhoeffer's Theology Today: Ein Weg zwischen Fundamentalismus und Säkularismus? – A Way between Fundamentalism and Secularism?, Gütersloh 2009, 17-34, Zitat auf 18). Jemand, der versucht hat, Dietrich Bonhoeffers Ansatz eines gemeinsamen Lebens für kommende Theologinnen und Theologen umzusetzen, m.E. aber u.a. wegen seines autoritären Führungsstils und seinen Vorurteilen gegenüber examinierten Theologiestudentinnen und -studenten darin erfolglos blieb, war der langjährige pietistisch-konservative Leiter des Heidelberger Predigerseminars `Petersstift´, Dr. Helmut Barié (geb. 1940). Ihre Erfahrungen mit der Ausbildung nach dem Ersten Theologischen Examen ähnlich denen, die ich erlebt habe und in denen Extrakte von Bonhoeffers `Gemeinsamen Leben´ zu spüren sind, schildert authentisch die 2. Vorsitzende des Bayerischen Pfarrvereins, Corinna Hektor aus Augsburg, Zukunftsmusik, in: Badische Pfarrvereinsblätter 1/2014, 10-18. Vgl. dazu auch Klaus Eulenberger, Überraschungen sind möglich. Impressionen zur Spiritualität in Predigerseminaren heute, in: Arbeitsstelle Gottesdienste. Zeitschrift der Gemeinsamen Arbeitsstelle für gottesdienstliche Fragen der Evangelischen Kirche in Deutschland (Hg.), …dann musst du dazwischenspringen. Dietrich Bonhoeffer 1906-2006, 19. Jg., 02/2005, Hannover 2005, 85-89.

1938 zwingt das NS-Regime alle Juden, in ihren Pässen ein „J" eintragen zu lassen. Am 9. November 1938 verbrennen die Nazis die Synagogen im Land.[278]. Später wird man diese Nacht `Reichskristallnacht´[279] nennen. In Wirklichkeit war sie ein großer Pogrom, der einstweilige Höhepunkt der staatlichen Diskriminierung der Juden[280], dem bald ihre gesetzliche Enteignung folgen wird – ein geplanter und mit viel Gewalt initiierter ungeheuerlicher Raubzug der Nazis.[281] Zunehmend werden weitere anti-

---

[278] Dietrich Bonhoeffer unterstrich damals in seiner Studienbibel den Vers Psalm 74, 8 („Sie verbrennen alle Häuser Gottes im Lande.") und notierte am Rand mit Bleistift: „9.11.1938".

[279] Der Name leitet sich von dem zersplitterten Glas der Fensterscheiben jüdischer Geschäfte ab, die in dieser Nacht von SA, SS und der Zivilbevölkerung zerstört wurde. Den Vorwand dazu hatte Herschel Grynszpan (1931-1942), ein in Deutschland aufgewachsener polnischer Staatsbürger jüdischen Glaubens geliefert, der am 7. November 1938 ein Attentat auf den deutschen Gesandten Ernst vom Rath (1909-1938) verübt hatte, an dessen Folgen dieser starb. Vor einiger Zeit sind Zweifel am genauen Tathergang laut geworden, vgl. dazu online: http://www.hagalil.com/archiv/98/11/pogrom.htm (aufgerufen am 30.8.2004).

[280] Parallel dazu fanden Plünderungen jüdischer Geschäfte statt, jüdische Warenhäuser und Wohnhäuser wurden in Brand gesteckt oder anderweitig zerstört. Am 10. November 1938, 455 Jahre nach dem Geburtstag Martin Luthers, der so miese Sätze gegenüber den Juden geschrieben hat, brannten die jüdischen Gotteshäuser in Deutschland. Die Betroffenen wurden danach aufgefordert, die entstandenen Schäden zu beseitigen und die Kosten selbst zu tragen. Geld von Versicherungen musste `dem Reich gespendet´ werden. Prof. Dr. Klaus Engelhardt, viele Jahre evangelischer Landesbischof von Baden und EKD-Ratsvorsitzender, kann sich – obwohl damals erst sechs Jahre alt – gut an die Zeit erinnern, vgl. Klaus Engelhardt, Von der Alltäglichkeit des Bösen. Erinnerungen an die Reichspogromnacht 1938, in: standpunkte v. November 2004, 6-8.

[281] Götz Aly hat im Blick auf den Widerstand eine interessante These aufgestellt: „Eben weil so viele Deutsche von den Raubzügen des nationalsozialistischen Deutschland profitierten, entwickelte sich nur marginaler Widerstand"

jüdische Gesetze erlassen, Juden sind nun bald gesellschaftlich völlig geächtet: Sie werden aus den Berufsverbänden ausgeschlossen. Sie müssen alle Wertsachen und allen Schmuck bei den Behörden abgeben. Es ist ihnen untersagt, Radiogeräte zu besitzen, zu telefonieren, Haustiere zu halten, zum Friseur, in die Badeanstalt, ins Kino oder ins Theater zu gehen, Konzerte oder Ausstellungen zu besuchen. Mit Juden verheiratete Nicht-Juden werden aufgefordert, sich scheiden zu lassen. Jüdischen Kindern ist es untersagt, staatliche Schulen zu besuchen. Die Brutalität der Ausschreitungen und die Gesetze macht den in Deutschland lebenden Juden deutlich, schnellstens zu emigrieren. Jochen Klepper hält in seinem Tagebuch fest: „Über die Quälerei der Juden und den Raub, der an ihrem Eigentum geschieht, wenn sie, nachdem man ihnen die Existenzmöglichkeit nahm, Deutschland verlassen wollen, gerät man allmählich in einen Zustand, der einer Gemütskrankheit nicht mehr unähnlich ist. Die Völker haben für den Frieden gebetet;

(Götz Aly, Hitlers Volksstaat. Raub, Rassenkrieg und nationaler Sozialismus, FfM 2006, ²2011, 365). Der NS-Staat bereicherte sich durch die systematische Enteignung, Versklavung und Mord an Millionen von Menschen. In Deutschland wehte dem „Wertkonservativen" (Götz Aly, Hitlers Volksstaat, a. a. O., 371) für diese These der Wind ins Gesicht, worauf er sich revanchierte: „Den in Deutschland vielfach überalimentierten zeithistorischen Netzwerkern lässt sich manches nachsagen, nur nicht die Freude an gedanklicher Frische" (Götz Aly, Hitlers Volksstaat, ebda.).

werden sie dafür zu beten beginnen, dass Friede für die Juden wird?"[282]

Am 11. Januar 1939 kommt es innerhalb der Bekennenden Kirche erneut zu einer Verhaftungswelle. Die Ausbildung von jungen Theologen zu Pfarrern an verbotenen Hochschulen und Predigerseminaren war in den Augen der Nazis eine unverfrorene Frechheit und sie als Pfarrer illegal einzusetzen kam mehr oder weniger einer Rebellion gleich. Diesmal sind deshalb die Ausbildungsleiter und Vorsitzenden der Vikarsbruderschaften der altpreußischen Bekennenden Kirche das Ziel der Festnahmen. Im April zieht das illegale Predigerseminar auf den Sigurdshof, in ein heruntergekommenes Forsthaus, das der Gutsbesitzer *Ewald von Kleist auf Wendisch-Tychow* Bonhoeffer zur Nutzung überlassen hatte. Dort hält sich Bonhoeffer im April 1939 auf und diskutiert immer öfters mit den illegalen Vikaren und Theologen, ob man sich nicht besser `legalisieren´ lassen sollte, indem man vom Angebot der Konsistorien Gebrauch machte, die Prüfung zu wiederholen und sich seine Ordination bestätigen zu lassen. Der gottverlassene Ort in Hinterpommern ist die letzte theologische Wirkungsstätte Dietrich Bonhoeffers und seiner Idee eines gemeinsamen geistlichen Lebens...

---

[282] Jochen Klepper, Unter dem Schatten deiner Flügel. Aus den Tagebüchern der Jahre 1932-1942, Eintrag vom 20. Oktober 1938, hg. von Reinhold Schneider, Stuttgart 1956, 667.

Nachdem im Deutschen Reich am 16. März 1935 die im Versailler Vertrag untersagte allgemeine Wehrpflicht mit Blick auf einen bevorstehenden Krieg wieder eingeführt worden war, werden im Januar 1939 die Jahrgänge 1906/07 zur Musterung einberufen.[283] Dietrich Bonhoeffer will nicht in den Krieg; er lehnt den Kriegsdienst mit der Waffe ab.[284] Aber damals gibt es noch kein Recht auf Kriegsdienstverweigerung.[285] Am 6. März 1939 reist er

---

[283] Das `Gesetz über den Aufbau der Wehrmacht´ ermöglichte die Umbenennung von `Reichswehr´ in `Wehrmacht´. Sie sollte aus 36 Divisionen mit 580000 Soldaten bestehen und 1939 kriegsfähig sein. Zunächst wurde der Kriegsdienst auf ein Jahr festgesetzt, ab August 1936 betrug er zwei Jahre. Die ersten Wehrpflichtigen gehörten dem Jahrgang 1914 an. Sanktionen der protestierenden Westmächte gegen die illegale Aufrüstung und den Verstoß gegen das Versailler Friedensabkommen, das die Heeresstärke auf 100000 Berufssoldaten festgelegt hatte, blieben aus, da Hitler seine Aufrüstung mit seiner Politik gegen den `russischen Bolschewismus´ begründete. Erst allmählich kam es zur `Stresa-Front´, einem Bündnis der Westmächte Großbritannien, Frankreich und Italien gegen die Vertragsbruch-Politik Hitlers.

[284] Im Unterschied zu Martin Niemöller. Er hatte sich aus dem KZ Sachsenhausen heraus nach dem Überfall auf Polen am 7. September 1939 freiwillig zur deutschen Kriegsmarine gemeldet, um dadurch der KZ-Isolationshaft zu entkommen. Niemöllers Gesuch wurde abgelehnt, vgl. Matthias Schreiber, Martin Niemöller, a. a. O., 88. Übrigens hatten auch die Bischöfe der Bekennenden Kirche am 31. Mai 1939 ihre Kirchenmitglieder aufgefordert, „sich in das völkisch-politische Aufbauwerk des Führers mit voller Hingabe einzufügen" (Martin Niemöller, zitiert nach Hans Oeffler u.a. [Hg.], Ein Lesebuch, a. a. O., 84). Im Ausland dagegen wurde der `Kirchenkampf´ der Bekennenden Kirche als antifaschistischer Widerstand gewertet.

[285] Das Recht auf Kriegsdienstverweigerung gab es im `Dritten Reich´ nicht. Wer den militärischen Dienst mit der Waffe verweigerte, wurde standrechtlich erschossen, vgl. Eberhard Bethge, Der Weg vom `Pazifismus´ in den Widerstand. Gewaltlosigkeit und Gewalt im Tun und Denken Dietrich Bonhoeffers (1980), in. ders., Bekennen und Widerstehen. Aufsätze – Reden – Gespräche, München 1984, 87-109, bes. 90. Viele Pfarrer der Bekennenden Kirche wurden sofort nach Kriegsbeginn zum Kriegsdienst eingezogen und

mit Eberhard Bethge von Schlawe aus nach England zu Bischof George Bell von Chichester und schreibt am 25. März 1939 an diesen: „Ich plane, Deutschland irgendwann zu verlassen. Der Hauptgrund dafür ist die allgemeine Wehrpflicht, zu der Männer meines Jahrgangs (1906) in diesem Jahr einberufen werden. Es scheint mir mit meinem Gewissen unvereinbar, an einem Krieg unter den gegebenen Umständen teilzunehmen."[286] Im Mai 1939, Bonhoeffer ist inzwischen wieder in Berlin, ist sein Musterungsbescheid eingetroffen. Sein Vater Karl Bonhoeffer interveniert erneut mit der Begründung, sein Sohn sei für eine Vortragstätigkeit in die USA eingeladen. Daraufhin zieht das Wehrmeldeamt sein Schreiben zurück und Dietrich Bonhoeffer erhält eine ein Jahr gültige Unbedenklichkeitsbescheinigung, die ihm Reisen ins Ausland ermöglicht.[287] Am 2. Juni 1939 begibt er sich per Flugzeug auf die Reise nach England, um dort wieder einmal seine Zwillingsschwester Sabine Leibholz und ihre

---

fielen später auf den Schlachtfeldern oder mussten in russische Kriegsgefangenschaft (vgl. dazu Helmut Gollwitzer, `und führen, wohin du nicht willst.´ Bericht einer Gefangenschaft, München 1954, 11f.). Dabei waren zur Zeit des Ersten Weltkrieges hunderttausende Männer in ganz Europa desertiert und hatten mit viel Kreativität und Einfallsreichtum den Dienst an der Waffe verweigert, vgl. Christoph Jahr, Wer fehlt? Etwa du?, in: DIE ZEIT Nr. 23 v. 28. Mai 2014, 17.

[286] Dietrich Bonhoeffer, zitiert nach Eberhard Bethge/Renate Bethge/Christian Gremmels (Hg.), Dietrich Bonhoeffer, a. a. O., 173.

[287] Dietrich Bonhoeffer unterzog sich am 5. Juni 1940 der Musterung in Schlawe und wurde als kriegsverwendungsfähig gemustert. Sein Dienstverhältnis im Stab Abwehr/Ausland im OKW bewahrte ihn vor Einberufung und Kriegsdienst, vgl. DBW 16, 36.

Familie zu treffen und um dann gemeinsam mit seinem Bruder Karl-Friedrich, der ebenfalls eine Vortragstätigkeit in Chicago wahrnehmen will, per Schnelldampfer in die USA zu reisen.[288] Er folgt einer Einladung von *Paul Lehmann*, Professor für Religion am Elmhurst College in Illinois, ans Union Theological Seminary in New York. Über Kontakte des Vaters und wohlmeinender US-amerikanischer Freunde wie *Reinhold Niebuhr* war er in den Besitz eines entsprechenden Visums gekommen. Er hatte eine offizielle Unbedenklichkeitsbescheinigung erhalten, mit der er der Wehrpflicht in Deutschland entgangen war und sogar Auslandsreisen unternehmen durfte – sein Plan war aufgegangen...

Zur Zeit von Bonhoeffers zweiter Amerikareise ist die Mehrheit seiner Studenten und Seminaristen bereits eingezogen und liegt im Dreck des Schützengrabens an der Front. Manch einer hätte in dieser Zeit für ein Schiffsticket alles gegeben, nur um aus Nazi-Deutschland herauszukommen – noch dazu, wo der Krieg unmittelbar bevorstand! Es sah für Dietrich Bonhoeffer alles danach aus, als müsse er vorerst nicht für Hitler in den Krieg ziehen. Amerika war für ihn wie das rettende Ufer; theoretisch hätte er auch länger bleiben können. Doch in New York angekommen, wird er zunehmend unentschlossener. Er bekommt Heimweh und sein Gewissen meldet

---

[288] Während dieser Zeit schrieb er regelmäßig Tagebuch, vgl. DBW 15, 217-240.

sich.[289] Ein Angebot, die deutschen Flüchtlinge in New York zu betreuen, lehnt er ab. Er halte es für einen Fehler, schreibt er Ende Juni 1939 an Reinhold Niebuhr, nach Amerika gekommen zu sein, denn er habe inzwischen eingesehen, dass er nur dann ein Recht habe, später am Wiederaufbau christlichen Lebens mitzuwirken, wenn er die schwere Zeit mit seinem Volk durchstehe.[290] Zweifel und Gewissensnöte plagen ihn, wie er seinem Tagebuch anvertraut, außerdem das Heimweh nach den Freunden in Deutschland.[291] Amerikanische Freunde

---

[289] Heinz Eduard Tödt hat auf die Dimension des Gewissens unter Bezug auf Dietrich Bonhoeffer in Relation zur politischen Verantwortung hingewiesen, vgl. Heinz Eduard Tödt, Perspektiven theologischer Ethik, München 1988, 85-95, bes. 93. Petra Gosda hat sich in ihrer Dissertation in einem Streifzug durch entscheidende vier Veröffentlichungen Bonhoeffers, im Vergleich mit anderen theologischen Entwürfen und unter Heranziehung seiner Biografie der Gewissensproblematik genähert, vgl. Petra Gosda, „Du sollst keine anderen Götter haben neben mir". Gott und die Götzen in den Schriften Dietrich Bonhoeffers (NTDH 26), Neukirchen-Vluyn 1999, 21-82.

[290] „Es war ein Fehler von mir, nach Amerika zu kommen. Ich muss diese schwierige Periode unserer nationalen Geschichte mit den Christen in Deutschland durchleben. Ich werde kein Recht haben, an der Wiederherstellung des christlichen Lebens nach dem Kriege in Deutschland mitzuwirken, wenn ich die Prüfungen dieser Zeit nicht mit meinem Volk teile..." (Dietrich Bonhoeffer, Brief an Reinhold Niebuhr, zitiert nach Eberhard Bethge, Bonhoeffer, 74; vgl. den englischen Wortlaut in: DB, 736 und in DBW 15, 210).

[291] Vgl. die eindrücklichen Stellen des Tagebuchs der Amerika-Reise im Dietrich-Bonhoeffer-Lesebuch, hg. von Otto Dudzus, München 1987, 130-142 und in DBA 3, 215-232. Vgl. dazu auch den Beitrag von Hedwig Gafga, Berufung in Manhattan, in: chrismon 3/2004, 25-31, die 2004 auf den Spuren von Bonhoeffer in New York gewandelt ist. Bonhoeffer-Experte Larry Rasmussen betont die Integrationskraft Dietrich Bonhoeffers bei heutigen (2004) Studierenden: Bonhoeffer „besitzt eine hohe Integrität. Alle fühlen sich bei ihm an einem wichtigen Punkt zu Hause, die Frommen genauso wie die

versuchen ihn, noch zu halten – vergeblich. In seinen Herrnhuter Losungen liest er für den 24. Juni: „Wer glaubt, der flieht nicht" (Jes 28, 16). Einen Monat später, am 7. Juli 1939, zwei Monate vor Kriegsbeginn, kehrt er mit seinem Bruder Karl-Friedrich Bonhoeffer per Schiff nach Deutschland zurück, wieder mit einem Abstecher über London. Zehn Tage lang bleibt er bei seiner Schwester und ihrer Familie in der Stadt an der Themse. Dort erfährt Dietrich Bonhoeffer vom Martyrium *Paul Schneiders* im KZ Buchenwald[292], was ihn zutiefst erschüttert.[293] Er rechnet zu diesem Zeitpunkt nicht damit, dass er in ein paar Jahren selbst in Buchenwald in Haft sein würde.[294] Über Berlin kehrt er zum Sigurdshof in

---

Befreiungstheologen" (Larry Rasmussen, zit. bei Hedwig Gafga, Berufung in Manhattan, a. a. O., 26).

[292] Zum KZ Buchenwald und zur heutigen Gedenkstätte vgl. weiterführend https://curlie.org/World/Deutsch/Gesellschaft/Geschichte/Nach_Zeitabschnitt en/Neuzeit/20._Jahrhundert/Nationalsozialismus/Gedenkstätten_und_Musee n/Konzentrations-_und_Vernichtungslager/Buchenwald/   und https://www.stiftung-evz.de (beide Links aufgerufen am 11.10.2024).

[293] Vgl. Sabine Leibholz-Bonhoeffer, vergangen-erlebt-überwunden, a. a. O., 144.

[294] Am 1. September 1999 wurde die Erinnerungsstätte für Dietrich Bonhoeffer, Friedrich von Rabenau und Ludwig Gehre eingeweiht (Stiftung Gedenkstätten Buchenwald und Mittelbau-Dora, [7. Oktober 2010]). Seit 1990 hatten Workcamp-Teilnehmerinnen und -Teilnehmer das Areal in dem zu DDR-Zeiten überwachsenen Kasernengelände am Steinbruch, in dem Bonhoeffer Anfang 1945 die letzten Wochen seines Lebens im Kellerarrest verbracht hatte, freigelegt. Am Morgen des 25. Mai 2014 beschädigten unbekannte Täter die Erinnerungsstätte, indem sie eine Stufe des historischen Treppenzugangs und die aus Edelstahl gefertigte Gedenktafel irreparabel beschädigten. Der Schaden belief sich auf ca. 10.000 Euro. Nachdem die Gedenkstätte Anzeige erstattet hatte, ermittelte die Polizei wegen des Ver-

Hinterpommern zurück, um dort seine Arbeit in den Sammelvikariaten wieder aufzunehmen. Ab jetzt wird der Mitwisser zum Mittäter des Widerstands...

4. Im Widerstand gegen Hitler

Am 1. September 1939, dem hohen jüdischen Feiertag Jom Kippur[295], erklärt Hitler mit dem Überfall auf Polen der Welt den Krieg. Bereits im März 1939 waren deutsche Truppen in Prag einmarschiert und hatten die Tschechoslowakei als `Reichsprotektorat Böhmen und Mähren´ annektiert. Dies markiert den Beginn der nationalsozialistischen Versklavungs- und Ausrottungspolitik. Kurze Zeit später ist Polen zerstört und besetzt. Mit *Stalin* schließt Hitler am 23. August 1939 einen Nichtangriffspakt ab und bereitet seinen Westfeldzug vor.[296] Am 3. September erklären England und Frankreich Deutschland den Krieg. Er wird fünfeinhalb Jahre dauern und unendliches Leid mit sich bringen. Deutschland wird nicht nur

---

dachts auf politisch motivierte Sachbeschädigung und Störung der Totenruhe.

[295] Der `Versöhnungstag´ ist der wichtigste jüdische Feiertag, ein Tag der Buße und der Umkehr sowie ein Fastentag.

[296] Vgl. dazu weiterführend GEO EPOCHE. Stalin. 1917-1953: Der Tyrann und das Sowjetreich, Hamburg 2009, bes. 118-130.

den Krieg verlieren. Es wird danach auch selbst völlig zerstört sein.[297]

In der evangelischen Kirche in Deutschland verändert sich die Situation durch den Kriegsausbruch drastisch. Die Bekennende Kirche hatte schon in den Jahren zuvor immer mehr an Einfluss verloren. Nun werden viele der Bekenntnispfarrer zum Kriegsdienst eingezogen. Einige hatten sich freiwillig gemeldet, andere wurden in ihrer Arbeit durch die Polizeibehörden behindert, wiederum andere befanden sich in KZ-Haft. Auch Dietrich Bonhoeffer überlegt nun, wie er im Blick auf seine drohende Einberufung zum Kriegsdienst handeln soll. Bisher hatte er sich dem Kriegsdienst durch seine Amerikareise entzie-

---

[297] „Als der Zweite Weltkrieg in Europa im Frühjahr 1945 zu Ende ging, blickten die Menschen in diesem `zerstörten Kontinent´ auf die Folgen einer Gewalt- und Vernichtungseskalation, die unter dem nationalsozialistischen Regime eine einzigartige Dimension angenommen hatte. Rund fünfzig Millionen Menschen hatten in diesem Krieg, der von deutscher Seite im September 1939 entfesselt worden war, den Tod gefunden, mehr als die Hälfte von ihnen waren Zivilisten. Allein die Sowjetunion verzeichnete über 25 Millionen Tote. In Polen belief sich die Zahl der Todesopfer auf etwa sechs Millionen, unter ihnen waren mit zirka drei Millionen Menschen mehr als die Hälfte aller ermordeten Juden in Europa. Die Deutschen hatten im Osten einen barbarischen Vernichtungskrieg geführt. Die Verbrechen, die sie vor allem dort, aber auch in anderen Teilen Europas mehrheitlich an den Juden verübten, waren in dieser Form in der Geschichte ohne jede Parallele" (Svenja Goltermann, Die Gesellschaft der Überlebenden, Deutsche Kriegsheimkehrer und ihre Gewalterfahrungen im Zweiten Weltkrieg, München 2011, 14). 14 Millionen Menschen, darunter viele Kinder, hatten nach Kriegsende ihre Heimat verloren; deshalb liegt heute der Focus der Betrachtungen auf den in die Jahre gekommenen `Kriegskindern´, vgl. dazu auch Anne-Ev Ustorf, Wir Kinder der Kriegskinder. Die Generation im Schatten des Zweiten Weltkriegs, Freiburg 2008, [5]2013, 25.

hen können. Über verwandtschaftliche Kontakte zum Stadtkommandanten von Berlin, *Paul von Hase,* einem Cousin seiner Mutter, zieht er jetzt Erkundigungen ein, um bei der Heeres- und Lazarettseelsorge unterzukommen und meldet sich schließlich im September 1939 beim Feldbischof für die Heeresseelsorge. Doch dort werden zwischenzeitlich nur noch Geistliche mit Frontbewährung zum Dienst als Kriegspfarrer berücksichtigt, wie ihm Mitte Februar in einem ablehnenden Bescheid mitgeteilt wird. Dietrich Bonhoeffer beschließt daraufhin, das Sammelvikariat in Sigurdshof weiterzuführen. Mitte Oktober beginnt ein neuer Kurs mit acht Kandidaten. Bonhoeffer arbeitet theologisch an einer Meditation zu Psalm 119, 19 („Ich bin ein Gast auf Erden, verbirg deine Gebote nicht vor mir."); darüber hinaus wirkt er an Predigt- und Meditationsbänden mit und verfasst regelmäßig theologische Beiträge für den monatlichen Rundbrief im Auftrag des pommerschen Bruderrates an die pommerschen Geistlichen. Aber am 18. März 1940 wird auch die Arbeit in den Sammelvikariaten Köslin und Sigurdshof durch die Gestapo unterbunden. Der Bruderrat der geschwächten Bekennenden Kirche ernennt Dietrich Bonhoeffer und Eberhard Bethge nun zu Visitatoren. Das heißt: Die Aufgabe der beiden besteht darin, die Bekenntnisgemeinden zu besuchen und über das Erfahrene zu berichten. Überwiegend hält sich Bonhoeffer nun im elterlichen Haus in Berlin auf. Von Juni bis August reist er dreimal nach Ostpreußen, um seiner Aufgabe nachzukommen, auch nach Klein-Krössin[298]. Im Rahmen dieser Tätigkeit wird in Königsberg unter die Studenten ein Polizeispitzel eingeschleust, der Dietrich Bonhoeffer anzeigt. Er erhält daraufhin aufgrund 'volkszersetzender Tätigkeit' Reichsredeverbot: Am 4. September 1940 empfängt er ein Schreiben der Staatspolizeileitstelle Köslin[299], in dem ihm vom Reichssicherheitshauptamt (RSHA)[300], der Machtzentrale der SS, „Redeverbot für das gesamte Reichsgebiet"[301] erteilt wird. Außerdem wird ihm zur Auflage gemacht, sich in Schlawe, wo er polizeilich gemeldet ist, bei der Staatspolizei regelmäßig registrieren zu lassen. Bonhoeffer legt sofort beim RSHA schriftlich Einspruch dagegen ein, weil diese Auflagen ihn in seiner Reisetätigkeit sehr behindern würden. In seinem Schreiben argumentiert er gegen den Vorwurf 'volkszersetzender Tätigkeit' u.a. mit seiner Herkunft, seinen familiären Verbindungen sowie dem jahrhundertlangen Einsatz sei-

---

[298] Das Rittergut Klein-Krössin gehörte zu den ca. 20 Gütern, die im Landkreis Belgard im Besitz der Familie von Kleist gewesen sind. Heute heißt der Ort in der polnischen Woiwodschaft Westpommern Krossinko.

[299] Köslin, bis 1945 Hauptstadt des Regierungsbezirks Köslin in der preußischen Provinz Pommern, ist das heutige Koszalin, die zweitgrößte Stadt der Woiwodschaft Westpommern.

[300] Das RSHA wurde von Reinhard Heydrich geleitet, der direkt Innenminister Heinrich Himmler unterstand. Er galt als der Gegenspieler des Amts für Abwehr. Nachfolger Heydrichs wurde nach dessen Liquidierung durch tschechische Widerstandskämpfer Ernst Kaltenbrunner (1903-1946).

[301] DBW 16, 58.

ner Vorfahren und seiner Familie für den deutschen Staat.[302] Dennoch: Am 20. September 1940 befindet sich der Name Dietrich Bonhoeffers auf einer Gestapo-Liste derer, die mit `Reichsredeverbot´ belegt werden[303]– zusammen mit den Namen von *Helmut Gollwitzer*, dem Nachfolger Martin Niemöllers in der Dahlemer Gemeinde[304], jener besonderen Kirchengemeinde in Berlin mit guten Verbindungen in die Ministerien, ins OKW, zur Luftwaffe und zur Abwehr.

---

[302] Vgl. DBW 16, 61-64.

[303] Vgl. DBW 16, 58, Anm.1; 101.

[304] Helmut Gollwitzer wurde im April 1938 offiziell mit der pfarramtlichen Vertretung für Martin Niemöller beauftragt. Gollwitzer konnte den höchsten Gottesdienstbesuch verzeichnen, bis zu 1000 Besucher im Hauptgottesdienst. In seinen allabendlichen Fürbittgottesdiensten unter der Woche (außer sonntags) nahmen jeden Abend bis zu 200 Teilnehmer teil. Gollwitzer war für die Bekenntnisgemeinde der legitime Nachfolger für den inhaftierten Niemöller. Eigentlich sollte Walter Dreß, der Schwager Dietrich Bonhoeffers, Martin Niemöllers Nachfolge in Dahlem übernehmen. Jan Niemöller (1925-1998), der Sohn Martin Niemöllers, der später Richter wurde, schreibt rückblickend, dass der Gemeindekirchenrat sich gegen Gollwitzer entschieden hatte und die Institution dem Votum gefolgt war und Walter Dreß bestimmt hatte. „So war die Kirchengemeinde gespalten: Die eine Gruppe, die dem Kur der sog. `Kirchenausschüsse´ folgend den Kirchenkampf für beendet erklärte, und die andere Gruppe, die gerade in den von den Deutschen Christen mitbestimmten Kirchenausschüssen eine Abkehr von der Barmer Theologischen Erklärung und letztlich eine Unterwerfung unter die Steuerung durch den Nazi-Staat sah und deswegen auf der bruderrätlichen Verfassung der Bekennenden Kirche bestand. Der halblegale `Golli´ war dabei das Zentrum der bekennenden Gemeinde und praktisch von den Sonntagsgottesdiensten ausgeschlossen" (Jan Niemöller, Golli, der Kirchenkampf und die Gemeinde Dahlem – ein bleibendes Lehrstück für das Christsein, in: W. Brinkel [Hg.], Helmut Gollwitzer, Es geht nichts verloren, Göttingen 1994, 55-62, Zitat auf 57f.). Gollwitzer wurde im September 1941 von der Gestapo ausgewiesen und drei Monate darauf zur Wehrmacht einberufen.

Bald ist auch Frankreich von Nazi-Deutschland besiegt.[305] Im Juni 1940 kapituliert Frankreich nach einem sog. „Blitzkrieg"[306]. Hitlers Wehrmacht war in nur drei Tagen durch Luxemburg und Belgien ins Nachbarland in Richtung Kanalküste vorgerückt. Die große Mehrheit der Deutschen bejubelt Hitlers Kriegserfolge.

Die Waffenstillstandsverhandlungen im Wald von Compiègne nordöstlich von Paris, in dem die Deutschen im

---

[305] Helmut Gollwitzer erinnerte sich später an ein Gespräch mit Dietrich Bonhoeffer, in dem genau dies das Thema war: „Ich glaube, dass wir über Kriegsdienst gesprochen haben bei unserem letztem Zusammensein und über seine eigene Lage, falls er eingezogen wird; wir beide waren ja noch nicht eingezogen. Wir beide haben nach dem Sieg über Frankreich eine Zeitlang gedacht, jetzt geht´s wirklich dem Frieden zu, dem Sieg-Frieden. Die Engländer würden klein beigeben. (…) Und wir beide haben da infolgedessen unsere Lage, die der Hitler-Opposition, als sehr ernst und bedroht angesehen. Wir haben nicht den Sieg gewünscht, darin waren Bonhoeffer und ich einig, wir haben beide nicht den Sieg Hitlers – und das heißt also, unseres Vaterlandes – gewünscht. Aber er schien jetzt bevorzustehen. Bei unseren Treffen haben wir verschiedentlich darüber gesprochen, was wir mit Hitler machen sollten, natürlich begleitete uns der Attentatsgedanke ständig, und sicher haben wir über die Haltung der Generale gesprochen. Wir waren ja beide mit oppositionellen Generalen verbunden. Das waren die einzigen, die das hätten machen können" (Helmut Gollwitzer, zit. in: Friedrich-Wilhelm Marquardt u.a. [Hg.], Skizzen eines Lebens, Gütersloh 1998, 173f.; vgl. dazu auch DBW 16, 46 und 538).
[306] Der Begriff `Blitzkrieg´ wurde erstmals 1935 in einem Militärmagazin verwendet und sollte eine neue Art der Kriegsführung bezeichnen. Er wurde später von den Nazis propagandistisch benutzt, um ihre militärische Überlegenheit und Unbesiegbarkeit auszudrücken, vgl. SPIEGEL-TV Nr. 24: „Die Blitzkrieg-Legende. 1940: Der deutsche Überfall auf Frankreich" (2010). In der Kriegsführung wurden auch Drogen wie Pervitin (bis 1941) eingesetzt, die halfen, Müdigkeit, Hunger und Schmerz zu unterdrücken und dem Konsumenten kurzzeitig Selbstvertrauen, das Gefühl der Stärke und einer ungewohnten Lebensgeschwindigkeit verliehen.

November 1918 den ihnen verhassten Vertrag von Versailles in einem Eisenbahnwaggon unterzeichneten, sehen nun eine Zweiteilung Frankreichs in eine besetzte nördliche und eine unbesetzte südliche Hälfte vor. Derselbe Eisenbahnwaggon wird nun auf Befehl Hitlers wieder aus dem Museum geholt und der Waffenstillstandsvertrag darin unterschrieben – eine demütigende symbolische Aktion! Marschall *Philippe Pétain* kollaboriert mit Hitler: Viele deutsche Flüchtlinge in Frankreich werden auf Befehl der Gestapo ausgeliefert und in die KZs verschleppt.[307] Für viele ergibt sich nur noch die Alternative: Konzentrationslager oder Flucht aus Europa! Es sind nicht wenige bekannte Deutsche, die dem jetzt einsetzenden und im Laufe der Jahre zunehmenden Druck nicht länger standhalten und ihrem Leben selbst ein Ende setzen.[308] Unter ihnen befindet sich der bedeutendste geistliche Liederdichter deutscher Sprache des Zwan-

---

[307] Vgl. weiterführend DER SPIEGEL Geschichte Nr. 3/2010: Der Krieg. 1939-1945: Als die Welt in Flammen stand, Hamburg 2010, bes. 28-31+32-39.

[308] So hatte beispielsweise der jüdische Satiriker Kurt Tucholsky (1890-1935) schon 1935 im schwedischen Exil Selbstmord verübt. Bei der Besetzung Wiens durch die Nazis hatte sich Egon Friedell (1878-1938) aus dem Fenster seiner Wohnung gestürzt. Am 22. Mai 1939 hatte sich Ernst Toller (1893-1939) in einem Hotel in New York erhängt. Joseph Roth (1894-1939) starb in einem Pariser Krankenhaus. Während des Krieges nahmen sich Walter Hasenclever (1890-1940), Walter Benjamin (1892-1940) und Stefan Zweig (1881-1942) aus Verzweiflung oder um der Verhaftung, Deportation und Ermordung durch die Nazis zuvorzukommen, das Leben.

zigsten Jahrhunderts, *Jochen Klepper*[309], den die absehbare Verhaftung und Verschleppung in ein KZ dazu veranlasst, mit seiner Ehefrau und seiner Stieftochter gemeinsam aus dem Leben zu scheiden.[310]

---

[309] Jochen Klepper vertraute seinem Tagebuch an (Eintrag vom 10.12.1942): „Nachmittags die Verhandlung auf dem Sicherheitsdienst. Wir sterben nun, ach, auch das steht bei Gott. Wir gehen heute Nacht gemeinsam in den Tod. Über uns steht in den letzten Stunden das Bild des segnenden Christus, der um uns ringt. In dessen Anblick endet unser Leben" (Jochen Klepper, Unter dem Schatten deiner Flügel. Aus den Tagebüchern der Jahre 1932-1942, Stuttgart 1956, 1133).

[310] Der ehemalige Leiter des ´Judenreferats im RSHA´, Adolf Eichmann (1906-1962), hatte Klepper die gemeinsame Ausreise mit seiner Frau Hanni und seiner jüngeren Stieftochter, der fast zwanzigjährigen Renate Stein, verweigert. Die Drei verübten daraufhin Suizid mit Schlaftabletten und Gas. Sie liegen auf dem Friedhof Nikolassee begraben. Die evangelische Kirche hatte mit dem Tod Jochen Kleppers durch eigene Hand lange Probleme. Man akzeptierte den Selbstmord nicht als ausweglose Verzweiflungstat, sondern es galt als Schuld, dem Leben selbst ein Ende zu setzen: Nur Gott, der das Leben gibt, so der Gedankengang, hat das Recht, es auch zu beenden (vgl. im Unterschied dazu die Überlegungen Dietrich Bonhoeffers in seiner Ethik, in der er sich grundlegend zum Selbstmord äußerte, DBW 6, 193-199). Aus dieser Befangenheit heraus wurden nach dem Krieg nur vier Lieder Kleppers ins evangelische Gesangbuch aufgenommen, während sich beispielsweise im bayrischen EG von 1994 bzw. im badischen EG von 1995 zwölf Lieder befinden – die meisten von einem Dichter des 20. Jahrhunderts. Darin liegt vermutlich auch einer der Gründe, dass umfangreichere Publikationen über Jochen Klepper und sein Werk erst am Ende des 20. Jahrhunderts erscheinen: Die erste umfangreiche Biografie zu Jochen Klepper stammt von Rita Thalmann, Jochen Klepper. Ein Leben zwischen Idyllen und Katastrophen, München 1977, ²1992. Eine Alternative dazu wurde verfasst von Heinz Grosch, Nach Jochen Klepper fragen. Annäherung über Selbstzeugnisse, Bilder und Dokumente, Stuttgart 2003. In der an der Universität Heidelberg 1996 angefertigten theologischen Dissertation Martin Wechts findet sich eine nahezu vollständige Bibliografie samt dem im Marbacher Literaturarchiv verwahrten Nachlass Jochen Kleppers, vgl. Martin Wecht, Jochen Klepper. Ein christlicher Schriftsteller im jüdischen Schicksal, Düsseldorf und Görlitz 1998. Anlässlich der Wiederkehr des fünfzigsten Todes-

Im Frühjahr 1940 vollzieht sich Dietrich Bonhoeffers Wendung vom „Christen zum Zeitgenossen"[311] , wie Eberhard Bethge schreibt. Dieses Jahr insgesamt wird ein Jahr werden, in dem sich für Dietrich Bonhoeffer vieles entscheidet. Hans von Dohnanyi, Ehemann von Dietrich Bonhoeffers Schwester *Christine von Dohnanyi*, arbeitet zu dieser Zeit als Reichsgerichtsrat im ˋAmt Aus-

---

tages erschienen in einigen kirchlichen Publikationsorganen diverse Essays zu Jochen Klepper und seinem Werk, vgl. etwa Oswald Bayer, Leidend loben. Zum 50. Todestag Jochen Kleppers, in: EK 12, 1992, 744f; Rüdiger Weyer, ˋGott weiß, dass ich es nicht ertragen kann...´ Zum 50. Todestag von Jochen Klepper, in: Junge Kirche 53, 1992, 705-707. Darüber hinaus gibt es vereinzelt Annäherungen an Person und Werk des christlichen Dichters, vgl. etwa Jürgen Henkys, Jochen Klepper im Spiegel seiner persönlichen, politischen und geistlichen Gedichte, in: Die Zeichen der Zeit 42, 1988, 170-176; Reinhard Deichgräber, Der Tag ist nicht mehr fern. Betrachtungen zu Liedern von Jochen Klepper, Göttingen 2002; Jürgen Buch, Jochen Klepper – ein Schicksal im Dritten Reich, in: DtPfrBl 5/2003, 232-235; Heinz Grosch, ˋDie Nacht ist vorgedrungen...´, in: Quatember 50, 1986, 197-203; Oliver Kohler, Wir werden sein wie die Träumenden. Jochen Klepper – Eine Spurensuche, Neukirchen-Vluyn 2003. Die Aufsatzsammlung versammelt u.a. Beiträge von Carsten Peter Thiede, Chaim Noll und Brigitte Molnar, der Stieftochter Jochen Kleppers.

[311] DB, 760. Seine Art ˋBekehrung´ zum Christen beschrieb Dietrich Bonhoeffer im Januar 1936 in einem Brief an seine damalige Freundin Elisabeth Zinn: „Dann kam etwas anderes, das mein Leben bis heute verändert und herumgeworfen hat. Ich kam zum ersten Mal zur Bibel. (…) Ich hatte schon oft gepredigt, ich hatte schon viel von der Kirche gesehen, darüber geredet und geschrieben – und ich war doch kein Christ geworden... Ich weiß, ich habe damals aus der Sache Jesu Christi einen Vorteil für mich selbst ... gemacht. Ich bitte Gott, dass das nie wieder so kommt. Ich habe auch nie, oder doch sehr wenig gebetet. Ich war bei aller Verlassenheit ganz froh an mir selbst. Daraus hat mich die Bibel befreit und insbesondere die Bergpredigt. Seitdem ist alles anders geworden. Das habe ich deutlich gespürt und sogar andere Menschen um mich herum. Das war eine große Befreiung" (DBW 14, 113). Es waren die Bibel und die Bergpredigt, die Bonhoeffer nach eigenen Angaben aus seiner Verlassenheit befreit haben.

land/Abwehr im Oberkommando der Wehrmacht', d.h. in der Spionage-Abwehrorganisation unter Admiral *Wilhelm Canaris* und Generalmajor *Hans Oster.*[312] Seit 1933 ein Hitler-Gegner[313], überzeugt er seinen Schwager Dietrich Bonhoeffer, als Kurier für den Widerstand in der deutschen Spionageabwehr um Admiral Wilhelm Canaris mitzuarbeiten und aktiv gegen Hitler zu kämpfen. [314] Dohnanyi verschafft seinem Schwager eine Unbedenklichkeitserklärung, die seine Einberufung zum Kriegsdienst verhindert und ihn auch von der polizeilichen Meldepflicht befreit, so dass Bonhoeffer persönlich wieder mehr Bewegungs- und Reisefreiheit bekommt. Dohnanyi, Canaris und Oster – alle drei führende Mitglieder einer

---

[312] Zu Hans von Dohnanyi vgl. Christoph Strohm, Theologische Ethik im Kampf gegen den Nationalsozialismus, a. a. O., 231-289, und Marikje Smid, Deutscher Protestantismus und Judentum 1932/1933, München 1990, 421.
[313] So Klaus von Dohnanyi, vgl. https://www.deutschlandfunk.de/spd-mann-ohne-stallgeruch-100.html (aufgerufen am 11.10.2024). Hans von Dohnanyi, der sich hütete, sich öffentlich und offen gegen die Nazis zu äußern, führte zwischen Oktober 1934 und Dezember 1938 ein über tausend Seiten umfassendes Diensttagebuch des Reichsjustizministers, in dem er die geheime Korrespondenz des Reichsjustizministers aufschrieb, teilweise sogar mit Abschriften von dessen Briefen, Personalangelegenheiten, Straftaten von Nationalsozialisten, judenfeindlichen Aktionen usw., kurz: indem er alle Verbrechen der Nazis für die Nachwelt festhielt, vgl. Christoph Strohm, Theologische Ethik im Kampf gegen den Nationalsozialismus, a. a. O., 243-247. Christoph Strohm hat unzweideutig nachgewiesen, dass die Haltung Hans von Dohnanyis antinationalsozialistisch gewesen ist, dass er die Weimarer Republik bejaht und die nationalsozialistische Rechtsideologie abgelehnt hat, vgl. Christoph Strohm, Theologische Ethik im Kampf gegen den Nationalsozialismus, a. a. O., 286f.
[314] Vgl. dazu DB, 698ff. und 763ff. sowie Gert von Bassewitz/Christian Bunners, Auf den Spuren von Dietrich Bonhoeffer, a. a. O., 58-61.

Gruppe Oppositioneller – haben schon lange aktiv im Widerstand gegen Hitler gearbeitet und überlegen nun, auf welchem Wege das Militär den `Führer´ am besten beseitigen könnte. Hans von Dohnanyi[315] entwickelte sich dabei zu einem der führenden Köpfe aus dem liberal-

---

[315] Der ehemalige Leiter des Ministerbüros im Reichsjustizministeriums, spätere Mitarbeiter im Amt Ausland/Abwehr des Oberkommandos der Wehrmacht (OKW) und einer der führenden Köpfe, wenn nicht sogar *der* Kopf des Attentats auf Hitler vom 20. Juli 1944, Hans von Dohnanyi, wurde im Oktober 2003 von der Shoah-Gedenkstätte Yad Vashem in Jerusalem unter die `Gerechten unter den Völker´ aufgenommen – eine besondere Ehrung des israelischen Staates, die Nichtjuden, die in der Zeit des national-sozialistischen Völkermordes unter Einsatz des eigenen Lebens Juden gerettet haben, zuteil wird. Am 26.10.2003 nahm Dohnanyis älteste Tochter, Barbara Beyer, in Anwesenheit ihrer beiden Brüder im Bonhoeffer-Haus in Charlottenburg durch den israelischen Gesandten Mordechai Levy, Urkunde und Medaille entgegen. Hans von Dohnanyi wurde damit für seinen Einsatz für die Menschlichkeit im Zusammenhang des `Unternehmens Sieben´ geehrt. Anlässlich des 100. Geburtstages am 1. Januar 2002 widmete ihm die Bundespost eine Sonderbriefmarke und der Bundesgerichtshof gedachte seiner mit einer Festveranstaltung. Unter den ca. 20000 Gerechten in Yad Vashem befinden sich knapp 400 Deutsche. Vgl. dazu umfassend Winfried Meyer, Unternehmen Sieben. Eine Rettungsaktion, FfM 1993 und Marikje Smid, Hans von Dohnanyi/Christine Bonhoeffer, a. a. O. 2004 hat der Berliner Journalist Jochen Thies seine Familienbiografie über die Dohnanyis veröffentlicht, vgl. Jochen Thies, Die Dohnanyis, Berlin 2004. In ihr beleuchtet er die Geschichte von vier Weltbürgern: des Komponisten Ernst von Dohnányi (1877-1960), Vater von Hans und Grete von Dohnanyi, der seine Familie verließ; von Hans von Dohnanyi und dessen Söhnen Klaus (geb. 1928, SPD-Politiker, Erster Bürgermeister von Hamburg, Planungschef bei Ford und Mitinhaber des Meinungsforschungsinstituts Infratest) und Christoph von Dohnányi (geb. 1929, Deutschlands jüngster Generalmusikdirektor, begehrter Operndirigent, Leiter des Cleveland Orchestra und des NDR-Sinfonieorchesters). Die vierte Generation der Dohnanyis lässt Thies unberücksichtigt: Christophs Sohn Justus von Dohnányi (geb. 1960) wurde Schauspieler und spielte in dem im Herbst 2004 in die deutschen Kinos gekommenen Hitler-Film von Bernd Eichinger `Der Untergang´ Hitlers letzten Adjutanten General Wilhelm Burgdorf (1895-1945).

konservativen bzw. republikanisch-protestantischen Lager des militärischen Widerstands.[316] Die Gestapo wird ihn später als „Urheber und das geistige Haupt der Bewegung zur Beseitigung des Führers"[317] bezeichnen. Das Haus in der Marienburger Allee 43 in Berlin wird zum Zentrum, in dem „auf Attentat und Umsturz gerichtete Widerstand zu Hause war wie nirgendwo anders in Deutschland".[318]

---

[316] Ich folge hier in der Wahl der Begrifflichkeit Heinz Eduard Tödt, Der Bonhoeffer-Dohnanyi-Kreis in der Opposition und im Widerstand gegen das Gewaltregime Hitlers (Zwischenbilanz eines Forschungsprojekts), in: Christian Gremmels/Ilse Tödt (Hg.), Die Präsenz des verdrängten Gottes. Glaube, Religionslosigkeit und Weltverantwortung nach Dietrich Bonhoeffer (IBF Bd. 7), München 1987, 205-263. Vgl. dazu auch Dietmar Strauch, Ihr Mut war grenzenlos. Widerstand im Dritten Reich, Weinheim-Basel 2006, 9, und https://de.wikipedia.org/wiki/Widerstand_gegen_den_Nationalsozialismus (aufgerufen am 11.10.2024). Die Gedenkstätte Deutscher Widerstand befindet sich heute am historischen Ort des Putschversuchs, seit 1953 ist der Ehrenhof ein Ort der Erinnerung. Auf der Homepage der Gedenkstätte findet man zahlreiche Infos zum vielfältigen deutschen Widerstand gegen die NS-Diktatur, darüber hinaus zu Dauerausstellungen, wechselnden Sonderausstellungen und weiteren Veröffentlichungen: https://www.gdw-berlin.de/home/ (aufgerufen am 11.10.2024).
[317] Christine von Dohnanyi, zit. nach Christoph Strohm, Theologische Ethik im Kampf gegen den Nationalsozialismus, a. a. O., 231. Vgl. dazu auch Winfried Meyer, Hans von Dohnanyi und die Häftlinge des 20. Juli im KZ Sachsenhausen, in: Eberhard Bethge u.a., Mut in böser Zeit. Gedenken an Dietrich Bonhoeffer und seine Freunde, hg. von Wolfgang Huber, Berlin 1995, 20-36, bes. 21. Wolfgang Huber hat drei Aspekte in Dohnanyis Widerstand hervorgehoben: „Patriotismus, Zivilcourage, protestantischer Glaube" (Wolfgang Huber, „...das geistige Haupt der Bewegung zur Beseitigung des Führers", in: Eberhard Bethge u.a., Mut in böser Zeit. Gedenken an Dietrich Bonhoeffer und seine Freunde, hg. von Wolfgang Huber, Berlin 1995, 37-42, Zitat auf 38).
[318] So Klaus von Dohnanyi in der Feierstunde über seinen von Yad Vashem als `Gerechter unter den Völkern´ geehrten Vater. Hans von Dohnanyi hatte

Dazu muss man wissen: Der Widerstand gegen Hitler und das System des Nationalsozialismus ist breit gefächert.[319] Man teilt ihn ein in den kommunistischen, sozialdemokratischen, anarchistischen, gewerkschaftlichen, kulturellen, jugendbewegten, bürgerlichen, jüdischen, kirchlichen Widerstand[320], in den Widerstand des Adels und in den militärischen Widerstand. Viele, die in Deutschland gegen die Diktatur kämpften, riskierten ihr Leben, viele sind in diesem Kampf gestorben. Sophie Scholl[321] und die `Weiße Rose´[322], Georg Elser[323], die

---

dafür gesorgt, dass die Rechtsanwälte Friedrich Arnold und Julius Fliess mit ihren Familien Deutschland verlassen konnten – fast ein Jahr, nachdem die Deportationen begonnen hatten. Als Agenten der Abwehr getarnt, überschritten die Flüchtenden die Grenze zur Schweiz, wo sie die schweizerische Grenzwache aufforderte, erst einmal die gelben Sterne von ihrer Kleidung abzutrennen, vgl. zum Hintergrund genauer Sabine Dramm, V-Mann Gottes und der Abwehr? Dietrich Bonhoeffer und der Widerstand, Gütersloh 2005, 123-136.

[319] Vgl. Karl Otmar von Aretin (Hg.), Opposition gegen Hitler. Bilder, Texte, Dokumente (aktualisierte Neuauflage), Berlin 1994, bes. 1-26 (Einleitung: Der deutsche Widerstand gegen Hitler).

[320] Zu weiteren Informationen vgl. online: https://de.evangelischerwiderstand.de/?#/ (aufgerufen am 11.10.2024).

[321] Vgl. Werner Milstein, Mut zum Widerstand. Sophie Scholl – ein Porträt, Neukirchen-Vluyn ²2004, bes. 9-80.

[322] Die jungen Mitglieder der Münchner Widerstandsgruppe – Hans Scholl, Sophie Scholl und Christoph Probst –, die an der Münchner Universität Flugblätter gegen das NS-Regime verteilt hatten, daraufhin angezeigt und festgenommen worden waren, wurden am 22. Februar 1943 vom `Volksgerichtshof´ in München wegen Hochverrats zum Tode verurteilt und um 17.00 Uhr desselben Tages mit der Guillotine enthauptet. Vgl. Annette Dumbach/Jud Newborn, Die Geschichte der Weißen Rose, Freiburg-Basel-Wien 1994, 28. Ihr Henker, der Scharfrichter Johann Reichart (1893-1972) vollstreckte über 3000 Todesurteile in den zwölf Jahren des `Dritten Reiches´ und hängte auch die Hauptkriegsverbrecher der Nürnberger Prozesse nach

Mitglieder des Kreisauer Kreises[324], Kirchenleute wie Martin Niemöller[325], die `Rote Kapelle´[326] und die `Edel-

---

1945, deren Urteile bekanntlich von der Bundesrepublik Deutschland nie anerkannt wurden! Als der Henker als gescheiterte Existenz in den Ruhestand ging, erhielt er eine kleine Militärpension. Er starb verachtet und verarmt im Alter von 79 Jahren. Michael Verhoeven verfilmte später das Schicksal der `Weißen Rose´, vgl. Michael Verhoeven/Mario Krebs, Die Weiße Rose. Der Widerstand Münchner Studenten gegen Hitler. Informationen zum Film, mit einem Geleitwort von Helmut Gollwitzer, FfM 1982. Zur Internetpräsenz des von Nachkommen 2003 gegründeten gleichnamigen Instituts: https://weisserose.info (aufgerufen am 11.10.2024).

[323] Johann Georg Elser verübte auf Hitler am 8. November 1939 im Münchner Bürgerbräukeller ein Bombenattentat. Die Bombe explodierte erst, nachdem Hitler gegangen war. Acht Personen starben, über sechzig wurden schwer verletzt. Hitler deutete sein Überleben als Zeichen der Vorsehung. Elser wurde bei Konstanz gefangen genommen, im KZ Sachsenhausen inhaftiert und im KZ Dachau am 9. April 1945 auf Befehl Hitlers erschossen. Vgl. dazu weiterführend Hellmut G. Haasis, `Den Hitler jag´ ich in die Luft´. Der Attentäter Georg Elser. Eine Biographie, Berlin 1999, bes. 133-171. Es hat lange gedauert, bis Elsers alleinige Verantwortungsübernahme, anders als in den Nachkriegsjahren, gewürdigt und er rehabilitiert wurde, vgl. FR v. 8.11.1999; DAS v. 5.11.1999; DIE ZEIT v. 14.10.1999, 28.10.1999 und 4.11.1999; vgl. weiterführend online: https://www.georg-elser-arbeitskreis.de (aufgerufen am 11.10.2024).

[324] Der `Kreisauer Kreis´ war das Zentrum des bürgerlich-zivilen Widerstands, er war keine feste politische Größe. Er war benannt nach dem niederschlesischen 486 Hektar großen Gut Kreisau, das der Familie Moltke gehörte und auf dem sich ab 1940 Männer wie Helmuth James Graf von Moltke (1907-1945), Peter Yorck Graf von Wartenburg (1904-1944), Adam von Trott zu Solz (1909-1944), Carlo Mierendorff (1897-1943), Julius Leber (1891-1945), Hans Bernd von Haeften (1905-1944), Theodor Haubach (1903-1945), Adolf Reichwein (1898-1944) und der Jesuitenpater Alfred Delp (1907-1945), der eine Zeitlang als Erzieher am Kolleg St. Blasien wirkte, trafen, um Konzepte für eine grundlegend neue staatliche, wirtschaftliche und soziale Ordnung nach dem Sturz Hitlers zu erörtern. Die Männer und Frauen aus den unterschiedlichsten politischen Lagern – Konservative, Sozialisten, Gutsbesitzer, Gewerkschafter, Protestanten und Katholiken – beteiligten sich nicht am organisierten Kampf zur Zerstörung des NS-Regimes, sondern hofften auf einen Militärputsch. Die Mitglieder des

weißpiraten´ [327] – um nur einige der Widerständler zu nennen – stammten aus ganz unterschiedlichen Bereichen der deutschen Gesellschaft. Aber eins einte sie: Ab einem bestimmten Zeitpunkt waren sie nicht mehr bereit, den Tyrannen zu dulden! Einige von ihnen versuchten, Hitler als Kopf des Systems durch ein Attentat zu töten. Zu ihnen gehörte auch Dietrich Bonhoeffer, dem bewusst

---

`Kreisauer Kreises´ hatten u.a. durch Ulrich von Hassel (1881-1944) Kontakte zum Amt für Abwehr unter Hans Oster und Wilhelm Canaris; es ist belegt, dass es zwischen Hans von Dohnanyi und James Graf von Moltke mehrere Treffen gab. Alle `Kreisauer´, bis auf Carlo Mierendorff, der durch eine Fliegerbombe ums Leben kam, wurden vom `Volksgerichtshof´ durch Freisler zum Tode verurteilt und hingerichtet.

[325] Vgl. Dietmar Strauch, Ihr Mut war grenzenlos. Widerstand im Dritten Reich, Weinheim-Basel 2006, 173-193. Das berühmte Niemöller-Zitat auf 185f. ist hier allerdings falsch wiedergegeben – Niemöller erwähnte die Juden nicht!

[326] Die `Rote Kapelle´ war eine von der NS-Propaganda so bezeichnete lose zusammenhängende Gruppierung oppositioneller Intellektueller, Linksliberaler und Kommunisten, die Funkkontakte mit der Sowjetunion hergestellt hatten und von der Gestapo für eine Spionageorganisation der Sowjets gehalten wurden. Unter der `Roten Kapelle´ werden heute mehrere unterschiedliche Widerstandsgruppen gegen Hitler zusammengefasst, zu denen u.a. auch die Organisation um Harro Schulze-Boysen (1909-1942), Arvid Harnack (1901-1942) und Rudolf von Scheliha (1897-1942) zählt, vgl. weiterführend https://www.dhm.de/lemo/kapitel/der-zweite-weltkrieg/widerstand-im-zweiten-weltkrieg/rote-kapelle (aufgerufen am 11.10.2024).

[327] Der Name war eine Verballhornung von Seiten der Nazis, die damit informelle Gruppen unangepasster Jugendlicher bezeichneten. Einer von ihnen war Bartholomäus (`Barthel´) Schink (1927-1944) aus Köln, der als Jugendlicher ohne Prozess von der Gestapo gehängt wurde. 1984 wurde Schink, der Juden gerettet hatte, von Yad Vashem als `Gerechter unter den Völkern´ geehrt. Vgl. weiterführend Detlef Peukert, Die Edelweißpiraten. Protestbewegung jugendlicher Arbeiter im Dritten Reich. Eine Dokumentation, Köln 1980 und Dietmar Strauch, Ihr Mut war grenzenlos, a. a. O., 104-132.

geworden war, dass nur noch das Militär in der Lage war, den Diktator und seine korrupte Clique zu stoppen. Er schloss sich dem Kreis der Attentäter des 20. Juli 1944 um *Claus Schenk Graf von Stauffenberg*[328] an und ist deshalb dem militärischen Widerstand zuzuordnen. Allerdings leistete er Widerstand aus seinem christlichen Glauben heraus.[329] Dietrich Bonhoeffer war schon lange

---

[328] Die Geschichte des gescheiterten Attentats vom 20. Juli 1944 und der `Operation Walküre´, in dessen Zusammenhang über 200 Personen hingerichtet wurden – darunter Oberst von Stauffenberg, der am 21. Juli 1944 um 0.15 Uhr auf Befehl von Generaloberst Friedrich Fromm (1888-1945) im Hof des Bendlerblocks in Berlin standrechtlich erschossen wurde –, ist inzwischen sehr gut aufgearbeitet worden und braucht deshalb an dieser Stelle nicht ausführlich geschildert werden. Das Attentat ist auch Gegenstand des Hollywood-Films `Operation Walküre – Das Stauffenberg-Attentat´ (2008), in dem Stauffenbergs Enkel Philipp von Schulthess (geb. 1973) als Henning von Tresckows (1901-1944) Adjutant mitspielt, vgl. https://www.welt.de/wams_print/article1081491/Tom-Cruise-und-der-Stauffenberg-Enkel.html (aufgerufen am 11.10.2024). Erschütternde zeitgeschichtliche Zeugnisse sind die Schauprozesse der zum Tode verurteilten Widerstandskämpfer vorm `Volksgerichtshof´ unter dessen Blutrichter Roland Freisler (1893-1945), einem ehemaligen Kollegen Hans von Dohnanyis. Zu Freisler vgl. weiterführend DIE ZEIT v. 10.12.1993 und v. 3.2.2005. Skandalös ist, dass keiner der 564 Richter und Staatsanwälte des `Volksgerichtshofes´ nach Kriegsende rechtskräftig verurteilt wurde.
[329] Deswegen wird Dietrich Bonhoeffer in der Gedenkstätte Deutscher Widerstand unter „5. Widerstand aus christlichem Glauben" in der Rubrik „Evangelische Kirche" geführt. Ich halte diese Zuordnung nach allem, was wir inzwischen wissen, für falsch. Ich schließe mich dagegen Robert Leicht an: „Die meisten kirchlichen Würdenträger reckten nach 1933 den Arm zum Hitlergruß. Dietrich Bonhoeffer war von Anfang an NS-Gegner. Am Ende schloss er sich als einziger Geistlicher dem militärischen Widerstand an" (Robert Leicht, Eine Frage des Gewissens, in: ZEIT Geschichte Nr. 4/2009, 69-71, Zitat auf 69). Die Website https://de.evangelischer-widerstand.de/html/view.php?type=biografien (aufgerufen am 11.10.2024) ordnet ihn ganz eindeutig dem militärischen Widerstand zu, was historisch zutreffend ist. Der Heidelberger Sozialethiker Heinz Eduard Tödt machte vor

vor seinem Entschluss, sich am gewaltsamen Widerstand aktiv zu beteiligen, politisch gegen Hitler eingestellt.[330] Über Hans von Dohnanyi war er seit 1938 detailliert über die Vorgänge im Reich unterrichtet. Schon 1934 hatte Bonhoeffer in einem Brief geschrieben: „Es muss endlich mit der theologisch begründeten Zurückhaltung gegenüber dem Tun des Staates gebrochen werden – es ist ja doch alles nur Angst. `Tu den Mund auf für die Stummen´ Spr 31, 8 – wer weiß denn das heute noch in der Kirche, dass dies die mindeste Forderung der Bibel in solcher Zeit ist? Und dann die Wehr- und Kriegsfrage etc."[331]

Diese Einschätzung der politischen Lage hatte sich 1940 um ein Vielfaches verschärft. In Bonhoeffer war immer mehr die Erkenntnis gereift, dass sich die Kirche nicht nur um eigene Angelegenheiten kümmern muss, sondern für die einzutreten habe, die sich nicht mehr selbst helfen konnten.[332] Mit der Einführung des sog. `Arierparagraphen´ in die Kirche und der Einwilligung der Bekenntnissynode der Altpreußischen Union im Jahre 1938, den Eid

---

vielen Jahren den erhellenden Vorschlag: Bonhoeffer und seine Freunde seien keinesfalls dem national-konservativen Widerstand zuzurechnen – am ehesten ließen sie sich unter einer „republikanisch-protestantischen Gruppe" subsumieren (vgl. Heinz Eduard Tödt, Der Bonhoeffer-Dohnanyi-Kreis in der Opposition und im Widerstand, a. a. O., 205-263).

[330] In dieser Zeit benutzte kaum jemand das Wort `Widerstand´ (vgl. Sabine Dramm, V-Mann Gottes, a. a. O., 23).

[331] Dietrich Bonhoeffer, Gesammelte Schriften, Bd. 1, München 1958, 42.

[332] Dafür steht Bonhoeffers bekanntes Diktum: „Kirche ist nur Kirche, wenn sie für andere da ist" (DBW 8, 560f.).

auf Hitler für alle Pfarrer als verbindlich zu erklären, war für Bonhoeffer der Punkt erreicht, an dem er aus der Verantwortung seinem Gewissen gegenüber die Gefolgschaft dieser Kirche aufkündigte. Nach seiner Rückkehr aus Amerika war ihm klar geworden: Aus seinem kirchlichem Widerstand würde nun für ihn persönlich politischer Widerstand werden! Diese Erkenntnis war dadurch gewachsen, dass sich ein Pfarrer in der Nachfolge Jesu von Nazareth auch für politische Freiheit einzusetzen hatte, und zwar auch mit seinem Leben – auch dort, wo Jesu Jünger „nicht unmittelbar um des Bekenntnisses zu seinem Namen willen, sondern um einer gerechten Sache willen leiden"[333].

1940 tritt Dietrich Bonhoeffer also als ziviles Mitglied dem `Amt Ausland/Abwehr beim Oberkommando der Wehrmacht´ bei – dem Geheimdienst des Nazi-Regimes unter Admiral Wilhelm Canaris.[334] Sein amtlicher Auftrag ist es, mittels seiner guten ökumenischen Beziehungen aus früherer Zeit Informationen zu beschaffen. Tatsächlich aber soll er Kontakt zu den West-Alliierten herstellen und Informationen an sie weitergeben. Im Auftrag der Ab-

---

[333] Dietrich Bonhoeffer, Nachfolge, a. a. O., 88.
[334] Bemerkenswert ist, dass Bonhoeffer nach Aussagen verschiedener Experten, von der `Abwehr´ kein Geld erhalten hat, sondern von Zuwendungen und Spenden einzelner gelebt hat, u.a. monatliche Zuwendungen in Höhe von 500 RM von Goerdeler erhalten hat, der unter seinen Bekannten sammelte, vgl. Sabine Dramm, V-Mann Gottes, a. a. O., 101-105, unter Berufung auf DB, 787f. und Marikje Smid, Hans von Dohnanyi/Christine Bonhoeffer, a. a. O., 264.

wehr, getarnt als deren V-Mann[335], unternimmt er Auslandsreisen, um Kontaktpersonen der Alliierten über die Umsturzpläne des militärischen Widerstands zu informieren. Bonhoeffers Doppelleben beginnt – im politischen Untergrund als Geheimagent der Abwehr, de facto als V-Mann des Widerstands und nach wie vor als Pastor und Mann der Bekennenden Kirche.[336] Dadurch entgeht er erneut der Einberufung zur Wehrmacht und wird `uk´ gestellt.[337] Seine Dienststelle wird München.[338] Auf seinen konspirativen Reisen, die ihn in die Schweiz, nach Norwegen[339], Schweden und nach Italien führen, nimmt er nun Kontakt mit den Alliierten auf, um in Erfahrung zu bringen, wie diese im Falle eines Militärputsches in Nazi-

---

[335] `V-Mann´ heißt: `zur besonderen Verwendung´, `Verbindungsmann´ (vgl. weiterführend Sabine Dramm, V-Mann Gottes, a. a. O., bes. 7-17).

[336] Er war damit analog auf evangelischer Seite, was Dr. Josef Müller auf katholischer Seite war, der 1939/40 als Kontaktperson des Widerstands über den Vatikan geheime Verbindungen zur britischen Regierung hergestellt hatte und in der römisch-katholischen Kirche Gewährsmann für einen deutschen Widerstand gegen Hitler war, vgl. Sabine Dramm, V-Mann Gottes, a. a. O., 74. Josef Müller gehörte später zu den Mitbegründern der CSU.

[337] 1943 datierte Bonhoeffer einen Brief an Hans von Dohnanyi in Absprache auf Anfang November 1940 zurück, in dem er seine Gründe darlegte, „warum und wozu ein den Staats- und Parteistellen suspekter BK-Pfarrer sich der Abwehr anbot" (Sabine Dramm, V-Mann Gottes, a. a. O., 75. Der `Tarnbrief´ ist auf der darauffolgenden Seite abgedruckt).

[338] Sein polizeilich gemeldeter Wohnsitz war in München bis 1940 die Wohnung seiner Tante, Christine Gräfin Kalckreuth (1898-1984); er hielt sich aber überwiegend in Kloster Ettal auf.

[339] Nach Norwegen, 1940 von den Nazis besetzt, reiste Dietrich Bonhoeffer mit Helmuth James Graf von Moltke, der auch zur Abwehr abkommandiert worden war. In Norwegen herrschte damals, anders als in Deutschland, Kirchenkampf.

Deutschland reagieren würden. Bonhoeffer soll die Friedensbedingungen in Erfahrung bringen und den Alliierten Kriterien für die Neuordnung Deutschlands nach dem Krieg unterbreiten. So trifft er in Schweden mit seinem alten Freund aus Londoner Tagen, George Bell, Bischof von Chichester, zusammen, der in dieser Funktion auch Mitglied des britischen Oberhauses (`bench of bishops´) ist und unterrichtet ihn über die Pläne des deutschen Widerstands. Bell versucht alles, um in London die britische Regierung von den Ereignissen in Deutschland in Kenntnis zu setzen. Doch diese glaubt ihm nicht. Andere Kontakte Bonhoeffers laufen über den Ökumenischen Rat der Kirchen in Genf. Wieder andere Kontakte hat er nach Rom.[340] Es ist offensichtlich, dass Bonhoeffers neue Tätigkeit innerhalb der Kirche nicht unbemerkt bleibt. In einer Zeit, in der viele Männer an der Front als Soldaten kämpfen und in der man das Deutsche Reich genauso schwer verlassen kann, wie man ins Land hineinkommt, unternimmt Dietrich Bonhoeffer zahlreiche Reisen ins In- und Ausland. Das können damals eigentlich nur Mitglieder des NS-Regimes oder ihre Beauftragten. Karl Barth in der Schweiz wird misstrauisch.[341] Bonhoeffer entkräftet

---

[340] Vgl. Marijke Smid, Hans von Dohnanyi/Christine Bonhoeffer, a. a. O., 315.
[341] Vgl. Sabine Dramm, V-Mann Gottes, a. a. O., 158ff. Die Korrespondenz von Barth und Bonhoeffer stellte Eberhard Bethge zusammen (vgl. Dietrich Bonhoeffer. Schweizer Korrespondenz 1941/42. Im Gespräch mit Karl Barth, hg. v. E. Bethge [Theologische Existenz heute; 214], München 1982).

Barths Misstrauen in einem Brief[342] und stattet ihm einen Besuch ab.[343]

Bonhoeffers Arbeit als V-Mann erlaubt ihm immer wieder auch Freiräume, die er für Phasen intensiven theologischen Nachdenkens nutzt. Im September 1940 beginnt er in Klein-Krössin mit der Weiterarbeit an seinem Hauptwerk, der ˋEthikˊ[344] und formuliert ein ˋSchuldbekenntnis der Kircheˊ: „Die Kirche bekennt, die willkürliche Anwendung brutaler Gewalt, das leibliche und seelische Leiden unzähliger Unschuldiger, Unterdrückung, Hass

---

[342] Vgl. DBW 16, 267-269, und Charlotte von Kirschbaums Antwort in: DBW 16, 269-272.

[343] Charlotte von Kirschbaum, Barths Lebensgefährtin, schrieb über diesen Besuch: „Wir haben einen Tag lang zusammen gesessen im Studierzimmer und über alles, alles geredet, im Konkreten ganz einig – das war so wohltuend und stärkend – im Theologischen blieb er [Bonhoeffer, TOHK] hörend und zurückhaltend, aber das ist wohl überhaupt seine Art" (Charlotte von Kirschbaum an Gertrud Staewen, Brief v. 30.3.1941, zit. nach Marlies Flesch-Thebesius, Zu den Außenseitern gestellt. Die Geschichte der Gertrud Staewen 1894-1987, Berlin 2004, 166, und Anm. 24 auf 333). Später ließ Barth durch Eberhard Bethge Dietrich Bonhoeffer als Geschenk eine seiner Zigarren ins Gefängnis bringen, was Bonhoeffer kaum glauben konnte: „Nun liegt Karls Zigarre vor mir – eine wirklich unwahrscheinliche Realität" (DBW 8, 209).

[344] DBW 6. Bonhoeffers ˋEthikˊ, die nicht als geschlossenes Denksystem, sondern als ein fragmentarisch-offener Denkprozess vorliegt und erstmals von Eberhard Bethge zusammengestellt wurde, ist schwer zugänglich. Einen ersten Zugang vermittelt das Buch von Reinhold Mokrosch/FriedrichJohannsen/Christian Gremmels, Dietrich Bonhoeffers Ethik. Ein Arbeitsbuch für Schule, Gemeinde und Studium, Gütersloh 2003, in dem zentrale Begriffe und Themenfelder näher erläutert werden, wie Wirklichkeit, Schuldübernahme, Stellvertretung, Denken in zwei Räumen, Verantwortung etc. (vgl. „Grundsätzliches zu Dietrich Bonhoeffers Ethik", 13-18). Bonhoeffers ˋEthikˊ, durch die sich viele Oppositionelle in der DDR ermutigt fühlten, durfte in der DDR nicht veröffentlicht werden.

und Mord gesehen zu haben, ohne die Stimme für sie zu erheben, ohne Wege gefunden zu haben, ihnen zu Hilfe zu eilen. Sie ist schuldig geworden am Leben der schwächsten und wehrlosesten Brüder Jesu Christi."[345]

Ab dem 1. September 1941 werden alle Juden ab dem sechsten Lebensjahr gesetzlich gezwungen, in der Öffentlichkeit einen sog. `Judenstern´[346], einen auf der linken Seite der Kleidung deutlich sichtbaren, angenähten gelben Davidstern mit der Aufschrift `Jude´, zu tragen.[347]

---

[345] Dietrich Bonhoeffer, Ethik, DBW 6, 130. Die `Ethik´ wird ein Fragment bleiben, das nach Bonhoeffers Tod von Eberhard Bethge herausgegeben werden wird. Das Bonhoeffer-Zitat bei W. Seehaber, Maria von Wedemeyer, a. a. O., 101 ist nicht korrekt. Erst fünf Jahre später – der Krieg war seit fünf Monaten vorbei – verabschiedete die Evangelische Kirche in Deutschland am 19. Oktober 1945 die `Stuttgarter Schulderklärung´. In ihr hieß es: „Durch uns ist unendliches Leid über viele Völker und Länder gebracht worden". Die evangelischen Christinnen und Christen gestanden ein, „nicht mutiger bekannt, nicht treuer gebetet, nicht fröhlicher geglaubt und nicht brennender geliebt zu haben". Ein ökumenischer Neuanfang sollte durch dieses Schuldbekenntnis möglich werden. Dietrich Bonhoeffer war seiner Zeit also weit voraus.

[346] Vorläufer des gelben Sterns, des `Magen David´, war der gelbe Ring, ein zur öffentlichen Diskriminierung und Stigmatisierung der Juden gedachtes Zeichen, das im Mittelalter in Europa eingeführt wurde. Das Bild eines so gekennzeichneten Juden befindet sich auf allen fünf gelben Einbänden von Poliakovs Standardwerk zum Antisemitismus. Gelb war in der Farbsymbolik negativ besetzt und stand für Geiz, Neid und Hochmut. Das 4. Laterankonzil 1215 beschloss die öffentliche Kennzeichnung Andersgläubiger. Diese Kennzeichnung war regional unterschiedlich; so kam es in Deutschland zu `Judenhüten´ und zum gelben Ring oder Fleck. Vgl. weiterführend Léon Poliakov, Geschichte des Antisemitismus, Bd. 1, Worms 1983, 56ff.

[347] Davon, wie er sich fühlte, als junger Mann diesen Stern tragen zu müssen, berichtet eindrücklich Klaus Scheurenberg, Der Judenstern, in: Harald Roth (Hg.), Verachtet, verstoßen, vernichtet. Kinder und Jugendjahre unterm Hakenkreuz, Würzburg 1995, 55-60. Dietrich Bonhoeffer sah „zum ersten

Tausende europäischer Jüdinnen und Juden, Männer, Frauen und Kinder, darunter viele aus Osteuropa[348], werden zuerst öffentlich diskriminiert, dann verhaftet, danach in die KZs deportiert und dort staatlich ermordet – insgesamt sechs Millionen Menschen, ein in der Geschichte der Menschheit nie zuvor gekannter Völkermord! Die Deutschen – sofern sie nicht ohnehin ideologisch verblendete Nazis sind, die ihre jüdischen Nachbarn mit der größten Selbstverständlichkeit verraten – schauen weg und schweigen zu diesem ungeheuren Verbrechen.[349] „Selbst die Bekennende Kirche hat zu dem allem kein klares Wort gesagt"[350], schreibt *Heinrich Albertz*, der damals selbst in der BK sehr aktiv ist. Einer der wenigen Prediger, die zur Zerstörung der Synagogen nicht öffent-

---

Mal in Berlin Juden mit dem gelben Stern auf dem Mantel", als er Mitte Oktober 1941 von einer konspirativen Reise aus der Schweiz zurückkehrte, vgl. Eberhard Bethge, Schoah und Protestantismus, in: ders., 41-68, Zitat auf 46.
[348] Einen kurzen Eindruck von der Welt des europäischen Judentums vermittelt die Autobiografie des unlängst verstorbenen Literaturkritikers der F.A.Z, Marcel Reich-Ranicki (1920-2013), vgl. Marcel Reich-Ranicki, Sein Leben in Bildern, hg. von Frank Schirrmacher, Stuttgart-München 2000, 16ff. Weitere Eindrücke vom jüdischen Leben in Osteuropa, nämlich einen typischen Shabbat-Abend im polnischen Lodz, vermittelt einem der berühmte jüdische Pianist Arthur Rubinstein (1887-1982) in seiner Autobiographie, vgl. Arthur Rubinstein, Erinnerungen. Die frühen Jahre, FfM 1973, 29.
[349] Jochen Klepper notiert in sein Tagebuch (Eintrag vom 29. April 1938): „Es zehrt an allen Kräften, die zur Leistung nötig sind, das dauernde und immer noch wachsende Unrecht an den Juden in Deutschland ohnmächtig mit ansehen zu müssen" (Jochen Klepper, Unter dem Schatten deiner Flügel. Aus den Tagebüchern der Jahre 1932-1942, hg. von Reinhold Schneider, Stuttgart 1956, 584).
[350] Heinrich Albertz, Der Wind hat sich gedreht. Gedanken über uns Deutsche, München 1991, 57.

lich schweigen, ist Helmut Gollwitzer. Der Pfarrer, der später eine jüdische Verlobte haben wird[351], benennt in einer Predigt öffentlich das Unrecht an den jüdischen Geschwistern im Glauben.[352]

---

[351] Gemeint ist die Schauspielerin, Chorsängerin und Sekretärin Eva Bildt (1916-1945), die von Januar 1941 bis zu ihrem Tod die Verlobte Pfr. Helmut Gollwitzers war. Die Tochter des berühmten Schauspielers Paul Bildt (1885-1957) galt bei den Nazis als `jüdischer Mischling´. Mitte der dreißiger Jahre absolvierte sie eine Ausbildung zur Schauspielerin, wurde aber von der Reichsmusikkammer und der Reichstheaterkammer ausgeschlossen, was de facto einem Berufsverbot gleich kam. Sie absolvierte ihr Pflichtjahr im Arbeitsdienst in verschiedenen Kindereinrichtungen und fand später im evangelischen Burckhardthaus Arbeit, dann als Sekretärin von Bischof Hanns Lilje, dem Generalsekretär des LWB in Berlin. Ihr Plan einer Ausreise nach Zürich ans Schauspielhaus scheiterte Ende 1943. 1944 wurde sie zur Zwangsarbeit bei Siemens & Halske verpflichtet. Nach dem erlebten Einmarsch der russischen Armee in Zeesen kurz vor Kriegsende, bereitete sie einen Tag später ihrem Leben mit Veronal selbst ein Ende. Sie wurde nur 29 Jahre alt. Vgl. weiterführend Friedrich Künzel/Ruth Pabst (Hg.), „Ich will dir schnell sagen, daß ich lebe, Liebster." Helmut Gollwitzer – Eva Bildt. Briefe aus dem Krieg 1940-1945, mit einem Nachwort von Antje Vollmer (Beck´sche Reihe 1877), München 2008.
[352] Vgl. Helmut Gollwitzers Predigt zu Lukas 3, 3-14 vom 16.11.1938 (Bußtag) in Berlin-Dahlem, in: Helmut Gollwitzer, Zuspruch und Anspruch. Predigten, München 1954, 36-45. Gollwitzer sagte u.a.: „Was muten wir Gott zu, wenn wir jetzt zu ihm kommen…, als sei damit zu rechnen, dass er noch da ist und nicht nur ein leerer Religionsbetrieb abläuft? Ekeln muß es Ihn doch vor unserer Dreistigkeit und Vermessenheit. Warum schweigen wir nicht wenigstens?" (37) „Genug Anzeichen sagen es uns ….daß wir mit verhaftet sind in die große Schuld, dass wir mit schamrot werden müssen… wie biedere Menschen sich auf einmal in grausame Bestien verwandeln… Wir sind auch alle daran beteiligt, der eine durch die Feigheit, der andere durch die Bequemlichkeit, die allem aus dem Wege geht, durch das Vorübergehen, das Schweigen, das Augenzumachen, durch die Trägheit des Herzens, die auf die Not erst dann aufmerksam wird, wenn sie offen zu sehen ist, durch die verfluchte Vorsicht…" (41) „Tue deinen Mund auf für die Stummen…!" (44). Vgl. dazu auch Wolfgang Brinkel/Heike Hilgendiek, Gollwitzer Brevier, München 1988, 474-476.

Am 22. Juni 1941 überfällt die deutsche Wehrmacht die Sowjetunion.[353] Der Hitler-Stalin-Pakt ist damit beendet. Jetzt und im Jahr darauf führen Dietrich Bonhoeffer konspirative Reisen in die Schweiz sowie nach Norwegen, Schweden und Italien. Vom 24. Februar bis zum 24. März reist er erstmals in seiner neuen Funktion in die Schweiz. Dabei ist er vom 8. bis 15. März 1941 in Genf beim Vorläufigen Rat der Kirchen und dessen Generalsekretär, *Willem Visser´t Hooft*. Dieser soll ihm Auskunft darüber geben, welche Minimalforderungen die Männer des Widerstands von den Alliierten nach einem Militärputsch erwarten können. Visser´t Hooft wird deutlich, dass es Bonhoeffer nicht wie anderen Männern der Bekennenden Kirche nur um den Erhalt des kirchlichen Bestandes geht, sondern dass er ein klares Konzept von der prophetisch-politischen Aufgabe der Kirche hat. In Genf erhält Bonhoeffer tiefe Einblicke in den französischen Widerstand. Über seinen alten Bekannten *Adolf Freudenberg*, dem

---

[353] Der Vernichtungsfeldzug gegen die Sowjetunion, der am 22. Juni 1941 mit dem Einfall von 3,3 Millionen deutschen Soldaten begann und im Zuge dessen Millionen Menschen gestorben sind, war von Anfang an als Vernichtungskrieg geplant und sollte die Sowjetunion, wenn es nach Hitler gegangen wäre, `auslöschen´. SS-Einsatzgruppen und Wehrmachtssoldaten waren an Massenerschießungen der jüdischen Bevölkerung und an Kriegsverbrechen beteiligt. Am Ende des monströsen Feldzuges waren über 30 Millionen Menschen tot, vgl. dazu den Hintergrundbericht „Das Unternehmen Barbarossa", in: DIE ZEIT Nr. 23 v. 1.6.2011, 21 und ZEIT Geschichte Nr. 2/2011, 22. Juni 1941. Der Überfall auf die Sowjetunion: Hitlers Krieg im Osten, Hamburg 2011, bes. 6-15+34-41+54-61 (mit Lit. auf 110f.) und SPIEGEL-TV: „Vor 70 Jahren: Überfall auf die Sowjetunion. Der Barbarische Krieg im Osten" (2011).

Leiter des Ökumenischen Flüchtlingsdienstes, wird er über die Lage der Juden in Deutschland informiert. Als er wieder in München ist, findet er zwei Schreiben der Reichsschrifttumskammer vor, die ihm Publikationsverbot erteilt.[354] Bonhoeffer veröffentlicht ab jetzt zu Lebzeiten keinen Text mehr, schreibt aber nach wie vor viel. Eine zweite Reise führt ihn vom 29. August bis zum 26. September 1941 in die Schweiz, über Basel und Zürich nach Genf.[355] Ab Oktober 1941 ist es Juden verboten,

---

[354] Vgl. DB, 820.

[355] Dort war Bonhoeffer zu Gast bei Freudenbergs, in deren Ferienhaus am Lac Champex im Wallis. Bei dieser Reise ging es um den Aufbau einer Judenhilfe in Berlin, die nötig wurde, nachdem das `Büro Grüber´ und der katholische St. Raphaelsverein, die versucht hatten, Juden zu helfen, von der Gestapo geschlossen bzw. verboten worden waren. Das Büro Grüber war in seiner Förderung der Auswanderung von Juden aus Deutschland staatlich anerkannt. Unter der Leitung von Pfarrer Heinrich Grüber (1891-1975) hatte die `Hilfsstelle für evangelische Rasseverfolgte´ die Ausreise von über 1000 Juden, vor allem evangelischen Konvertiten, organisiert. Zeitweise arbeiteten 35 Personen in dem Büro mit. Leiter der Abteilung Seelsorge war der evangelische Pfarrer jüdischer Abstammung aus der Schweiz, Werner Sylten (1893-1942, in Hartheim/Österreich vergast). Das Heidelberger Büro leitete Pfarrer Hermann Maas. 1940 wurde Grüber verhaftet, nachdem er sich von Hans von Dohnanyi von der `Abwehr´ einen Reisepass besorgt hatte, um die ins südfranzösische Lager Gurs Deportierten – fast 7000 Juden aus Baden, der Pfalz und dem Saarland waren am 22./23. Oktober 1940 in die Pyrenäen in der Nähe von Lourdes verschleppt worden, von denen viele an Seuchen, Kälte, fehlenden Nahrungsmitteln und Medikamenten im Winter 1940/41 starben – dort aufzusuchen. Das Büro, das seit 1939 Adolf Eichmann unterstand, wurde 1941 geschlossen. Grüber kam ins KZ Dachau. Dort wurde er so geschlagen, dass er alle Zähne verlor; außerdem erlitt er mehrere Herzinfarkte. 1943 wurde er entlassen und kehrte auf seine alte Pfarrstelle in Berlin zurück. Grüber gehörte nach 1945 zu den Gründungsmitgliedern der CDU. Er starb 1975 an Herzversagen und liegt in einem Ehrengrab in Berlin begraben. Grüber, Sylten und Maas sind von Yad Vashem als `Gerechte unter den Völkern´ geehrt worden. Zur Deportation der

Deutschland zu verlassen. Diejenigen, die im Reich geblieben sind, weil sie über zu wenig Geld zur Auswanderung verfügten und die Hoffnung gehegt haben, dass der Spuk bald vorüber sein werde, sitzen nun in der Falle. Als die Berliner Juden am 18. Oktober deportiert werden – zwischen 4000 bis 5000 Personen haben ihre Sachen innerhalb kurzer Zeit zu packen und sich vor der Synagoge in der Levetzowstraße in Moabit zu sammeln –, verfasst Bonhoeffer mit seinem Freund *Friedrich Justus Perels* darüber einen Bericht. Sein Ziel ist es, ihn über Hans von Dohnanyi an Generaloberst *Ludwig Beck* weiterzuleiten, damit die deutsche Militäropposition schneller aktiv wird.[356] Einen Tag später schreibt Bonhoeffer einen weiteren Bericht. In ihm geht es diesmal um die getauften Juden als Mitglieder der christlichen Gemeinde.[357] Daneben arbeitet er in dieser Zeit an seinen Büchern, vor allem an seiner `Ethik`[358], weiter. Zum Schreiben zieht er

---

Juden nach Gurs, vgl. „…es geschah am helllichten Tag!" Die Deportation der badischen, Pfälzer und saarländischen Juden in das Lager Gurs/Pyrenäen. Historische Darstellung/Materialien für den Unterricht (Geschichte und Verantwortung; Materialien), hg. von der Landeszentrale für politische Bildung Baden-Württemberg, Stuttgart ⁴2005, bes. 14ff. Heute befindet sich für die 5600 Deportierten aus 137 badischen Gemeinden ein Mahnmal auf dem Gelände der Evangelischen Jugendtagungsstätte Neckarzimmern.

[356] Vgl. DBW 16, 212-214.

[357] Vermutlich bekamen Bonhoeffer und Perels ihre Informationen durch Kontakte zu verschiedenen Hilfsstellen des Büros Grüber (vgl. DBW 16, 212, Anmerkung 1).

[358] Die Tatsache, dass Bonhoeffer ab März 1941 Publikationsverbot hatte, hinderte ihn nicht an der Weiterarbeit an dem Buch, das er als Versuch an-

sich des öfteren ins Kloster Ettal[359] zurück. Er wohnt im Klosterhotel `Ludwig der Bayer´, isst mit den Mönchen im Refektorium und arbeitet tagsüber in der Bibliothek.

Am 20. Januar 1942 findet in einer Villa im Berliner Westend, Am Großen Wannsee 56-58, die sog. `Wannseekonferenz´ statt. Die Spitzen der obersten Reichs- und Parteidienststellen treffen sich dort und beschließen die sog. `Endlösung der Judenfrage´. Ab jetzt ist anstelle der bisher praktizierten Auswanderung die systematische Verschleppung der europäischen Juden in die Vernichtungslager im Osten und ihre Ermordung vorgesehen – ein planmäßig organisierter und industriell durchgeführter

---

sah, „gewonnene Erkenntnisse und erlittene Erfahrungen in ein gegenwartsbezogenes theologisches Konzept münden zu lassen" (DBW 6, 8). Bonhoeffer begann mit seiner Arbeit an der `Ethik´ im Sommer 1940; sie endete mit seiner Verhaftung im April 1943. In ihr wollte er einen theologischen Neuentwurf für Deutschland und Europa für die Zeit nach der Diktatur entwickeln. Dabei ging es ihm auch um die Frage, welchen Beitrag die Kirche, die in der Diktatur versagt hatte, dazu leisten konnte. Die `Ethik´ blieb ein Fragment und wurde nach dem Krieg von Eberhard Bethge herausgebracht. Vgl. weiterführend, u.a. auch kritisch zur Anordnung der Texte – Bethge edierte sie in chronologischer Reihenfolge –, Christoph Fleischer, Die Ethik Dietrich Bonhoeffers, in: Tà katoptrizómena. Das Magazin für Kunst, Kultur, Theologie, Ästhetik, Heft 59 (`Ethica´), 11/2009, 1-23.

[359] Die Benediktinerabtei Kloster Ettal liegt in Oberbayern zwischen Garmisch-Partenkirchen und Oberammergau. Bonhoeffer wurde dort durch den Münchner Anwalt Dr. Josef Müller eingeführt, der ebenfalls in der `Abwehr´ mitarbeitete, mit Hans von Dohnanyi an Geheimverhandlungen mit britischen Diplomaten im Vatikan teilgenommen hatte und den Bonhoeffer seit 1940 kannte. Von Ende November 1940 bis Februar 1941 hielt sich Bonhoeffer überwiegend hier auf. Zur Internetpräsenz von Kloster Ettal: https://www.kloster-ettal.de (aufgerufen am 11.10.2024).

staatlicher Völkermord.[360] Das Grauen nimmt seinen Lauf: Allein eine Million Menschen werden in der folgenden Zeit im KZ Auschwitz von der SS ermordet![361] Jochen Klepper hält in seinem Tagebuch fest: „Deportationen, Deportationen – die Alten; die Kranken. Und nichts mehr Gerücht, sondern Menschen, die man kennt. – Der

---

[360] Vgl. dazu Lea Rosh/Eberhard Jäckel, `Der Tod ist ein Meister aus Deutschland´. Deportation und Ermordung der Juden, Kollaboration und Verweigerung in Europa, München 1992, 11: „Der Mord an den europäischen Juden im Zweiten Weltkrieg war einzigartig. Nie zuvor hatte ein Staat beschlossen, eine von ihm bestimmte Menschengruppe einschließlich der Alten, der Frauen, der Kinder und der Säuglinge...möglichst restlos zu töten..." Eberhard Bethge berichtet von einem schwer erfassbaren Treiben im Untergrund durch Mitglieder in den Bekenntnisgemeinden, die Juden versteckten, Pässe fälschten und Lebensmittelkarten stahlen und weitergaben. Bethge nennt als `Untergrund-Protestanten´ Dr. Franz Kaufmann, Gertrud Staewen, Melanie Steinmetz, Helene Jacobs, Hilde Schaeder, Elsie Steck, Maria Gerhad, Charlotte Friedenthal, Marga Meusel, Klara Hunsche, Hermann Diem, Theodor Dipper, Otto Mörike und K. H. Reimer. Karl Barths Freund Hellmut Traub fälschte Pässe (vgl. Eberhard Bethge, Schoah und Protestantismus, a. a. O., 47f.). Seit 1998 erinnert am Bahnhof Grunewald das von Nikolaus Hirsch, Wolfgang Lorch und Andrea Wandel geschaffene Mahnmal `Gleis 17´ an die über 56000 Berliner Jüdinnen und Juden, die zwischen Oktober 1941 und Februar 1945 deportiert und in den KZs umgebracht wurden. Abgangsbahnhof der 186 Transporte war bis Mitte 1942 Grunewald, danach Moabit und der Anhalter Personenbahnhof. `Gleis17´, von dem in Grunewald die Transporte ausgingen, wird von 186 chronologisch geordneten Stahlgusselementen gefasst, auf denen das Transportdatum, die Zahl der Deportierten sowie der Abgangs- und Bestimmungsort festgehalten sind.
[361] „An keinem Ort im nationalsozialistischen Machtbereich wurden so viele Menschen getötet wie in Auschwitz. (…) Das individuelle Leid eines Häftlings läßt sich ... kaum in Worte fassen" (Sybille Steinbacher, Auschwitz. Geschichte und Nachgeschichte, München 2004, 26f.). Vgl. dazu auch GEO EPOCHE. Der Zweite Weltkrieg, Teil 2: 1943-1945. Von der Ostfront bis Nagasaki: Wie die Katastrophe endete, Hamburg 2010, 88-101.

Krieg allein war schwer genug; und nun noch das."[362] In dieser Zeit versucht Reichsgerichtsrat Hans von Dohnanyi zwei von der Deportation bedrohte jüdische Rechtsanwälte und deren Familien, eine Mitarbeiterin der Bekennenden Kirche und einige jüdische Bekannte von Abwehrchef Admiral Canaris zu retten: das „Unternehmen Sieben"[363] beginnt. Bei einem Abendessen wird Polizei- und SS-Chef Heinrich Himmler[364] der Vorschlag gemacht, als Juden getarnte Personen ins Ausland zu schleusen und sie als Vertrauensleute des Amtes Ausland der Abwehr des Oberkommandos der Wehrmacht in der Spionage auszugeben. Himmler stimmt zu. So gelingt es Dohnanyi im September 1942, dass zwei Berliner Anwälte jüdischen Glaubens mit ihren Angehörigen[365] unter

---

[362] Jochen Klepper, Unter dem Schatten deiner Flügel. Aus den Tagebüchern der Jahre 1932-1942 (Eintrag vom 28. September 1942), hg. von Reinhold Schneider, Stuttgart 1956, 1101.

[363] Der Name kommt daher, dass ursprünglich sieben bedrohte Juden aus Deutschland herausgebracht werden sollten. Später verdoppelte sich diese Zahl. Die Geschichte dieser Rettungsaktion ist sehr gut beschrieben in dem Buch von Winfried Meyer, „Unternehmen Sieben" Eine Rettungsaktion. Mit einem Begleitwort von Klaus von Dohnanyi, FfM 1993; bei Marikje Smid, Hans von Dohnanyi/Christine Bonhoeffer, a. a. O., 296-303, und bei Sabine Dramm, V-Mann Gottes, a. a. O., 130-136.

[364] Über Himmler, damals Chef des RSA und später Reichsinnenminister, Hitlers Stellvertreter und einer der Hauptverantwortlichen für die Shoah, der deshalb beim Attentat des 20. Juli 1944 unbedingt mit ausgeschaltet werden sollte, gibt SPIEGEL-TV Nr. 16 „SS-Chef Heinrich Himmler: Aus dem Leben eines Massenmörders" (2008) Auskunft.

[365] Es handelte sich um die Familien Fliess und Arnold sowie um das Ehepaar Rennefeld, Annemarie Conze mit zwei schulpflichtigen Kindern und um Charlotte Friedenthal. Charlotte Friedenthal (1892-1973) war eine protestantische Sozialarbeiterin jüdischer Herkunft, die sich mit ihrer Freundin Marga

höchster Geheimhaltungsstufe legal aus Deutschland in die Schweiz ausreisen können, kurz bevor sie deportiert werden sollen. Dorothee Fliess[366], die inzwischen verstorbene Tochter eines der Geretteten, die damals noch

---

Meusel (1897-1953) – ursprünglich wie sie Sozialarbeiterin, aber viele Jahre Leiterin des Evangelischen Bezirkswohlfahrtsamtes Zehlendorf in Berlin (1932-1953) – für Verfolgte des NS-Regimes eingesetzt hatte. Viele, insbesondere Christen jüdischer Herkunft, konnten durch sie vor der Deportation in ein Vernichtungslager gerettet werden. Marga Meusel wurde für ihren Einsatz 2006 als `Gerechte unter den Völkern´ von Yad Vashem geehrt.

[366] Vgl. dazu online: https://de.wikipedia.org/wiki/Dorothee_Fliess (aufgerufen am 11.10.2024). Dorothee Fliess (1922-2001), die Tochter des renommierten jüdischen Berliner Rechtsanwalts Julius Fliess und seiner Frau Hildgard, hatte nach dem Krieg über ihre Erfahrungen während der NS-Diktatur als Zeugin berichtet. Dorothee Fliess arbeitete bis 1941 als Sekretärin in der Kanzlei ihres Vaters mit, der als kriegsausgezeichneter Offizier des Ersten Weltkriegs eine Sonderstellung genoss. Während sie das Leben einer gutbürgerlichen Rechtsanwaltstochter führte und sich als echte Berlinerin verstand, war ihre Schwester Beate bereits 1939 nach Palästina ausgewandert. Ihr Vater war zwar von den Nürnberger Gesetzen betroffen und hatte das Notariat und die Zulassung als Rechtsanwalt verloren, gehörte aber zu der kleinen Gruppe jüdischer Anwälte, die noch als juristische Berater zugelassen waren. Als die Familie Anfang 1942 die schriftliche Aufforderung erhielt, Berlin im Zuge einer `Evakuierungsmaßnahme´ zu verlassen und die Koffer zu packen, wurde der späte Entschluss zum Verlassen Deutschlands gefällt. Dank Reichsgerichtsrat Hans von Dohnanyi glückte die Flucht in die Schweiz. Dorothee Fliess holte in Basel ihr Abitur nach, studierte und arbeitete danach als Gymnasiallehrerin. Ihre Schwester, Prof. Dr. Beate Hermelin, die an der Universität London eine renommierte Experimentalpsychologin auf dem Gebiet des Autismus wurde, verfügte testamentarisch, dass ihrem und mit dem Tod ihrer Schwester der Berliner `Forschungsgemeinschaft 20. Juli e. V.´ ein Vermögen von 450000 € zufallen sollte, das in den nach ihr benannten Fond floss, mit dem DoktorandInnen unterstützt werden sollen, die den Widerstand gegen das `Dritte Reich´ wissenschaftlichen erforschen. Der Verein `Forschungsgemeinschaft 20. Juli 1944 e.V.´, der nach dem Datum des Attentats der Offiziere um Claus Schenk Graf von Stauffenberg benannt wurde, will mit dafür sorgen, dass der Widerstand gegen Hitler nicht in Vergessenheit gerät.

ein Kind war, stellte viele Jahre später, erstmals 1988, im israelischen Yad Vashem einen Antrag, Hans von Dohnanyi unter die „Gerechten unter den Völkern"[367] aufzunehmen. Der Antrag wurde mehrfach abgelehnt, aber immer wieder neu gestellt und aufs Neue geprüft. Es stellte sich in diesem Zusammenhang die Frage, ob in dem Falle einer Aufnahme Dohnanyis unter die Gerechten unter den Völkern der höchste Ehrentitel Israels auch an dessen Vorgesetzten, den rechtsextremen Antisemiten und umstrittenen Admiral Wilhelm Canaris, verliehen werden musste, der als Chef des militärischen Nachrichtendienstes Dohnanyi gedeckt und unterstützt hatte. Es konnte aber nachgewiesen werden, dass sich Dohnanyi Ende August 1942 unter dem Decknamen `Dr. Donner´ beim Präsidenten des Schweizerischen Kirchenbundes persönlich in Zürich für die Flüchtlinge eingesetzt und diesen aus dem Schweizer Devisendepot der Abwehr 100000 Dollar zur Verfügung gestellt hatte, da die `Agenten der Abwehr´ keine Arbeitserlaubnis für die Schweiz besaßen und eine Million Reichsmark ihres persönlichen Vermögens in Berlin treuhänderisch – als eine Art `Affidavit´ – bei einem Notar hinterlegt hatten.[368] Unter Ein-

---

[367] Vgl. weiterführend Israel Gutman/Daniel Fraenkel/Jacob Borut, Lexikon der Gerechten unter den Völkern. Deutsche und Österreicher, Bd. 1, Göttingen 2005, 98ff., und den umfangreichen Wikipedia-Artikel: https://de.wikipedia.org/wiki/Liste_der_Gerechten_unter_den_Völkern_aus_Deutschland (aufgerufen am 11.10.2024).
[368] Vgl. weiterführend Christine-Ruth Müller, Dietrich Bonhoeffers Kampf, a. a. O., 312-320.

satz seines eigenen Lebens, so konnte nachgewiesen werde, ohne Ansehen der Person und ohne jede finanzielle Gegenleistung unter Gefährdung seiner selbst ermöglichte Hans von Dohnanyi den beiden jüdischen Anwälten, getarnt als Agenten der deutschen Abwehr, die Flucht in die rettende Schweiz.[369] Unter anderem diese finanzielle Transaktion erregte die Aufmerksamkeit der SS, die von Schmiergeldzahlungen ausging und den Fall untersuchte, so dass Dietrich Bonhoeffer und Hans von Dohnanyi dann 1943 verhaftet wurden.

Mit seinem Schwager Hans von Dohnanyi und einem Mitarbeiter aus Genf reist Bonhoeffer Ende Mai 1942 zum dritten Mal in die Schweiz, doch nur kurz; denn er hat erfahren, dass der wichtigste Gewährsmann der Bekennenden Kirche, Bischof George Bell, sich gerade in Schweden aufhält. So bricht Bonhoeffer seinen Schweizaufenthalt ab und fliegt dank des Kurierausweises des Auswärtigen Amtes[370] über Berlin nach Schweden. Dort trifft er am 1. Juni in Sigtuna seinen alten

---

[369] Ein entsprechender Antrag für Dietrich Bonhoeffer in Yad Vashem wurde 2006 zum wiederholten Mal abgelehnt, vgl. Jüdische Allgemeine v. 5.1.2006. Das Oberste Gericht Israels hatte die Entscheidung von Yad Vashem, Bonhoeffer nicht aufzunehmen, bestätigt. Zwar habe dieser mitgeholfen, dass die zum Christentum übergetretene Jüdin Charlotte Friedenthal vor den Nazis ins Ausland fliehen konnte und ihr Leben dadurch gerettet wurde, aber es konnte nicht nachgewiesen werden, dass Bonhoeffer dies unter Einsatz seines eigenen Lebens getan hatte – die Voraussetzung für eine Ehrung in Yad Vashem. Die Entscheidung löste Proteste aus.
[370] Ein Bild dieses Ausweises ist zu sehen in: Eric Metaxas, Dietrich Bonhoeffer. Eine Biografie in Bildern, a. a. O., 238.

Freund George Bell.[371] Ihm übergibt er Informationen des deutschen Widerstands, darunter die Namen der am geplanten Hitler-Attentat Beteiligten in der Wehrmacht und in der Abwehr. Sie erbitten von der britischen Regierung im Blick auf kommende Waffenstillstandsverhandlungen ein öffentliches Zeichen, damit die Deutschen nicht mit den Nationalsozialisten gleichgesetzt werden. Bell gibt diese Informationen an den britischen Außenminister *Anthony Eden* weiter, der sich jedoch weiteren Kontakten gegenüber ablehnend verhält.[372] Denn *Winston Churchill*, britischer Premier, hatte die Devise ausgegeben, auf keinen Fall, wie auch immer, mit den Feindmächten über einen Frieden zu verhandeln. Ihm geht es darum, den Krieg zu gewinnen und den Aggressor Hitler zu vernichten.[373] Und so geschieht es: Die Alliierten beschließen auf der Casablanca-Konferenz[374], den Krieg bis zur be-

---

[371] Vgl. weiterführend Sabine Dramm, V-Mann Gottes, a. a. O., 165-192+273-281. Sie hält fest: „`Sigtuna´ enthält *en miniature* alle Elemente seiner Existenz als V-Mann der Konspiration und kann jenseits der historischen Bedeutung als Inbegriff der Widerstandsfähigkeit Bonhoeffers gelten" (192).

[372] Vgl. Josef Ackermann, Dietrich Bonhoeffer, a. a. O., 196.

[373] Vgl. Josef Ackermann, Dietrich Bonhoeffer, a. a. O., 198f.

[374] Bei der Casablanca-Konferenz handelt es sich um ein geheimes Treffen des US-amerikanischen Präsidenten Franklin D. Roosevelt, dem britischen Premier Winston Churchill und den Stabschefs aller US-amerikanischen und britischen Teilstreitkräfte (`Combined Chiefs of Staff´, CCS) vom 14.-26.1.1943 im marokkanischen Casablanca. Der eingeladene Josef Stalin blieb der Konferenz wegen der Schlacht um Stalingrad, die ihm zufolge seine Präsenz in der Sowjetunion forderte, fern. Das Ergebnis der Konferenz war die bedingungslose Kapitulation des Deutschen Reiches, Italiens und Japans und die Verstärkung der Luftangriffe auf deutsche Städte – die Briten

dingungslosen Kapitulation Deutschlands zu führen. Von nun an beginnen sie mit einem Flächenbombardement der großen deutschen Städte. Bonhoeffer schreibt im Juni 1942 an Eberhard Bethge, von der Reise wohlbehalten zurückgekehrt: „Meine in der letzten Zeit doch stark auf dem weltlichen Sektor liegende Tätigkeit gibt immer wieder zu denken. Ich wundere mich, dass ich tagelang ohne die Bibel lebe und leben kann – ich würde es dann nicht als Gehorsam, sondern als Autosuggestion empfinden, wenn ich mich dazu zwingen würde. Ich verstehe, dass solche Autosuggestion eine große Hilfe sein könnte und ist, aber ich fürchte, auf diese Weise eine echte Erfahrung zu verfälschen und letzten Endes doch nicht die echte Hilfe zu erfahren. Wenn ich dann wieder die Bibel aufschlage, ist sie mir neu und beglückend wie nie. (...) Ich bin keine religiöse Natur. Aber an Gott, an Christus muss ich immerfort denken, an Echtheit, an Leben, an Freiheit und Barmherzigkeit liegt mir sehr viel. Nur sind mir die religiösen Einkleidungen so unbehaglich. (...) In diesem Sinne verstehe ich eben auch meine jetzige Tätigkeit auf dem weltlichen Sektor."[375] In München gibt es

---

flogen ab jetzt in der Nacht und die US-amerikanischen Bomber tagsüber. Der deutsche Widerstand hatte es durch die Forderung nach bedingungsloser Kapitulation schwer. Der Kultfilm Casablanca mit Ingrid Bergman (1915-1982) und Humphrey Bogart (1899-1957) entstand 1942 und ist ein Beitrag Hollywoods gegen das NS-Deutschland.
[375] Dietrich Bonhoeffer, Brief an Eberhard Bethge vom 25.6.1942, in: DBW 16, 324-326. In diesem Brief schrieb Bonhoeffer auch über seine eigene Religiosität, `Konfessionen´, wie er sie ein paar Zeilen später entschuldigend

im Herbst 1942 eine neue Bedrohung für ihn: In Prag war ein Devisenschieber verhaftet worden, der beim Verhör angab, im Auftrag von Konsul *Wilhelm Schmidhuber* gehandelt zu haben. Schmidhuber ist ein Mitarbeiter der Münchner `Abwehr´, ein V-Mann. Mit ihm waren Bonhoeffer und Dohnanyi in Rom, ihm war Bonhoeffer zugewiesen worden, er war sozusagen sein Mentor.[376] Bei den Vernehmungen Schmidhubers fallen die Namen Hans von Dohnanyi und Dietrich Bonhoeffer.[377] Nun wird die SS immer aufmerksamer. Es wird geprüft, wie das RSH, zentrale Führungsbehörde aller Polizeikräfte im Reich, Einfluss auf das ihm unliebsame `Amt Canaris´ gewinnen kann. Der Vorwurf von finanziellen Unregelmäßigkeiten und Devisenschiebereien ist ein bewährtes Mittel, um unliebsame Personen in Misskredit zu bringen – sie zu diskreditieren.

Zum Jahreswechsel 1942/1943 schreibt Dietrich Bonhoeffer in seiner Betrachtung `Nach zehn Jahren´ – der Text wird den Krieg, von ihm versteckt, im Dachgebälk

---

nannte: „...ich spüre, wie in mir der Widerstand gegen alles `Religiöse´ wächst. (...) Ich bin keine religiöse Natur. Aber an Gott, an Christus muss ich immerfort denken, an Echtheit, an Leben, an Freiheit und Barmherzigkeit liegt mir sehr viel" (Dietrich Bonhoeffer in einem Brief an Eberhard Bethge v. 25. Juni 1942, in: DBW 16, 325).

[376] Vgl. Sabine Dramm, V-Mann Gottes, a. a. O., 73f.

[377] Schmidhuber hatte ausgesagt, dass von Hans von Dohnanyi im Amt für Abwehr für besondere Zwecke – sprich: für einen Staatsstreich – ein Devisenfonds angelegt worden war. Daher der Name `Depositenkasse´ (vgl. weiterführend Winfried Meyer, Unternehmen Sieben. Eine Rettungsaktion für vom Holocaust Bedrohte aus dem Amt Ausland/Abwehr im Oberkommando der Wehrmacht, FfM 1993, 363).

des elterlichen Hauses in der Marienburger Allee 43 überdauern und erst nach 1945 entdeckt werden: „Wir sind stumme Zeugen böser Taten gewesen, wir sind mit vielen Wassern gewaschen, wir haben die Künste der Verstellung und der mehrdeutigen Rede gelernt, wir sind durch Erfahrung misstrauisch gegen die Menschen geworden und mussten ihnen die Wahrheit und das freie Wort oft schuldig bleiben, wir sind durch unerträgliche Konflikte mürbe oder vielleicht sogar zynisch geworden – sind wir noch brauchbar? Nicht Genies, nicht Zyniker, nicht Menschenverachter, nicht raffinierte Taktiker, sondern schlichte, einfache, gerade Menschen werden wir brauchen. Wird unsere innere Widerstandskraft gegen das uns Aufgezwungene stark genug und unsere Aufrichtigkeit gegen uns selbst schonungslos genug geblieben sein, dass wir den Weg zur Schlichtheit und Geradheit wiederfinden?"[378]

Das Jahr 1943 ist ein Jahr, in dem sich für Dietrich Bonhoeffer privat große Veränderungen ergeben. Im Januar 1943 verlobt er sich nämlich mit Maria von Wedemeyer, in die er sich verliebt hatte.[379] Gegen alle Widerstände im

---

[378] Dietrich Bonhoeffer, Nach zehn Jahren, in: Dietrich Bonhoeffer, Widerstand und Ergebung, a. a. O., 31 (vgl. auch DBW 8, 38). Der Text ist im Original nicht mehr vorhanden, sondern nur noch als maschinenschriftliches Durchschlagexemplar.

[379] Bonhoeffer hatte Maria von Wedemeyer im September 1942 in Berlin wiedergesehen. Ihre Großmutter, die sich im dortigen Franziskuskrankenhaus einer Augenoperation unterziehen musste, hatte Krankenbesuche ihrer Enkelin und Bonhoeffer terminlich so zusammengelegt, dass sich die beiden

persönlichen Umfeld der beiden, vor allem von Verwandten der Braut im Blick auf den großen Altersunterschied des ungleichen Paares, gibt ihm Maria von Wedemeyer schriftlich ihr Ja-Wort. Es wird eine unglückliche Liebe werden. Die beiden Liebenden werden sich nicht näher kommen. Die Beziehung zu Maria von Wedemeyer wird Bonhoeffer aber später im Gefängnis großen seelischen Halt geben, wird ihm zur Quelle sowohl der Hoffnung als auch der Sehnsucht werden. In diesem Jahr findet die Schlacht um das russische Stalingrad[380] mit der komplet-

---

begegnen mussten. „Bonhoeffer lud die junge Frau auch in das nahe gelegene Restaurant `Alois´ ein, das dem gleichnamigen Bruder von Hitler gehörte. Das sei der sicherste Ort in ganz Berlin, soll er zu Maria gesagt und sie gehörig mit diesem Gasthausbesuch beeindruckt haben" (Wolfgang Seehaber, Maria von Wedemeyer, a. a. O., 182; vgl. dazu auch Dietrich Bonhoeffer/Maria von Wedemeyer, Brautbriefe, a. a. O., 272f., und Wolf-Dieter Zimmermann, Wir nannten ihn Bruder Bonhoeffer, a. a. O., 106). Am 26.10.1942 sahen sich die beiden zum letzten Mal in Freiheit – alle anderen Treffen fanden im Besucherzimmer im Gefängnis unter Aufsicht statt. Im Brief Maria von Wedemeyers vom 13. Januar 1943 gibt sie Bonhoeffer ihr `Ja´. Sein Antwortbrief an sie vom 17. Januar 1943, in dem er vom `Sie´ ins `Du´ wechselt, gilt als offizielles Verlobungsdatum der zwei.

[380] In der Schlacht um Stalingrad starben ca. 100000 deutsche Soldaten und etwa genauso viele gerieten in sowjetische Kriegsgefangenschaft; nur ca. 6000 werden nach Deutschland zurückkehren(vgl. SPIEGEL TV: „Der Krieg der Deutschen. 1939: Als ein Volk die Welt überfiel" [2009]. „In Stalingrad war der Mythos der Unbesiegbarkeit Deutschlands... an der kämpferischen Überlegenheit der Roten Armee zerschellt" (Rafael Seligmann, Hitler. Die Deutschen und ihr Führer, Berlin 2005, 272). Die verlorene Stalingrad-Schlacht war der letzte ausschlaggebende Punkt für die Militärs gegen Hitler, den `Führer´ zu beseitigen. Vgl. dazu den großen Bericht in: SPIEGEL Special: Hitlers Krieg. Sechs Jahre, die die Welt erschütterten, Nr. 2/2005, 184-195, und GEO EPOCHE. Der Zweite Weltkrieg, Teil 1, 1939-1942, Von Polen bis zum Pazifik: Wie die Katastrophe begann, Hamburg 2010, 164-177.

ten Vernichtung der 6. Armee der Wehrmacht und dem Sieg der Roten Armee statt. Schon zuvor hatte der russische Winter der deutschen Wehrmacht zugesetzt. Tausende von Soldaten waren an Erfrierungen gestorben. Ungeachtet dessen hatte Hitler seine Armee immer weiter in Richtung Moskau getrieben. Nun hatte sich das Blatt gewendet. Auch das afrikanische El Alamein[381] fällt jetzt. Nach dem Angriff Japans auf Pearl Harbour, der darauf folgenden Kriegserklärung der USA an Japan und die wiederum darauf folgende Kriegserklärung Deutschlands und Italiens an die USA war der Zweifrontenkrieg eröffnet worden. Die Niederlage Nazi-Deutschlands ist von nun an absehbar. Ab jetzt steigern sich die Aktivitäten im militärischen Widerstand. Auf dem Flugblatt der `Weißen Rose´ steht in bitterer Ironie: „Erschüttert steht unser Volk vor dem Untergang der Männer von Stalingrad. Dreihundertdreißigtausend deutsche Männer hat die geniale Strategie des Weltkriegsgefreiten sinn- und verantwortungslos in Tod und Verderben gehetzt. Führer, wir danken dir!"[382]

---

[381] Vgl. weiterführend SPIEGEL-TV Nr. 37: „Mythos Erwin Rommel" (2012).
[382] Flugblatt der `Weißen Rose´, zitiert nach Josef Ackermann, Dietrich Bonhoeffer, a. a. O., 204.

5. Im Gefängnis

Am 5. April 1943 wird Dietrich Bonhoeffer in seinem Elternhaus verhaftet.[383] Er hatte gerade bei seiner Schwester Ursula im Nachbarhaus in der Marienburger Allee 42 etwas gegessen, als er von seinem Vater Karl Bonhoeffer ins elterliche Haus zurückgeholt wurde.[384] Dort nimmt ihn die Gestapo fest.[385] Bonhoeffer wird in das Wehrmachtsuntersuchungsgefängnis Berlin-Tegel eingeliefert.[386] Zwei

---

[383] Dietrich Bonhoeffer hatte nach dem Umzug der Familie von der Wangenheimstraße ins neu gebaute Haus in der Marienburger Allee 43, dem Altersruhesitz Karl Bonhoeffers, für die Zeit, in der er sich in Berlin aufhielt, dort in der Mansarde ein Studierzimmer bekommen. Nach der Schließung des Predigerseminars Finkenwalde durch die Gestapo war das Zimmer sein einziges Zuhause. Dort entstanden große Teile der `Ethik´, die er im Oktober 1940 in Klein-Krössin als Gast von Ruth von Kleist-Retzow begonnen hatte (vgl. DBW 8, 66), und das Manuskript `Nach zehn Jahren´. Nachdem das Haus zunächst das Wohnhaus Eberhard Bethges und dann ein Studentenwohnheim geworden war, wurde das Zimmer annähernd wieder in seinen Originalzustand versetzt und kann heute nach Anmeldung besucht werden.
[384] Dietrich Bonhoeffer war auf seine Festnahme vorbereitet gewesen. Er hatte mittags am 5. April 1943 bei seiner Schwester Christine von Dohnanyi angerufen und eine fremde männliche Stimme am Apparat gehabt – daraus hatte er sofort gefolgt, dass die Polizei eine Hausdurchsuchung im Hause von Dohnanyi durchführte. Im Zuge der Durchsuchung von Dohnanyis Büro waren der Gestapo drei, allesamt Dietrich Bonhoeffer betreffende und belastende Zettel aus einer Akte in die Hände gefallen (vgl. weiterführend Josef Ackermann, Dietrich Bonhoeffer, a. a. O., 205f.).
[385] Bei der Verhaftung konfiszierte Oberstkriegsgerichtsrat Roeder Bonhoeffers Text „Entwurf für eine Neuordnung der Kirche nach `Beendigung des Kirchenkampfes´", bei dem es Bonhoeffer um eine Neustrukturierung der evangelischen Kirche nach einem Umsturz ging. Wegen des Titels konnte Bonhoeffer die wahre Intention des Textes im Verhör mit Roeder verschleiern (vgl. DBW 16, 587-595).
[386] Dort befanden sich in der Mehrheit Soldaten und Unteroffiziere, die sich bei einem Heimaturlaub abfällig zum Krieg und zum Regime geäußert hat-

188

Jahre lang wird er dort gefangen gehalten werden, ohne dass es ein Gerichtsverfahren gibt. Am selben Tag wie Bonhoeffer werden sein Schwager Hans von Dohnanyi, zu dem Zeitpunkt Leiter der `Zentralabteilung´ im `Amt Ausland/Abwehr im Oberkommando der Wehrmacht´ in seinem Büro und dessen Ehefrau Christine verhaftet.[387] In der `Anklageverfügung´ vor dem Reichskriegsgericht

---

ten. Darauf stand die Todesstrafe. Das Gefängnis und die Einzelzelle 92, in der Bonhoeffer saß, sind zu sehen bei Eberhard Bethge/Renate Bethge/Christian Gremmels (Hg.), Dietrich Bonhoeffer, a. a. O., 204f. Vgl. dazu auch Gert von Bassewitz/Christian Bunners, Auf den Spuren von Dietrich Bonhoeffer, a. a. O., 72/73, wo eine Außenaufnahme der Zelle mit Gang zu sehen ist. Zur Gefangennahme der `Abwehr´-Mitarbeiter vgl. ferner den Ende der sechziger Jahre erschienenen Bericht in: https://www.spiegel.de/politik/wir-werden-am-galgen-enden-a-bc3d1a42-0002-0001-0000-000045589390?context=issue (aufgerufen am 11.10.2024).
[387] Hans von Dohnanyi wurde von Oberstkriegsgerichtsrat Manfred Roeder und Kriminalsekretär Xaver Sonderegger in den Diensträumen der Zentrale der Abwehr am Tirpitzufer 80 festgenommen, wo er vom 25. August bis zum 5. April 1943 dienstverpflichtet gewesen war. Dabei spielten ausgerechnet auf Bonhoeffer bezogene Unterlagen eine Rolle, die die Verdachtsmomente auf seine konspirative Handlungen verstärkten. Unter strengster Geheimhaltung und unter falschem Namen wurde Dohnanyi in das Untersuchungsgefängnis für Offiziere beim Lehrter Bahnhof gebracht. Christine von Dohnanyi war in ihrem Haus in Sakrow/Potsdam verhaftet und des Hoch- und Landesverrats beschuldigt worden; mittels guter Beziehungen zu einem alten Studienkollegen gelang es ihrem Vater, dem Geheimen Medizinalrat Prof. Karl Bonhoeffer, seine Tochter am 30. April 1943 wieder freizubekommen; das Verfahren gegen sie wurde vermutlich im September 1943 eingestellt. Verhaftet worden war auch der Kontaktmann zum Vatikan in München, Dr. Josef Müller sowie dessen Frau und dessen Sekretärin, vgl. detailliert Ferdinand Schlingensiepen, Dietrich Bonhoeffer, a. a. O., 328ff. Dort befinden sich auch Fotos von Roeder und Sonderegger (329+331). Sonderegger übermittelte später Briefe Bonhoeffers an seine Familie, u.a. auch `Von guten Mächten wunderbar geborgen´, vgl. Eberhard Bethge, Erstes Gebot und Zeitgeschichte, a. a. O., 145f.

vom 21. September 1943 heißt es später, Bonhoeffer sei 1939/40 „hinreichend verdächtig zu Berlin und an anderen Orten (...) durch ein auf Täuschung berechnetes Mittel sich der Erfüllung des Wehrdienstes zeitweise zu entziehen..."[388] Die Gestapo hatte ihn seit 1940 verstärkt beobachtet. Ermittelt wird gegen ihn wegen 'Wehrkraftzersetzung': Der Vorwurf lautet, dass er sich der Pflicht zum Wehrdienst entziehen wollte und andere dazu gebracht hätte, sich dem Wehrdienst zu entziehen; später wird er der Beihilfe zur Flucht von Juden angeklagt – wegen der Auslandsreisen, die er im Auftrag des 'Amtes Ausland/Abwehr beim Oberkommando der Wehrmacht' unternommen hat (die Frage war, ob diese in militärischer Absicht geschehen waren oder nicht) und wegen Unregelmäßigkeiten im Zusammenhang von Devisen.[389]

---

[388] 'Anklageverfügung des Reichskriegsgerichts' und 'Anklageschrift des Oberreichskriegsanwalts' gegen Pfarrer Dietrich Bonhoeffer, in: DBW 16, 432-443, bes. 432. Die Akten des 'Reichskriegsgerichts', ursprünglich für vernichtet gehalten, tauchten im Sommer 1990 im Prager Militärhistorischen Archiv wieder auf, vgl. Elke Endrass, Dietrich Bonhoeffer und seine Richter, a. a. O., 46. Es ist erkennbar, dass Roeder offensichtlich Mühe hatte, den Verdacht strafbarer Handlungen zu begründen. Bonhoeffer und Dohnanyi sprachen sich mit Hilfe von Kassibern und ihrer Familie im Blick auf ihre Aussagen bei den Verhören ab, so dass es Roeder nicht gelang, die Beteiligung der beiden an der Verschwörung aufzudecken. Roeder wurde das Verfahren entzogen, er wurde versetzt; sein Nachfolger, Oberkriegsgerichtsrat Helmuth Kutzner, übernahm die weiteren Untersuchungen. Vgl. zum Prozess in Kurzform Günter Müller, Dietrich Bonhoeffer und seine Richter, in: Begegnung & Gespräch. Ökumenische Beiträge zu Erziehung und Unterricht Nr. 129 v. Juli 2001, 1-8.

[389] Zu den Hintergründen der Verhaftung vgl. Christian Gremmels/Heinrich W. Grosse, Dietrich Bonhoeffer. Der Weg in den Widerstand, Gütersloh

Anderthalb Jahre lang wird Dietrich Bonhoeffer nun in einem Raum leben, der zwei mal drei Meter groß ist – in dem sich eine einfache Pritsche, ein Wandbett, ein Schemel und ein Kübel für die Notdurft befinden. Die ersten Eindrücke in Haft schockieren ihn: Durch ein Loch in der Tür wird er beobachtet, ein Fenster mit einer Luke befindet sich gegenüber. Die Decken, mit denen er sich in der kalten Zelle zudecken soll, stinken – so dass er lieber friert als sich damit zuzudecken. Trockenes Brot wird ihm durch eine Luke in der Tür auf den verdreckten Boden geworfen, der Kaffee ist ungenießbar, dazu kommt der rüde Ton des Wachpersonals gegenüber den Gefangenen.[390] Nur alle zehn Tage darf er in der Anfangszeit einen Brief von einer Seite Länge an seine Eltern *schreiben* – der vom Zensor mitgelesen wird. Briefe *empfangen* darf er ohne jede Einschränkung. Jede Woche wird ihm ein Wäschepaket gestattet, in dem sich auch Nahrungsmittel und Bücher befinden dürfen.[391] Die erste Zeit wird er in Isolationshaft genommen. Das Per-

---

1996, ²2004, 9ff. Seinen inhaftierten Schwager Hans von Dohnanyi quälten Selbstzweifel; er machte sich Vorwürfe, dass wegen ihm Bonhoeffer inhaftiert worden war, vgl. Marikje Smid, Hans von Dohnanyi/Christine Bonhoeffer, a. a. O., 360f.+450.

[390] Vgl. Dietrich Bonhoeffers ʻHaftbericht nach einem Jahr in Tegelʼ, in: DBW 8, 380-386.

[391] Er schrieb an Eberhard Bethge in dem ersten an der Zensur vorbei geschmuggelten Brief, dass man ihn die ersten 12 Tage lang wie einen Schwerverbrecher behandelte und er hörte, wie in der Zelle neben ihm jemand weinte: „...meine Nachbarzellen sind bis heute fast nur mit gefesselten Todeskandidaten belegt..." (DBA 5, 37).

sonal wird angewiesen, nicht mit ihm zu sprechen. Er wird verhört. Die Verhöre finden im Reichskriegsgericht in der Witzlebenstraße statt. Bonhoeffers Richter ist Oberstkriegsgerichtsrat *Manfred Roeder,* ein enger Vertrauter Görings, der `Bluthund Hitlers´ genannt wird.[392] Selbstmordgedanken stellen sich bei Bonhoeffer ein und quälen ihn.[393] Er hat Angst, er könnte unter der Folter

---

[392] Manfred Roeder (1900-1971), damals 42 Jahre alt, wurde von Zeitgenossen als skrupellos, infam, brutal und zynisch beschrieben. Der psychologisch geschulte Nazi-Jurist verhängte als Chefankläger in den Prozessen gegen die `Rote Kapelle´, die nach Festnahmen 1942 begannen, über 50 Todesurteile. Roeder vernahm Dohnanyi zwischen dem 12.4. und 17. 6.1943 zehnmal, anfangs bis zu neun Stunden täglich; er bedrohte ihn massiv, erteilte ihm willkürlich Rauch-, Schreib-, Rede- und Besuchsverbot, isolierte ihn von seiner Frau und seinen Kindern. Er warf ihm Bestechlichkeit, Betrug und Vorteilnahme im Amt vor. Auf diese Weise sollte Dohnanyi psychisch mürbe gemacht werden. Roeder trug dazu bei, dass sich Dohnanyis Gesundheitszustand ab Sommer 1943 drastisch verschlechterte, da er ärztliche Hilfe für den Schwerkranken (Dohnanyi litt unter diphterischen Lähmungen, konnte nur schwer hören, wenig sehen und kaum schlucken; er konnte später durch seinen Schwiegervater Karl Bonhoeffer ärztlich behandelt werden) verweigerte, vgl. Marikje Smid, Hans von Dohnanyi/Christine Bonhoeffer, a. a. O., 373+418. Nach 1945 wird Roeder nicht zur Rechenschaft gezogen, vgl. Geertje Andresen, Brutal und zynisch, in: der Freitag v. 26.8.2012, online zugänglich unter https://www.freitag.de/autoren/geertje-andresen/brutal-und-zynisch (aufgerufen am 11.10.2024). Von Bonhoeffer sind Briefentwürfe aus der Zeit der Verhöre erhalten geblieben (10.6.-2.8.1943), mittels derer er sich auf seine Verteidigung vorbereitete (vgl. DBA 6, 67-73). Zu Manfred Roeder vgl. weiterführend Heinrich W. Grosse, Manfred Roeder, der Ankläger Dietrich Bonhoeffers – eine deutsche Karriere, in: ders., Niemand kann zwei Herren dienen, a. a. O., 71-100.

[393] Vor den Eltern kaschiert er in Briefen seinen Gemütszustand, aber aus Kassibern ist seine Verzweiflung bekannt. So schreibt er auf einen Zettel: „Selbstmord, nicht aus Schuldbewußtsein, sondern weil ich imgrunde schon tot bin. Schlußstrich. Fazit" (Dietrich Bonhoeffer, Widerstand und Ergebung, 64=DBW 8, 64: außer dem Wort `Fazit´ ist in den Notizen wieder alles

andere verraten und damit den Nazis ausliefern. Den Eltern und der Verlobten versichert er, dass es ihm den Umständen entsprechend gut geht und sie sich keine Sorgen zu machen bräuchten.[394] Aber in einem Kassiber, das heißt in einem an dem Wachpersonal und dem Zensor Roeder vorbei geschmuggelten Brief, den er Dank der Hilfe eines Kontaktmannes, des Unteroffiziers *Knobloch*[395], an Eberhard Bethge senden kann, schreibt er am 15. Dezember 1943 die Wahrheit, nämlich „...dass es trotz allem, was ich so geschrieben habe, hier scheußlich ist, dass mich die grauenhaften Eindrücke oft bis in die Nacht verfolgen und dass ich sie nur durch Aufsagen unzähliger Liederverse verwinden kann und dass dann das Aufwachen manchmal mit einem Seufzer statt mit einem Lob Gottes beginnt. An die physischen Entbehrungen gewöhnt man sich, ja man lebt monatelang sozusagen leiblos – fast zu sehr –, an die psychischen Belastungen

---

durchgestrichen). In der `Ethik´ hatte Bonhoeffer den Selbstmord reflektiert (vgl. DBW 6, 192-199).

[394] „Liebe Eltern! Vor allem müsst Ihr wissen und auch wirklich glauben, dass es mir gut geht..." (Dietrich Bonhoeffer in einem Brief an seine Eltern v. 14. April 1943, in: DBW 8, 43). Dieser Satz durfte auch in Briefen, die von Auschwitz-Häftlingen an ihre Angehörigen durch die Zensur der SS gingen, niemals fehlen (vgl. Sybille Steinbacher, Auschwitz, a. a. O., 30)!

[395] Die anderen Wärter, die ihm halfen, waren die Unteroffiziere Holzendorf und Linke. Holzendorf wurde von der Familie Bonhoeffer `Engel´ genannt. Die Unteroffiziere hörten beispielsweise mit Bonhoeffer im Krankenrevier Radio. Linke sorgte dafür, dass sich Bethge bei einem Gefängnisbesuch im Juni 1944 eine Stunde lang mit Bonhoeffer ungestört in der Sprechzelle unterhalten konnte, indem er die beiden einschloss. „Die drei Helfer sind durch Luftangriffe umgekommen oder bei Kriegsende verschollen" (Ferdinand Schlingensiepen, Dietrich Bonhoeffer, a. a. O., 357).

gewöhnt man sich nicht, im Gegenteil; ich habe das Gefühl, ich werde durch das, was ich sehe und höre, um Jahre älter und die Welt wird mir oft zum Ekel und zur Last."[396] Zwei Tage darauf, also kurz vor Weihnachten 1943, schreibt er an seine Eltern: „In solchen Zeiten erweist es sich eigentlich erst, was es bedeutet, eine Vergangenheit und ein inneres Erbe zu besitzen, das von dem Wandel der Zeiten und Zufälle unabhängig ist. Das Bewusstsein, von einer geistigen Überlieferung, die durch Jahrhunderte reicht, getragen zu sein, gibt einem allen vorübergehenden Bedrängnissen gegenüber das sichere Gefühl der Geborgenheit. Ich glaube, wer sich im Besitze solcher Kraftreserven weiß, braucht sich auch weicherer Gefühle, die meiner Meinung nach doch zu den besseren und edleren der Menschen gehören, nicht zu schämen, wenn die Erinnerung an eine gute und reiche Vergangenheit sie hervorruft. Überwältigen werden Sie denjenigen nicht, der an den Werten festhält, die ihm kein Mensch rauben kann."[397]

---

[396] WEN, 91. Insgesamt gibt es von Bonhoeffer eine 200seitige Korrespondenz mit Eberhard Bethge, die im November 1943 an der Zensur vorbei aus dem Tegeler Gefängnis geschmuggelt wird. Neben den Kassibern präparierte Bonhoeffer die Bücher, die er von seiner Familie erhielt: Winzige, von ihm angebrachte Bleistiftpunkte unter einzelnen Buchstaben in den Büchern gaben über den wahren Gemütszustand des Inhaftierten Auskunft. Wie das System funktionierte, ist sehr schön zu sehen in: Eberhard Bethge/Renate Bethge/Christian Gremmels (Hg.), Dietrich Bonhoeffer, a. a. O., 212.
[397] Dietrich Bonhoeffer, Brief v. 17. Dezember 1943, in: DBW 8, 240.

Bonhoeffer legt sich eine strenge persönliche Disziplin auf: Sport, Kaltwaschungen, Auswendiglernen, Bibellektüre, Lektüre der Herrnhuter Losungen – dadurch hält er seine Moral aufrecht. [398] Abweichungen von diesem strengen Tagesablauf, der der Fremdbestimmung durch den Gefängnisalltag entgegensteht, erlaubt er sich nicht. Am 26. November 1943 kann er plötzlich infolge einer Lockerung der Sprecherlaubnis mehrere Besucher auf einmal im Besucherraum empfangen: seine Eltern, seine Verlobte und Eberhard Bethge. Innerlich gestärkt kehrt Bonhoeffer nach dieser Stunde in seine Zelle zurück.[399] Schon bald rechnet er mit einem glücklichen Ausgang der Verhöre.[400] Noch kann man ihm nicht nachweisen, an der Verschwörung beteiligt zu sein. Bonhoeffer wird bald zum Tröster und Seelsorger seiner Mitgefangenen und berät sie beispielsweise in rechtlichen Fragen. Auch beim Wachpersonal ist er beliebt; einige helfen ihm, Briefe an der Zensur vorbeizuschmuggeln. Weihnachten 1943 schreibt er folgendes Gebet für die Gefangenen und bittet Gefängnispfarrer *Harald Poelchau*, dies zu kopieren und im Gefängnis zu verteilen: „Gott, zu dir rufe ich am frühen Morgen,/hilf mir beten und meine Gedanken sam-

---

[398] Die Lieder Paul Gerhardts bekamen eine besondere Bedeutung für Bonhoeffer (vgl. Jürgen Henkys, Gedichte der Freiheit, a. a. O., 75-82).
[399] Vgl. DBW 8, 209.
[400] An Eberhard Bethge schrieb er am 22.12.1943, dass er „noch keinen Augenblick meine Rückkehr 1939 bereut habe noch auch irgend etwas von dem, was dann folgte. Das geschah in voller Klarheit und mit bestem Gewissen. (…)" (Brief an Eberhard Bethge, in: DBW 8, 253).

meln;/ich kann es nicht allein./In mir ist es finster, aber bei Dir ist Licht;/ich bin einsam, aber Du verläßt mich nicht;/ich bin kleinmütig, aber bei Dir ist die Hilfe;/ich bin unruhig, aber bei Dir ist Frieden;/in mir ist Bitterkeit, aber bei Dir ist die Geduld;/ich verstehe Deine Wege nicht, aber Du weißt rechten Weg für mich."[401]

Nach einiger Zeit werden seine Haftbedingungen des Gefängnisses mit den ca. 800 Insassen – die meisten von ihnen Soldaten, denen militärische Vergehen wie Fahnenflucht vorgeworfen werden, aber auch schlichte Kriminelle befinden sich darunter – erträglicher.[402] Dafür sorgt u.a. *Paul von Hase*, der Stadtkommandant von Berlin und Bonhoeffers Onkel, der ihn auch im Gefängnis besucht.[403] Kommandant von Hase erlaubt seinem Neffen, sich Dinge des persönlichen Bedarfs in die Zelle bringen zu lassen, darunter viele Bücher.[404] So studiert Bonhoeffer naturwissenschaftliche, historische und theologische Bücher, lernt Englisch[405], beschäftigt sich mit Schach und liest viel *Adalbert Stifter, Theodor Fontane*

---

[401] DBW 8, 204f.
[402] Vgl. Bonhoeffers Haftbericht nach einem Jahr in Tegel, in: DBW 8, 380ff.
[403] Vgl. DBW 8, 503. Bonhoeffer schrieb in einem Brief an Bethge (Brief v. 30.6.44), dass Paul von Hase bei einem seiner Besuche „4 Flaschen Sekt auffahren" ließ (DBA 5, 157).
[404] Von seinen Eltern durfte er Lebensmittelpakete erhalten, außerdem Kleidung und Medizin. Später wurde ihm ein Rechtsanwalt gestellt.
[405] Vgl. Brief Dietrich Bonhoeffers an seine Eltern vom 13.10.1943, in: DBA 5, 21.

oder *Jeremias Gotthelf*.[406] Es wird ihm nun auch gestattet, jeden vierten Tag zu schreiben.[407] Er korrespondiert aus dem Gefängnis heraus im Wechsel mit Maria von Wedemeyer[408], die bald der wichtigste Mensch in seinem Leben ist, ferner mit seinen Eltern und mit seinem Freund und Vertrauten Eberhard Bethge.[409] Diese besuchen ihn

---

[406] Dabei entwickelte sich Stifter zu Bonhoeffers Lieblingsschriftsteller. „Bonhoeffer war fasziniert von der Schönheit der Sprache in den Werken Stifters." Vor allem Stifters `Witiko´, den er in der Gefängnisbibliothek entdeckt hatte, hatte es ihm angetan. In einem Bändchen Stifters hinterließ Bonhoeffer sein Testament, „eine chiffrierte Botschaft mittels punktierter Buchstaben" (vgl. Gunter Schmitt, Dietrich Bonhoeffers Lieblingslektüre im Gefängnis. Literarische Berührungen zu Adalbert Stifter, in: DtPfrBl 1/2014, 4-10, Zitate auf 5+8).

[407] Das Schreiben verband ihn mit seinen Mitgefangenen. Einige bewegende und erschütternde Abschiedsbriefe von Widerständlern gegen Hitler sind später veröffentlicht worden, vgl. Helmut Gollwitzer u.a. (Hg.), Du hast mich heimgesucht bei Nacht. Abschiedsbriefe und Aufzeichnungen des Widerstandes 1933-1945, Gütersloh 1951, [8]1994, darunter zu Dietrich Bonhoeffer auf 79-82.

[408] Vgl. Dietrich Bonhoeffer/Maria von Wedemeyer, Brautbriefe Zelle 92. Dietrich Bonhoeffer Maria von Wedemeyer 1943-1945, hg. von Ruth-Alice von Bismarck und Ulrich Kabitz, München 1992, [2]1995. Die Briefe sind ein bewegendes Zeitdokument, Dokumente einer großen Liebe. Inhaltlich beschworen die beiden Briefeschreiber eine heile Welt, eine Gegenwelt, während die reale Welt um sie herum dem Untergang geweiht war. Während in Deutschland Bomben fielen und die Konzentrationslager immer voller wurden, drehte es sich in den Briefen u.a. um „Sofas, Schränke, Schreibtische und Gardinen,…Waldspaziergänge…, die Jagd und das Reiten…, Geschirr,… Blumen" (Wolfgang Seehaber, Maria von Wedemeyer, a. a. O., 255). Sie versicherten sich ihre gegenseitige Liebe, sie beteten, sie sprachen über Gott und redeten dann auch wieder über Banalitäten. Gegen Ende der Korrespondenz wurden die Abstände zwischen den Briefen größer, Zeichen einer Beziehungskrise sind heute erkennbar.

[409] Dietrich Bonhoeffers Briefe und die von weiteren am Widerstand beteiligten Verwandten wurden später von Eberhard und Renate Bethge herausgegeben, vgl. Eberhard Bethge (Hg.), Letzte Briefe im Widerstand. Aus dem

auch regelmäßig, was dem Gefangenen zu einer Art Lebenselixier wird.[410] In Tegel entstehen viele theologische Texte[411], darunter das Werk, das ihn postum weltberühmt machen wird: „Widerstand und Ergebung"[412], eine von Eberhard Bethge 1951 edierte Briefsammlung, bestückt mit theologischen Überlegungen und Gedankensplittern und in viele Sprachen übersetzt. Hier findet sich auch Bonhoeffers viel zitierter Gedanke von der Ohnmacht Gottes in der Welt: „Wenn man von Gott nichtreligiös

---

Kreis der Familie Bonhoeffer, München 1984, [2]1988 (zu Dietrich Bonhoeffer, 111-129).

[410] Nach siebenmonatiger Trennung sahen sich Maria von Wedemeyer und Dietrich Bonhoeffer im Reichskriegsgericht wieder. Unter Aufsicht von Oberstkriegsgerichtsrat Manfred Roeder gaben sie sich den ersten Kuss (Bonhoeffer schrieb darüber in einem Brief an Bethge vom 15.12.1943, vgl. Wolfgang Seehaber, Maria von Wedemeyer, a. a. O., 130). Siebzehn weitere einstündige Besuche folgten (vgl. Eric Metaxas, Bonhoeffer, a. a. O., 709, Anm. 776). Dem Gefangenen gaben diese Besuche Kraft (vgl. Dietrich Bonhoeffer, Brautbriefe, a. a. O., 46). Am 23. August 1944 besuchte Maria von Wedemeyer Dietrich Bonhoeffer zum letzten Mal. Sie sah ihn danach nie wieder.

[411] Ich denke beispielsweise an die ´Traupredigt aus der Zelle´ für die Hochzeit Eberhard Bethges mit Bonhoeffers siebzehnjähriger Nichte Renate Schleicher am 15. Mai 1943, die später zuerst in ´Widerstand und Ergebung´ publiziert und für viele Pfarrer der Nachkriegszeit zum Prototyp einer Traupredigt wurde. In der Zelle entstand auch der Text ´Gedanken zum Tauftag von Dietrich Wilhelm Rüdiger Bethge´ zum 21.5.1944, Bonhoeffers Patenkind. Aus diesem Text stammt der Satz Bonhoeffers, der zu den meist zitierten zählt: „...unser Christsein wird heute nur in zweierlei bestehen: im Beten und im Tun des Gerechten unter den Menschen." Beide Texte sind veröffentlicht in DBW 8, 73-80 und 428-436. Die Taufansprache für Dietrich Bethge, das besondere Vermächtnis Bonhoeffers, gilt als Zusammenfassung von Bonhoeffers Theologie in nuce.

[412] Vgl. Dietrich Bonhoeffer, Widerstand und Ergebung (WEN). Briefe und Aufzeichnungen aus der Haft, hg. von Eberhard Bethge. Mit einem Nachwort von Christian Gremmels, München [14]1990.

sprechen will, dann muss man so von ihm sprechen, dass die Gottlosigkeit der Welt dadurch nicht irgendwie verdeckt, sondern vielmehr gerade aufgedeckt wird und gerade so ein überraschendes Licht auf die Welt fällt. Die mündige Welt ist gottloser und darum vielleicht gerade Gott-näher als die unmündige Welt."[413]

Bonhoeffer denkt in dieser Zeit viel über sich nach[414], schreibt Gebete und Meditationen[415], auch Dramen und Romanversuche[416] und viele Gedichte[417] – für die Eltern und die Verlobte, für seine Mitgefangenen, auch für und über sich selbst.[418] Das Gedicht „Wer bin ich?" gibt Zeugnis vom seelischen Innenleben seines Verfassers in dieser Zeit:

„Wer bin ich? Sie sagen mir oft,
ich träte aus meiner Zelle
gelassen und heiter und fest
wie ein Gutsherr aus seinem Schloss.

---

[413] WEN, 396 = DBW 8, 537.
[414] Vgl. seinen erschütternden Haftbericht nach einem Jahr in Tegel, in: DBA 6, 20-25 (= DBW 8, 380-386).
[415] Vgl. DBA 6, 95-122.
[416] Zu seinen literarischen Versuchen, vgl. DBA 6, 29-63.
[417] Zur Auswahl von Bonhoeffers Gedichten, vgl. DBA 6, 169-204.
[418] Bonhoeffer schrieb die Gedichte in den Monaten Juni bis Dezember 1944. Sie machen einen kleinen Bruchteil seines Werks aus. „In den Gedichten Bonhoeffers kommt sinnfällig zueinander, was allzu oft auseinanderstrebt: Theologie und Biographie, Reflexion und Konfession, christliches Urteil und persönlicher Glaubensakt, Humanität und Frömmigkeit" (Jürgen Henkys, Geheimnis der Freiheit, a. a. O., 12).

Wer bin ich? Sie sagen mir oft,
ich spräche mit meinen Bewachern
frei und freundlich und klar,
als hätte ich zu gebieten.

Wer bin ich? Sie sagen mir auch,
ich trüge die Tage des Unglücks
gleichmütig, lächelnd und stolz,
wie einer, der Siegen gewohnt ist.

Bin ich das wirklich, was andere von mir sagen?
Oder bin ich nur das, was ich selbst von mir weiß?
Unruhig, sehnsüchtig, krank, wie ein Vogel im Käfig,
ringend nach Lebensatem, als würgte mir einer die Keh-
le,
hungernd nach Farben, nach Blumen, nach Vogelstim-
men,
dürstend nach guten Worten, nach menschlicher Nähe,
zitternd vor Zorn über Willkür und kleinlichste Kränkung,
umgetrieben vom Warten auf große Dinge,
ohnmächtig bangend um Freunde in endloser Ferne,
müde und leer zum Beten, zum Denken, zum Schaffen,
matt und bereit, von allem Abschied zu nehmen?
Wer bin ich? Der oder jener?
Bin ich denn heute dieser und morgen ein anderer?
Bin ich beides zugleich? Vor Menschen ein Heuchler
und vor mir selbst ein verächtlich wehleidiger Schwäch-
ling?
Oder gleicht, was in mir noch ist, dem geschlagenen
Heer,
das in Unordnung weicht vor schon gewonnenem Sieg?
Wer bin ich? Einsames Fragen treibt mit mir Spott.

Wer ich auch bin, Du kennst mich, Dein bin ich, o Gott!"[419]

Im Gefängnis in Berlin-Tegel, in dem er monatelang sitzt, macht sich Bonhoeffer auch Gedanken über die Freiheit. Er nennt sein Gedicht „Stationen auf dem Weg zur Freiheit"[420]. Es klingt für uns heute befremdlich, wie er diese einzelnen Stationen benennt: Zucht, Tat, Leiden und Tod. Es ist eine ganz andere Freiheit als die, die wir oft meinen.[421] Es ist die Freiheit vor dem nahenden Ende, für Bonhoeffer der Beginn eines neuen Lebens, wie er selbst sagt. Den Tod, den er in der letzten Strophe fast herbeisehnt, bezeichnet er darin als das „Fest auf dem Wege zur ewigen Freiheit"[422]. Bonhoeffer hat Angst. Er weiß um seine eigene Beteiligung an den Vorbereitungen des Attentats auf den Diktator. Aber noch immer kann man ihm schwer etwas nachweisen. Die Tatbestände des Hoch- oder Landesverrats können nicht bewiesen werden. Übrig bleibt eine Anklage wegen ˋWehrkraftzersetzungˊ

---

[419] Dietrich Bonhoeffer, Wer bin ich?, in: WEN, 187 = DBW 8, 513f.

[420] Das handschriftliche Original, entstanden im Juni 1944, ist abgebildet in: Eberhard Bethge/Renate Bethge/Christian Gremmels (Hg.), Dietrich Bonhoeffer, a. a. O., 219. Zur Interpretation vgl. vertiefend Dorothee Sölle, Die Hinreise. Zur religiösen Erfahrung. Texte und Überlegungen, Stuttgart ⁴1977, 143-153, und Jürgen Henkys, Geheimnis der Freiheit, a. a. O., 121-133.

[421] Vgl. dazu die Interpretation des Gedichts von Petra Bahr, Wunderbare Verwandlung, in: Taufe und Freiheit, hg. vom Rat der EKD, Hannover 2011, 32+33.

[422] Dietrich Bonhoeffer, Stationen auf dem Weg zur Freiheit, zit. nach Jürgen Henkys, Geheimnis der Freiheit, a. a. O., 180f., Zitat auf 181.

durch Bonhoeffers uk-Stellung.[423] Die Familie und Freunde tragen sich mit der Absicht, die Verhöre `versanden´ zu lassen, d.h. Oberstkriegsgerichtsrat Roeder aus dem Verfahren herauszuziehen, was auch gelingt. Sein Nachfolger erhebt tatsächlich keine Anklage und ermittelt auch nicht weiter, es kommt so weder zu einer Hauptverhandlung noch zu einer Verurteilung Bonhoeffers und Dohnanyis – ein vorläufiger Erfolg! Bis zum gescheiterten Putschversuch...

Bonhoeffers Situation im Gefängnis ändert sich schlagartig nach dem misslungenen Attentat auf Hitler vom 20. Juli 1944[424] – nachdem die Gestapo am 22. September 1944 Akten der `Abwehr´, bis dahin unentdeckte Dossiers, die viele der am Militärputschversuch Beteiligten als Konspirateure dekuvrierten, im Außenlager des Oberkommandos der Wehrmacht in Zossen bei Berlin in ei-

---

[423] Dietrich Bonhoeffer hatte 1943 dazu einen Brief geschrieben, adressiert an Hans von Dohnanyi, der von ihm auf den 4.11.1940 zurückdatiert worden war. In ihm sprach er von einer Anfrage Hans von Dohnanyis für die Abwehr und legte seine ökumenischen Kontakte offen. Der fingierte Brief hatte den Zweck, Bonhoeffers uk-Stellung für die Abwehr zu belegen (vgl. DBW 16, 385-390).
[424] „Es lässt sich nur ahnen, wie stark der 20. Juli 1944 als Wende auch in der Tegeler Zelle erwartet worden ist. Am Tag darauf, als der Fehlschlag des Attentats...bekannt geworden war, wußte Bonhoeffer, daß sich mit diesem Datum eine andere Wende ergab... Die Militärjustiz war so gut wie entmachtet; jetzt hatten die Befehlshaber der SS das Heft in der Hand. Vor ihrem Zugriff war auch im Tegeler Gefängnis keiner mehr sicher" (Dietrich Bonhoeffer/Maria von Wedemeyer, Brautbriefe, a. a. O., 200).

nem Panzerschrank gefunden hatte.[425] Die Skandalchronik Hans von Dohnanyis, die darunter war, dokumentierte die Verbrechen der SS im Osten: Morde, Mordversuche, Devisenschiebereien, Berichte darüber, wie man mit Kriegsgefangenen umging – Dohnanyi hatte alles schriftlich festgehalten, um später Beweise zu haben. In den Tagebüchern von Admiral Canaris fanden sich Notizen über Frontreisen zu Kommandeuren, die man für den Putsch gewinnen wollte. Aus all dem wurde ersichtlich, dass Dohnanyi, Oster und Bonhoeffer seit 1938 an der Verschwörung gegen Hitler beteiligt gewesen waren.[426] Der sog. `Zossener Aktenfund´ war möglich geworden, weil Generaloberst Beck darauf gedrängt hatte, das Geheimarchiv der am Widerstand Beteiligten im Amt Canaris aufzubewahren, um später Beweise für die Verbrechen der Nazis zu haben – entgegen den Bestrebungen von Hans von Dohnanyi, der es vernichtet wissen woll-

---

[425] Vgl. Joachim Perels, Das juristische Erbe des `Dritten Reiches´, FfM 1999, 188. Der `Zossener Aktenfund´ beinhaltete: „Aufzeichnungen hinsichtlich der Staatsstreich-Vorbereitungen aus dem Jahre 1938, teilweise von der Hand Osters; Niederschriften über die Ergebnisse der Verhandlungen mit der britischen Regierung über den Vatikan; eine zusammenfassende Darstellung von der Hand des Generaloberst Beck über die Lage nach dem Polenfeldzug; eine Studie aus der Hand des Generals Oster über die Durchführung eines Staatsstreiches; Teile des Tagebuches von Admiral Canaris mit Aufzeichnungen über die Angelegenheiten der Widerstandsbewegung und mit Notizen über Frontreisen zu verschiedenen Kommandeuren, um diese für den Umsturz zu gewinnen; Korrespondenz über die bereits erwähnte Tätigkeit Bonhoeffer und dergleichen mehr" (zit. nach Elke Endrass, Dietrich Bonhoeffer und seine Richter, a. a. O., 48).
[426] Vgl. Eberhard Bethge, Bonhoeffer, Hamburg 1983, 98.

te.[427] Nun liegen Beweise für die Beteiligung Bonhoeffers an der Verschwörung auf dem Tisch! Auf Befehl Hitlers kommt es zu neuen Untersuchungen. Auch Bonhoeffer wird erneut verhört.[428] Er schwebt nun in Lebensgefahr. Er entwickelt Fluchtpläne[429], gibt diese jedoch auf, als er erfährt, dass sein Bruder Klaus und sein Schwager Rüdiger Schleicher im Oktober verhaftet worden sind. Er möchte Sippenhaft vermeiden. Er reflektiert in dieser Zeit, auf sechs Quadratmetern lebend, den Tod mitten im Bombenkrieg[430] fast stündlich vor Augen, auch seinen Glauben: „Ich dachte, ich könnte glauben lernen, indem ich selbst so etwas wie ein heiliges Leben zu führen versuchte. [...] Später erfuhr ich und ich erfahre es bis zur

---

[427] Vgl. Wolfgang Seehaber, Maria von Wedemeyer, a. a. O., 288 und Dietrich Bonhoeffer/Maria von Wedemeyer, Brautbriefe, a. a. O., 205; ferner Josef Ackermann, Dietrich Bonhoeffer, a. a. O., 227 und Marikje Smid, Hans von Dohnanyi/Christine Bonhoeffer, a. a. O., 7ff. und 430ff., die sich gegen den Dohnanyi häufig vorgeworfenen `konspirativen Dilettantismus´ zu Recht zur Wehr setzt.

[428] Die Vernehmungen, die sich bis Mitte Januar 1945 hinzogen, gaben Auskunft über die Motivation der Widerstandskämpfer. Im Vernehmungsprotokoll Hans von Dohnanyis durch Kaltenbrunner vom 9.12.194 wurde festgehalten: „Der Sonderführer von Dohnanyi begründet seine Ablehnung des Nationalsozialismus mit angeblicher Rechtswillkür sowie dem Vorgehen des Nationalsozialismus in der Juden- und Kirchenfrage" (Marikje Smid, Hans von Dohnanyi/Christine Bonhoeffer, a. a. O., 433).

[429] Zu diesem Zweck besorgte ihm die Familie Schleicher einen Monteuranzug, in dem sein Wärter Knobloch Bonhoeffer aus dem Gefängnis herausschmuggeln wollte. Doch dazu kam es nicht (vgl. DB, 928f.)

[430] Bonhoeffer erwähnte in seinen Briefen mehrfach die grauenhaften Ereignisse, die die Bombenabwürfe für die Gefangenen bedeuteten. Er hatte noch die Kraft, seine Mitgefangenen zu trösten (vgl. seinen Brief an Eberhard Bethge vom 1. Februar 1943, in: DBA 5, 98).

Stunde, daß man erst in der vollen Diesseitigkeit des Lebens glauben lernt. Wenn man völlig darauf verzichtet hat, aus sich selbst etwas zu machen – sei es einen Heiligen oder einen bekehrten Sünder oder einen Kirchenmann…, einen Gerechten oder einen Ungerechten, einen Kranken oder einen Gesunden – und dies nenne ich Diesseitigkeit, nämlich in der Fülle der Aufgaben, Fragen, Erfolge und Mißerfolge, Erfahrungen und Ratlosigkeiten leben, – dann wirft man sich Gott ganz in die Arme, dann nimmt man nicht mehr die eigenen Leiden, sondern die Leiden Gottes in der Welt ernst…"[431] In den letzten Jahren erkennt Bonhoeffer mehr und mehr diese tiefe Diesseitigkeit des christlichen Glaubens: „…nicht ein homo religiosus, sondern ein Mensch schlechthin ist der Christ, wie Jesus… Mensch war."[432] Berühmt wird Dietrich Bonhoeffers in Tegel formuliertes `Glaubensbekenntnis´:

„Ich glaube, dass Gott aus allem, auch aus dem Bösesten,
Gutes entstehen lassen kann und will.
Dafür braucht er Menschen,
die sich alle Dinge zum Besten dienen lassen.

---

[431] Dietrich Bonhoeffer, zit. nach Dietrich Bonhoeffer/Maria von Wedemeyer, Brautbriefe, a. a. O., 200f.; auch DBW 8, 542f. und DBA 5, 172. Bonhoeffers Tegeler Theologie wird gerne auch mit dem folgenden Satz näher gefasst: „Gott ist mitten in unserm Leben jenseitig" (Brief Dietrich Bonhoeffers v. 30.4.1944, in: DBW 8, 408). Sie wurde auch schon „neue Theologie" (Ferdinand Schlingensiepen, Dietrich Bonhoeffer, a. a. O., 365) genannt.
[432] Dietrich Bonhoeffer, Brief vom 21.7.1944 an Eberhard Bethge, zit. nach Eberhard und Renate Bethge (Hg.), Letzte Briefe im Widerstand. Aus dem Kreis der Familie Bonhoeffer, München 1984, 2 1988, 122.

Ich glaube, dass Gott uns in jeder Notlage
so viel Widerstandskraft geben will, wie wir brauchen.
Aber er gibt sie nicht im Voraus, damit wir uns nicht auf
uns selbst,
sondern allein auf ihn verlassen.
In solchem Glauben müsste alle Angst vor der Zukunft
überwunden sein.
Ich glaube, dass auch unsere Fehler und Irrtümer
nicht vergeblich sind, und dass es Gott nicht schwerer ist,
mit ihnen fertig zu werden, als mit unseren vermeintlichen
Guttaten.
Ich glaube, dass Gott kein zeitloses Fatum ist,
sondern dass er auf aufrichtige Gebete und verantwortli-
che Taten wartet und antwortet.[433]

Im Zuge des 20. Juli 1944 wird auch Eberhard Bethge verhaftet.[434] Dietrich Bonhoeffer wird am 8. Oktober 1944 aus seiner Zelle 92 in ein Kellerverlies des Reichssicherheitshauptamtes in der Prinz-Albrecht-Straße verlegt.[435]

---

[433] Dietrich Bonhoeffer, in: DBW 8, 30f.
[434] Eberhard Bethge wurde ins Gefängnis des RSHA in der Lehrter Straße 3 gebracht. Briefe Dietrich Bonhoeffers an ihn verbrannte er aus Sicherheitsgründen zuvor. Er verließ das Gefängnis am 25. April 1945 als freier Mann.
[435] Das berüchtigte Gefängnis der politischen Polizei in der Prinz-Albrecht-Straße 8 in Berlin-Mitte/Nähe des Potsdamer Platzes (heute: Niederkirchnerstraße), in der Bonhoeffer vom 8. Oktober 1944 bis zum 7. Februar 1945 inhaftiert worden war und in dem viele Häftlinge gefoltert wurden, ist abgebildet in: Informationszentrum Berlin, Stätten des Widerstands in Berlin 1933-1945, o. D., 6. Das Bild einer zerstörten Zelle in der Prinz-Albrecht-Straße ist gut zu sehen in Christoph U. Schminck-Gustavus, Der `Prozeß´ gegen Dietrich Bonhoeffer und die Freilassung seiner Mörder, Bonn 1995, 18. Heute befindet sich auf dem Gelände die Ausstellung `Topographie des Terrors´, vgl. R. Rürup (Hg.), Topographie des Terrors. Gestapo, SS und RSHA auf dem `Prinz-Albrecht-Gelände´. Eine Dokumentation, Berlin 1987.

Nun ist er Gefangener der Gestapo. Dort wird er bis zum 7. Februar 1945 bleiben, vier Monate lang in einer knapp zweieinhalb mal anderthalb Meter großen Zelle. Informelle Informationswege sind ihm ab da verwehrt. Die Haftbedingungen sind hart. Bewegung an der frischen Luft gibt es ab jetzt keine mehr. Das Essen ist schlecht. Nur wenige Briefe Bonhoeffers aus dieser Zeit sind erhalten. Bonhoeffers Mithäftlinge sind *Carl Goerdeler*, Admiral Wilhelm Canaris, *Dr. Josef Müller*, die Generäle Hans Oster, *Franz Halder* und *Georg Thomas*, Generalrichter *Karl Sack* und *Fabian von Schlabrendorff*[436]. Canaris und Oster werden grausamen Verhören unterworfen, Canaris wird unter der Folter die Nase gebrochen. Gelegentlich

---

Auf dem Gelände hatten von 1933 bis 1945 die berüchtigtsten Einrichtungen des nationalsozialistischen Verfolgungs- und Terrorapparats ihren Sitz: die Geheime Staatspolizei (Gestapo), die Schutzstaffel (SS), der SS-Sicherheitsdienst (SD) und das Reichssicherheitshauptamt (RSHA). Die durch die alliierten Luftangriffe stark beschädigten Gebäude wurden renaturiert, der Ort des Terrors wurde unsichtbar gemacht. Dreißig Jahre später wurde die Bedeutung des Ortes erkannt, so dass das Gelände ein Erinnerungsort für den nationalsozialistischen Terror wurde, zu dem heute freigelegte Gebäudereste und ein im Mai 2010 eröffnetes Dokumentationszentrum gehören. 1988 waren Fundamente von fünf Zellen des Hausgefängnisses gefunden und als Bodendenkmal gekennzeichnet worden.

[436] Bonhoeffers Mithäftling Fabian von Schlabrendorff, Maria von Wedemeyers Cousin, Mitbeteiligter am Attentatsversuch vom 13. März 1943 und später zufällig Zellennachbar Bonhoeffers in der Prinz-Albrecht-Straße, ist eine zeitgenössische Erinnerung an Dietrich Bonhoeffer aus der Prinz-Albrecht-Straße zu verdanken. Er beschreibt ihn als „gleichbleibend freundlich und gegen jedermann zuvorkommend" (Dietrich Bonhoeffer/Maria von Wedemeyer, Brautbriefe, a. a. O., 207). Im Unterschied zu Schlabrendorff selbst, der unter Depressionen litt, war Bonhoeffer ihm zufolge stets hoffnungsvoll gestimmt.

kommt es im RSHA auf dem Weg zum Duschraum zu Begegnungen der Gefangenen untereinander. Es gelingt Bonhoeffer, unbemerkt zu Hans von Dohnanyi, der gefoltert wurde und seitdem gelähmt in seiner Zelle liegt, zu gelangen und sich mit ihm zu beraten und Absprachen zu treffen, so dass beider Aussagen bei den Vernehmungen gleich sind.[437] Als das Gefängnis am 3. Februar 1944 aufgrund heftiger Tagesluftangriffe durch fast tausend US-amerikanische `Fliegende Festungen´ mit abgeworfenen dreitausend Tonnen Bomben schwer beschädigt wird und damit zu unsicher ist, evakuiert man Bonhoeffer und weitere prominente Gefangene[438] – „Schlüsselfigu-

---

[437] Hans von Dohnanyi war ab Januar 1945 im RSHA-Kellergefängnis dem Kriminalrat Kurt Stawitzki (1900-1959) ausgeliefert, der brutal war und ihm jede Pflege vorenthielt. Hans von Dohnanyi wurde der Gang zur Toilette verweigert, der Gelähmte wurde in seinen Exkrementen in seiner engen, feuchten, düsteren und stinkenden Zelle einfach liegen gelassen. Dietrich Bonhoeffer wird in dieser Zeit – von Oktober 1944 bis Januar 1945 – von Walter Huppenkothen und Franz Xaver Sonderegger verhört. Er ist aller Wahrscheinlichkeit nach dabei nicht gefoltert worden.

[438] Darunter befinden sich u.a. Dr. Josef Müller (1898-1979), Hauptmann Ludwig Gehre, General Ernst von Falkenhausen (1878-1966, ehemals Militärbefehlshaber in Belgien und Nordfrankreich) und General Dr. Friedrich von Rabenau (1884-1945, mit dem sich Bonhoeffer die letzten zwei Monate die Zelle geteilt hatte), Korvettenkapitän Franz-Maria Liedig (1900-1967), Dr. Hermann Pünder (1888-1976, ehemals Staatssekretär der Reichskanzlei und nach 1945 CDU-Politiker), Wassilij Kokorin (sowjetischer Luftwaffenoffizier und Neffe des sowjetischen Außenministers Molotows), der Brite Hugh Falconer von der Royal Air Force, Erich Heberlein (der ehemalige deutsche Gesandte in Spanien) und dessen Frau Margot, Werner von Alvensleben (1875-1947), Gottfried Graf von Bismarck-Schönhausen (1901-1949, ein Enkel Otto von Bismarcks), Captain Sigismund Payne Best (1885-1978) vom britischen Geheimdienst, Oberstleutnant Horst von Petersdorff (1892-1962). Dazu kamen zwei Schwerverbrecher, die KZ-Ärzte Dr. Sigmund Rascher

ren in der Verschwörung gegen Hitler und Prominente, die bei den Nazis in Ungnade gefallen waren..."[439] – und bringt sie am 7. Februar 1945 ins KZ Buchenwald[440]. Zum ersten Mal sieht Bonhoeffer nach vier Monaten Haft wieder Tageslicht und kann sich unter freiem Himmel aufhalten. Mit Müller zusammen aber legt man ihn in Handschellen. Dreihundert Kilometer geht es nun gen Süden, in eines der Todeszentren der Nazis. Dort in Buchenwald wird er außerhalb des eigentlichen Lagers mit seinen Mithäftlingen zwei Monate lang bis Anfang April in einem fensterlosen, feuchten und kalten Kellerverlies, das einst als SS-Militärgefängnis gedient hatte, gefangen gehalten werden.

(1909-1945, als NS-Medizinverbrecher bekannt für seine unmenschlichen Höhen- und Unterkühlungsversuche mit Häftlingen im KZ Dachau) sowie Waldemar Hoven (1903-1948, Tod durch Erhängen), ehemals der Lagerarzt von Buchenwald.

[439] Eric Metaxas, Bonhoeffer, a. a. O., 628f.

[440] Im KZ Buchenwald vor Weimar waren zwischen 1937 und 1945 etwa 240000 Personen aus dreißig Nationen in Haft, ca. 56000 Menschen starben an den unmenschlichen Lagerbedingungen oder wurden ermordet. Karl Koch (1897-1945), korrupter SS-Lagerkommandant von Buchenwald, soll seiner Frau Ilse, der „Hexe von Buchenwald", wie sie von den Häftlingen wegen ihrer sadistischen Grausamkeit genannt wurde, eine Lampe aus tätowierter Menschenhaut mit einem Ständer aus menschlichem Fuß als Geschenk gemacht haben. Bonhoeffer waren solche grauenhaften Berichte durch Hans von Dohnanyi bekannt, vgl. Eric Metaxas, a. a. O., 632+638, und https://www.mdr.de/nachrichten/thueringen/mitte-thueringen/weimar/kz-gedenkstaette-buchenwald-lampenschirm-aus-menschenheit-gutachten-benecke-100.html (aufgerufen am 11.10.2024).

6. Das Ende

Berlin, 5. April 1945. Unaufhaltsam nähern sich sowjetische Panzer der Reichshauptstadt Berlin. Das Ende des Krieges ist absehbar. Daraufhin beschließt die NS-Führung während der Mittagsbesprechung die Hinrichtung prominenter Gefangener aus dem Widerstand, die sich seit langem in KZ-Haft befinden. Gestapo-Chef *Heinrich Müller* soll die Befehle Hitlers und Himmlers umsetzen. Er gibt den Auftrag an SS-Standartenführer *Walter Huppenkothen* [441] weiter. Dieser fährt zunächst ins KZ Sachsenhausen.[442] Am 6. April ist er dort ˋAnkläger´ eines Standgerichts [443], das dem Mord an Hans von Dohnanyi einen legalen Anstrich verleihen soll. Denn selbst nach den Gesetzen des NS-Regimes ist dieses SS-Standgericht rechtswidrig!

---

[441] Walter Huppenkothen, einer der Folterknechte Hans von Dohnanyis, galt als Sadist. Er war auch in anderen Fällen wegen Aussagenerpressung, Körperverletzung und Folter angeklagt worden und wurde nach 1945 zu sechs Jahren Gefängnis verurteilt, vgl. Sammlung Rüter, Bd. XIII, Lfd. Nr.: 420. Die Verhandlung wurde seinerzeit gefilmt. Den Film kann man ausleihen beim Landesfilmdienst Baden-Württemberg oder beim Kreismedienzentrum Freiburg.

[442] Einen Eindruck über die erschütternden Zustände in den Konzentrationslagern, wie sie ähnlich auch im KZ Sachsenhausen waren, geben die Fotos in dem Buch ˋKonzentrationslager Dokument F 321´, 17. Auflage 2001, bes. 263-326. Im Blick auf die Psychologie der KZ-Häftlinge vgl. Eugen Kogon, Der SS-Staat, Das System der deutschen Konzentrationslager, München ⁷1979, 381-404.

[443] Zu der Institution ˋStandgericht vgl. Elke Endraß, Dietrich Bonhoeffer und seine Richter, a. a. O., 122-129.

Dietrich Bonhoeffer ist in der Zwischenzeit mit einem Gefangenentransport vom KZ Buchenwald ins KZ Flossenbürg nördlich von Weiden in der Oberpfalz unterwegs.[444] Für die siebzehn Gefangenen aus dem Kellerbunker in Buchenwald gibt es in dem stickigen Wagen auf der langen Fahrt nichts zu essen und nichts zu trinken. Gefahren wird wegen der Fliegerangriffe vor allem nachts. Der überalterte Kastenwagen – ein sog. Holzvergaser, der mit Holzgas statt Benzin oder Diesel betrieben wird – kommt mit 25-30 km/h nur langsam voran und fährt zunächst an dem südöstlich von Bayreuth gelegenen KZ Flossenbürg[445] vorbei, weiter in Richtung Süden nach Regensburg. Dort bringt man die Gefangenen aus dem KZ Buchenwald ins Gerichtsgefängnis. Alle haben Hunger und machen so lange Lärm, bis sie eine warme Suppe erhal-

---

[444] Eberhard Bethge hat die Begebenheiten des Transports eindrücklich beschrieben (vgl. Anhang `Die letzten Tage´, in: WEN, 221-228, und ders., DB, 1025-1038). Vgl. dazu auch weiterführend Volker Koop, In Hitlers Hand. Sonder- und Ehrenhäftlinge der SS, Weimar-Wien 2010.

[445] Das KZ Flossenbürg war ein Vernichtungslager. Es war im Mai 1938 als Straflager errichtet worden. Insgesamt waren dort ca. 84000 Männer und 16000 Frauen inhaftiert, ca. 30000 Menschen überlebten die Haft nicht. Die SS des KZ Flossenbürg war an mindestens 2500 systematischen Morden beteiligt. Am 23. April 1945 wurde das KZ durch die US-Army befreit, vgl. Martin Weinmann (Hg.), Das nationalsozialistische Lagersystem, FfM 2001, 210 und 559. Es handelt sich bei dem Buch um eine bearbeitete Version des auf den als Behördenhandbuch konzipierten Catalogue of Camps and Prisons in Germany and German-Occupied Territories September 1030-May 1945, prepared by International Tracing Service. Records Branch. Documents Intelligence Section, Arolsen (July 1949/March 1951). Heute gibt sich der Ort freundlich (https://flossenbuerg.de) und das ehemalige KZ ist längst zu einer Gedenkstätte geworden https://www.gedenkstaette-flossenbuerg.de/de/, beide Links aufgerufen am 11.10.2024).

ten. Am nächsten Morgen ist die Überraschung groß, als man auf den Gängen einige Bekannte trifft – Angehörige der Familien von Widerständlern, die dort in `Sippenhaft´ sitzen.[446] Es gelingt Bonhoeffer, sich an der Zellentür mit Carl Friedrich Goerdelers Witwe über das Ende ihres am 2. Februar hingerichteten Mannes auszutauschen und über seine Zeit in der Prinz-Albrecht-Straße zu berichten. Am späten Nachmittag des Donnerstags, den 5. April, werden die Buchenwald-Häftlinge dann wieder in den Transporter verladen. Die Fahrt geht weiter in Richtung Süden. Doch nach einigen Kilometern ist die Lenkung des alten Fahrzeugs defekt, der Wagen bleibt liegen. Über einen Fahrradfahrer, der zufällig des Weges daher kommt, wird ein Ersatzwagen von der Polizei aus Regensburg angefordert. Es wird dunkel und es regnet. Man wartet, aber nichts passiert. Als ein Motorradfahrer vorbeifährt, wird er von einem der Wächter angehalten. Dieser nimmt das Motorrad und fährt damit nach Regensburg. Dort hatte der Radfahrer zwar seine Pflicht getan, aber das Polizeiauto hatte den Gefangenentransport nicht gefunden und war wieder umgekehrt. Inzwischen ist es 11.00 Uhr morgens. Ein großer Bus mit gepolsterten

---

[446] Gemeint sind u.a. Angehörige der Familien Goerdeler, von Stauffenberg, von Hassel, von Hammerstein und auch der Industrielle Fritz Thyssen (1873-1951), der zuerst zu den Unterstützern Hitlers und später zu seinen Gegnern gehörte. Für viele der Gefangenen war Schönberg die Durchgangsstation in die Freiheit. Man transportierte sie nach Niederdorf in Südtirol weiter, wo sie durch Wichard von Alvensleben (1902-1982) aus den Händen der SS befreit wurden.

Sitzen kommt an und nimmt die Gefangenen auf. Mit dabei sind zehn neue, mit Maschinenpistolen bewaffnete Angehörige des SD, einer SS-Einheit. Am frühen Nachmittag des 6. April erreicht der Transport ohne weitere Störungen sein Ziel, das Dorf Schönberg im Bayerischen Wald, zwischen Zwiesel und Passau gelegen. Die Gefangenen sind hungrig, die Stimmung aufgekratzt. An der Dorfschule werden die Häftlinge ausgeladen und einquartiert. Dort sind schon andere politische Gefangene inhaftiert, zusammen mit den Neuankömmlingen sind es jetzt hundertfünfzig. Bonhoeffer hat seine Bibel dabei sowie seinen Goethe und seine Ausgabe des Plutarch, die er sich am 17. Januar aus der Prinz-Albrecht-Straße von seinen Eltern erbeten und zu seinem 39. Geburtstag durch Kriminalsekretär Sonderegger erhalten hatte. Die Gefangenen beziehen einen Saal im Obergeschoss mit einer fantastischen Aussicht auf die Landschaft des Itztals. Die Betten sind frisch bezogen, es gibt ein paar Pellkartoffeln zu essen. Es riecht nach Freiheit. Unter den Gefangenen verschafft sich die Hoffnung Raum, dass das Kriegsende absehbar ist und es deshalb wohl kaum noch zu großen Gerichtsverfahren gegen sie kommen würde. Aber der Schein trügt.

SS-Mann Huppenkothen war aus dem KZ Sachsenhausen nachmittags wieder nach Berlin zurückgekehrt. Er hatte über den kranken, nicht verhandlungsfähigen und

auf einer Bahre liegenden Hans von Dohnanyi das Todesurteil gesprochen.[447] Einen Tag später, am Samstag,
den 7. April 1945, reist er zum KZ Flossenbürg und trifft
noch am selben Tag Vorkehrungen für das Standgericht
gegen Bonhoeffer, Canaris, Oster, Sack, Gehre und
Strünck. Zum vorsitzenden Richter war am 5. April der
SS-Sturmbannführer Dr. *Otto Thorbeck* aus Nürnberg
bestellt worden. Doch als man die Anwesenheitsliste
überprüft, stellt man fest, dass Dietrich Bonhoeffers Name fehlt – er war mit einem falschen Transport in Richtung Süden unterwegs! Trotz Benzinmangels und Auto-
knappheit setzt Huppenkothen alles daran, Bonhoeffer
aus dem 150 km entfernten Schönberg nach Flossenbürg
zurückzuholen.

Dort war Bonhoeffer unterdessen dem Wunsch eines
Mithäftlings nach einer Andacht nachgekommen. Nach-
dem er sich vergewissert hatte, dass auch die anderen
Mitgefangenen damit einverstanden waren, hatte er am
Sonntag, den 8. April 1945 im hellen Schulsaal von
Schönberg die biblischen Worte für Quasimodogeniti,
den ersten Sonntag nach Ostern, gelesen und die Tages-
losung ausgelegt: „Durch seine Wunden sind wir geheilt"
(Jes 53, 5) und „Gelobet sei Gott, der Vater unseres

---

[447] Hans von Dohnanyi hatte einen aussichtslosen Kampf mit Manfred Roeder geführt. Vgl. dazu ausführlich Thomas O. H. Kaiser, Hans von
Dohnanyi. Ein Liberaler im Widerstand gegen Hitler, in: liberal. Vierteljahreshefte für Politik und Kultur 2/1995, 61-70.

Herrn Jesus Christus, der uns nach seiner großen Barmherzigkeit wiedergeboren hat zu einer lebendigen Hoffnung durch die Auferstehung Jesu Christi von den Toten"
(1. Petr 1, 3). Kurz vor Ostern sprach Bonhoeffer vom
menschlichen Leid und von der Barmherzigkeit Gottes in
Jesus Christus: Es sollte sein letzter Gottesdienst sein,
vierundzwanzig Stunden vor seiner Hinrichtung. Danach
wurde er von zwei zivilen Gesandten Huppenkothens
abgeholt. Er verabschiedete sich von seinen Mitgefangenen: „Mit einem schlechten Bleistift drückte er in über-
großen Buchstaben seine Namen mit der Anschrift vorn,
hinten und in der Mitte des Plutarch. So ließ er ihn liegen,
damit dieses Buch im späteren Chaos eine Spur zeigen
möchte. Einer der Söhne Goerdelers hat das Buch an
sich genommen und nach Jahren als das letzte Lebens-
zeichen der Familie Bonhoeffer übergeben."[448] Vor seiner
Rückkehr ins hundertsechzig Kilometer entfernte, nordöstlich von Schönberg gelegene KZ Flossenbürg hatte
Bonhoeffer seinen Mitgefangenen, den britischen Nach-
richtendienstoffizier *Sigismund Payne Best*, gebeten, eine mündliche Nachricht an seinen alten Freund Bischof
George Bell of Chichester weiterzuleiten.[449] Über Payne
Best haben sich also diese anscheinend letzten Worte
Dietrich Bonhoeffers gehalten: „Am nächsten Tag, Sonn-

---

[448] Eberhard Bethge, Anhang `Die letzten Tage´, in: WEN, 227 und ders.,
DB, 1037.
[449] Vgl. Bonhoeffers Worte auf Englisch in: DBW 16, 468.

tag, den 8. April 1945, hielt Pastor Bonhoeffer einen kurzen Gottesdienst und sprach auf eine Weise zu uns, die allen zu Herzen ging. Er fand genau die richtigen Worte, um der Stimmung unserer Gefangenschaft und den Gedanken und Entschlüssen, die sie mit sich gebracht hatte, Ausdruck zu verleihen. Kaum hatte er das Schlussgebet beendet, da öffnete sich die Tür und zwei übel aussehende Männer in Zivil traten ein und sagten: `Gefangener Bonhoeffer, fertigmachen, mitkommen.´ Dieses Wort `Mitkommen´ hatte unter den Gefangenen nur eine Bedeutung: das Schafott. Wir verabschiedeten uns von ihm – er nahm mich beiseite – `Dies ist das Ende´, sagte er. `Für mich der Anfang des Lebens.´ Dann gab er mir eine Nachricht, die ich, wenn ich könnte, dem Bischof von Chichester, einem Freund aller Bekenntnispfarrer in Deutschland, überbringen sollte. Am nächsten Tag wurde er in Flossenbürg erhängt…“[450] An anderer Stelle heißt es über Bonhoeffers angeblich letzte Worte bei Payne Best: „Bitte überbringen Sie diese Nachricht von mir an den Bischof von Chichester, sagen Sie ihm, für mich ist dies das Ende, aber auch der Anfang – mit ihm glaube ich an den Grundsatz unserer universalen christlichen Brüder-

---

[450] Payne Best gab diese Worte auf Englisch weiter. Sie finden sich erstmals in seinem Buch `The Venlo Incident´, London 1950, 202, liegen also erst fünf Jahre nach Bonhoeffers Tod in schriftlicher Form vor. Die hier verwendete deutsche Übersetzung des Zitats befindet sich bei Jörgen Glenthoj, Zwei Zeugnisse von der Ermordung Dietrich Bonhoeffers, in: Rainer Mayer/Peter Zimmerling (Hg.), Dietrich Bonhoeffer aktuell, a. a. O., 95.

lichkeit, der über allem Hass zwischen den Völkern steht, und dass unser Sieg gewiss ist – sagen Sie ihm auch, dass ich seine Worte bei unserer letzten Begegnung nie vergessen habe."[451] An wiederum anderer Stelle lautet der Wortlaut: „Sagen Sie dem Bischof, dies ist für mich das Ende, aber auch der Anfang. Mit ihm (dem Bischof) glaube ich an unsere universale christliche Bruderschaft, die sich über alle nationalen Interessen erhebt, und glaube daran, dass uns der Sieg gehört."[452]

---

[451] So die Worte Dietrich Bonhoeffers in einem Brief von Sigismund Payne Best an Bischof George Bell von Chichester vom 13. Oktober 1953. Der inzwischen verstorbene Bonhoeffer-Forscher Jörgen Glenthoj ist bei seinen Recherchen in der Lambeth Palace Library auf den Briefwechsel zwischen S. Payne Best und Bischof George Bell gestoßen und hat herausgefunden, dass der erste Kontakt zwischen Best und Bell erst ein Jahr nach Bonhoeffers Tod von Payne Best ausging (Schreiben vom 18. September 1946) und erst nach sieben Jahren (!) von George Bell persönlich beantwortet wurde (Schreiben vom 21. September 1953). Dennoch geht Jörgen Glenthoj aufgrund einer Wortfeldanalyse davon aus, dass der Abschiedsgruß Bonhoeffers authentisch ist – eine Schlussfolgerung, die m.E. mit dieser Sicherheit so nicht gezogen werden kann. Zum einen ist kritisch anzumerken, dass mehr als fünf bzw. sieben Jahre zwischen Bonhoeffers angeblich letzten Worten und Bests Buch und Brief liegen; zum anderen ist wohl kaum auf eine Wortfeldanalyse Verlass, wenn es sich bei den angeblich authentischen Worten um eine englische Wiedergabe handelt. Daran ändert auch das von Glenthoj angeführte Argument, dass Payne Best als Nachrichtenoffizier besonders professionell geschult worden war und so entsprechend über ein besonderes Gedächtnis verfügte, nichts. Vgl. dazu Jörgen Glenthoj, Zwei Zeugnisse von der Ermordung Dietrich Bonhoeffers, in: Rainer Mayer/Peter Zimmerling (Hg.), Dietrich Bonhoeffer aktuell, a. a. O., 84-96, bes. 89f. In Anmerkung 10 auf 90f. befindet sich die deutsche Übersetzung der `letzten Worte´ Dietrich Bonhoeffers, nach der hier zitiert wurde.
[452] Dietrich Bonhoeffer, Gesammelte Schriften, Bd. 1, München 1958, 412.

Noch am selben Tag, am 8. April 1945, hält Walter Huppenkothen, der mit seiner schwangeren Ehefrau nach Flossenbürg mit dem Auto angereist war, ein Standgericht gegen Dietrich Bonhoeffer. Das Standgericht besteht aus Dr. *Otto Thorbeck*[453] als Vorsitzendem, Walter Huppenkothen als Vertreter der Anklage und dem Lagerkommandanten *Max Koegel* als Beisitzer.[454] Das Standgericht weist erhebliche Verfahrensmängel auf: So ist Huppenkothen kein Staatsanwalt, der Beisitzer ist nicht ordnungsgemäß besetzt (außerdem fehlt anscheinend ein zweiter), einen Verteidiger für den Angeklagten gibt es nicht, der Ort ist falsch, auch wird kein Protokoll der Verhandlung geführt, die Urteile werden nicht bestätigt

---

[453] SS-Richter Otto Thorbeck wurde nach dem Krieg freigesprochen, vgl. Sammlung Rüter, Bd. XIII, Lfd. Nr.: 420. Prof. Dr. Christiaan Frederik Rüter (geb. 1938) ist ein niederländischer Strafrechtler und Experte von NS-Prozessen, der das Projekt `Justiz und NS-Verbrechen´ an der Universität Amsterdam geleitet hat. Unter seiner Mitherausgeberschaft erschienen ca. 63 Bände mit ca. 3200 Urteilen aus ca. 1900 Verfahren „der Ermittlung, Dokumentation und Veröffentlichung von nach 1945 durchgeführten Strafprozessen zu NS-Tötungsverbrechen in Ost- und Westdeutschland" (https://de.wikipedia.org/wiki/Christiaan_F._Rüter, aufgerufen am 11.10.2024). Thorbeck arbeitete nach 1945 wieder als Rechtsanwalt in Stein, einem Vorort von Nürnberg. Er wurde 1976 auf dem Friedhof Oberweihersbuch beigesetzt. In einer Denkschrift über den Friedhof veröffentlichte seine Schwiegertochter Hanna Thorbeck einen Nachruf, in dem Bonhoeffers Gedicht `Von guten Mächten´ zum Schluss zitiert wurde, was vielfach Empörung auslöste. Zum Freispruch vgl. https://opinioiuris.de/entscheidung/1665 (aufgerufen am 11.10.2024).
[454] Vgl. dazu Christoph U. Schminck-Gustavus, Der `Prozeß´, a. a. O., bes. 35-50. Der Autor (geb. 1942), Rechtshistoriker und Professor für Rechtsgeschichte an der Universität Bremen, bezieht sich u.a. auf Prozessakten der Sammlung Rüter (nicht Rüters, wie fälschlich auf 8) aus Amsterdam.

und nicht überprüft. Außerdem: Die notwendigen Erfordernisse für die Einberufung eines schnell zu urteilenden Standgerichts werden ad absurdum geführt, weil die den Angeklagten zur Last gelegten Taten ca. sieben Jahre zurückliegen.[455] Ein Kriegs-Standgericht dient dazu, eben begangene Taten möglichst schnell abzuurteilen, um die Ordnung aufrechtzuerhalten und die Sicherheit der Truppe zu gewährleisten. Für die Angehörigen der Wehrmacht wäre eigentlich ein Kriegsgericht zuständig gewesen – kein mit SS-Angehörigen besetztes Standgericht.

Dietrich Bonhoeffer wird der Mitwisserschaft und der Teilnahme an den allgemeinen Umsturzversuchen gegen Hitler und damit des Hoch- und Landesverrats angeklagt. Es ist ein reiner Schauprozess, eine nächtliche Scheinverhandlung[456] in der Lagerwäscherei, bei der das Urteil schon vor der Verhandlung feststeht: Tod aller Angeklagten. In den frühen Morgenstunden des 9. April 1945, an einem Montag, kurz vor der Befreiung des Lagers durch die amerikanischen Streitkräfte[457], wird Dietrich Bonhoef-

---

[455] Vgl. zum `Prozess´ weiterführend online: https://lbib.de/pdf_dateien/bug129.pdf (aufgerufen am 11.10.2024). Zum Standgericht und weiteren Mängeln im `Prozess´ gegen Dietrich Bonhoeffer vgl. Elke Endraß, Bonhoeffer und seine Richter. Ein Prozeß und sein Nachspiel, Stuttgart 2006, 122-129.
[456] Vgl. dazu auch Elke Endraß, Bonhoeffer und seine Richter, a. a. O., 57.
[457] Mit dem Eintritt der Vereinigten Staaten von Amerika war der Krieg entschieden. Die Amerikaner befreiten viele KZs und hielten die unmenschlichen Zustände dort im Bild fest (vgl. die Dokumentation von Ken Burns/Lynn Novick, The War. Die USA und der Zweite Weltkrieg, Teil 1: 1941-1943+Teil 2: 1944-1945 [2009]).

fer in Flossenbürg aus einer der Zellen des Arresthauses geholt und auf Befehl Hitlers im angrenzenden Hof durch den Strang hingerichtet.[458] Mit ihm sterben Admiral *Wilhelm Canaris*, Generalmajor *Hans Oster*, Generalstabsrichter *Dr. Karl Sack*, Hauptmann der Reserve Dr. *Ludwig Gehre*, Hauptmann der Reserve *Dr. Theodor Strünck* und General *Dr. Friedrich von Rabenau*, die wie Bonhoeffer von dem SS-Standgericht wegen politischen Hochverrats und `Kriegsverrates´[459] zum Tode verurteilt worden waren und die wie er durch Erhängen hingerichtet werden. Eine verbreitete, aber unwahrscheinliche Darstellung von Dietrich Bonhoeffers letzten Minuten vor seiner Hinrichtung geht auf eine Beschreibung des SS-Arztes *Hermann Fischer-Hüllstrung,* der bei den Hinrichtungen dabei war, zurück. Er zeichnet ein Bild des im Gebet vor Gott knienden Gefangenen, der gottergeben und gefasst mit seinem Leben abschließt.[460] „Am Morgen des betreffenden Tages etwa zwischen 5 und 6 Uhr wurden die Gefange-

---

[458] Eberhard Bethge hat die letzten Wochen und Tage im Leben seines Freundes – spannend zu lesen – rekonstruiert, vgl. E. Bethge, DB, 1026ff.

[459] `Kriegsverrat´ war ein deutscher juristischer Begriff für `Feindbegünstigung´, der von Hitler und seinen braunen Juristen schon 1934 so verschärft worden war, dass fast jedes opponierende Verhalten (auch politischer Widerstand, Schwarzmarktvergehen oder Unterstützung von Juden) damit geahndet werden konnte. Am 8.9.2009 wurden alle NS-Unrechtsurteile wegen Kriegsverrats vom Deutschen Bundestag einstimmig aufgehoben, vgl. https://de.wikipedia.org/wiki/Kriegsverrat_im_Nationalsozialismus (aufgerufen am 11.10.2024).

[460] Vgl. die Beschreibung von H. Fischer-Hüllstrung, in: Wolf-Dieter Zimmermann (Hg.), Begegnungen mit Dietrich Bonhoeffer. Ein Almanach, München 1964, 192.

nen, darunter Admiral Canaris, General Oster...und Reichsgerichtsrat Sack aus den Zellen geführt und die kriegsgerichtlichen Urteile verlesen. Durch die halbgeöffnete Tür eines Zimmers im Barackenbau sah ich vor der Ablegung der Häftlingskleidung Pastor Bonhoeffer in innigem Gebet mit seinem Herrgott knien. Die hingebungsvolle und erhörungsgewisse Art des Gebetes dieses außerordentlich sympathischen Mannes hat mich auf das Tiefste erschüttert. Auch an der Richtstätte selbst verrichtete er noch ein kurzes Gebet und bestieg dann mutig und gefasst die Treppe zum Galgen. Der Tod erfolgte nach wenigen Sekunden. Ich habe in meiner fast 50jährigen ärztlichen Tätigkeit kaum je einen Mann so gottergeben sterben sehen."[461] Neuere Forschungsergebnisse haben glaubhaft verdeutlicht, dass es sich bei der Darstellung über Dietrich Bonhoeffers Ende um eine reine Legende handelt, die dieser SS-Arzt erst zehn Jah-

---

[461] So nachzulesen in DB, 1038. Dieser Legende folgt auch der Bonhoeffer-Film `Agent of Grace´, lässt aber Bonhoeffer nackt (historisch) einige Treppenstufen zu einem Galgen (nicht historisch) hinaufgehen. Zur Kritik an dem Film, der viele weitere historische Ungenauigkeiten aufweist, Bonhoeffer fälschlicherweise als passive Persönlichkeit darstellt und Bonhoeffers Theologie ungenügend wieder gibt, vgl. Charles E. Ford, Eine Diskussion des Films `Bonhoeffer: Agent of Grace´ und des Buches `E. Bethge, Dietrich Bonhoeffer. A Biography´, in: Dietrich Bonhoeffer Jahrbuch 2003, a. a. O., 129-151. Vor Gericht sagte Fischer damals aus: „... in einem links neben dem Wachraum gelegenen Raum einen der Hinzurichtenden, der ihm auf Frage als Pastor bezeichnet wurde, in nacktem Zustand kniend innig ins Gebet versunken zu sehen" (Justiz und NS-Verbrechen, Sammlung deutscher Strafurteile wegen nationalsozialistischer Tötungsverbrechen 1945 bis 1966, Band XIII, Lfd. Nr. 420, XIII, zit. nach Elke Endrass, Dietrich Bonhoeffer und seine Richter, a. a. O., 62f.).

re nach Bonhoeffers Ermordung in einem Brief mitteilt. In Wirklichkeit – so ist anzunehmen – dürfte Bonhoeffer wie die anderen vor seiner Ermordung im Hof des Lagergefängnisses grausam und lange gefoltert worden sein.[462] Ein Augenzeuge aus dem KZ Flossenbürg berichtet, dass Dietrich Bonhoeffer, wie andere zum Tode Verurteilte auch, einzeln getötet wurde: „Der Gefangene wurde aus seiner Zelle geholt und zum Baderaum geführt, wo er ausgezogen wurde und seine Hände auf den Rücken mit einer vorher zugeschnittenen starken Papierschnur gebunden wurden. Der nackte Gefangene wurde dann zum Ausgang in der Mitte des Gebäudes geführt und musste dann draußen im Freien am Gebäude entlang, an den Fenstern vorbei bis zur überdeckten Hinrichtungsstelle gehen, wo das Seil über den Haken an der Mauer wartete. Die Liquidierungen konnten normalerweise ... unheimlich an das Abtöten von Tieren in einer Schlachterei erinnern. (...) Ich sah an einem der folgenden Tage einen von den L-förmigen Haken, dessen langer Arm (ca. 70-75

---

[462] So Jörgen L. F. Mogensen, der als dänischer Handelsattaché und Mitarbeiter des dänischen Nachrichtendienstes in Polen mit der polnischen Widerstandsbewegung in Kontakt gekommen und deshalb nach Flossenbürg verschleppt worden war. Er überlebte und konnte als Augenzeuge detailliert berichten. Mogensen berichtet von einer außergewöhnlich lang dauernden Hinrichtung der Gruppe der mit Dietrich Bonhoeffer zum Tode Verurteilten. Von „einer halben bis einer Stunde" (Schminck-Gustavus, Der `Prozeß´, a. a. O., 33) ist auch im Augsburger Urteil zu lesen. Dies ist ein Hinweis auf Folter und Wiederbelebung der Halberwürgten. Vgl. weiterführend Rainer Mayer/Peter Zimmerling (Hg.), Dietrich Bonhoeffer. Mensch hinter Mauern. Theologie und Spiritualität in den Gefängnisjahren, Gießen-Basel 1993, 107f.

cm) zugespitzt geschmiedet war, so dass der Arm am Ende ca. 1 cm dick war. Unter dem Gewicht einer normalen Person würde der Haken so elastisch sein, dass man bei rechter Seillänge dem Opfer möglich machte, mit den Zehenspitzen den Boden leicht zu berühren. (…) Die stimmungsvolle Beschreibung des Lagerarztes von der Todesstunde Bonhoeffers ist leider gänzlich ohne Wahrheitswert."[463] Der Zeuge begründet seine Skepsis dann mit einer genauen Kenntnis des Ortes: Dietrich Bonhoeffer hätte vom Arzt gar nicht gesehen werden können, denn die in der Regel bei Hinrichtungen geschlossenen Türen hätten dies nicht erlaubt. Außerdem – auch dieser Einwand ist nachvollziehbar – hätte der Henker bei Bonhoeffers Hinrichtung einer Unterbrechung seiner gewöhnlichen Prozedur nicht zugestimmt. Ferner hätte es in Flossenbürg weder einen Galgen noch eine Treppe dazu gegeben.[464] Er vermutet schließlich, dass der Lagerarzt nur dann Bonhoeffers letzte Stunde hätte beobachten können, wenn er wie zuvor in die Hinrichtungsgruppe

---

[463] Jörgen L. F. Mogensen, Ein Zeuge aus dem KZ Flossenbürg, in: Rainer Mayer/Peter Zimmerling (Hg.), Dietrich Bonhoeffer aktuell, a. a. O., 92f.
[464] Zu diesem Ergebnis gelangt nach dem Studium der Prozessakten auch Christoph U. Schminck-Gustavus, Der `Prozeß´, a. a. O., 31. Vermutlich wurde Dietrich Bonhoeffer ähnlich wie die Attentäter des 20. Juli 1944, die an Klaviersaiten an Schweinehaken in Plötzensee, auf Zehenspitzen stehend, aufgehängt wurden, bis sie sich durch ihr Körpergewicht und Kräfteverlust selbst erdrosselten, ermordet. Der Todeskampf dauerte lange, die Exekution in Flossenbürg zog sich über eine halbe Stunde hin. Von Canaris´ Ende wissen wir durch einen Zeugen, dass seine Hinrichtung lange gedauert hat, der kleine Admiral sei „ein paar Mal rauf und runter gezogen worden" (Heinz Höhne, Canaris – Patriot im Zwielicht, München 1984, 569).

einbezogen gewesen wäre, um für die Wiederbelebung der Halberwürgten zu sorgen – was auch erklärte, warum der SS-Arzt zehn Jahre gewartet hatte, bevor er mit seinen Aussagen an die Öffentlichkeit ging. „Die Sache hat eine helle Seite: nämlich dass die Familie und Freunde Bonhoeffers aus dem Brief entnehmen können, dass Bonhoeffer eine so würdige Haltung einnahm, dass es selbst einen zynischen Lagerarzt beeindruckte. Man kann inbrünstig beten, ohne zu knien oder die Hände zu falten, wenn diese auf dem Rücken gebunden sind."[465] Huppenkothen selbst ist „bei der Erwürgung der Opfer zugegen"[466]. Die an den Hinrichtungen beteiligten SS-Männer erhalten nach ihre Arbeit eine Sonderration Schnaps und Blutwurst![467] Offen bleibt die Frage, wieso die Häftlinge, entgegen der üblichen Praxis, nackt gehängt wurden sowie die grundsätzliche Frage, warum sogar die Offiziere unter den Gefangenen in demütigender Weise erhängt

---

[465] Jörgen L. F. Mogensen, Ein Zeuge aus dem KZ Flossenbürg, in: Rainer Mayer/Peter Zimmerling (Hg.), Dietrich Bonhoeffer aktuell, a. a. O., 93.

[466] Christoph U. Schminck-Gustavus, `Der Prozeß´, a. a. O., 85 (vgl. dazu auch die Aussage des Arztes Fischer-Hüllstrung vor Gericht, in: Christoph U. Schminck-Gustavus, `Der Prozeß´, a. a. O., 34). Weil Huppenkothen nachweislich bei den Hinrichtungen anwesend gewesen war, hatte er sich der Beihilfe zum Mord schuldig gemacht. Er wurde zu sieben Jahren Haft verurteilt, die er auch verbüßte, vgl. dazu auch Elke Endrass, Dietrich Bonhoeffer und seine Richter, a. a. O., 61ff.

[467] Vgl. Christoph U. Schminck-Gustavus, Der `Prozeß´, a. a. O., 109f., der sich auf den Widerstandskämpfer und späteren Bundesverfassungsrichter Fabian von Schlabrendorff bezieht.

und nicht erschossen wurden.[468] Vermutlich wird Dietrich Bonhoeffers Leiche im Krematorium oder unter freiem Himmel verbrannt, seine Asche im sogenannten `Tal des Todes´ des Konzentrationslagers in eine Grube gekippt. Wie so viele Opfer der Nazis erhält auch er kein Grab.[469]

Nach der Hinrichtung fährt von Flossenbürg aus ein Begleiter Huppenkothens mit einem weiteren Mordbefehl nach Dachau. Er hat einen Brief Huppenkothens an den Dachauer KZ-Kommandanten in der Tasche mit dem Befehl, *Georg Elser* beim nächsten Angriff der Alliierten auf München umzubringen, so dass es so aussehen würde, als wäre er im Zuge dessen ums Leben gekommen. Auch Martin Niemöller soll umgebracht werden. Doch in Dachau wartet man nicht auf Huppenkothen: Am Abend des 9. April wird auf direkten Befehl Hitlers wie Dietrich Bonhoeffer auch Georg Elser ermordet, in der Nähe des

---

[468] Organisiert hatte die Hinrichtung der SS-Sturmbannführer und Kommandeur des SD, Kurt Stawizki (1900-1959) aus Kiel, der persönlich an der Deportation und an der Ermordung von ca. 160000 Juden und an der Zerschlagung von mehreren Widerstandsgruppen beteiligt gewesen war. Er gehörte danach der `Sonderkommission 20. Juli´ im RSHA an. Dohnanyi wurde u.a. von Stawizki brutal verhört. Stawizki organisierte die Hinrichtung von Canaris, Dohnanyi und Bonhoeffer. Er war auch beteiligt an der Exekution von fünfzehn Gefangenen aus dem Gefängnis Lehrter Straße in der Nacht vom 22./23. April per Genickschuss. Nach dem Krieg lebte Stawizki unerkannt und unter falschem Namen in der Registratur der Deutschen Forschungsgemeinschaft (DFG) weiter. Erst 1970 wurde er durch die Justiz enttarnt.
[469] Eine Steinplatte neben einem Kreuz mit den Namen von Dietrich Bonhoeffer und Hans von Dohnanyi befindet sich auf dem Dorotheenstädtischen Friedhof in der Grabanlage 49 in der Chausseestraße 125 in Berlin-Mitte, einem Bombentrichter, der 1945 als Massengrab diente und in dem u.a. die Ermordeten Klaus Bonhoeffer und Rüdiger Schleicher bestattet worden sind.

alten Krematoriums von SS-Oberscharführer *Theodor Bongartz* erschossen, seine Leiche wie die von Dietrich Bonhoeffer mitsamt seiner Habe verbrannt.[470] Ungefähr zeitgleich bringen Angehörige der SS in Sachsenhausen den nicht mehr bewegungsfähigen Hans von Dohnanyi ums Leben. Martin Niemöller überlebt Dachau wie durch ein Wunder.

8. Mai 1945. Der Zweite Weltkrieg ist zu Ende, Millionen Menschen sind gestorben, das ˋTausendjährige Reichˊ nach zwölf Jahren untergegangen. Deutschland ist von der braunen Diktatur befreit[471], viele Städte liegen in Schutt und Asche.[472] Hitler hat in seinem Bunker in Berlin Selbstmord begangen, die Alliierten haben den Sieg erklärt. Nur allmählich kehrt das Leben in die Dörfer und Städte zurück. Parallel dazu kommt die ganze Wahrheit über die Gräueltaten der Nazis ans Licht der Öffentlichkeit. Über Dietrich Bonhoeffers Hinrichtung wird seiner Familie offiziell keine Mitteilung gemacht, so dass Eltern, Großeltern und Partner ungewisse Erwartungen im Blick

---

[470] Vgl. Josef Ackermann, „...und mit Euch gehen in ein neues Jahr", in: Täglicher Anzeiger Holzminden (TAH) v. 10. April 1995, 7.

[471] Noch heute gibt es an der französischen Atlantikküste Überbleibsel aus dem Zweiten Weltkrieg (Betonbunker, schwimmende Rampen etc.), die von den Nazis errichtet wurden resp. von der Landung der Alliierten zeugen, vgl. SÜDKURIER v. 4. Juni 2014, 5: „Die Schlacht, die alles veränderte. 70 Jahre nach dem D-Day" und 1944 D-Day: Was vom Kämpfen übrig blieb, in: GEO EPOCHE. Schweiz-Ausgabe v. 6. Juni 2014, 78-86.

[472] Vgl. die beeindruckenden Filme in SPIEGEL-TV Nr. 23: „Als der Krieg nach Deutschland kam – Tagebuch 1945" (2010).

auf ein Wiedersehen in Freiheit hegen und Nachforschungen anstellen. Maria von Wedemeyer sucht unermüdlich nach ihrem Verlobten in bayerischen KZs und in Bergen-Belsen. Christine von Dohnanyi forscht nach dem Verbleib ihres Mannes im RSHA-Gebäude, *Emmi Bonhoeffer* nach ihrem Mann Klaus[473]. Erst nach Kriegsende trifft am 30. Mai 1945 die Nachricht von Dietrich Bonhoeffers Tod in einem Telegramm bei Pastor *Julius Rieger* in Genf ein und gelangt via Josef Müller und Fabian von Schlabrendorff über Chichester zu Bischof Bell und nach Oxford zu Sabine und Gerhard Leibholz.[474] Einige Wochen später, im Juni 1945, erfährt Maria von Wedemeyer vom Tod ihres Verlobten.[475] Auch die Eltern und Ge-

---

[473] Vgl. dazu Sigrid Grabner/Hendrik Röder (Hg.), Emmi Bonhoeffer. Essay, Gespräch, Erinnerung, Berlin 2004. Klaus Bonhoeffer hatte aus der Todeszelle mit gefesselten Händen noch an seine Eltern geschrieben: „Bei dem Ritt zwischen Tod und Teufel ist der Tod doch der bessere Genosse."
[474] Vgl. Sabine Leibholz-Bonhoeffer, vergangen – erlebt – überwunden, a. a. O., 215ff.
[475] Vgl. DB, 1040f., und Dietrich Bonhoeffer/Maria von Wedemeyer, Brautbriefe, a. a. O., 285. Das Leben Maria von Wedemeyers nach 1945 erzählt mit großer Detailkenntnis Wolfgang Seehaber, Maria von Wedemeyer, a. a. O., 312-357. Ihre Korrespondenz mit Dietrich Bonhoeffer übergab Maria von Wedemeyer im April 1966 der Houghton Bibliothek an der Universität Harvard. Sie verfügte, dass die Papiere erst 25 Jahre nach ihrem Tod der Öffentlichkeit zugänglich gemacht wurden (vgl. DER SPIEGEL 2/1968 v. 8.1.1968, 34f.). Sie starb am 16. November 1977 mit 53 Jahren an den Folgen von Krebs. Bei ihrer Beerdigung in Gernsbach, wohin man ihre Asche überführt hatte, weil Angehörige von ihr dort lebten, waren auch Paul Werner Schniewind und Eberhard Bethge zugegen. Ein Teil ihrer Texte wurde 1992 von ihrer Schwester Ruth-Alice von Bismarck als ´Brautbriefe Zelle 92´ veröffentlicht; die anderen wurden von Prof. Clifford Green und Dr. Hans Pfeifer im Dezember 2002 eingesehen und verglichen (vgl. Clifford Green/Hans

schwister haben inzwischen, im Juli 1945, Nachricht vom Tode ihrer Söhne und ihres Schwiegersohnes erhalten.[476] Im Radio wird am 27. Juli 1945 eine außergewöhnliche Trauerfeier von Bischof George Bell und Franz Hildebrandt aus der Holy Trinity Church in London durch die BBC übertragen, in der Bonhoeffer als Märtyrer geehrt wird. Das ist umso ungewöhnlicher, als die Briten damit einen Deutschen in einer Zeit wertschätzen, in der Deutschland viele Jahre der verhasste Feind gewesen und mit den Nazis gleichgesetzt worden war. Bonhoeffers Eltern hören die Radioübertragung live mit. Ab jetzt ist es offiziell und gewiss: Der Krieg ist aus und Dietrich Bonhoeffer, ihr jüngster Sohn, lebt nicht mehr. Fotos aus dieser Zeit bilden auch den Schmerz auf ihren Gesichtern ab. Die Welt hat sich für sie verändert, ist nicht mehr so, wie sie einmal war. Mit dem Abwurf der ersten Atombomben im August 1945 auf Hiroshima und auf Nagasaki wird ein neues Zeitalter, das Atomzeitalter, beginnen.

Pfeifer, Texte von Dietrich Bonhoeffer in der Houghton Library, Harvard University, Boston, in: Dietrich Bonhoeffer Jahrbuch 2003, Gütersloh 2003, 193-194).
[476] Davon schrieben Paula und Karl Bonhoeffer an ihre Tochter Sabine Leibholz-Bonhoeffer in einem Brief, datiert auf den 23. Juli 1945 (vgl. Sabine Leibholz-Bonhoeffer, vergangen – erlebt – überwunden, a. a. O., 222).

7. Rezeption: Dietrich Bonhoeffer heute

Wohl kein deutscher protestantischer Theologe ist in den letzten dreißig Jahren so bekannt und auch so gut erforscht worden wie Dietrich Bonhoeffer.[477] In politischen Diktaturen wie Südafrika erlebte Bonhoeffer bei Christinnen und Christen im Widerstand gegen die Apartheid in den achtziger und neunziger Jahren eine unerwartete

---

[477] Den Anfang dieser Bonhoeffer-Entdeckung machte das theologische Buch `Widerstand und Ergebung´. Dietrich Bonhoeffers Briefe aus der Haft, geschrieben in einer Gefängniszelle im Wehrmachtsuntersuchungsgefängnis Tegel, von Eberhard Bethge nach Absprache mit der Familie Bonhoeffers erstmals 1951 unter diesem Titel herausgegeben. Das Buch erlebte mehrere Veränderungen in Auswahl, Umfang und Anordnung der Texte. In der 14. Auflage, die der sechsten Auflage von 1955 entsprach und um den Text `Der Blick von unten´ erweitert worden war, erschienen Bonhoeffers Texte nach chronologischen Gesichtspunkten geordnet. Im Rahmen der DBW ist `Widerstand und Ergebung´ als Band 8 erschienen. Es hatte eine Auflage von über 300.000 Exemplaren und wurde in über 14 Sprachen (darunter Chinesisch, Dänisch, Englisch, Finnisch, Französisch, Italienisch, Japanisch, Katalanisch, Niederländisch, Norwegisch, Portugiesisch, Schwedisch, Serbokroatisch und Spanisch) übersetzt. Die Briefe Dietrich Bonhoeffers waren in erster Linie an die Eltern – damals 67 Jahre und 75 Jahre alt – sowie an seinen Freund, Eberhard Bethge, gerichtet, der damals Pfarrer der Evangelischen Kirche der Altpreußischen Union war. Entsprechend war das Buch gegliedert: Es bestand im ersten Teil aus „Briefe an die Eltern" (27-65) und im zweiten Teil aus „Briefe an einen Freund" (72-212). Ungefähr 200 Seiten hatte Dietrich Bonhoeffer im Zeitraum November 1943 bis August 1944 an Bethge abgeschickt, zunächst noch in der Hoffnung, irgendwann wieder frei zu sein; ab dem missglückten Putsch vom 20. Juli 1944 hatte er jedoch den eigenen Tod vor Augen. Bonhoeffer war sich dessen bewusst, dass jeder Brief zensiert werden würde, wählte also seine Worte entsprechend. Auch Kassiber wurden über Vollzugsbeamte nach draußen transportiert. Die Briefe Bonhoeffers sind eng beschrieben, auch am Briefrand, in zwei Schriftarten: Der Verfasser wechselt von der lateinischen in die deutsche Schrift dann, wenn es um die Entfaltung theologischer Gedankengänge geht. In der zweiten Auflage veröffentlichte Bethge u.a. auch seine Antworten.

Renaissance[478]. Seine Gedanken waren wegweisend bei den verschiedenen Spielarten der Theologie der Befreiung in Lateinamerika[479], in Japan[480], in Südostasien[481] und anderswo in der Welt[482] und sie strahlten von dort

---

[478] Vgl. John W. de Gruchy, Christus bekennen in Südafrika, in: Christian Gremmels/Ilse Tödt (Hg.), Die Präsenz des verdrängten Gottes, München 1987, 120-142. Von denen, die von Bonhoeffers Theologie etwas für ihr kirchliches und politisches Handeln gelernt und umgesetzt haben, ist an dieser Stelle wohl vor allem der südafrikanische lutherische Theologe Dr. Wolfram Kistner (1923-2006) zu nennen. Eindeutige Spuren von Bonhoeffers Theologie finden sich in: Bekenntnis und Widerstand. Kirchen Südafrikas im Konflikt mit dem Staat. Dokumente zur Untersuchung des Südafrikanischen Kirchenrats durch die Eloff-Kommission, hg. von Gisela Albrecht und Hartwig Liebich, Hamburg 1983. Eberhard Bethge verweist auf den seinerzeit prominenten reformierten südafrikanischen Theologen und Präsidenten des Reformierten Weltbundes (RWB), Dr. Allan Boesak (geb. 1946), der später wegen Veruntreuung rechtskräftig verurteilt wurde, vgl. Eberhard Bethge, Das Erbe des Getöteten, in: Christian Gremmels/Ilse Tödt (Hg.), Die Präsenz des verdrängten Gottes, a. a. O., 185-202, bes. 187, und ders., Erstes Gebot und Zeitgeschichte, a. a. O., 180f.

[479] Vgl. weiterführend Tiemo Rainer Peters, Der andere ist unendlich wichtig. Impulse aus Bonhoeffers Ekklesiologie für die Gegenwart, in: Christian Gremmels/Ilse Tödt (Hg.), Die Präsenz des verdrängten Gottes, a. a. O., 166-184. Peters, der u.a. auf Leonardo Boff (geb. 1938), George Casalis (1917-1987) und Jon Sobrino SJ (geb. 1938) rekurriert, erinnert daran, dass Bonhoeffer die Unsichtbarkeit Gottes, das Zurückgeworfensein auf den unsichtbaren Gott, überwinden wollte. (172) Er entwickelte auf diesem Hintergrund seinen theologischen Ansatz von `Christus als Gemeinde existierend'. Vgl. dazu auch Paul Gerhard Schoenborn, Nachfolge – Mystik – Martyrium. Studien zu Dietrich Bonhoeffer, Münster 2012, 54-126.

[480] Zur Rezeption Bonhoeffers in Japan vgl. Hiroshi Murakami, „Remember Bonhoeffer". Bonhoeffers Wirkungen in Japan, in: Dietrich Bonhoeffer – Wagnis Kirche. botschaft und dienst. Zeitschrift für Erwachsenenbildung 1 v. Januar/Februar 1986, 31-35.

[481] Vgl. weiterführend Ralf K. Wüstenberg (Hg.), Dietrich Bonhoeffer lesen im internationalen Kontext: Von Südafrika bis Südostasien, FfM 2006.

[482] Wolfgang Huber fasste es treffend in Worte: „Wo Christen sich aus Gründen des Gewissens zum Widerstand gegen die Schändung elementarer

aus nach Deutschland[483] zurück. Es kann heutzutage eine Fülle von Literatur von ihm und über ihn auf dem Markt der Erbaulichkeiten käuflich erworben werden: Bonhoeffer-Kalender[484], Bonhoeffer-Heftchen und bebilderte Bonhoeffer-Geschenk-Büchlein zum Geburtstag oder fürs Krankenbett, in denen man einzelne, meist frommere Sätze finden kann, Textzusammenstellungen mit Worten Bonhoeffers für jeden Tag[485], Texte zur Besinnung[486], Poster mit seinen Zitaten als Lebenshilfe. Bonhoeffer ist heute Thema von Glaubenskursen[487]. Er

---

Menschenrechte genötigt sehen, geht von seinem Vorbild ermutigende Kraft aus. Und für viele, die befreiende Neuaufbrüche in der Theologie versuchen, ist Bonhoeffer eine der wichtigsten Quellen der Inspiration. Der Weg der evangelischen Kirchen in der DDR ist durch sein Erbe ebenso beeinflusst worden wie die Theologie des Volkes (Minjung) in Südkorea. Der bekennende Widerstand in Südafrika bezieht sich ebenso auf ihn wie die lateinamerikanische Theologie der Befreiung. Weit undeutlicher nur ist zu erkennen, inwieweit die Anstöße, die von ihm ausgehen, im westdeutschen Protestantismus Aufnahme gefunden haben. Zum Heiligen der Volkskirche eignet er sich nicht" (Wolfgang Huber, „Was das Christentum oder auch wer Christus für uns heute eigentlich ist". Dietrich Bonhoeffers Bedeutung für die Zukunft der Christenheit, in: Christian Gremmels/Ilse Tödt [Hg.], Die Präsenz des verdrängten Gottes, a. a. O., 87-100, bes. 89).

[483] Vgl. Christoph Meier (Hg.), Dietrich Bonhoeffer. Seine Wirkungsgeschichte im geteilten und vereinigten Deutschland. Dokumentation einer Tagung in Heilbronn vom 24. bis 26. März 1995, Tutzing 1995.

[484] So zum Beispiel: Der `große´ Bonhoeffer-Kalender. Dietrich Bonhoeffer – Worte durch das Jahr 2005 mit 12 meditativen Fotos, Gütersloh 2005 oder der kleine Bonhoeffer-Kalender: Dietrich Bonhoeffer Jahres-Geleit 2005.

[485] Vgl. Dietrich Bonhoeffer, Worte für jeden Tag, hg. von Manfred Weber, Gütersloh 1995.

[486] Vgl. Weihnachten mit Dietrich Bonhoeffer. Besinnliche Texte, hg. von Manfred Weber, Gütersloh 2004.

[487] Bernd Vogel/Petra Roedenbeck-Wachsmann, Glaubenskurs mit Dietrich Bonhoeffer, Göttingen-Hamburg 2009.

wird auch in der Schule gelesen: Es gibt ihn für die Unter- und Mittelstufe in Comicform[488] und für die gymnasiale Oberstufe[489] etwas ausführlicher; auch für den Konfirmationskurs gibt es inzwischen gute Materialien.[490] In Jugendbüchern wurde Bonhoeffer längst aufgenommen als einer, der „Widerstand gegen den Tyrannen"[491] geleistet hat. Man bemüht sich, die Schriften des großen Theologen zu verstehen.[492] Man sucht Orientierung im Glauben bei ihm[493] und ist dankbar für seine Trost spendenden Worte bei Beerdigungen.[494] Es gibt schon seit langem Breviere[495] mit seinen Texten, aber erst seit kurzem auch

---

[488] Vgl. Jean-Jacques Heitz/Eberhard Frank, Dietrich Bonhoeffer, 1906-1945, in Wort und Bild (Evangelisches Medienhaus), Stuttgart 2009.

[489] Vgl. Veit-Jakobus Dieterich, Dietrich Bonhoeffer 1906-1945. Ein Materialheft für die Oberstufe, Stuttgart 2006 und grundlegender Christina Lange, Dietrich Bonhoeffer im Religionsunterricht (diss.), Kassel 2008.

[490] https://www.rpi-loccum.de/meta/suche?utf8=√&query=bonhoeffer&button= (aufgerufen am 11.10.2024).

[491] Vgl. Josef Quadflieg, Sie bewegten die Welt. Lebensbilder unserer Zeit, Düsseldorf 62004, 113-119, wo sich Bonhoeffer in Gesellschaft von Mahatma Gandhi, Käthe Kollwitz, Hans Scholl, Martin Luther King, Albert Einstein, Albert Schweizer, Nelson Mandela u.a. wiederfindet.

[492] Vgl. Dietrich Bonhoeffer lesen und verstehen, hg. von Roland Biewald, Leipzig 2005.

[493] Vgl. Sabine Dramm, Dietrich Bonhoeffer. Eine Einführung in sein Denken, a. a. O., 269.

[494] Vgl. Georg Schwikart, Wunderbar geborgen. Trauerfeiern und Beerdigungsansprachen mit Texten von Dietrich Bonhoeffer, Gütersloh 2005, 9ff.

[495] Vgl. Bonhoeffer Brevier, zusammengestellt von Otto Dudzus, München 1963; Dietrich Bonhoeffer, Wer ist und wer war Jesus Christus? Seine Geschichte und sein Geheimnis. Ein Stundenbuch, hg. v. Otto Dudzus, Hamburg 1962; Dietrich Bonhoeffer, Worte für jeden Tag, hg. von Manfred We-

Schlagwortverzeichnisse mit seinen Aphorismen[496]. Man kann heute sogar Reisen auf den Spuren Dietrich Bonhoeffers buchen.[497] In den letzten Jahren entstanden über sein Leben und Werk Gottesdienstentwürfe[498] und Vorschläge für Andachten[499], Diareihen[500], Romane[501],

---

ber, Gütersloh 1995 und ders. (Hg.), Mitten im Leben Gott erkennen. Texte für das Kirchenjahr, Gütersloh 2003.

[496] Vgl. Manfred Weber (Hg.), Dietrich Bonhoeffer von A-Z. Sein Denken und Reden, sein Predigen und Beten in Schlagworten erschlossen, Gütersloh-München 2010.

[497] Vgl. Hans Frieder Rabus, Auf den Spuren Dietrich Bonhoeffers. Gruppenreise der Evangelischen Diakonissenanstalt Stuttgart, in: DtPfrBl 8/96, 421f.+432f., und https://www.kulturreise-ideen.de/religion/personen-1/Tour-dietrich-bonhoeffer.html (aufgerufen am 11.10.2024).

[498] Vgl. exemplarisch Ute Beyer-Henneberger, Mit Engeln gegen den Strom. Ein Gottesdienstentwurf zum Leben Bonhoeffers mit Konfirmandinnen und Konfirmanden, in: Arbeitsstelle Gottesdienste (Hg.), ...dann musst du dazwischenspringen, a. a. O., 95-105.

[499] Vgl. Antje Heider-Rottwilm, „Jagt dem Frieden nach mit jedermann...“ Erinnerung an Bonhoeffers ökumenisches Engagement – eine Andacht, in: Arbeitsstelle Gottesdienste der EKD(Hg.), ...dann musst du dazwischenspringen, a. a. O., 107-112.

[500] Wie eine Diareihe im alten Stil aufgebaut ist die Präsentation der 36 stehenden Bilder zur Vita Bonhoeffers aus dem Bestand der Staatsbibliothek Berlin, die die Internetagentur 3-points concepts erstellte.

[501] Vgl. Paul Barz, Ich bin Bonhoeffer. Roman eines glaubwürdigen Lebens, Gütersloh 2006. Unter den zermürbenden Bedingungen der Haft in Tegel lässt Barz Dietrich Bonhoeffer sein Leben Revue passieren. Depression und Hoffnung wechseln einander ab. In parallelen Erzählsträngen schildert der Autor die Haftzeit Dietrich Bonhoeffers und in Rückblenden seine religiöse und politische Entwicklung – ein sensibler Roman voller historischer Fakten. Ein anderer Roman stammt von Mary Glazener, die über zehn Jahre lang Daten und Ereignisse gesammelt und Zeitgenossinnen und Zeitgenossen Dietrich Bonhoeffers zu ihm befragt hat, um anschließend daraus einen Roman über Bonhoeffer zu formen (vgl. Mary Glazener, Der Kelch des Zorns, Gießen 2006).

Filme[502], Hörspiele und Radiofeatures, Skulpturen[503], sogar ein Rockmusical[504], ein Requiem[505], eine Oper[506] und ein Oratorium[507] sowie einige Ausstellungen[508]. Bon-

---

[502] Vgl. z. B. die 23minütige, im Auftrag der Dietrich Bonhoeffer Gesellschaft erstellte Dokumentation von 2005, „Wer glaubt, der flieht nicht..." Dietrich Bonhoeffer 1906-1945 (Hellmut Sitó Schlingensiepen und christian.bimm.coers).

[503] Alfred Hrdlicka beispielsweise schuf 2002 eine Marmorbüste Dietrich Bonhoeffers, die heute als Dauerleihgabe im Foyer der Berliner Staatsbibliothek in der Potsdamer Straße 33, übergeben vom Konsistorium der Evangelischen Kirche Berlin-Brandenburg, steht.

[504] Das Rockmusical `Dietrich Bonhoeffer – ein Leben im Widerstand´ stammt von Peter Janssens und Priska Beilharz. Es hieß ursprünglich `Rockmusikspiel in 15 Bildern´ und wurde in Münster 1995 uraufgeführt (vgl. Das Sonntagsblatt Nr. 14 v. 7. April 1995, 24).

[505] Das von Walter J. Hollenweger (1927-2026) und Hans-Jürgen Hufeisen (geb. 1954) geschriebene `Bonhoeffer-Requiem´ wurde in der Deutschlandhalle auf dem Deutschen Evangelischen Kirchentag 1989 uraufgeführt. Zu seiner inhaltlichen Beschreibung vgl. Kirchentag ´89. Berichte und Materialien aus Berlin, hg. im Auftrag des DEKT von Rüdiger Runge, München 1989, bes. 225f.

[506] Die Musik der Oper mit dem schlichten Titel `Bonhoeffer´, die im Jahr 2000 uraufgeführt wurde, schrieb Dr. Ann Gebuhr, Professorin für Musik an der University of Houston; das Libretto entstand unter der Mitarbeit von Robert Hatten.

[507] Vgl. weiterführend zum Oratorium von Tom Johnson: https://www.theomag.de/40/hg1.htm (aufgerufen am 11.10.2024). Dem dreiteiligen Werk liegen gehaltene Predigten Bonhoeffers in Barcelona, London und Paris sowie Ausschnitte aus dessen Briefen im Gefängnis zugrunde. Die deutsche Erstaufführung fand am Buß- und Bettag 1998 in Berlin statt. Auf YouTube ist der Trailer eines weiteren Oratoriums von Gerhard Kaufmann aus dem Jahr 2009 zu sehen: https://www.youtube.com/watch?v=i0q-THMgq44 (aufgerufen am 11.10.2024). Im Jahr 2012 hat der Komponist, Dirigent und Hochschullehrer Volkmar Fritsche das Werk „Meine Zeit steht in deinen Händen, für Solo-Sopran, vierstimmigen Chor, Orgel und vier Pauken" herausgebracht, das er Dietrich Bonhoeffer widmete.

[508] Vgl. z.B. die Ausstellung `Zukunft will verantwortet werden´, mit der der Düsseldorfer Landtag 2006 an Dietrich Bonhoeffer erinnerte:

hoeffer war Thema von Seminaren[509] und Veranstaltungen in der kirchlichen Erwachsenenbildung [510]. 1999 konnte die große wissenschaftliche Gesamtausgabe seines fragmentarischen Werks – seine Bücher, Predigten, Briefe und Gedichte – zum Abschluss gebracht werden.[511] Kongresse fanden statt[512], Vereine[513], Stiftun-

---

https://www.forwertz.com/ausstellung_bonhoeffer.shtml (aufgerufen am 11.10.2024).

[509] Vgl. Dietrich Bonhoeffer, Stationen auf dem Weg eines Theologen in den politischen Widerstand. Tagung der Evangelischen Akademie Iserlohn in Zusammenarbeit mit der Evangelischen Akademikerschaft Westfalen (Evangelische Kirche von Westfalen, Tagung 56), vom 15.-17. April 2005 in Iserlohn und in der Evangelischen Akademie Bad Boll, Widerspruch und Verehrung. Dietrich Bonhoeffer zum 100. Geburtstag v. 3.-5.2.2006 (vgl. dazu auch Albrecht Esche (Hg.), Widerspruch und Verehrung. Bonhoeffers Aktualität, Bad Boll 2007).

[510] Vgl. `Die letzte Stufe – Der Beginn des Lebens. Zur (cineastischen) Aktualität Dietrich Bonhoeffers.´ Tagung der Evangelischen Akademie Arnoldshain und des Dietrich-Bonhoeffer-Vereins e.V. vom 26.-28. Januar 2001 (Tagungs-Nr. 012639). Auf der Tagung in Schmitten, bei der u.a. Eric Tills Bonhoeffer-Film thematisiert wurde und Jazz-Improvisationen für Tenorsaxofon zu vier Vertonungen von `Von guten Mächten´ zu Gehör gebracht wurden, referierte auch Renate Bethge. Hans Werner Dannowski hat andernorts – bei allem Lob des Films – darauf hingewiesen, dass einige Details nicht historisch sind, z.B. dass Bonhoeffers letzte Andacht nicht in einer Kirche, sondern in einer Schule stattfand oder dass Manfred Roeder, zu dem Zeitpunkt längst vom `Fall Bonhoeffer´ abgezogen, vgl. Hans Werner Dannowski, Das Dokumentarische und das Fiktive. Einige Anmerkungen zu Eric Tills Bonhoeffer-Film `Die letzte Stufe´, in: „...dann musst du dazwischenspringen." Dietrich Bonhoeffer 1906-2006, hg. v. GAGF, 81-84.

[511] Vgl. Dietrich Bonhoeffer Werke, 17 Bände, hrsg. von Eberhard Bethge, Ernst Feil, Christian Gremmels, Wolfgang Huber, Hans Pfeifer, Albrecht Schönherr, Heinz Eduard Tödt und Ilse Tödt, München bzw. Gütersloh 1986-1999 (abgekürzt: DBW). Die über neuntausend Seiten umfassende Werkausgabe, deren Zusammenstellung und Bearbeitung zwölf Jahre in Anspruch genommen hat, ist keine Gesamtausgabe. Immer wieder tauchen unbekannte Bonhoeffer-Texte auf, so 1985 Briefe in der Londoner Schroe-

gen[514] und theologische Lehrstühle[515] wurden nach ihm benannt. Abseits der Wissenschaft tragen heute Schulen [516], Kirchengemeinden [517], Kirchengebäude, Glo-

---

derbank und Nachschriften in Ungarn aus Seminaren Bonhoeffers als Privatdozent 1932/33. Es ist damit zu rechnen, dass auch in Zukunft noch weitere unbekannte Texte Bonhoeffers entdeckt werden.

[512] Vgl. den Internationalen Bonhoeffer-Kongress am 3. Februar 2006 in Breslau, dessen Beiträge veröffentlicht sind in: Dietrich Bonhoeffer. Vorbild im Glauben. Texte und Predigten anlässlich des 100. Geburtstages von Dietrich Bonhoeffer (EKD Texte; 83), hg. v. Kirchenamt der EKD, Hannover 2006, 6-12.

[513] Vgl. https://www.dietrich-bonhoeffer-verein.de (aufgerufen am 11.10.2024)

[514] Vgl. dazu exemplarisch online: https://www.emmaus.de/paternoster/paternoster2_2000/2_2000_6.pdf (aufgerufen am 11.10.2024).

[515] Vgl. Helmut Reihlen, Mein Interesse an Dietrich Bonhoeffer, in: Aspekte 4/95, 14-17. Prof. Dr. Helmut Reihlen (1934-2022) war – mit anderen Deutschen wie dem damaligen EKD-Ratsmitglied und Bonner Diplomaten, Ministerialdirektor Barthold C. Witte (1928-2018) – an der Einrichtung eines `Dietrich Bonhoeffer-Lehrstuhls für Theologie und Ethik´ am Union Theological Seminary in New York mit beteiligt. Dafür wurde er am 2.2.1995 vom Institut geehrt. 2008 wurde durch Bischof Prof. Dr. Wolfgang Huber eine bundesweit einmalige Forschungsstelle, die Dietrich-Bonhoeffer-Forschungsstelle für Öffentliche Theologie, an der Universität Bamberg eröffnet. Initiator dieser Forschungsstelle war Prof. Dr. Heinrich Bedford-Strohm (geb. 1960), der später zum Landesbischof der Evangelisch-lutherischen Kirche in Bayern gewählt wurde, vgl. Fränkischer Tag v. 31.1.2008.

[516] Zum Beispiel das Dietrich-Bonhoeffer-Gymnasium in Wertheim. Vgl. dazu Hermann Zinggl, In die Schule Dietrich Bonhoeffers gehen, in: GEE (Hg.), Beiträge pädagogischer Arbeit 1996/I, 12-20. Zinggl berichtet, dass das Gymnasium 1964/65 seinen Namen erhielt und bis Ende der 70er Jahre Dietrich Bonhoeffer bis auf ein Foto im Lehrerzimmer nicht im Bewusstsein präsent war. Dies änderte sich mit der Übergabe einer Büste Bonhoeffers, dem Aufbau einer Bonhoeffer-Bücherei, Schülerexkursionen zur Hinrichtungsstätte Flossenbürg und einem Seminartag zum Thema.

[517] Vgl. exemplarisch für viele die Ev. Dietrich-Bonhoeffer-Gemeinde in Stuttgart-Weilimdorf.

cken[518], selbst Studentenwohnheime[519], seinen Namen.[520] Pfarrerinnen und Pfarrer begeben sich in Fortbildungsveranstaltungen zu seinen Wirkstätten.[521] Die Person Bonhoeffer selbst, der Gemeindepfarrer, Hochschullehrer, Ökumeniker und Widerstandskämpfer, ist anlässlich seines 60. Todestages und seines 100. Geburtstages vielfach geehrt worden, z.B. als einer der Märtyrer des Zwanzigsten Jahrhunderts[522], auch von der römisch-

---

[518] Ich denke an die evangelische Dietrich-Bonhoeffer-Glocke, die heute in der römisch-katholischen Pfarrkirche Görwihl ganz im Süden Deutschlands hängt: Die 170 kg schwere Glocke mit dem Ton `es´, gegossen am 15. Februar 1963 in Karlsruhe von der Glockengießerei Bachert, war die erste evangelische Glocke auf dem Hotzenwald. Unter dem Geläut aller katholischer Glocken zog sie in Görwihl ein und wurde am 16. Juni 1963 durch Prälat Hans Bornhäuser (1908-1996) geweiht. Die Glocke erhielt den Namen „Dietrich Bonhoeffer". Die Inschrift auf der Vorderseite lautet: „Dietrich Bonhoeffer, geb. 4.2.1906, gest. 9.4.1945". Auf der Rückseite befand sich ein mit der Dornenkrone durchflochtenes Kreuz, unter dem Worte aus Jes 53,5 standen – dem Losungswort, über das Bonhoeffer seine letzte Andacht am Tag vor seiner Hinrichtung hielt. In zwei Zeilen um den unteren Glockenrand laufen Worte aus `Von guten Mächten´. Auch Grußworte von Dietrich Bonhoeffers Schwester Sabine Leibholz wurden damals verlesen (vgl. SÜDKURIER v. 14.6. 2014, 24).
[519] So z.B. das Evangelische Studentenwohnheim (ESH) in Linz: https://www.esh.jku.at/?q=de/node/1 (aufgerufen am 11.10.2024).
[520] In der Evangelischen Landeskirche in Baden gab es um das Jahr 2000 herum sechs Kirchengemeinden, die nach Dietrich Bonhoeffer benannt wurden, und zwar in Emmendingen, Freiburg, Hemsbach, Nußloch, Schopfheim und Singen.
[521] So findet beispielsweise vom 17.-22. August 2014 ein gemeinsames US-amerikanisches und deutsches Pastoralkolleg im Rahmen der EKBO-UCC-Partnerschaft in Berlin statt.
[522] Präsident George W. Bush nannte Dietrich Bonhoeffer in seiner Rede vor dem Deutschen Bundestag am 23. Mai 2002 „one of the greatest Germans of the 20th century" (Christian Gremmels/Heinrich W. Grosse, Dietrich Bonhoeffer, a. a. O., 64) und sein Auditorium applaudierte.

katholischen Kirche [523]. „Die konfessionellen Grenzen sind überschritten, unter Katholiken ist Bonhoeffer ebenso bekannt wie unter Protestanten; die verschiedensten Frömmigkeitsrichtungen und kirchenpolitischen Gruppierungen finden Zugang zu ihm. Viele achten ihn als Blut-

---

[523] Bonhoeffer-Biograph Christian Feldmann, selbst katholisch, hat darauf hingewiesen, dass Dietrich Bonhoeffer in einem Martyrologium stehen würde, „das der Vatikan bei den nationalen katholischen Bischofskonferenzen in Auftrag gegeben hat und das auf ausdrücklichen Wunsch von Papst Johannes Paul II. Blutzeugen aus allen christlichen Konfessionen enthalten soll" (Christian Feldmann, „Wir hätten schreien müssen", a. a. O., 183). In der Tat wurde Bonhoeffer zusammen mit 979 Personen, darunter weitere sechs (!) nicht-katholischen Glaubens, ins `Martyrologium Germanicum" aufgenommen, das zweibändig erstmals 1999 erschien, von Kardinal Karl Lehmann (1936-2018) im Jahr 2000 Papst Johannes Paul II. übergeben wurde und seither mehrere Auflagen erlebte (vgl. Helmut Moll, im Auftrag der Deutschen Bischofskonferenz [Hg.], Zeugen für Christus. Das deutsche Martyrologium des 20. Jahrhunderts, 2 Bde., Paderborn u.a. 1999; vgl. dazu auch: https://www.kathpedia.com/index.php?title=Deutsches_Martyrologium_des_20._Jahrhunderts, aufgerufen am 11.10.2024). Die katholische Wertschätzung Dietrich Bonhoeffers zeigt sich u.a. auch darin, dass Kurienkardinal Gerhard Ludwig Müller (geb. 1947), einst Theologieprofessor, Bischof und seit 2012 umstrittener Chef der `Kongregation für die Glaubenslehre´, sich nach eigenen Angaben seit Studienzeiten für Bonhoeffer interessierte und 1977 bei Kardinal Lehmann über ihn promovierte. Das Thema seiner Dissertation lautete: „Kirche und Sakramente im religionslosen Christentum. Bonhoeffers Beitrag zu einer ökumenischen Sakramententheologie". Wenig später veröffentlichte er `Bonhoeffers Theologie der Sakramente´ (= FTS 28), Frankfurt 1979 und `Für andere da. Christus – Kirche – Gott in Bonhoeffers Sicht der mündig gewordenen Welt´ (= KKTS 44), Paderborn 1980. 2010 veröffentlichte Müller eine Biografie zu Bonhoeffer, die er – als er noch Bischof von Regensburg war – in der KZ-Gedenkstätte Flossenbürg der Öffentlichkeit vorstellte, vgl. Gerhard L. Müller, Dietrich Bonhoeffer begegnen, Augsburg 2010, online zugänglich unter https://www.youtube.com/watch?v=2QqmfXj0Uho (aufgerufen am 11.10.2024).

zeugen des christlichen Glaubens"[524], heißt es im Vorwort zur Neuausgabe von Dietrich Bonhoeffers Werken. Bonhoeffers lebensgroße, mit einem antiken Gewand gekleidete steinerne Statue befindet sich mit neun weiteren international bekannten Persönlichkeiten[525] am Haupteingang von Westminster Abbey – jener Kirche, in der seit Jahrhunderten die englischen Könige gekrönt und beigesetzt werden. Das Portal wird von den Tugenden Wahrheit, Gerechtigkeit, Barmherzigkeit und Frieden gerahmt. Das zeigt die große Bedeutung des ermordeten Theologen und Widerstandskämpfers, der nur 39 Jahre alt wurde und den man nicht nur „prophetische Gestalt"[526]

---

[524] Heinz Eduard Tödt, Vorwort zur Neuausgabe von Dietrich Bonhoeffers Werken für den Herausgeberkreis, in: DBW 1, IXf.

[525] Diese stammen aus unterschiedlichen Ländern und Lebenszusammenhängen. Es sind neben Dietrich Bonhoeffer: Großfürstin Elisabeth von Russland, Nonne und als Mitglied der Zarenfamilie 1918 von den Bolschewiken ermordet und verbrannt; Manche Masmeola aus Südafrika, eine 16jährige anglikanische Katechetin, die 1928 von ihrer Mutter getötet wurde; Lucian Tapiedi aus Neu-Guinea, der als einer von 12 Anglikanern durch japanische Invasoren im Zweiten Weltkrieg getötet wurde; Maximilian Kolbe, der Franziskaner aus Polen, der 1943 von den Nazis umgebracht wurde und heute als Heiliger in der römisch-katholischen Kirche verehrt wird; Esther John, eine presbyterianische Evangelistin aus Pakistan, die von ihrem Bruder umgebracht wurde; Martin Luther King, jr., der Baptistenpastor und US-Bürgerrechtler, der 1968 umgebracht wurde; Wang Zhiming, der evangelische Pastor, der 1972 während der chinesischen Kulturrevolution ermordet wurde; Janini Lawum, der anglikanische Erzbischof aus Uganda, der 1977 während der Terrorherrschaft Idi Amins ermordet wurde und Oscar Romero, der römisch-katholische Erzbischof von El Salvador, der 1980 ermordet wurde, während er eine Messe feierte. Bonhoeffers Statue wurde 1998 in einer Feierstunde von der Königin von England enthüllt.

[526] Ruth-Alice von Bismarck, in: Bernd Vogel, Glauben lernen. Auf Spurensuche bei Dietrich Bonhoeffer, Neukirchen-Vluyn 2006, 30.

oder „Revolutionär"[527] nannte, sondern auch schon einmal – trotz des Wissens und eingedenk dessen, dass es in der evangelischen Kirche seit der Reformation keine Mittler zu Gott braucht[528] – als „evangelische(n) Heilige(n)"[529] bezeichnete. Auf Bonhoeffer als modernen Heiligen scheint zuzutreffen, was für Heilige generell gilt: Er ist eine exemplarische Gestalt des Glaubens in der Geschichte der Kirche gegen die Strömungen seiner Zeit,

---

[527] So bezeichnete Prof. Dr. Walter J. Hollenweger seinen Kollegen (vgl. Walter J. Hollenweger, Umgang mit Mythen. Interkulturelle Theologie 2, München 1982, 15).

[528] Das hatte das Augsburger Bekenntnis von 1530 im Art. 21 dezidiert festgehalten: Heilige werden nicht angerufen im evangelischen Glauben. Vorbilder im Glauben bleiben jedoch als wichtig bestehen, weil sie dem Glauben zuträglich und förderlich sein können. Wir sollen der Heiligen gedenken, damit wir wie sie glauben und entsprechend Gutes tun können.

[529] Wolfgang Huber sagte in einem Interview mit dem Magazin `chrismon´ (02/2006, 54-59): „Heilig ist im evangelischen Verständnis jemand, der für Andere zum Vorbild im Glauben wird." Jemand, der wie Bonhoeffer das Leben bejahte, tauge für ihn mehr zum Vorbild im Glauben als ein Eremit in der Einöde. Das Interview ist online zugänglich unter https://chrismon.de/artikel/66/er-war-ein-heiliger-der-das-leben-genoss (aufgerufen am 11.10.2024). Die protestantische Kirche Sibiriens begeht den 9. April, das Todesdatum Bonhoeffers, als Tag des heiligen Dietrich. Vgl. dazu weiterführend Christoph Fleischer, Bonhoeffers Präsenz. Ist Dietrich Bonhoeffer in der Darstellung von Medien ein `evangelischer Heiliger´?, in: DtPfrBL 7/2006, 362-368 (= https://www.theomag.de/40/cf3.htm, aufgerufen am 11.10.2024) sowie Christian Gremmels, Mut zur Verantwortung. Dietrich Bonhoeffer als Vorbild, in: Arbeitsstelle Gottesdienste (Hg.), ...dann musst du dazwischenspringen, a. a. O., 63-70. Beide betonen den Vorbildcharakter Bonhoeffers und befürworten die Sicht Bonhoeffers als Heiligen im Sinne eines `Vorbildes im Glauben´. Dieser Gedanke findet sich auch auf dem UNESCO-Bildungsserver, auf dem Bonhoeffer in der Abteilung `Vorbilder´ mit textgebundenen Infos umfassend präsentiert wird: https://www.dadalos-d.org/deutsch/Vorbilder/Vorbilder/bonhoeffer/bonhoeffer.htm (aufgerufen am 11.10.2024).

ein Vorbild für uns alle. Auf unverwechselbare Weise hat er in seiner Biografie dem christlichen Glauben lebendigen Ausdruck gegeben, ohne sich kirchlich oder konfessionell vereinnahmen zu lassen. Längst ist er zu einem „ökumenischen Über-Kirchenvater" [530] geworden. Dazu gehört auch in der evangelischen Kirche ein bisschen Reliquienkult: So ist sein Arbeitszimmer in der Marienburger Allee 43 in den Zustand versetzt worden, in dem es sich befand, als es Bonhoeffer verließ.[531] Man kann sich dort gut vorstellen, wie er an dem spärlich beleuchteten Schreibtisch am Fenster gesessen und sich über die `Ethik´ Gedanken gemacht hat, an der Wand das Bücherregal, in Reichweite sein Klavichord. Am Union Theological Seminary heißt der Raum, in dem Bonhoeffer während der Sommerwochen 1939 gewohnt hat, heute `Bonhoeffer-Room´.

Am 24. April 1999 kam es in Wroclaw/Polen mit der Einweihung eines Denkmals für Dietrich Bonhoeffer vor der Elisabethkirche in der Altstadt – einem Duplikat des Denkmals des kreuzähnlichen Torsos „für Dietrich Bonhoeffer"[532] von dem Berliner Bildhauer *Karl Biedermann*

---

[530] So Gernot Facius, Ökumenischer Über-Kirchenvater, in: Die Welt v. 23.3.2005.
[531] Vgl. dazu weiterführend Peter Zimmerling, Evangelische Spiritualität. Wurzeln und Zugänge, Göttingen 2003, bes. 262f., wo die Rede von besonders anziehenden „regelrechten evangelischen Gnadenorten" (263) ist.
[532] Eine schöne Abbildung der 1988 geschaffenen Bronzeskulptur, die als Torso an das Leben als Fragment erinnern will, befindet sich in Gert von Bassewitz/Christian Bunners, Auf den Spuren von Dietrich Bonhoeffer, a. a.

aus der Zionskirche zu Berlin – zu einem sichtbaren Beweis „der Freundschaft zwischen Breslau und Berlin"[533], d.h. zwischen Polen und Deutschland[534] – was viele Jahre nach dem Zweiten Weltkrieg nicht möglich gewesen wäre, weil alles Deutsche den Polen verständlicherweise verhasst war. Zwischenzeitlich haben sich in Deutschland und im internationalen Ausland Bonhoeffer-Gesellschaften[535] gebildet, unter ihnen die `Internationale Bonhoeffer-Gesellschaft´[536], die das Werk Bonhoeffers

---

O., 36f. In der Zionskirchen-Gemeinde hatte Bonhoeffer den Konfirmandenunterricht 1931/32 gehalten. Auskunft über weitere Arbeiten Karl Biedermanns gibt dessen Homepage: https://www.karlbiedermann.de (aufgerufen am 11.10.2024).

[533] Halina Spasowska, Vorsitzende des Organisationskomitees, zit. nach Deutsches Pfarrerblatt 7/99, 428.

[534] Zur Bonhoeffer-Rezeption in Polen vgl. Ewa Lepkowska, Anna Morawska, Dietrich Bonhoeffer und die politische Wende in Polen. Ein Kapitel Bonhoeffer-Rezeption in Polen, in: DtPfrBl 1/2014, 10-14. Die Autorin, promovierte polnische Theologin, beschäftigt sich mit der 1972 verstorbenen polnischen katholischen Publizistin und Übersetzerin und deren theologischer und politischer Wirkungsgeschichte in Polen: „Das Interesse an der modernen Theologie, an der Frage des Dialogs mit den Ungläubigen und an dem Problem der Deutung der Gottespräsenz in der heutigen Welt brachte Anna Morawska zu Dietrich Bonhoeffer, der in seinem intellektuellen Schaffen alle diese Themen verbunden hatte" (11). Vgl. dazu auch Anna Morawska, Dietrich Bonhoeffer. Ein Christ im Dritten Reich (1970). Aus dem Polnischen übertragen und herausgegeben von Winfried Lipscher, Münster 2011.

[535] Die IBG organisiert regelmäßig Jahrestagungen (4.-7.9.2014 und vom 10.-13.9.2015) in Eisenach; vom 6.-10.7.2016 fand beispielsweise in Basel der XII. Internationale Bonhoeffer-Kongress statt.

[536] Vgl. die Website der `Internationalen Bonhoeffer Gesellschaft´ (https://www.dietrich-bonhoeffer.net/ibg/) und die Website des `Dietrich-Bonhoeffer Vereins zur Förderung christlicher Verantwortung in der Kirche´ (https://www.dietrich-bonhoeffer-ver-

wach halten möchten. Auch in den Niederlanden[537], in Großbritannien[538], Polen[539], in der Schweiz[540] und in Spanien[541], in Brasilien und in Argentinien[542] sowie in den USA[543] wird das theologische Erbe Bonhoeffers durch Vereine heute lebendig gehalten. Immer wieder ist Bonhoeffer Impulsgeber für eine wissenschaftlich-theologische Auseinandersetzung mit Fragen zu Gott, Christus, der Kirche, zur Ethik und zur Praktischen Theologie.[544] Internationale Bonhoeffer-Kolloquien mit hochka-

---

ein.de/#:~:text=Der%20Dietrich%2DBonhoeffer%2DVerein%20(,Kirche%20und%20Gesellschaft%20zu%20fördern).

[537] http://www.dbonhoeffer.eu (aufgerufen am 11.10.2024).

[538] https://dbcl.jimdofree.com (aufgerufen am 11.10.2024).

[539] 1996 gründete der polnische Lutheraner Janusz Witt (geb. 1934) die polnische Sektion der ökumenisch getragenen `Dietrich Bonhoeffer-Gesellschaft´.

[540] Das zeigen z.B. einige anlässlich von Bonhoeffers 100. Geburtstag erschienene Artikel mit weiterführenden Literaturangaben, vgl. Klaus M. Kodalle, Von der Mündigkeit des Christenmenschen, in: NZZ v. 4./5.2.2006, 69; Philipp Stoellger, Ein ausserordentlicher Protestant – zum 100. Geburtstag Dietrich Bonhoeffers, in: Reformierte Presse 5 v. 3.2.2006, 8-10 und Hans Jürgen Luibl, Dietrich Bonhoeffer – ein seltsamer Heiliger der Postmoderne, in: reformierte presse Nr. 16 v. 21. April 2006, 7-9; Hans Rudolf Helbling, Pfarrer in Bolligen, hielt 2006 eine Gottesdienst-Reihe mit dem Titel „Dietrich Bonhoeffer. Theologe – Christ – Zeitgenosse. Eine Gottesdienst-Reihe zum 100. Geburtstag eines modernen Kirchenvaters, Bolligen 2006" und publizierte sie anschließend.

[541] http://www.g-daf-es.net/bonhoeffer/ (aufgerufen am 11.10.2024).

[542] http://www.sociedadebonhoeffer.org.br (aufgerufen am 11.10.2024).

[543] Im November 2024 kommt ein neuer Film in die Kinos, der das besondere Verhältnis Dietrich Bonhoeffers zu den USA thematisiert (Buch und Regie: Todd Komarnicki [geb. 1965]).

[544] Begonnen hat diese Auseinandersetzung mit Bonhoeffer durch die Arbeiten von Ernst Feil, Heinz Eduard Tödt und Wolfgang Huber. Zur umfang- und kenntnisreichen Darstellung der Theologie Dietrich Bonhoeffers, vgl. beispielsweise Ernst Feil, Die Theologie Dietrich Bonhoeffers. Hermeneutik,

rätigen Referentinnen und Referenten finden statt. [545] Mehrfach sind in letzter Zeit Filme über Bonhoeffer entstanden, die vor allem sein Leben, weniger sein Werk zum Gegenstand haben. [546] Unlängst sind Bonhoeffers Werke und Sekundärliteratur online gestellt worden.[547]

Christologie, Weltverständnis, München 1971, ⁴1991, bes. 137-213. Zuletzt ist vielleicht der Leipziger Professor für Praktische Theologie, Peter Zimmerling, zu nennen, der sich Bonhoeffer von praktisch-theologischer Seite nähert, vgl. Peter Zimmerling, Bonhoeffer als Praktischer Theologe, Göttingen 2006.

[545] Vgl. beispielsweise das 6. Internationale Bonhoeffer Kolloquium in Zürich vom 30.10.-1.11.2014 („Dietrich Bonhoeffer´s Concept of Theology"), das vom Institut für Hermeneutik und Religionsphilosophie an der Theologischen Fakultät der Universität Zürich ausgerichtet und von den Theologieprofessoren Dr. Stephen Plant, Dr. Ralf K. Wüstenberg, Dr. Jens Zimmermann und der Theologieprofessorin Dr. Christiane Tietz organisiert wird.

[546] Ich denke an folgende Filme: `Bonhoeffer. Die letzte Stufe´ (`Agent of Grace´) von Eric Till (86 Min., 2000). Der Film mit Ulrich Tukur in der Hauptrolle, eine US-amerikanisch-deutsch-kanadische Co-Produktion, wurde in Prag, Toronto, Berlin und in Brandenburg gedreht und mit der `Goldenen Nymphe´ als beste Produktion des Internationalen TV-Festivals Monte Carlo ausgezeichnet. Er schildert die letzten fünf Jahre im Leben Dietrich Bonhoeffers und seinen Weg in den aktiven militärischen Widerstand. Der Film fängt an mit Bonhoeffers Kontakten zu afroamerikanischen Gemeinden in den USA und endet mit seiner Hinrichtung in Flossenbürg am 9. April 1945. Der Titel des ursprünglich als Fernsehfilm produzierten Kinofilms spielt an auf die Legende, dass Bonhoeffer `die letzte Stufe´ zum Galgen mit den Worten zurücklegte: „Das ist das Ende – für mich der Beginn eines neuen Lebens." Die Rolle von Eberhard Bethge hat in diesem Film Justus von Dohnányi (geb. 1960), der Großneffe Bonhoeffers, übernommen. Weitere Infos zum Film: https://www.derfilmeblog.com/bonhoeffer-film (aufgerufen am 11.10.2024). Im Frühjahr 2003 stellte der amerikanische Filmemacher Martin Doblmeier seinen Dokumentarfilm `Bonhoeffer – Pastor, Pazifist, Widerstandskämpfer´ (92 Min., 2003) vor, eine US-amerikanische Produktion. Er enthält Interviews mit Zeitzeugen, Historikern, und Kirchenleuten, historische Filmdokumente und Texte von Bonhoeffer und zeichnet Bonhoeffers Leben nach. In Deutschland wird die lizensierte Ausgabe des in den USA erfolgrei-

Die Art und Weise der Wertschätzung, die Bonhoeffer in den letzten Jahren erfahren hat, ist bekanntlich nicht immer so gewesen.[548] In der Zeit nach 1945 wurde die Zeit des Nationalsozialismus gerne beschönigt, besonders oft von denen, die das rassistische System aktiv unterstützt hatten – wie z.b. Juristen – und wieder in ihre alten Strukturen und Ämter zurückgekehrt waren.[549] Das res-

---

chen Films vom Hansischen Druck- und Verlagshaus GmbH Hamburg (www.chrismon.de) vertrieben. Ältere empfehlenswerte Filme sind die Dokumentarfilme `Dietrich Bonhoeffer – Nachfolge und Kreuz, Widerstand und Galgen´ von Hans Joachim Dörger (28 Minuten, Stuttgart 1992), der Interviews mit Weggefährten und Verwandten Bonhoeffers (u.a. von Eberhard Bethge, Albrecht Schönherr, Klaus von Dohnanyi, Gaetano Latmiral) sowie Stationen seines Lebens (Elternhaus in Berlin-Grunewald, Finkenwalde, Gefängnis Tegel, KZ Flossenbürg) beinhaltet und `Von guten Mächten. Dietrich Bonhoeffers Weg in den Widerstand´, der von Christian Berger (30 Minuten, 1996) stammt, den Lebensweg Bonhoeffers erzählt und mit der Frage nach der Bonhoeffers Bedeutung für unsere Zeit schließt.

[547] Nähere Infos dazu online unter: https://www.dietrich-bonhoeffer.net/ibg/ (aufgerufen am 11.10.2024).

[548] „Als Eberhard Bethge seine Bonhoeffer-Biographie schrieb, gab es noch heftige Diskussionen über die Frage, ob die Männer des Widerstands Vaterlandsverräter gewesen seien. Bethge und andere haben das zu Recht verneint" (Ferdinand Schlingensiepen, Dietrich Bonhoeffer, a. a. O., 255). Als Bonhoeffer Mitte der 70er Jahre der damals berüchtigte und mehrfach verurteilte bekannte Rechtsextremist Manfred Roeder (1929-2014), ein ehemaliger Rechtsanwalt, öffentlich einen „ehrlosen Vaterlandsverräter und nichtswürdigen Verbrecher" genannt hatte und sich u.a. auf Bethges Bonhoeffer-Biografie berief, war Eberhard Bethge, der ihn nach 1945 konfirmiert hatte (!), zur Verhandlung in dem Neo-Nazi-Prozess als Sachverständiger vorgeladen worden (vgl. Eberhard Bethge, Erstes Gebot und Zeitgeschehen, a. a. O., 191, und auch ders., Bericht vom Roeder-Prozess, in: ders., Am gegebenen Ort, a. a. O., 148-157).

[549] Vgl. weiterführend Jörg Dinger, Auslegung, Aktualisierung und Vereinnahmung. Das Spektrum der deutschsprachigen Bonhoeffer-Interpretationen in den 50er Jahren, Neukirchen-Vluyn 1998.

taurative und traumatisierte [550] bundesrepublikanische Deutschland der Wirtschaftswunderzeit verdrängte und beschönigte zudem lieber, anstatt sich der Vergangenheit zu stellen und die Geschichte seiner Diktatur aufzuarbeiten[551] – die Tradition des antifaschistischen Widerstands und des Exils lebte dagegen in der Deutschen Demokratischen Republik auf, die sich gerne als das `bessere Deutschland´ verkaufte (früher ahnten und heute wissen wir, dass es nicht so war!). In der Bonner Republik jedenfalls wurden die Verbrechen der Wehrmacht weitgehend verschwiegen oder beschönigt.[552] In der evangelischen

---

[550] Unter Trauma (altgriech.: `Wunde´) versteht man in der Medizin eine „schwere körperliche Verletzung mit schockartigen Folgen. In der Psychologie und Psychotherapie wurde die Bezeichnung schließlich auf schwere seelische Verletzungen erweitert" (Udo Baer/Gabriele Frick-Baer, Wie Traumata in die nächste Generation wirken. Untersuchungen, Erfahrungen, therapeutische Hilfen, Neukirchen-Vluyn 2010, 24). Aus der Forschung ist inzwischen bekannt, „dass die meisten Opfer traumatischer Erfahrungen schweigen" (20). Interessant sind die Übertragungen der Opfer an die Generation der Kinder und Enkel.

[551] Vgl. Sabine Bode, Kriegsenkel. Die Erben der vergessenen Generation, Stuttgart 2009, ⁵2013, bes. 11-34; Anne-Ev Ustorf, Wir Kinder der Kriegskinder, a. a. O., bes. 9-15+21ff.; Dan Bar-On, Die Last des Schweigens. Gespräche mit Kindern von NS-Tätern, Hamburg ²2004, bes. 11-22.

[552] Vgl. z.B. in den sechziger Jahren die apologetische Geschichtsschreibung über die Wehrmacht in auflagenstarken populärwissenschaftlichen Bildbänden von Dr. Kurt Zentner (1903-1974), der schon in Hitlers Propagandaabteilung gearbeitet hatte, vgl. Kurt Zentner, Illustrierte Geschichte des Zweiten Weltkrieges, München 1963, ⁸1973. Dabei gilt: „Das Morden war im Vernichtungskrieg der Jahre 1941 bis 1944 so alltäglich wie das Bier nach getaner Arbeit" (ZEIT Geschichte Nr. 2/2011, 22. Juni 1941. Der Überfall auf die Sowjetunion: Hitlers Krieg im Osten, Hamburg 2011, bes. 3; vgl. dazu auch 6-15+34-41 [Lit. auf 110ff.]).

Kirche war das kaum anders.[553] Bonhoeffer wurde so innerhalb und außerhalb der Kirche diskreditiert. Er sei kein Märtyrer, kein Zeuge Jesu Christi, der für seinen Glauben gestorben sei, sondern ein `politischer Verschwörer´[554] gewesen – so immer wieder gebetsmühlenartig der Vorwurf. Sein Handeln sei mit der Einstellung eines evangelischen Pastors nicht zu vereinbaren, hieß

---

[553] Nach dem Krieg waren es zwei Gruppierungen innerhalb der Evangelischen Kirche, die beim kirchlichen Wiederaufbau mitwirkten: die sogenannten intakten, das heißt nicht zerstörten lutherischen Landeskirchen und die Bekennende Kirche. Innerhalb der Bekennenden Kirche gab es zwei Flügel: zum einen den konservativen, zu dem der CDU-Begründer Hermann Ehlers und der spätere Bundespräsident Gustav Heinemann gehörten, zum anderen den von der Theologie Barths geprägten Flügel, der Konsequenzen aus dem Nationalsozialismus ziehen wollte. Hatten beide großen Gruppierungen das Stuttgarter Schuldbekenntnis von 1945 befürwortet, so wurde das `Darmstädter Wort der Kirche´ (v. 8.8.1947) nur vom Reichsbruderrat der Bekennenden Kirche verabschiedet und von der EKD nicht übernommen. Das `Darmstädter Wort´ korrigierte die Schuld und das Versagen der Bekennenden Kirche im Nationalsozialismus mit scharfen Worten: „Wir sind in die Irre gegangen, als wir begannen, den Traum einer besonderen deutschen Sendung zu träumen, als ob am deutschen Wesen die Welt genesen könne. Dadurch haben wir dem schrankenlosen Gebrauch der politischen Macht den Weg bereitet und unsere Nation auf den Thron Gottes gesetzt..." (These 2). Wir sind in die Irre gegangen, als wir begannen, eine `christliche Front´ aufzurichten gegenüber notwendig gewordenen Neuordnungen im gesellschaftlichen Leben der Menschen. Das Bündnis der Kirche mit den das Alte und Herkömmliche konservierenden Mächten hat sich schwer an uns gerächt. (...) Wir haben das Recht zur Revolution verneint, aber die Entwicklung zur absoluten Diktatur geduldet und gutgeheißen" (These 3). Dem Darmstädter Wort widmet sich der Kirchenhistoriker Hans Prolingheuer, Wir sind in die Irre gegangen. Die Schuld der Kirche unterm Hakenkreuz, Köln 1987. Dort ist es auch abgedruckt (10f.)
[554] Der Begriff `Verschwörung´ und `Verschwörer´ taucht auch heute noch punktuell in der Literatur zum militärischen Widerstand gegen Hitler auf, obwohl er im Deutschen eindeutig negativ besetzt ist!

es, zudem wurde ihm nach dem Krieg von rechts außen Hoch- und Landesverrat vorgeworfen.[555] Die deutsche Nachkriegsjustiz, mit dem NS-Staat bekanntlich noch eng verbandelt[556], hat hier, so ist heute mehrheitlich die übereinstimmende Meinung in der Forschung, auf ganzer Linie versagt.[557] Kein einziger Richter oder Staatsanwalt wurde in der Bundesrepublik Deutschland wegen NS-Justizverbrechen verurteilt![558] Ganz im Gegenteil: Man war sehr nachsichtig mit den Nazi-Kollegen, ganz getreu dem bekannten Sprichwort: `Eine Krähe hackt der anderen kein Auge aus!´ Bonhoeffers Mörder, die auf Hitlers Befehl gehandelt hatten, erhielten später niedrige Freiheitsstrafen oder wurden sogar freigesprochen.[559] Die

---

[555] Vgl. Christian Gremmels/Heinrich W. Grosse, Dietrich Bonhoeffer, a. a. O., 64ff. und Josef Ackermann, Dietrich Bonhoeffer, a. a. O., 259ff.

[556] Vgl. weiterführend DER SPIEGEL 1/2012, 32-39.

[557] Vgl. Ingo Müller, Furchtbare Juristen. Die unbewältigte Vergangenheit unserer Justiz, München 1987 und online: https://www.ev-akademie-boll.de/fileadmin/res/otg/520507-Mueller.pdf Der deutsche Jurist Dr. Dr. Ingo Müller (geb. 1942) ist emeritierter Fachhochschulprofessor für Strafrecht und Strafprozessrecht.

[558] Dabei hatten sich die NS-Richter u.a. der Rechtsbeugung, des Mordes und Totschlags schuldig gemacht.

[559] „Huppenkothen und Thorbeck wurde nach dem Krieg wegen dieser Taten der Prozeß gemacht. Nachdem zwei Urteile des Landgerichts München vom Bundesgerichtshof (BGH) aufgehoben worden waren, verurteilte sie das Schwurgericht beim Landgericht Augsburg am 15. Oktober 1955 wegen Beihilfe zum Mord zu sieben Jahren (Huppenkothen) beziehungsweise vier Jahren (Thorbeck) Zuchthaus. Am 19. Juni 1956 hob der BGH dieses Urteil, soweit es den Richter Thorbeck betraf, auf. Er wurde freigesprochen" (Heinz Ponnath, Ein schändliches Urteil, in: EvKomm 4/95, 200-203, Zitat auf 200f.). Zum Prozeß gegen Otto Thorbeck und Walter Huppenkothen (`Huppenkothenprozess´) vgl. Josef Ackermann, Dietrich Bonhoeffer, a. a. O.,

Täter von damals, die den Krieg überlebt hatten, diskreditierten ihre Opfer auch noch nach 1945. Viele Journalisten und Historiker übernahmen unhinterfragt und kritiklos das Bild der Widerstandskämpfer als `Vaterlandsverräter´. Bis 1998 war das Nazi-Gerichtsurteil gegen Bonhoeffer, so dachte man, rechtskräftig.[560] Sein Todesurteil war allerdings in Bayern über das „Gesetz über die Aufhebung nationalsozialistischer Unrechtsurteile in der Strafrechtspflege" bereits 1946 für ungültig erklärt worden! Erst 1998 ist Dietrich Bonhoeffer strafrechtlich offizi-

---

248-258 und Elke Endraß, Bonhoeffer und seine Richter, a. a. O., 77ff.: „Damit wurde Dietrich Bonhoeffer sozusagen zum zweiten Mal verurteilt." (78) Bonhoeffer wäre dem Urteil zufolge vorbestraft. Vgl. dazu auch: Die schrittweise Rechtfertigung der NS-Justiz. Der Huppenkothen-Prozeß, in: Peter Nahamowitz/Stefan Breuer (Hg.), Politik – Verfassung – Gesellschaft, Baden-Baden 1995, 62. Informationen über die Gerichtsprozesse gegen Otto Thorbeck und Walter Huppenkothen sind im Internet zugänglich unter: https://www.lexikon-der-politischen-strafprozesse.de/glossar/huppenkothen-walter-und-otto-thorbeck/ (aufgerufen am 11.10.2024).

[560] Nach der Aufhebung der Urteile des Volksgerichtshofs durch den Deutschen Bundestag 1985 forderten 1996 zwei Privatinitiativen die Aufhebung der Flossenbürger Todesurteile, die Robert-Havemann-Gesellschaft um die Bürgerrechtlerin Bärbel Bohley und ein Kreis von Studierenden an der Evangelischen Fachhochschule Hannover. Prof. Karl-Heinz Lehmann stellte beim Berliner Generalstaatsanwalt einen Antrag auf Wiederaufnahme des Verfahrens, um posthum die Aufhebung des Todesurteils gegen Bonhoeffer zu erwirken. Er bezog sich dabei auf ein Gesetz von 1952, das es erlaubte, Urteile nationalsozialistischen Unrechts überprüfen zu lassen. Dabei kam heraus, dass das Todesurteil gegen Dietrich Bonhoeffer, Wilhelm Canaris, Ludwig Gehre, Hans Oster und Dr. Karl Sack schon durch das Bayerische Gesetz Nr. 21 zur Wiedergutmachung nationalsozialistischen Unrechts vom 28. Mai 1946 aufgehoben worden war: „1998 hob der Deutsche Bundestag die Unrechtsurteile des nationalsozialistischen Justizsystems mit einstimmigem Beschluss auf und erklärte sie für rechtsungültig" (Elke Endraß, Dietrich Bonhoeffer und seine Richter, a. a. O., 88).

ell rehabilitiert worden.[561] Bis in die sechziger Jahre ist kein Gemeindehaus und keine Kirche nach ihm benannt worden.[562] Noch zu seinem 70. Geburtstag 1976 wurden die Feiern in Genf von Seiten der Ökumene organisiert und nicht etwa in Hannover von Seiten der EKD![563] Auch die unterschiedlichen Bewegungen des deutschen Widerstands waren sich damals nicht ganz grün.[564] Erst in den letzten zwanzig bis dreißig Jahren ist es hier zu einer Richtungsänderung gekommen. [565] Heute ist Dietrich

---

[561] Vgl. SÜDKURIER v. 8.8.1996. Nachdem das Berliner Landgericht zu der Erkenntnis gelangt war, dass die Urteile gegen Dietrich Bonhoeffer, Admiral Canaris, Hauptmann Ludwig Gehre, Generalmajor Hans Oster und den Heeresrichter Karl Sack, weil sie von Machterhalt und Rache führender Nazis im Kontext des Putsches vom 20. Juli 1944 bestimmt waren, bereits 1946 durch das bayrische Recht (Gesetz Nr. 21 v. 28.5.1946) aufgehoben worden waren, wurden nun die Urteile gegen die Angehörigen des Kreisauer Kreises, Helmut James Graf von Moltke und Carl Friedrich Goerdeler geprüft. Bereits 1995 hatten Initiativkreise aus Berlin und Hannover anlässlich des 90. Geburtstages von Bonhoeffer dessen Rehabilitierung gefordert: Ein hohes deutsches Gericht sollte bestätigen, dass Bonhoeffer weder Hoch- noch Landesverräter gewesen sei, forderte Prof. Karl-Heinz Lehmann mit seinen Studierenden von der Evangelischen Fachhochschule Hannover. Denn 1956 hatte der Bundesgerichtshof die von den Nazis gefällten Urteile als `rechtsgültig´ anerkannt.

[562] Vgl. Günter Müller, Dietrich Bonhoeffer und seine Richter, in: Begegnung & Gespräch. Ökumenische Beiträge zu Erziehung und Unterricht Nr. 129 v. Juli 2001, 7. Günter Müller war zur Abfassungszeit seines Artikels Vizepräsident am Landgericht Amberg.

[563] Vgl. Heinz Eduard Tödt, Theologische Perspektiven nach Dietrich Bonhoeffer, hg. von Ernst-Albert Scharffenorth, Gütersloh 1993, 11f.

[564] Davon berichtet Yorick Spiegel, Dietrich Bonhoeffer und die `protestantisch-preußische Welt´, in: Ernst Feil (Hg.), Verspieltes Erbe? Dietrich Bonhoeffer und der deutsche Nachkriegsprotestantismus (IBF Bd. 2), München 1979, 58-93, bes. 58.

[565] Wie schrieb der jüngst verstorbene Herausgeber der F.A.Z, Frank Schirrmacher (1959-2014) treffend? „Erst nachdem ein Großteil der Kriegs-

Bonhoeffer als einer, der für seinen christlichen Glauben gestorben ist, vollständig rehabilitiert – so können sich die Zeiten ändern!

Die 60. Wiederkehr von Dietrich Bonhoeffers Todestag und seines 100. Geburtstages sind in Deutschland in den Jahren 2005 und 2006 würdig begangen und gefeiert worden. Es entstanden zahlreiche Publikationen anlässlich dieser beiden Daten.[566] Die EKD schaltete ein Bonhoeffer-Spezial, mit aktuellen Artikeln, Veranstaltungen, weiterführenden Angaben zur Biografie und zur Theologie, mit Buch- und Filmtipps, Clips und Links zum Thema. [567] Ein Festgottesdienst anlässlich seines 100. Geburtstages aus der Berliner Matthäuskirche, in der Dietrich Bonhoeffer 1931 ordiniert worden war, wurde am 5. Februar 2006 live im ZDF übertragen.[568] In der Matthäuskir-

---

generation abgetreten ist, hat die Gesellschaft ihren Frieden mit den Attentätern vom 20. Juli gemacht" (Frank Schirrmacher, Cruise spielt Stauffenberg, in: DER SPIEGEL v. 8.7.2007). Dasselbe gilt auch für Dietrich Bonhoeffer.

[566] Vgl. Karl Martin, Ich möchte glauben lernen. Die Wandlungsprozesse in der Biographie Dietrich Bonhoeffers, in: DtPfrBl 5/2005, 246-255.

[567] Es fanden in Deutschland zahlreiche Veranstaltungen statt, wie z.B. am 2.2.2006 die Jahrestagung des Dietrich-Bonhoeffer-Vereins; am 4.2.2006 hielt die ehemalige Bundestagspräsidentin Rita Süßmuth (CDU) einen Vortrag in der Französischen Friedrichstadtkirche, in dessen Anschluss ein Lied-Oratorium für Chor und kleines Instrumentalensemble und zeitgleich ein Festakt mit Bischof Wolfgang Huber in der Humboldt-Universität stattfand. Einen weiteren Festakt gab es am 5.2.2006 in der `Kirchengemeinde Dietrich Bonhoeffer´ in Berlin-Lankwitz. Daneben erinnerten das ganze Jahr über Kirchengemeinden und Schulen mit workshops, Gottesdiensten, Ausstellungen und Vorträgen an Dietrich Bonhoeffer.

[568] Der Gottesdienst wurde gemeinsam vom EKD-Ratsvorsitzenden Wolfgang Huber und dem Leitenden Geistlichen der Anglikanischen Kirche von

che war Bonhoeffer 1931 ordiniert worden. Man beging das Bonhoeffer-Jubiläum auch international, feierte Bonhoeffer beispielsweise in der benachbarten Schweiz[569], in Großbritannien[570], in Polen[571], den USA und in Lateinamerika[572].

England, dem Erzbischof von Canterbury, Rowan Williams (geb. 1950), geleitet. Der Brite Williams ist ein liberaler verheirateter anglikanischer Theologe und Politiker, der von 2002 bis 2012 Erzbischof von Canterbury, Primas von ganz England und Mitglied im House of Lords war. Das ZDF erinnerte am 4. Februar 2006 auch mit der Ausstrahlung einer 30-minütigen Dokumentation `Liebe ist stark wie der Tod´ von Gerold Hofmann mit historischem Filmmaterial und aktuellen Bildern an Dietrich Bonhoeffer. Auch einen Tag später wurden noch Beiträge über ihn, u.a. auf Phoenix, gesendet. Zu einer kritischen Analyse von zwei anderen Fernsehgottesdiensten vgl. Johannes Goldenstein, Inszenierte Erinnerung. Zwei Fernseh-Gottesdienste zum Todestag Dietrich Bonhoeffers, in: Arbeitsstelle Gottesdienste (Hg.), …dann musst du dazwischenspringen, a. a. O., 43-54.

[569]   http://www.bonhoeffer.ch/texte-zu-bonhoeffer   (aufgerufen   am 11.10.2024).

[570] So fand eine Gedenkveranstaltung für Bonhoeffer am Hauptportal der Westminster-Abbey statt, zu der der deutsche Botschafter in London, Thomas Mattusek (geb. 1947), und der Dekan der Abbey, Wesley Carr (1941-2017), eingeladen hatten. Vertreter der EKD und der anglikanischen Kirche legten Blumengebinde nieder. Während Carr Bonhoeffer als `wahren Heiligen und Märtyrer´ bezeichnete, hob Mattusek auf dessen Vorbildcharakter ab: Bonhoeffer sei eine Leitfigur für uns alle und für künftige Generationen, meinte er. Die deutsche Gemeinde in London bot in der Zeit vom 9.4. 2005 bis zum 4.2.2006 ein vielfältiges Veranstaltungsprogramm an. Am 4.2.2006 wurde in der ältesten Deutschen Evangelischen Kirche Englands, St. George, Alie Street, Aldgate, eine Ausstellung zum Thema `Bonhoeffer und seine Zeit in London 1933-1935´ eröffnet. Am 5. Februar 2006 fand ein deutschsprachiger Gottesdienst zum 100. Geburtstag Bonhoeffers in St. George statt. Zur Aufführung gelangte eine eigens für Chor, Orgel und Streicher des gebürtigen Südafrikaners Richard van Schoor komponierte `Bonhoeffer-Messe´, in der u.a. Prof. Philipp Bonhoeffer (Violine) und Dietrich Bethge (Violoncello) mitwirkten. Am 5.2.2006 um 18.30 Uhr fand dann der

offizielle Gedenkgottesdienst der Church of England in Westminster Abbey mit der damaligen Landesbischöfin Dr. Margot Käßmann statt. [571] Am 3. Februar 2006 wurde ein internationaler Kongress zum Gedenken an den 100. Geburtstag von Dietrich Bonhoeffer in der Aula Leopoldina der Universität Breslau/Wroclaw eröffnet. Bischof Wolfgang Huber hielt den Eröffnungsvortrag und hob u.a. auf Heiligkeit als Grundthema von Bonhoeffers Theologie ab https://www.ekd.de/060203_huber_breslau.htm. Im Anschluss daran sprach Erzbischof Rowan Williams ein Grußwort. Danach folgten die Kongressteilnehmenden der Einladung des Generalkonsuls Dr. Helmut Schöps zu einem Empfang im Breslauer Generalkonsulat der Bundesrepublik Deutschland. Am 4.2.2006 wurde der Kongress mit Vorträgen von Prof. Dr Ernst Feil, Prof. Dr Hans Dirk van Hoogstraten (Niederlande), Erzbischof Alfons Nossol (Oppeln) und von Prof. Dr Michał Czajkowski (Breslau) fortgesetzt. Weitere Feierlichkeiten gab es am Breslauer Dietrich-Bonhoeffer-Denkmal; es folgten eine Kranzniederlegung und Ansprachen von Bischof Bogusz (Polen), Erzbischof Williams und Bischof Huber. Zwei weitere Vorträge schlossen sich an: Prof. Dr. Bogusław Milerski (Warschau) referierte über `Dietrich Bonhoeffers Vision der Zukunft der Christentums´, Prof. Dr. habil. Jan Waszkiewicz (Wroclaw) sprach über `Bonhoeffer und die Opposition des Ausnahmezustands in Polen´. Dann gab es eine Podiumsdiskussion zum Thema `Bonhoeffers Rezeption in der heutigen Welt´, an der neben polnischen Kongressteilnehmern auch ausländische Gäste teilnahmen, und zwar Prof. Dr. Bogusław Milerski, Prof. Dr. Christian Gremmels (Deutschland), Prof. Dr Józef Kosian (Wroclaw), Erzbischof Marian Gołębiewski (Metropolit v. Wroclaw), Alt-Ministerpräsident Tadeusz Mazowiecki und Bischof Klaus Wollenweber (Deutschland). Am Sonntag, den 5.2.2006, fand ein Festgottesdienst in der evangelischen Gottes-Vorsehung-Kirche (Hofkirche) statt. Die Predigt hielt Prof. Dr. Christian Gremmels, der Vorsitzende der deutschen Sektion der Bonhoeffer-Gesellschaft. Besichtigt wurde im Rahmen des Kongresses Dietrich Bonhoeffers Geburtshaus in Breslau in derulica Bartla Kazimierza 7 (früher: Birkenwäldchen 7). Das Gebäude wurde im Krieg stark zerstört, danach aber wieder aufgebaut. Eine Gedenktafel erinnert heute an Dietrich Bonhoeffer. Die Beiträge dieses Kongresses wurden veröffentlicht in: Dietrich Bonhoeffer. Vorbild im Glauben. Texte und Predigten anlässlich des 100. Geburtstages von Dietrich Bonhoeffer (EKD Texte; 83), hg. v. Kirchenamt der EKD, Hannover 2006. [572] Zur Bonhoeffer-Rezeption in Lateinamerika vgl. https://www.dietrich-bonhoef-fer.net/bibliografie/?tx_dbwdb_veroeffentlichung%5Bsachregister%5D=669&cHash=ae45ccebcca2121c13f4619ce8d55922 (aufgerufen am 11.10.2024).

Was bleibt nun uns Leserinnen und Lesern von Bonhoeffers Texten heute, fast sechzig Jahre nach der Veröffentlichung von `Widerstand und Ergebung´ und fast siebzig Jahre nach Bonhoeffers Tod? Können wir seine fragmentarischen, manchmal kryptischen Gedankengänge, die auf die Frage nach der Gestalt des christlichen Glaubens in einer religionslosen Welt zu antworten versuchen, zu deren weiteren Entfaltung es jedoch infolge der staatlichen Ermordung ihres Verfassers aber nicht mehr gekommen ist, überhaupt noch verstehen?

Ich denke, schon. Ich meine, Dietrich Bonhoeffers Werk ist heute noch genau so aktuell wie in den vierziger Jahren, seine Fragestellungen und Lösungsangebote im Blick auf die „Mündigkeit der Welt"[573], seine Rede davon, dass wir in der Welt leben müssen, als ob es Gott nicht gäbe[574] noch genauso spannend wie zur Zeit der Abfassung und Niederschrift dieser Texte. Gerade uns heutige kritische, aufgeklärte, moderne Zeitgenossinnen und Zeitgenossen sprechen doch Gedanken wie der, dass das Für-andere-dasein Jesu die eigentliche Transzendenzerfahrung ausmacht, sehr an: „Nicht die unendlichen, unerreichbaren Aufgaben, sondern der jeweils gegebene Nächste ist das Transzendente. Gott in Men-

---

[573] DBW 8, 509ff.
[574] Vgl. DBW 8, 533f.

schengestalt!"[575] Diese Sätze sind sicher heute ebenso relevant wie zu der Zeit, in der sie entstanden sind.[576] Gern lesen wir angesichts der Behäbigkeit so mancher Landeskirche und der geistlichen Verengung und Weltvergessenheit so mancher Pastoren Bonhoeffer-Sätze wie diese: „Die Kirche muss aus ihrer Stagnation heraus. Wir müssen auch wieder in die freie Luft der geistigen Auseinandersetzung mit der Welt. Wir müssen es auch riskieren, anfechtbare Dinge zu sagen, wenn dadurch nur lebenswichtige Fragen aufgerührt werden. Ich fühle mich als ein ˋmodernerˊ Theologe, der noch das Erbe der liberalen Theologie in sich trägt, verpflichtet, diese Fragen anzuschneiden."[577]

Oder immer wieder auch die theologische Frage nach Bonhoeffers „religionslosem Christentum" [578] in einer

---

[575] DBW 8, 558.

[576] Zu dieser Erkenntnis gelangten schon die Teilnehmerinnen und Teilnehmer des Bonhoeffer-Seminars in Genf anlässlich des 70. Geburtstages von Dietrich Bonhoeffer (vgl. Hans Pfeifer, Bonhoeffers Aktualität. Ein Gedenkseminar in Genf, in: EK 3 v. März 1976, 166-167).

[577] DBW 8, 555.

[578] Dietrich Bonhoeffer sprach in Briefen aus dem Gefängnis an Eberhard Bethge zwischen dem 30.4.1944 und dem 23.8.1944 von „religionslosem Christentum" und von „nicht-religiöser Interpretation biblischer Begriffe" und forderte eine ˋnichtreligiöse Interpretationˊ der biblischen Begriffe (DBW 8, 403, 404f., 509, 529, 546, 652ff.). Seine berühmte Gedanken über die Religionslosigkeit des Christentums lauten: „Was mich unablässig bewegt, ist die Frage, was das Christentum oder auch wer Christus für uns heute eigentlich ist. Die Zeit, in der man das den Menschen durch Worte – seien es theologische oder fromme Worte – sagen könnte, ist vorüber; ebenso die Zeit der Innerlichkeit und des Gewissens, und d.h. eben die Zeit der Religion überhaupt. Wir gehen einer völlig religionslosen Zeit entgegen; die Men-

„mündig gewordenen Welt"[579], sein Diktum von der „Arkandisziplin"[580] und von Gott als „Arbeitshypothese",

schen können einfach, so wie sie nun einmal sind, nicht mehr religiös sein. Auch diejenigen, die sich ehrlich als `religiös´ bezeichnen, praktizieren das in keiner Weise; sie meinen also vermutlich mit `religiös´ etwas ganz anderes" (DBW 8, 402f.). Er spricht von einem `christlichen Instinkt´, der ihn „häufig mehr zu den Religionslosen als zu den Religiösen zieht, und zwar durchaus nicht in der Absicht der Missionierung, sondern ich möchte fast sagen `brüderlich´! Während ich mich den Religiösen oft scheue, den Namen Gottes zu nennen, – weil er mir hier irgendwie falsch zu klingen scheint, – kann ich den Religionslosen gegenüber gelegentlich ganz ruhig und wie selbstverständlich Gott nennen" (Dietrich Bonhoeffer in einem Brief an Eberhard Bethge vom 30. April 1944, in: DBW 8, 406f.) Und andernorts schreibt Bonhoeffer: „Es zeigt sich, dass alles auch ohne `Gott´ geht und zwar ebenso gut wie vorher. Ebenso wie auf wissenschaftlichem Gebiet wird im allgemeinen menschlichen Bereich `Gott´ immer weiter aus dem Leben zurückgedrängt, er verliert an Boden" (DBW 8, 477). Religionsloses Christentum: Damit meint Bonhoeffer einen Glauben, in dem der selbstverantwortliche Mensch keinen jenseitigen Gott mehr braucht – einen Gott, der ihm immer dann hilft, wenn er aus eigener Kraft nicht mehr weiter kann. Bonhoeffer stellt dem jenseitigen Gott den Gott in Jesus Christus gegenüber – einen Gott, der für Frieden, Gerechtigkeit und Zuwendung zu den Schwachen steht, der einen Anspruch auf das ganze Leben erhebt, Schwächen zulässt und der mitleidet. Bonhoeffer meint hier – das sei gesagt, weil es oft missverstanden wurde – nicht eine Herabwürdigung von Gebet, Bekenntnis und Sakramenten. Mit Religion ist hier das Ersatzchristentum gemeint, gegen das Bonhoeffer sein Leben lang gekämpft hat. Vgl. dazu weiterführend Christian Gremmels, Theologie und Lebenswelt. Beiträge zur Theologie der Gegenwart, hg. von Florian Schmitz, Gütersloh 2012, 10-23.

[579] Carl-Friedrich von Weizsäcker (1912-2007) meinte schon 1976 in Genf, die Kirche sollte sich angesichts der Herausforderungen der Moderne für das Gespräch mit den nichtchristlichen Religionen und der Philosophie öffnen (vgl. Hans Pfeifer, Bonhoeffers Aktualität, in: EK 3 v. März 1976, 166).

[580] Das Wort `Arkandisziplin´ leitet sich her aus dem Lateinischen (`arcanum´ = `Geheimnis´). Es bedeutet, Bräuche und Riten nur einem Kreis von Eingeweihten zugänglich zu machen, die sich verpflichten, das religiöse Geheimnis zu bewahren. Bonhoeffer forderte auf dem Hintergrund der kirchenfeindlichen und quasi-sakralen Selbstinszenierung des Nationalsozialismus die Wiederherstellung einer Arkandisziplin in der Kirche, „durch die die Ge-

der als Lückenbüßer für unsere Verlegenheiten überflüssig geworden ist, in den Worten Dietrich Bonhoeffers: „Der Gott, der uns in der Welt leben läßt ohne die Arbeitshypothese Gott, ist der Gott, vor dem wir dauernd stehen. Vor und mit Gott leben wir ohne Gott."[581] Sie fordert uns auch heute noch zum theologischen Nachdenken heraus. Aber könnte er sich mit seiner Prognose des Verschwindens von Religion nicht doch geirrt haben?[582] Immerhin erleben wir in der Bundesrepublik Deutschland, auch weltweit seit einigen Jahren etwas völlig anderes als das Verschwinden von Religion – eher das Gegenteil,

---

heimnisse des christlichen Glaubens vor Profanierung geschützt werden" (DBW 8, 415). Die Kirche solle für die Öffentlichkeit eine Sprache entwickeln, „die vielleicht ganz unreligiös, aber befreiend und erlösend, wie die Sprache Jesu" sei. Bis dahin werde „die Sache der Christen eine stille und verborgene sein". Doch werde es Menschen geben, „die beten und das Gerechte tun und auf Gottes Zeit warten" (DBW 8, 436).

[581] Dietrich Bonhoeffer in einem Brief an Eberhard Bethge vom 16. Juli 1944, in: DBW 8, 533f.

[582] So schon Bonhoeffer-Biograph Bethge vor fast vierzig Jahren selbst (vgl. Eberhard Bethge, Christlicher Glaube ohne Religion. Hat sich Dietrich Bonhoeffer geirrt?, in: Evangelische Kommentare 8, 1975, 395-397, bes. 397). Vgl. dazu weiterführend Ernst Feil, Ende oder Wiederkehr der Religion? Zu Bonhoeffers umstrittener Prognose eines `religionslosen Christentums´, in: Christian Gremmels/Ilse Tödt (Hg.), Die Präsenz des verdrängten Gottes, a. a. O., 27-49 bes. 43ff. Vgl. dazu auch Rainer Mayer, Hat sich Bonhoeffer geirrt? Seine These von der religionslosen Zukunft und das Wiedererwachen der Religion in der Gegenwart, in: ders./Peter Zimmerling (Hg.), Dietrich Bonhoeffer aktuell. Biografie – Theologie – Spiritualität, Gießen 2001, 174-196, sowie Heinz Eduard Tödt, Glauben in einer religionslosen Welt, in: EK 3/1976, 148-151, und Wolfgang Huber, Kritik der Religion, in: zeitzeichen 4/2005, 52-54, der meint, dass Bonhoeffers These durch die gegenwärtig andauernde `Desäkularisierung´, d.h. einer Wiederkehr der Religion, nicht widerlegt sei, sondern auf einem ganz anderen Blatt stünde.

eine Zunahme von Religion![583] Blickt man auf die Zeit nach der Vereinigung der ehemals getrennten beiden deutschen Staaten, so haben die esoterischen Strömungen vor allem im Osten zugenommen, in dem die Bevölkerung heute weniger kirchlich gebunden ist als im Westen.[584] Nein: Dietrich Bonhoeffer hat mit seinem religionslosen Christentum keineswegs einen Zustand gemeint, in dem die Menschen atheistisch-säkularisiert leben und kein Interesse mehr an Religion haben. Er erwartete m.E. vielmehr, dass der christliche Glaube erneuert werden würde. Bonhoeffer zufolge gilt es, Jesus Christus nachzufolgen, mitzuleiden, zu beten und das Gerechte zu tun.[585]

Die andere Frage, die sich in diesem Zusammenhang heute stellt, lautet: Ist Dietrich Bonhoeffer mit seiner Betonung der Diesseitsbezogenheit nicht gerade heute be-

---

[583] Vgl. dazu online: https://bonhoefferdietrich.wordpress.com/wp-content/uploads/2013/09/religionsloses-christentum-wolf-krc3b6tke.pdf.

[584] Vgl. Peter Zimmerling, Was heißt evangelisch sein? Ein Versuch, Bonhoeffer angesichts des religiösen Pluralismus neu zu lesen, in: Christian Gremmels/Wolfgang Huber (Hg.), Religion im Erbe. Dietrich Bonhoeffer und die Zukunftsfähigkeit des Christentums, Gütersloh 2002, 321-332. Peter Zimmerlings Antwort auf diese Frage ist „angesichts des religiösen Pluralismus die Wiederentdeckung der vom Geist begabten Gemeinde..." (322) Er hält die Christozentrik von Bonhoeffer und ihre ekklesiologische Verortung für alles andere als überholt.

[585] Auf dem Hintergrund dessen, dass der Mensch fehlbar ist, machte Bonhoeffer Gott und Jesus Christus stark. Bonhoeffer war überzeugt davon, dass sich die Liebe Gottes in Jesus Christus offenbart hatte, vgl. weiterführend Hans-Joachim Kraus, Theologische Religionskritik (NSTB; 2), Neukirchen-Vluyn 1982, bes. 80 und Hans Pfeifer, Kirche muss für andere da sein, in: standpunkte 7/2005, 36.

sonders aktuell?[586] Fakt ist, dass in Deutschland und international der christliche Glaube bzw. die Kirche auf dem Rückzug sind und der Materialismus und die Ökonomisierung der Welt bis in die kleinsten Lebensbereich hinein ihren Siegeszug angetreten haben. Bonhoeffer hat angesichts des Nihilismus die Präsenz Gottes in der Welt betont – Christinnen und Christen haben sich für das Diesseits stark zu machen und Gott nicht ins Jenseits zu verbannen.[587]

Und dann ist natürlich die vielleicht gravierendste, weil moralisch-ethische Frage spannend: Dietrich Bonhoeffer war als evangelischer Pfarrer an dem Versuch beteiligt, einen Menschen, einen Diktator, zu töten. Konnte das unter moralisch-ethischen Kriterien erlaubt sein? Gibt es Situationen, in denen das fünfte Gebot außer Kraft tritt? Gibt es Situationen, in denen das Gebot, die Wahrheit zu

---

[586] Dr. Sabine Dramm (geb. 1943) hat sich ausführlich mit dieser Fragestellung beschäftigt, vgl. Sabine Dramm, Dietrich Bonhoeffers ˋreligionsloses Christentum´ – eine überholte Denkfigur?, in: Christian Gremmels/Wolfgang Huber (Hg.), Religion im Erbe. Dietrich Bonhoeffer und die Zukunftsfähigkeit des Christentums, Gütersloh 2002, 308-320.
[587] Vgl. dazu ausführlicher als hier zu leisten Ernst Feil, Die Theologie Dietrich Bonhoeffers, a. a. O., 326-334 (zum Religionsbegriff von Karl Barth) und 335-354 (zum Religionsbegriff Dietrich Bonhoeffers) sowie ders., Ende oder Wiederkehr der Religion? Zu Bonhoeffers umstrittener Prognose eines ˋreligionslosen Christentums´, in: Christian Gremmels/Ilse Tödt (Hg.), Die Präsenz des verdrängten Gottes (IBF Bd. 7), München 1987, 27-49, bes. 37: „Offenbar gibt es eine nicht-religiöse Art, von Gott zu reden, und diese erscheint Bonhoeffer ehrlicher und vollmächtiger als die religiöse."

sagen, sogar außer Kraft gesetzt werden muss?[588] Und: War nicht die Anwendung von Gewalt gegen den Diktator den bisherigen pazifistischen Überzeugungen Bonhoeffers diametral entgegengesetzt?[589] Dietrich Bonhoeffer selbst hat auf diese – übrigens ihm bekannten – Fragen einmal geantwortet. „Wenn ein Wahnsinniger auf dem Kurfürstendamm sein Auto über den Gehweg steuert, so kann ich als Pastor nicht nur die Toten beerdigen und die

---

[588] Ich fand es immer des Nachdenkens wert, wie klug Dietrich Bonhoeffer Immanuel Kant argumentativ ausgehebelt hat. Denn Kant und dem kategorischen Imperativ zufolge gilt es, immer und in jedem Fall die Wahrheit zu sagen. Bonhoeffer wandte dagegen ein: „Wenn Kant aus dem Prinzip der Wahrhaftigkeit heraus zu der grotesken Folgerung kommt, ich müsse auch dem in mein Haus eingedrungenen Mörder seine Frage, ob mein Freund, den er verfolgt, sich in mein Haus geflüchtet habe, ehrlicherweise bejahen, so tritt hier die zum frevelhaften Übermut gesteigerte Selbstgerechtigkeit des Gewissens dem verantwortlichen Handeln in den Weg. (...) Die Weigerung, um meines Freundes willen am Prinzip der Wahrhaftigkeit schuldig zu werden, die Weigerung, hier um meines Freundes willen kräftig zu lügen... setzt mich in Widerspruch zu meiner in der Wirklichkeit begründeten Verantwortung. Es wird sich auch hier gerade im verantwortlichen Aufsichnehmen von Schuld die Unschuld eines allein an Christus gebundenen Gewissens am Besten erweisen" (Dietrich Bonhoeffer, Ethik, in: DBW 6, 280f.) Dort befindet sich auch die Verweisstelle auf Immanuel Kant, `Über ein vermeintliches Recht aus Menschenliebe zu lügen´.
[589] So zögerte noch 1986 Dr. Ernst-Albert Scharffenorth, Sozialdemokrat und Akademischer Oberrat a.D., einer der Mitherausgeber von Bonhoeffers Werken, in einem Aufsatz über Bonhoeffers Pazifismus und auf dem Hintergrund, ob Bonhoeffer Pazifist gewesen sei, eine klare Position zu beziehen: „Am Ende meiner Darlegungen über Bonhoeffers Stellung zu Krieg und Frieden angelangt", schreibt er, „kann ich auf diese Frage nicht mit einem Ja oder Nein antworten. Dafür müßte der Begriff des Pazifismus eine Eindeutigkeit haben, die er offensichtlich nicht hat" (Ernst–Albert Scharffenorth, Bonhoeffers Stellung zu Krieg und Frieden, in: Dietrich Bonhoeffer – Wagnis Kirche. botschaft und dienst. Zeitschrift für Erwachsenenbildung 1, v. Januar/Februar 1986, 8-13, Zitat auf 13).

Angehörigen trösten; ich muß hinzuspringen und den Fahrer vom Steuer reißen, wenn ich eben an dieser Stelle stehe."[590] Bonhoeffer war sich der persönlichen Schuld bewusst, die er auf sich nahm, wenn er einen Menschen tötete – aber er war dazu bereit. „Es gab, so Bonhoeffer damals, nur die Möglichkeit der bewussten Schuldübernahme des Menschen – und der Hoffnung auf Vergebung."[591] Eine weitere Frage auf dem Hintergrund der neulutherischen Zwei-Reiche-Lehre war auch, ob ein Christ der Obrigkeit Widerstand leisten dürfe (nach Röm 13)?[592] Bonhoeffer zufolge endete die Obrigkeitspflicht des Christen gegenüber einem Regime, das sich als mörderisch zu erkennen gegeben hatte und schlug – wie bereits erwähnt – en contraire um in eine Pflicht zum Widerstand![593] Während es in der reformierten und in der römisch-katholischen Tradition den Tyrannenmord gibt, war sich Bonhoeffer der Unzulänglichkeit dieser Tradition

---

[590] E. Bethge, Dietrich Bonhoeffer. Eine Biographie, München [7]1989, 955. Bonhoeffers „Gleichnis vom betrunkenen Autofahrer auf dem Kurfürstendamm, dem man das Lenkrad entreißen müsse, statt die Beerdigung seiner Opfer vorzubereiten, schien zwar einleuchtend. Aber ein Pfarrer, der sich Hochverrätern anschloß und allen Ernstes die Beseitigung der Tyrannei vorbereitete? Ein Pfarrer als potentieller Mörder? Das konnten viele Deutsche nicht verkraften – vor allem natürlich jene, die damals in der braunen Diktatur keinen Finger für die Verfolgten krumm gemacht und feige geschwiegen hatten" (Christian Feldmann, „Wir hätten schreien müssen", a. a. O., 1821f.).
[591] Vgl. Sabine Dramm, V-Mann Gottes und der Abwehr?, a. a. O., 207-218, Zitat auf 211.
[592] Vgl. dazu weiterführend Hans Pfeifer, Gewaltloser Kampf oder Tyrannenmord?, in: standpunkte 6/2005, 36f.
[593] Vgl. DBW 16, 521f.

bewusst und fragte danach, wie der Widerstand gegen einen Diktator ethisch zu rechtfertigen sei. Verantwortung und Verantwortungsübernahme spielen deshalb eine ganz große Rolle in Bonhoeffers Denken.[594] In der Zeit seiner Tätigkeit in der `Abwehr´ hat ihn diese Frage sehr beschäftigt und er hat lange darüber nachgedacht. Es ging ihm nicht nur darum, den Tyrannen zu beseitigen, sondern auch für die Folgen seines eigenen Tuns einzustehen.[595]

Praktische Hilfe für Verfolgte war für Bonhoeffer die Konsequenz seines Christseins. Deshalb beteiligte er sich am `Unternehmen Sieben´ seines Schwagers Hans von Dohnanyi. Zum Christsein gehörte für ihn auch, den `Blick von unten´ zu wagen. „Es bleibt ein Erlebnis von unvergleichlichem Wert, daß wir die großen Ereignisse der Weltgeschichte einmal von unten, aus der Perspektive der Ausgeschalteten, Beargwöhnten, Schlechtbehandelten, Machtlosen, Unterdrückten und Verhöhnten, kurz der Leidenden sehen gelernt haben"[596], schrieb er ein-

---

[594] Vgl. weiterführend Friederike Barth, Die Wirklichkeit des Guten. Dietrich Bonhoeffers Ethik und ihr philosophischer Hintergrund (Beiträge zur historischen Theologie; 156), Tübingen 2011, bes. 230-314.

[595] Vgl. weiterführend Wolfgang Huber, In der Verantwortung. Die Kirche muss einschreiten, wenn der Staat seine Macht missbraucht, meinte Dietrich Bonhoeffer. Und bereit sein, dabei auch Schuld auf sich zu laden, in: Kirchenamt der EKD (Hg.), Fürchtet Gott, ehrt den König! Reformation. Macht. Politik, Hannover 2014, 40-44.

[596] Dietrich Bonhoeffer, Rechenschaft an der Jahreswende 1942/1943, geschrieben für die engsten Gefährten der Verschwörung, in: DBW 8, 38 (= GS II, 441 = DBA 4, 230).

mal. Auch das sind Sätze, die angesichts von Fehlspeku-
lationen von evangelischen Landeskirchenämtern an der
Börse [597], der Verschwendungssucht des römisch-
katholischen Bischofs von Limburg[598] und angesichts der
Entwicklungen innerhalb der römisch-katholischen Kirche
weg von einem Benedikt XVI.[599] hin zu einem Franziskus
I.[600] als Papst und einer Neuorientierung der Kirche am
Paradigma der Armut äußerst aktuell sind.

Faszinierend fand und finde ich noch heute das Werk von
Dietrich Bonhoeffer, das zwischen persönlicher Fröm-

---

[597] Ich denke an die verzockten 20 Millionen der Evangelischen Kirche im
Rheinland (vgl. Deutschlandfunk v. 7.12.2001) und an den Finanzskandal im
Zusammenhang mit riskanten Anlagegeschäften im Evangelischen Dekanat
München, bei denen es zu 12, 9 Millionen Euro Verlust gekommen ist, vgl.
Süddeutsche Zeitung v. 11.2.2014.
[598] Gemeint ist der wegen seiner millionenschweren Bauprojekte umstrittene
römisch-katholische Bischof Dr. habil. Franz-Peter Tebartz-van Elst (geb.
1959), ehemals Domvikar und Weihbischof in Münster und von 2008-2014
Bischof von Limburg, der zudem wegen Meineides im Zusammenhang eines
Erste-Klasse-Fluges nach Indien mit der Staatsanwaltschaft in Konflikt geriet, vgl. F.A.Z v. 4.8.2013.
[599] Benedikt XVI., geboren als Joseph Ratzinger (1927-2022) und von 2005
bis 2013 der erste Deutsche auf dem Heiligen Stuhl seit Hadrian VI. (1523),
ging als gelehrter und restaurativer Papst in die Geschichte ein sowie als der
Papst, der seit Colestin V. (1294) erstmals wieder auf sein Amt verzichtete.
[600] Papst Franziskus I., geboren als Jorge Mario Bergoglio (geb. 1936), ist
ein Argentinier mit italienischen Wurzeln und ist als erster Lateinamerikaner
seit 2013 der Bischof von Rom. Er brachte durch sein Programm und durch
seine im Vergleich zu seinen Vorgängern eher bescheidene Amts- und Le-
bensführung neuen Wind in den Vatikan und in die römisch-katholische
Kirche. Mit seiner Namenswahl rückte er das Armutsideal der Kirche wieder
in den Vordergrund.

migkeit und Aufklärung fragmentarisch geblieben ist.[601] Manches erschließt sich Leserin und Leser sofort, anderes – ich denke an Teile aus der Ethik – muss man sich durch seine Lektüre mühevoll erarbeiten. Faszinierend fand und finde ich Bonhoeffers überzeugte und überzeugende Haltung in der Kriegsdienstfrage, seinen Pazifismus und seinen Widerstand gegen den rassistischen Wahnsinn des Nationalsozialismus. Wie für Bonhoeffer, ist auch für mich im Blick auf den Frieden immer die Bergpredigt Jesu richtungsweisend gewesen: „Selig sind die Friedfertigen, denn sie werden Gottes Kinder heißen" (Mt 5,7).

In jedem Fall gilt auch für meine Annäherung an Dietrich Bonhoeffers Werk das Diktum: „Der Strahlkraft des Werkes, das er hinterlassen hat, kann man sich schon deshalb schwer entziehen, weil sein Denken und Reden durch sein Leben und Tun gedeckt sind."[602] Zu einer ähnlichen Erkenntnis gelangten auch zwei Bonhoeffer-Experten 1983: „Bonhoeffer wirkt für viele überzeugend

---

[601] Vgl. Eberhard Bethge, Bonhoeffer, a. a. O., 107-126. In einem Brief an Eberhard Bethge aus dem Gefängnis in Tegel vom 23. Februar 1944 schrieb Bonhoeffer: „Je länger wir aus unserem eigentlichen beruflichen und persönlichen Lebensbereich herausgerissen sind, desto mehr empfinden wir, dass unser Leben – im Unterschied zu dem unserer Eltern – fragmentarischen Charakter hat.(…)" (DBW 8, 335f.).
[602] Wolfgang Huber, „Was das Christentum oder auch wer Christus für uns heute eigentlich ist" – Dietrich Bonhoeffers Bedeutung für die Zukunft der Christenheit, in: Christian Gremmels/Ilse Tödt (Hg.), Die Präsenz des verdrängten Gottes (IBF Bd. 7), München 1987, 87-100, Zitat auf 89.

durch den Zusammenhang von Leben und Werk, durch die Einheit von ˋDenkartˊ und ˋLebensaktˊ. Insbesondere jüngeren Menschen gilt dieser Mann als authentisch und glaubhaft, weil er die Konsequenzen seines Denkens in seinem Leben gezogen und mit seinem Leben bezahlt hat."[603]

Natürlich trennt uns auch einiges von Bonhoeffer und seiner Zeit. Seine Texte, die wir heute lesen und diskutieren, sind vor siebzig bis achtzig Jahren geschrieben worden, die Themen, die sie behandeln, können nicht unmittelbar auf unsere heutige gesellschaftliche, kirchliche und politische Situation bezogen werden.[604] Ethische Probleme, die sich aus dem kriegerischen und friedlichen Nutzen der Atomenergie ergeben – Stichwort Tschernobyl und Fukushima –, die Frage der Bekämpfung von Aids, Fragen zur modernen IT-Technologie, zum Web 2.0, zu sozialen Netzwerken und zum Datenschutz, der gesamte Nord-Süd- und wieder der Ost-West-Konflikt, Fragen der Ökonomie und der Globalisierung, zur Präimplantationsdiagnostik usw. – sind Themen, die nach 1945 entstan-

---

[603] Christian Gremmels/Hans Pfeifer, Theologie und Biographie. Zum Beispiel Dietrich Bonhoeffer, a. a. O., Vorwort, 3. Auch Rainer Mayer meinte, dass Bonhoeffer bis heute so viel Widerhall fand, weil „bei ihm Glaube und Leben eine Einheit bildeten" (Rainer Mayer, Die theologische Begründung des Widerstandes bei Dietrich Bonhoeffer und ihre Aktualität, in: ders./Peter Zimmerling [Hg.], Dietrich Bonhoeffer aktuell. Biografie – Theologie – Spiritualität, Gießen 2001, 149-173, bes. 149).
[604] Vgl. Christiane Tietz, Dietrich Bonhoeffer. Theologe im Widerstand, München 2013, bes. 131-134.

den sind. [605] Bonhoeffers Schriften können hier eine grundsätzliche Orientierung bieten. Dazu bedarf es natürlich des Transfers. [606] Hilfreich ist auch für diese Probleme Bonhoeffers theologischer Gedanke eines ohnmächtigen, leidenden Gottes, der für andere bedingungslos da ist – und seiner Kirche, die Bonhoeffer zufolge alle Grenzen von Nationalität und Klasse übersteigt, universal ist und Kirche für andere sein will. [607] Die Christologie, d.h. die Lehre von Christus, ist bei Bonhoeffer das Leitmotiv – also die Frage, wer Jesus Christus für uns heute eigent-

---

[605] Prof. Dr. Christiane Tietz (geb. 1967), Sozialethikerin in Zürich und im Vorstand der IBG, wies richtig darauf hin, dass man heute Bonhoeffers „konservatives Politikverständnis und sein traditionelles Familienbild" sicher nicht mehr ohne weiteres teilen kann, vgl. Christiane Tietz, Dietrich Bonhoeffer, a. a. O., 131. Christiane Tietz verweist andernorts (107) in ihrer Bonhoeffer-Biografie hinsichtlich Bonhoeffers Familienbild und die Rolle der Frau auf DBW 8, 76f.

[606] Diesen Transfer, Gedanken Dietrich Bonhoeffers für heutige theologische und ethische Fragen fruchtbar zu machen und Orientierung zu bieten, leistet bis heute immer wieder der ehemalige Ratsvorsitzende der EKD und einer der bedeutendsten Intellektuellen Deutschlands, Bischof Dr. Dr. h.c. mult. Wolfgang Huber (geb. 1942). Vgl. dazu Wolfgang Huber, Der gemachte Mensch. Christlicher Glaube und Biotechnik, Berlin 2002; ders., Der christliche Glaube. Eine evangelische Orientierung, Gütersloh [5]2009, und ders., Die Grundfragen unseres Lebens. Von der Geburt bis zum Tod, München 2013.

[607] „Kirche ist nur Kirche, wenn sie für andere da ist. Um einen Anfang zu machen, muß sie alles Eigentum den Notleidenden schenken. Die Pfarrer müssen ausschließlich von den freiwilligen Gaben der Gemeinden leben, eventuell einen weltlichen Beruf ausüben. Sie muß an den weltlichen Aufgaben des menschlichen Gemeinschaftslebens teilnehmen, nicht herrschend, sondern helfend und dienend. Sie muß den Menschen aller Berufe sagen, was ein Leben mit Christus ist, was es heißt, `für andere dazusein´" (Dietrich Bonhoeffer, Entwurf für eine Arbeit, in: DBA 6, 162-166, Zitat auf 165 = ders., Widerstand und Ergebung [1970], 415).

lich ist.[608] Für sich und auch im Blick auf die Gemeinde hat Bonhoeffer aus diesem Gedanken seine Schlussfolgerungen gezogen: Die Aufgabe des Christenmenschen besteht „im Beten und im Tun des Gerechten"[609]. Auch Bonhoeffers eigener Ansatz, seine Ethik der Verantwortung, ließe sich m.E. am ehesten unter diesen beiden Aspekten zusammenfassen: Beten und Tun des Gerechten.[610]

Unweigerlich denkt man bei Dietrich Bonhoeffers Leben und Werk an eben diesen Jesus von Nazareth, den Christus, dem Bonhoeffer nachfolgte. Wie Jesus wurde der Mensch Bonhoeffer umgebracht und wie Jesus gewann die Botschaft des Hingerichteten nach seinem Tod um so mehr an Leuchtkraft. Bonhoeffer ist und bleibt für junge wie alte Menschen faszinierend, weil er es geschafft hat, eine Übereinstimmung von Wort und Tat, von Verkündigung und Leben, von Lebenszeugnis und Glaubenskraft, von Lebensweg und Theologie herzustellen. Der Mann, der nur 39 Jahre alt werden durfte, ist so für

---

[608] Vgl. dazu weiterführend Eckhard Lessing, Dietrich Bonhoeffer, in: ders., Geschichte der deutschsprachigen evangelischen Theologie von Albrecht Ritschl bis zur Gegenwart, Bd. 2, 1918 bis 1945, Göttingen 2004, 509-519, bes. 512.

[609] Dietrich Bonhoeffer, Gedanken zum Tauftag von Dietrich Wilhelm Rüdiger Bethge, in: DBW 8, 435f.

[610] Vgl. dazu schon Bernhard Maurer, Beten und Tun des Gerechten. Dietrich Bonhoeffers Theologie und pädagogische Konsequenzen, in: Gemeinschaft Evangelischer Erzieher in Baden (Hg.), Beiträge pädagogischer Arbeit, 29. Jg., Halbjahresheft 1986/II, Karlsruhe 1986, 26-54.

uns fast siebzig Jahre nach seinem Tod nicht nur ein Glaubenszeuge, sondern ein Vorbild im Glauben und im Handeln. Sein Glaubenszeugnis und seine theologische Inspiration bleiben für uns eine Quelle der Ermutigung und eine Herausforderung zu eigener theologischer Reflexion und eigenem Handeln. In der Person Dietrich Bonhoeffers, „Leitfigur des Protestantismus im 20. Jh. in Deutschland und in der gesamten angelsächsischen Welt"[611], verbinden sich persönliche Frömmigkeit mit politischem Engagement. Das Handeln und die Ethik der Verantwortung des kirchlichen Außenseiters seiner Zeit und der heutigen Integrationsfigur über alle kirchlichen Lager hinweg, können uns auch heute noch Orientierung bieten. Und zu alledem: Bonhoeffer ermutigt uns in unserem Glauben an Jesus von Nazareth, der Jude war. Er bringt uns dazu, wachsam zu bleiben, insbesondere gegenüber Antisemitismus und Rassismus, Phänomenen, die in den letzten Jahren, so ist zu beobachten, nicht nur in Deutschland, sondern überall in Europa[612] am Erstarken sind: „Bonhoeffers Erbe wartet noch auf mehr Menschen, die sich mit ihm theologisch und politisch für eine

---

[611] Zitat auf: http://bonhoeffer.staatsbibliothek-berlin.de/bonhoeffer-nach-lass/ueber/index.html#:~:text=Er%20war%20die%20Leitfigur%20des,am%20meisten%20verehrte%20deutsche%20Widerstandskämpfer (aufgerufen am 11.10.2024).

[612] Ich denke vor allem an Ungarn und an Frankreich, wo die Rechtsextremen Parteien Jobbik (20%) und Front National (25%) bei den letzten Wahlen mit hoher Stimmenzahl in die Parlamente gewählt worden sind.

biblische Erneuerung des Verhältnisse von Juden und Christen einsetzen, die glaubend und lebend für Recht und Gerechtigkeit für alle eintreten und kritisch nach der Verantwortlichkeit von Staat und Kirche fragen."[613]

---

[613] Martin Stöhr, Bonhoeffer und die Juden, in: Dietrich Bonhoeffer – Wagnis Kirche. botschaft und dienst. Zeitschrift für Erwachsenenbildung 1, v. Januar/Februar 1986, 14-19, Zitat auf 19. Der evangelische Pfarrer und Theologe Martin Stöhr (1932-2019) war Hochschullehrer und Akademiedirektor und war im Rahmen des Christlich-Jüdischen Dialogs und der Friedensbewegung aktiv. Von 1965 bis 1984 hatte er den Vorsitz des `Deutschen Koordinierungsrates der Gesellschaften für christlich-jüdische Zusammenarbeit´, der sich unter seiner Leitung bereits 1971 gegen die `Judenmission´ aussprach.

8. Eckdaten der politischen Ereignisse

1914	Beginn des Ersten Weltkrieges. Deutschland ist Kaiserreich
1917	Oktoberrevolution in Russland
1919	Ende des Ersten Weltkrieges
1919	Friedensvertrag von Versailles; Weimarer Reichsverfassung; Ausrufung der Demokratie in Deutschland
1923	Hitlers `Marsch auf die Feldherrnhalle´ in München
1929	`Schwarzer Freitag´: Börsencrash. Beginn der Weltwirtschaftskrise
1930	NSDAP siegt bei den Reichstagswahlen
1933	30. Januar: Ernennung Hitlers zum Reichskanzler
	28. Februar: `Reichstagsbrandverordnung´: Aufhebung der demokratischen Grundrechte
	20. März: Errichtung des ersten Konzentrationslagers in Dachau
	1. April: Boykott jüdischer Geschäfte, Warenhäuser, Ärzte und Rechtsanwälte
	7. April: Entlassung der Juden aus dem Staatsdienst; als Folge Verdrängung der Juden aus dem Wirtschaftsleben durch viele Verordnungen, persönliche Schikanen und Diskriminierungen
1934	`Röhm-Putsch´: Entmachtung der SA
1935	Wiedereinführung der allgemeinen Wehrpflicht in Deutschland
	Nürnberger `Rassegesetze´: Juden wird die deutsche Staatsangehörigkeit entzogen;

	Verbot von `Mischehen´ und außerehelichen Beziehungen von `Ariern´ und Juden
1936	Remilitarisierung des Rheinlandes
1937	Internationale Brigaden in Spanien im Kampf gegen den Faschismus
1938	13. März: `Anschluss´ Österreichs an das Deutsche Reich
	17. August: Juden müssen ihrem Vornamen zwangsweise `Sara´ bzw. `Israel´ zusetzen
	9. November: `Reichskristallnacht´ – Judenpogrome
	12. November: Juden wird der Besuch von kulturellen Veranstaltungen (Theater, Kinos, Konzerte usw.) gesetzlich untersagt
	15. November: jüdischen Kindern wird der Besuch staatlicher Schulen untersagt
1939	1. September: Beginn des Zweiten Weltkrieges durch den Überfall der Wehrmacht auf Polen.
	12. Oktober: erste Deportationen von Juden aus Österreich und Mähren nach Polen; Beginn des `Euthanasieprogramms´, im Zuge dessen Tausende von Behinderten staatlich ermordet werden
	23. November: Einführung des `Judensterns´ im `Generalgouvernement´ (Polen)
1940	9. April: Überfall der Wehrmacht auf Dänemark und Norwegen
	30. April: erstes Ghetto in Lodz
	10. Mai: Überfall der Wehrmacht auf die Niederlande, Belgien und Luxemburg
	Juni: Frankreich kapituliert; erste Häftlinge werden ins KZ Auschwitz deportiert

1941	6. April: Überfall der Wehrmacht auf Jugoslawien und Griechenland
	22. Juni: Überfall der Wehrmacht auf die Sowjetunion; Massenerschießungen von kommunistischen Funktionären
	15. September: Judenstern-Verordnung in Deutschland, alle im Deutschen Reich lebenden Juden müssen ab dem 6. Lebensjahr den gelben Stern tragen; die Juden dürfen in den folgenden Monaten keine öffentlichen Verkehrsmittel und Fernsprecher mehr benutzen, elektrische und optische Geräte, Fahrräder, Schreibmaschinen, Pelze und Wollsachen müssen ohne Entschädigung abgegeben werden. Juden dürfen keine Hunde, Katzen, Vögel oder andere Haustiere mehr halten. Juden erhalten keine Kleidermarken, Fleisch- und Milchkarten mehr. Sie dürfen Wälder und Parks nicht mehr betreten.
	14. Oktober: die systematische Deportation von Juden aus dem Deutschen Reich beginnt
	23. Oktober: Juden ist die Auswanderung aus dem Deutschen Reich untersagt
	7. Dezember: Japanischer Überfall auf Pearl Harbour. Die USA erklären Japan den Krieg
	11. Dezember: Hitler und Mussolini erklären den USA den Krieg Ende Dezember: Massentötung von Juden in Chelmno durch Gaswagen
1942	Militärpakt zwischen Deutschland, Italien und Japan

20. Januar: Konferenz im Berliner Vorort Wannsee beschließt die Vernichtung der europäischen Juden (`Wannsee-Konferenz´)

März-Juli: Schaffung von Vernichtungslagern in Polen (Belzec, Sobibor und Treblinka); Auflösung der Ghettos und Deportation der Juden in die Vernichtungslager; vereinzelt bewaffneter jüdischer Widerstand; bis Herbst 1944 Deportation von Juden aus allen Teilen Europas in die Vernichtungslager

Juni: Beginn der Massenvergasungen in Auschwitz

30. Juni: Schließung aller jüdischer Schulen im Deutschen Reich

1943

31. Januar: Wendepunkt des Krieges durch die Niederlage der Wehrmacht in Stalingrad; in Italien wird der Diktator Mussolini gestürzt

26. Februar: Ankunft des ersten Transports von Sinti und Roma in Auschwitz-Birkenau

19. April-16. Mai: Aufstand im Warschauer Ghetto; völlige Zerstörung des Ghettos. Ab Juni werden alle polnischen und russischen Ghettos zerstört

ab Juli: Beginn der sowjetischen Gegenoffensive

1944

6. Juni: Invasion US-amerikanischer und britischer Soldaten in der Normandie (`D-Day´, `Omaha Beach´)

24. Juni: Das Vernichtungslager Majdanek wird von sowjetischen Truppen befreit

1945

20. Juli: Attentat auf Hitler durch Graf von Stauffenberg scheitert; Kinder und Senioren werden zum `Volkssturm´ eingezogen
ab Januar: Räumung der Vernichtungslager vor der anrückenden Roten Armee; Verschleppung der Überlebenden auf Todesmärschen
April: Befreiung der KZs Buchenwald, Dachau, Bergen-Belsen und Ravensbrück
30. April: Hitler begeht Selbstmord
8. Mai: bedingungslose Kapitulation der Wehrmacht und Ende des Krieges

9. Lebensdaten Dietrich Bonhoeffers

1906 4. Februar: Dietrich Bonhoeffer wird zusammen mit seiner Zwillingsschwester Sabine in Breslau geboren, als sechstes von acht Kindern. Sein Vater Prof. Dr. Karl Bonhoeffer, ist Arzt und Neurologe; seine Mutter, Paula Bonhoeffer, geb. von Hase, ist Lehrerin

1912 Die Familie zieht nach der Berufung des Vaters als Professor für Psychiatrie und Neurologie und Direktor der Universitätsnervenklinik nach Berlin um, zuerst in die Wangenheimstr. 47, dann in die Marienburger Allee 43

1923 Abitur mit 17 Jahren.
Beginn des Theologiestudiums in Tübingen (zwei Semester)

1924 April bis Juni: Romreise mit Bruder Klaus Bonhoeffer, Abstecher nach Sizilien und Nordafrika; ab Sommersemester Fortsetzung des Studiums in Berlin

1927 Promotion bei Reinhold Seeberg über `Sanctorum Communio – eine dogmatische Untersuchung zur Soziologie der Kirche´ (`summa cum laude´)

1928 Erstes Theologisches Examen in Berlin; Vikariat in der Deutschen Gemeinde in Barcelona (bis Februar 1929)

1929 Rückkehr nach Berlin; Assistent bei Theologieprofessor Wilhelm Lütgert

1930 Zweites Theologisches Examen. Habilitation für Systematische Theologie an der Theologische Fakultät der Berliner Friedrich-Wilhelm-Universität mit `Akt und Sein. Transzendentalphilosophie und

275

Ontologie in der Systematischen Theologie´; im September: per Schiff Reise nach New York, Studienaufenthalt am dortigen Union Theological Seminary

1931 im Juni: Rückkehr nach Berlin; zweiwöchiger Besuch bei Prof. Dr. Karl Barth in Bonn; Wahl zum Jugendsekretär des ´Weltbundes für Internationale Freundschaftsarbeit der Kirchen´ und erste ökumenische Kontakte; Ordination. Privatdozent, Hilfsprediger und Studentenpfarrer an der Technischen Hochschule Berlin;

1932 Betreuung einer Konfirmandengruppe in Berlin; Erwerb einer Baracke in Biesenthal für Wochenendfreizeiten

1933 1. Februar: Rundfunkvortrag ´Wandlungen des Führerbegriffes´; Beteiligung am Aufbau einer kirchlichen Opposition gegen die Gleichschaltung des Staates; Aufsatz ´Die Kirche vor der Judenfrage´ und Flugblatt ´Der Arierparagraph in der Kirche´; Betheler Bekenntnis; Teilnahme an der Sitzung des ´Weltbundes für Freundschaftsarbeit der Kirchen´ in Sofia; im Oktober: Auslandspfarramt in London; erste Begegnung mit Bischof George Bell in Chichester

1934 Teilnahme an der Ökumenischen Konferenz auf der dänischen Insel Fanö: Bonhoeffers ´Friedenspredigt´; Einladung von Mahatma Gandhi nach Indien; auf Betreiben Bonhoeffers Trennung der Londoner Gemeinden von der Reichskirchenregierung

1935 Besuch anglikanischer Klöster; im April Rückkehr nach Deutschland; Beginn der Übernahme des illegalen Predigerseminars der Bekennenden Kirche, zunächst auf dem Zingsthof, ab Juni in Fin-

kenwalde bei Stettin als Direktor; bruderschaftli-
ches Leben im `Bruderhaus´
1936 Studienreise des Predigerseminars Finkenwalde
nach Dänemark und Schweden; Entzug der Lehr-
erlaubnis (`venia legendi´) an der Universität, Teil-
nahme an der Tagung des Ökumenischen Rates
für Praktisches Christentum in Chamby
1937 im Oktober: Schließung des Predigerseminars
Finkenwalde durch die Gestapo; illegale Weiterarbeit in Sammelvikariaten in Köslin, Groß-
Schlönwitz und Sigurdshof bei Schlawe in Hinterpommern; Veröffentlichung von `Nachfolge´
1938 Aufenthaltsverbot für Berlin. Erste Kontakte der
Widerstandsgruppe um Sack, Oster, Canaris und
Beck, vermittelt durch seinen Schwager Hans von
Dohnanyi; Emigration von Zwillingsschwester Sabine Leibholz mit ihrer Familie nach Großbritanni-
en
1939 Reise nach London; zweite USA-Reise zur Übernahme einer Gastprofessur dort; nach einem Monat Aufenthalt im Juli aus Gewissensgründen
Rückkehr nach Deutschland
1940 Schließung der Sammelvikariate in Köslin und Sigurdshof durch die Gestapo. Reichsredeverbot
wegen `volkszersetzender Tätigkeit´. Polizeiliche
Meldepflicht in Schlawe. Bonhoeffer schließt sich
als V-Mann dem militärischen Widerstand an. Beginn der konspirativen Tätigkeit als Kurier der Widerstandsgruppe in der militärischen `Abwehr´,
UK-Stellung (`Unabkömmlichkeitsstellung´), drei
Monate lang zu Gast im Kloster Ettal, Arbeit an der
`Ethik´
1941 Zwei konspirative Reisen in die Schweiz im Auftrag der `Abwehr´; Druck- und Veröffentlichungs-

verbot durch die Reichsschrifttumskammer; `Unternehmen Sieben´ mit Hans von Dohnanyi; Weiterarbeit an der `Ethik´

1942 Dritte Schweizer Reise; mit Helmuth James v. Moltke Reisen nach Norwegen und Schweden. Treffen in Sigtuna mit Bischof George Bell von Chichester, der Kontakte zur britischen Regierung hat; zurück in Pommern: Begegnung mit der 18jährigen Maria von Wedemeyer

1943 17. Januar: Verlobung mit Maria von Wedemeyer; 5. April: Verhaftung und Einlieferung ins Wehrmachtsuntersuchungsgefängnis Berlin-Tegel (Anklage lautet: `Wehrkraftzersetzung´); Briefe und Aufzeichnungen aus der Haft entstehen (postum von Eberhard Bethge als `Widerstand und Ergebung´ veröffentlicht)

1944 22. September: `Zossener Aktenfund´; gefundene Namen der vom Attentat des 20. Juli 1944 unterrichteten Beteiligten beweisen Bonhoeffers Tätigkeit im Widerstand gegen Hitler; 1. Oktober: Verhaftung seines Bruders Klaus Bonhoeffer und seines Schwagers Rüdiger Schleicher; Aufgabe des Fluchtplans; am 8. Oktober: Überführung ins Gestapo-Kellergefängnis in der Prinz-Albrecht-Straße in Berlin

1945 7. Februar: Deportation ins KZ Buchenwald
8. April: Abtransport nach Schönberg/Bayrischer Wald, dann Verlegung ins KZ Flossenbürg; dort am 8. April Schauprozess mit Todesurteil; 9. April: Morgens Hinrichtung durch den Strang
27. Juli: Gedächtnisgottesdienst in London

10. `Who is who´

Ich habe im Verlauf meines Studiums von Bonhoeffers Leben und Werk festgestellt, dass es einigermaßen kompliziert ist, die handelnden Personen entsprechend einzuordnen, sowohl zeit- als auch familiengeschichtlich und dass die Angaben in der Bonhoeffer-Literatur meistens spärlich sind. Deshalb werden an dieser Stelle Kurzbiographien aller im Haupttext vorkommenden Personen des Buches, nicht aber von Personen, die in den Anmerkungen erwähnt werden, aufgeführt. Zur leichteren Auffindung der oder des Gesuchten habe ich die alphabetische Reihenfolge gewählt. Neben der im Literaturverzeichnis genannten Literatur zum Thema gehen diese Informationen u.a. auf folgende Internet-Recherchen zurück:
https://www.bundesarchiv.de,
https://www.dhm.de/lemo/search?q=Biographie,
https://www.bbkl.de/index.php/frontend/lexicon,
https://de.wikipedia.org/wiki/Wikipedia:Hauptseite,
https://www.heiligenlexikon.de, https://berlingeschichte.de und
https://www.gdw-berlin.de/home/ (alle Internetlinks aufgerufen am 11.10.2024). Auf die Namensnennung einzelner Autoren der Artikel im Literaturverzeichnis wurde aus Gründen des Umfangs verzichtet; sie sind aber online leicht auffindbar.

Adorno, Theodor W. (1903-1969): Der Doyen unter den Sozialwissenschaftlern, hochbegabter einziger Sohn eines Frankfurter Weingroßhändlers und einer Sängerin, katholisch getauft und in behüteten großbürgerlichen Verhältnissen aufgewachsen, promovierte in Philosophie und machte sich – musikalisch am Klavier ausgebildet – als Musikkritiker einen Namen. Später komponierte er auch. Seine philosophische Habilitation 1931, angefertigt unter dem Einfluss des evangelischen Theologen und Religionsphilosophen Paul Tillich (1886-1965), hatte Kierkegaard zum Thema. Danach wurde Adorno Privatdozent an der Frankfurter Universität. 1933 wurde ihm der Lehrbefugnis durch die Nazis entzogen, weil er väterlicherseits jüdischer Abstammung war. Er emigrierte daraufhin zunächst nach Oxford, später dann in die USA. 1938 wurde er Mitarbeiter des `Institute of Social Research´ in New York. Adorno gilt mit seinem Freund und Kollegen Max Horkheimer (1895-1973) als Begründer der `Kritischen Theorie´, einer von Hegel, Marx und Freud inspirierten Gesellschaftstheorie, die die bürgerlich-kapitalistische Gesellschaft analysiert und sich der Aufklärung verpflichtet weiß, die sie gleichzeitig kritisiert (`Dialektik der Aufklärung´). 1949 kehrte Adorno nach Deutschland zurück und folgte einem Ruf als Professor für Soziologie in Frankfurt, ab 1953 Professor für Philosophie und Soziologie. 1958 wurde er Leiter des Instituts für Sozialforschung und war bald einer der einflussreichsten Repräsentanten der deutschen Soziologie. Gegen Ende seines Lebens geriet er in Konflikt mit der 68er-Bewegung. Er starb im Urlaub an einem Herzinfarkt in Visp bei Zermatt. Er liegt in Frankfurt begraben.

Albertz, Heinrich (1915-1993): In Breslau geboren, war Heinrich Albertz von 1939-1941 Pastor der Bekennenden Kirche in Schlesien, von 1941-1945 Soldat, danach Flüchtlingspastor in Celle. Von 1948-1955 hatte er das Amt als Niedersächsischer Flüchtlings- und Sozialminister inne. Von 1955-1967 war er Mitglied des Berliner Senats und Regierender Bürgermeister von Berlin. Von 1969-1979 war er wieder im kirchlichen Dienst, als Pfarrer in Berlin-Schlachtensee. Der Vielschreiber Albertz war Mitglied des PEN und Träger der Carl-von-Ossietzky-Medaille der Internationalen Liga für Menschenrechte.

Althaus, Paul (1888-1966): Der in Obershagen bei Celle (Hannover) geborene Sohn des konservativ-lutherischen Professors für Systematische und Praktische Theologie sowie für Neues Testament in Göttingen und Leipzig, Paul Althaus, sen. (1861-1925), studierte evangelische Theologie in Tübingen und Göttingen, in dem ihn überwiegend Adolf Schlatter, Karl Holl und Karl Heim beeinflussten, schloss das Studium mit der Promotion 1913 ab und habilitierte sich 1914 in Göttingen. Im Ersten Weltkrieg war er Lazarettpfarrer in Lodz/Polen. 1919 wurde er ordentlicher Professor für Systematische und Neutestamentliche Theologie in Rostock, von wo er zum Wintersemester 1925/26 an die lutherische evangelisch-theologische Fakultät der Universität Erlangen berufen wurde. Der lutherische nationalkonservative Theologieprofessor wurde 1926 bis 1964 Präsident der Luthergesellschaft und machte sich als Lutherforscher einen Namen. In seiner Dogmatik wandte er sich gegen Karl Barths christologisch ausgerichtete Dogmatik und setzte dagegen seine Lehre von der `Uroffenbarung´ (Gott offenbart sich in der Natur, der Geschichte, dem Gesetz und im Gewissen und kann das Verstehen der Heilsoffenbarung in Jesus Christus vorbereiten). In seiner Ethik orientierte er sich an den `Schöpfungsordnungen´ (Ehe, Volk, Recht, Staat, Wirtschaft). Er war Anhänger des Nationalsozialismus, was nach dem Krieg seine vorübergehende Dienstenthebung zur Folge hatte. 1953 wurde er ordentliches Mitglied der Bayerischen Akademie der Wissenschaften. 1956 wurde er emeritiert.

Anders, Günther (1902-1992): Geboren als Günther Stern in Breslau (Wroclaw/Polen) mit zwei weiteren Geschwistern in einer jüdisch-deutschen Familie – die Eltern Clara und William Stern waren beide renommierte Psychologen – machte er als Jugendlicher einschneidende Erlebnisse im Ersten Weltkrieg, die ihn nachhaltig zum Kriegsgegner werden ließen. Nach dem Abitur studierte er bei Martin Heidegger Philosophie. Mit 21 Jahren schloss er sein Studium bei Edmund Husserl mit einer Promotion an der Universität Freiburg ab. Danach hielt er sich einige Jahre mit philosophischen, belletristischen und journalistischen Arbeiten über Wasser, die er in Zeitungen und im Radio veröffentlichte. 1929 heiratete er die Philosophin Hannah Arendt. 1930 plante er, sich in Frankfurt am Main mit einer musikphilosophischen Arbeit zu habilitieren, was jedoch abgelehnt wurde. Daraufhin wurde er Feuilletonredakteur beim `Berliner Börsen-Courier´ und publizierte fortan unter dem Pseudonym 'Günther Anders´. 1933 flüchtete er vor den Nazis nach Paris. 1936 wanderten seine Frau und er in die USA aus. 1937 wurde die Ehe geschieden, Anders heiratete erneut. Elf Jahre verbrachte er im amerikanischen Exil. Er arbeitete als Hauslehrer, als Drehbuchautor, in einem Museum, in einem Kostümverleih und in einer Fabrik. Während des Krieges arbeitete er im `Office for War Information´, dann als Dozent für Kunstphilosophie an der New Yorker New School for Social Research (1947-1949). Den 6. August 1945, der Tag des Atombombenabwurfs auf Hiroshima, verarbeitete er später in seinem Hauptwerk `Die Antiquiertheit des Menschen´ (Bd I: 1956, Bd. II: 1980). Ab 1950 lebte Günther Anders als österreichischer Staatsbürger und als freier Schriftsteller in Wien. Zweimal schlug er eine Professur für Philosophie aus. Er befasste sich nach dem Krieg u.a. mit der atomaren Gefahr, beteiligte sich als Juror am Russel-Tribunals gegen Vietnam und wurde einer der fundamentalen Kritiker von Technik, Wissenschaft und Philosophie der Moderne. Er erhielt u.a. den Amsterdamer Novellenpreis der Emigration (1936), den Deutschen Kritikerpreis (1967), den Österreichischen Staatspreis für Kulturpublizistik und den Theodor W. Adorno-Preis der Stadt Frankfurt am Main (1983).

Arendt, Hannah (1906-1975): Die in Hannover-Linden als Tochter des Ingenieurs Paul Arendt geborene Politologin wuchs in einem jüdisch-assimilierten sozialdemokratischen Elternhaus in Königsberg auf. 1924 begann sie das Studium der Philosophie, der Theologie und der Klassischen Philologie in Marburg. Später wechselte sie nach Freiburg/Brsg. und Heidelberg und studierte bei Martin Heidegger und Edmund Husserl (1858-1938). 1928 promovierte sie bei Karl Jaspers über den `Liebesbegriff bei Augustin´. 1929 zog sie nach Berlin um und heiratete den Philosophen Günther Anders (die Ehe wurde 1937 geschieden). 1933 wurde sie kurzzeitig inhaftiert, konnte aber über die Tschechoslowakei und die Schweiz nach Frankreich fliehen. In Paris fand sie Arbeit als Sozialarbeiterin und wurde Mitglied in der `World Zionist Organization´. 1935 reiste sie zum ersten Mal nach Palästina. 1941 war sie mehrere Wochen in Gurs inhaftiert; sie floh in die USA. Von 1944-1946 war sie Forschungsleiterin der `Conference of Jewish Relations´. Von 1946 bis 1949 arbeitete sie als Verlags-Cheflektorin. Von 1948 bis 1952 war sie Direktorin der `Jewish Cultural Reconstruction Organization´ zur Rettung jüdischen Kulturguts, in dessen Funktion sie 1949/50 nach Deutschland reiste. 1951 erhielt sie die amerikanische Staatsbürgerschaft. 1953 wurde sie zur Professorin ans Brooklyn College in New York berufen. 1959 erhielt sie den Lessing-Preis der Stadt Hamburg. 1961 berichtete sie vom Eichmann-Prozess in Jerusalem, wo der ehemalige SS-Obersturmbannführer im RSHA, Adolf Eichmann (1906-1962), zum Tode wegen Verbrechen gegen die Menschlichkeit verurteilt wurde – übrigens das einzige Todesurteil, das in Israel bisher vollstreckt wurde. 1963 erschienen ihre Berichte in Buchform (`Eichmann in Jerusalem. Ein Bericht von der Banalität des Bösen´). Von 1963 bis 1967 erhielt sie eine Professur an der University of Chicago. 1973 wurde sie Vorstandsmitglied im amerikanischen PEN-Zentrum. 1975 starb sie in New York. In ihrem Werk ging sie u.a. den Entstehungsbedingungen totalitärer Herrschaft nach und untersuchte besonders die Strukturen von Nationalsozialismus und Stalinismus.

Baden, Max von (1867-1929): Der letzte Thronfolger des Großherzogtums Baden, der als liberaler Aristokrat galt, war im Oktober/November 1918 einen Monat lang der letzte Reichskanzler des Deutschen Kaiserreichs. Er verkündete die Abdankung Kaiser Wilhelms II. und übergab sein Amt Friedrich Ebert (1871-1925). Zusammen mit dem Reformpädagogen und Begründer der Erlebnispädagogik, Kurt Hahn (1886-1974), gründete er die noch heute bestehende Internatsschule Schloss Salem.

Barth, Karl (1886-1968): Der theologische Schule bildende theologische Querdenker aus der Schweiz, Sohn eines Baseler Theologieprofessors, war nach dem Theologiestudium in Bern, Berlin, Tübingen und Marburg von 1911-1921 Pfarrer im Schweizer Dorf Safenwil. Er wurde dann Professor in Göttingen (1921), Münster (1925) und Bonn (1930). Von Anfang an ein entschiedener Hitlergegner, der den Eid auf den `Führer´ verweigerte, wurde er 1935 aus Deutschland ausgewiesen und Professor in Basel. Er war der maßgebliche Verfasser der Barmer Theologischen Erklärung von 1934, dem einzigen Bekenntnis im Protestantismus seit der Reformation. Barth legte zusammen mit seiner Mitarbeiterin und Geliebten Charlotte von Kirschbaum (1899-1975) ein monumentales Werk vor, die Kirchliche Dogmatik (13 Bde., 1932-1967) und revolutionierte die Theologie. Er brach nach dem Ersten Weltkrieg mit der Liberalen Theologie des 19. Jahrhunderts und band sein theologisches Denken zurück an das biblische Offenbarungswort. Er gilt als einer der einflussreichsten Theologen des 20. Jahrhunderts.

Beck, Ludwig (1880-1944): Nachdem der spätere Generaloberst nach dem Abitur 1898 als Fahnenjunker in das preußische Heer eingetreten war, nahm er am Ersten Weltkrieg teil und machte anschließend Karriere in der Reichswehr. 1933 wurde Beck Chef des Truppenamtes im Reichswehr-Ministerium und 1935 Generalstabschef des Heeres. Beck war ein Kriegsgegner; er forderte die Generalität im Sommer 1938 vergeblich auf, geschlossen zurückzutreten, um einen Krieg in Europa zu verhindern. Als dies misslang, trat er selbst von seinem Amt zurück; er lebte zurückgezogen in seiner Wohnung in Berlin und beteiligte sich an den Attentatsplänen nationalkonservativer Kreise auf Hitler. Wäre der Umsturz gelungen, wäre er nach Hitlers Tod Staatsoberhaupt (`Reichsverweser´, Staatspräsident) geworden. So wurde er von General Friedrich Fromm noch am Abend des 20. Juli im Bendlerblock aufgefordert, Selbstmord zu begehen – was jedoch zweimal misslang. Beck, schwerverletzt, wurde daraufhin von einem Feldwebel erschossen. Er wurde mit anderen Opfern des 20. Juli 1944 auf dem Alten St. Matthäus-Kirchhof in Schöneberg begraben. Seine Leiche und die der anderen wurden auf Befehl Himmlers (1900-1945) von der SS exhumiert, im Krematorium Wedding verbrannt und die Asche über den Rieselfeldern verstreut.

Bell, George Kennedy Allen (1883-1958): Als Sohn eines Pfarrers geboren, wurde er nach seinem Theologiestudium in Oxford 1907 zum anglikanischen Priester geweiht. Danach arbeitete er zunächst als Sozialpfarrer unter Industriearbeitern, dann als Studentenpfarrer am Christ Church College in Oxford. 1914 wurde er zum Privatsekretär des Erzbischofs von Canterbury ernannt und war als solcher auch für das Sonderreferat für internationale und interkonfessionelle Beziehungen zuständig. Er machte sich für die Rettung von Kriegswaisen und für den Kriegsgefangenenaustausch stark und engagierte sich nach Kriegsende für Frieden und Versöhnung in der noch jungen ökumenischen Bewegung. Von 1925 bis 1929 war er Domprobst an der alten Canterbury Cathedral. 1929 wurde er anglikanischer Bischof von Chichester. Als solcher hatte er auch Kontakte zu Mahatma Gandhi (1869-1948). 1932 übernahm er ein leitendes Amt beim Ökumenischen Rat der Kirchen in Genf und war in den Kirchenkampf in Deutschland involviert. Bereits 1931 war es zur Bekanntschaft mit Dietrich Bonhoeffer gekommen; 1933 kam es am 21. November zu einem ersten persönlichen Treffen. Bonhoeffer arbeitete zu dieser Zeit in London als Auslandspfarrer. Er wurde Bells wichtigster Informant und Bell eine Art Mentor für ihn. Bell informierte durch regelmäßige Veröffentlichungen, u.a. in der Times, die britische Öffentlichkeit von den Vorgängen in Deutschland. 1936 wurde er Vorsitzender des `Internationalen Christlichen Komitees für deutsche Flüchtlinge´, insbesondere für Christinnen und Christen mit jüdischem Hintergrund (sog. `Judenchristen´). 1937 wurde er Mitglied des Oberhauses (`Lord Spiritual´). In seiner ersten großen Rede rief er dazu auf, verfolgten Juden zu helfen. Indem er die Inhaftierung Martin Niemöllers im KZ Sachsenhausen und Dachau 1938 in England öffentlich gemacht und die kirchenfeindliche Haltung des NS-Staates kritisiert hatte, rettete er ihm vermutlich das Leben – denn Hitler nahm danach Abstand von seinem Plan, Niemöller zu ermorden. Bell ermöglichte mit persönlichen Bürgschaften Flüchtlingen die Emigration nach Großbritannien, darunter auch Sabine Leibholz, Bonhoeffers Schwester, und ihrem Mann. Der dezidierte Antifaschist Bell sprach sich gegen den Krieg und für Völkerverständigung aus. Er kritisierte 1943 das von Winston Churchill verantwortete britische Flächenbombardement deutscher Städte wie Hamburg und Berlin, weil es vor allem Frauen und Kinder traf und bezeichnete dies 1944 als völkerrechtswidrig, weil unverhältnismäßig. Nach dem Attentat vom 20. Juli 1944 versuchte Bell eine Kursänderung der britischen Politik und Kriegsführung zu erreichen – ohne Erfolg. Bonhoeffers letzte Nachricht vor seinem Tod galt seinem britischen Freund. Am 27. Juli 1945 hielt Bell in der Holy Trinity Church am Kingsway in London zusammen mit Franz Hildebrandt und Julius Rieger in Anwesenheit von Sabine Leibholz einen Gedenkgottesdienst für Dietrich Bonhoeffer vor Tausenden von Teilnehmern, der von der BBC übertragen wurde. Er sprach sich für eine Versöhnung mit Deutschland aus, nahm als ökumenischer Beobachter an der Bildung des neu gebildeten Rates der EKD teil und wies darauf hin, dass in der `Stuttgarter Schulderklärung´ der Völkermord an den Juden nicht genannt wurde. In der Marienkirche in Berlin feierte er zusammen mit Otto Dibelius und anderen den ersten ökumenischen Gottesdienst nach Kriegsende und rief zur Versammlung des ÖRK auf. Nach dem Krieg kritisierte er im britischen Oberhaus die Vertreibung der besiegten 14 Millionen Deutschen aus den Ostgebieten. In den fünfziger Jahren engagierte sich Bell gegen die atomare Aufrüstung.

Benjamin, Walter (1892-1940): Der Sohn eines assimilierten jüdischen Kunst- und Antiquitätenhändlers – väterlich mit Heinrich Heine verwandt – wurde in Berlin geboren und wuchs in Grunewald mit zwei Geschwistern auf. Nach Schulzeit und Abitur 1912 studierte er Philosophie, Germanistik und Kunstgeschichte in Freiburg/Brsg. und in Berlin, später in München und in Bern und verortete sich in der `Freien Studentenschaft´. Benjamin war mit Ernst Bloch (1885-1977), Hugo Ball (1886-1927) und Gershom Sholem (1897-1982) befreundet. 1917 heiratete er Dora Kellner (1890-1964) und bekam mir ihr einen Sohn, Stefan (1918-1972). 1919 promovierte er `summa cum laude´ in Bern über den `Begriff der Kunstkritik in der deutschen Romantik´, kehrte nach Berlin zurück und begann 1923 mit Vorbereitungen zu einer Habilitation in Neuerer Deutscher Literaturgeschichte. In dieses Jahr fielen die Kontakte zu Theodor W. Adorno und dem Frankfurter Institut für Sozialforschung und Benjamin beschäftigte sich, beeinflusst durch die kommunistische lettische Regisseurin Asja Lacis (1891-1979), mit dem Marxismus. 1924 lebte und arbeitete er ein paar Monate auf Capri. Seine 1925 angefertigte Habilitation wurde in Frankfurt/Main abgelehnt. So lebte er als freier Autor und Kritiker in Berlin. 1926/27 reiste er nach Moskau. 1928 veröffentlichte er die Schrift `Ursprung des deutschen Trauerspiels´. 1932 und 1933 lebte er einige Monate auf Ibiza. Seinen Lebensunterhalt sicherte ihm die Arbeit im Rundfunk. 1933 floh er vor den Nazis nach Paris. Sein Bruder Georg (1895-1942), der 1933 als kommunistischer Arzt in `Schutzhaft´ genommen wurde, wurde später im KZ Mauthausen ermordet. Dessen Frau, Hilde Benjamin (1902-1989), amtierte von 1953 bis 1967 als Justizministerin der DDR. Walter Benjamin, Verfasser bedeutender kulturhistorischer und autobiographischer Schriften (`Berliner Kindheit um 1900´, 'Passagenwerk´), lebte in Paris. Er besuchte Bertolt Brecht, mit dem er seit 1929 befreundet war, in Dänemark. 1939 wurde Benjamin ausgebürgert und bei Kriegsausbruch in einem Lager in der Nähe von Nevers interniert. Er konnte jedoch nach Paris zurückkehren. Nach der Besetzung Frankreichs 1940 floh der Philosoph, Essayist, Literaturkritiker und Übersetzer in Begleitung seiner Schwester Dora Benjamin (1901-1946) nach Lourdes. Von dort aus versuchte er vergeblich, über Spanien in die USA zu fliehen. Angesichts der drohenden Auslieferung an die Gestapo beging er in einem Hotel im spanischen Grenzort Port Bou mit einer Überdosis Morphium Suizid. Große Teile seines Werkes erschienen erst nach seinem Tod. 1993 wurde für ihn in Port Bou eine Gedenkstätte errichtet.

Benn, Gottfried (1886-1956): Der Arzt, Erzähler und Essayist, als Lyriker Vorbild ganzer Generationen jüngerer Schriftsteller, wurde durch seine Gedichte `Morgue´ (`Das Leichenschauhaus´, 1912) einer breiteren Öffentlichkeit bekannt. Dort beschrieb er in zynischer Sprache seine Erfahrungen in der Pathologie. Er begeisterte sich früh für die Nationalsozialisten, veröffentlichte rassistische Aufsätze und kritisierte die in französischen Badeorten sitzenden emigrierten Schriftsteller-Kollegen, dass sie kein Recht zur Mitsprache mehr hätten. Benn trat nicht wie die meisten anderen Schriftsteller aus Protest gegen die nationalsozialistische Gleichschaltungspolitik aus der Preußischen Akademie der Künste aus, sondern glorifizierte lange das NS-Regime. 1938 wurde er aus der Reichsschrifttumskammer ausgeschlossen und mit Schreibverbot belegt.

Best, Sigismund Payne (1885-1978): Der britische Nachrichtenoffizier Captain war Bonhoeffers Mitgefangener im KZ Buchenwald. In seinem Bestseller `The Venlo Incident´ (`Der Venlo-Zwischenfall´) schilderte der Sohn eines Arztes mit indischem Hintergrund, der u.a. Naturwissenschaften und Musik studiert hatte, seine Gefangennahme an der niederländisch-deutschen Grenze bei Venlo am 9.11.1939 und hielt in Tagebuchform sein Leben in fünfjähriger Gefangenschaft in den KZs Sachsenhausen, Buchenwald und Flossenbürg bis zu seiner Befreiung im österreichischen Niederdorf fest. Best, der sehr gut deutsch sprach und enge Kontakte zum niederländischen Königshaus pflegte, war auf Geheimagenten Heydrichs hereingefallen, die vorgegeben hatten, einen Putsch gegen Hitler zu planen, in Wirklichkeit aber der SS angehörten. Best wurde fünf Jahre lang isoliert in den KZs Sachsenhausen und Dachau festgehalten und verriet einige Geheimnisse. Er setzte Gerüchte in die Welt, dass Georg Elser eine Marionette der Nazis gewesen sei und trug so zum jahrzehntelangen schlechten Image Elsers bei. Best war noch am 8. April 1945 in Schönberg im Bayerischen Wald mit Bonhoeffer zusammen gewesen. Durch ihn wurden die angeblich letzten Worte Dietrich Bonhoeffers überliefert.

Bethge, Eberhard (1909-2000): Geboren in Warchau bei Magdeburg/Sachsen als Sohn eines Pfarrers, studierte er nach dem Abitur (1929) in Magdeburg Evangelische Theologie in Königsberg, Berlin, Wien, Tübingen und Halle-Wittenberg und absolvierte sein Vikariat. 1934 wurde er auf Weisung des Reichsbischofs aus dem Predigerseminar in Wittenberg relegiert. Er wurde dann Bonhoeffers Mitarbeiter und Studieninspektor in den BK-Predigerseminaren Zingst und Finkenwalde (1935-1937). Von 1937 bis zu dessen Schließung durch die Gestapo 1940 war er Bonhoeffers Studieninspektor im Sammelvikariat Groß-Schlönwitz und Sigurdshof, wo die Arbeit von Finkenwalde fortgeführt wurde. Von 1940-1945 war er Missionsinspektor bei der Berliner Gossner Mission. 1943 zur Wehrmacht eingezogen, wurde er im Zusammenhang mit dem Attentat des 20. Juli Ende Oktober 1944 an der italienischen Front verhaftet und in das Gestapo-Gefängnis Lehrter Straße 3 nach Berlin gebracht. Dort wurde er am 25. April 1945 befreit. Im Mai 1945 arbeitete er zunächst als persönlicher Referent von Bischof Otto Dibelius. Von 1946-1953 war er Studentenpfarrer an der Humboldt-Universität und ab 1949 gleichzeitig an der Technischen Hochschule Berlin. Er wohnte zu der Zeit mit seiner Familie im heutigen Bonhoeffer-Haus in Berlin. Von 1953 bis 1961 betreute er als Auslandspfarrer in London drei deutsche Auslandsgemeinden und verbrachte ein Jahr als Visiting Lecturer an der Divinity School der Universität Harvard. Von 1961 bis 1975 war er Leiter des Pastoralkollegs der Evangelischen Kirche im Rheinland in Rengsdorf und Honorarprofessor in Bonn. 1966/67 war er Visiting Professor am Chicago Theological Seminary und am Union Theological Seminary in New York. In diesen Jahren entfaltete sich sein zweiter Beruf: der Nachlassverwalter Dietrich Bonhoeffers. Er gab dessen Schriften heraus und wurde weltbekannt: 1949 erschienen die `Fragmente zur Ethik´, 1951 die Texte mit dem Titel `Widerstand und Ergebung´. Seine Biografie über seinen engen Freund (Bethge und nicht etwa seine Verlobte [sic!] war von Bonhoeffer zum Haupterben eingesetzt worden) erschien 1967. Seit 1976 lebte er in Wachtberg bei Bonn und versah Gastprofessuren in den USA. 1962 verlieh ihm die Universität Glasgow, 1967 die Humboldt-Universität in Berlin und 1975 die Universität Bern den Ehrendoktortitel. Von der Universität Bonn wurde er 1969 zum Honorarprofessor ernannt. Seit 1974 wurde er als einer der wenigen Theologen in den Internationalen PEN-Club aufgenommen. Im Ruhestand betreute er u.a. die Neuausgabe der Dietrich Bonhoeffer Werke. Bethge mischte sich immer wieder auch politisch ein: gegen Rassismus, gegen Apartheid, gegen Judenfeindschaft in der Kirche und für die Erneuerung des Verhältnisses von Christen und Juden. Er war seit 1943 mit Renate Bethge, geb. Schleicher (1925-2019), einer Nichte Dietrich Bonhoeffers, verheiratet, die maßgeblichen Anteil an seiner Bonhoeffer-Arbeit hatte. Eberhard Bethge starb am 18. März 2000 im hohen Alter von 90 Jahren.

Biedermann, Karl (geb. 1947): Er wuchs in Ostberlin auf, lernte 1963 Stuckateur und studierte ab 1970 Bildhauerei an der Hochschule für Bildende Künste in Dresden. Seit 1978 lebt er als freischaffender Bildhauer und Künstler in Berlin. Er schuf 1988 den 225 cm hohen Bronzetorso `Für Dietrich Bonhoeffer´, der seit 1997 an der Zionskirche in Berlin Mitte steht und von dem sich seit 1999 eine Kopie vor der Elisabethkirche in Wroclaw befindet. Biedermann schuf noch weitere Kunstwerke für den öffentlichen Raum, u.a. für Christ Geoffrey (1968-1989), das vorletzte Todesopfer an der Berliner Mauer.

Bloch, Ernst (1885-1977): Ernst Bloch wurde als einziges Kind des königlich-bayerischen Eisenbahnbeamten Max Bloch und dessen jüdischer Frau Bertha in Ludwigshafen geboren. Von 1905 bis 1908 studierte er Philosophie (Nebenfächer: Physik, Germanistik und Musik) in München und Würzburg und schloss mit Promotion ab. Von 1908 bis 1914 arbeitete er als Privatgelehrter und Publizist in Berlin und Heidelberg, wo er zum Kreis um Max Weber gehörte. 1913 heiratete er die Bildhauerin Else von Stritzky (1883-1921). 1914 zog er nach Grünwald bei München um und protestierte gegen die deutsche Politik im Ersten Weltkrieg. Von 1917 bis 1919 lebte der Pazifist Bloch aus politischen Gründen in Bern. 1918 erschien sein erstes bedeutendes Werk `Vom Geist der Utopie´. Nach seiner Rückkehr nach Deutschland 1919 wohnte er mit Unterbrechungen in Berlin, arbeitete als freier Publizist und bereiste Südfrankreich, Italien, Nordafrika und Österreich. 1921 erschien sein Buch `Thomas Münzer als Theologe der Revolution´. 1922 heiratete er die Malerin Linda Oppenheimer, von der er sich 1928 scheiden ließ. 1933 wurde Bloch, der sich mehrfach öffentlich gegen die Nazis ausgesprochen hatte, ausgebürgert und floh in die Schweiz. Dort heiratete er 1934 die Architektin Karola Piotrkowska (1905-1994), mit der er einen Sohn hatte. In Zürich erschien das Buch `Erbschaft dieser Zeit´. 1934 und 1935 lebte er in Wien und Paris, von 1936 bis 1938 in Prag. Nach dem Münchner Abkommen 1938 floh er von dort aus in die USA. Dort entstand sein Hauptwerk: `Das Prinzip Hoffnung´. Es wurde erst von 1954-1959 publiziert und bald zu einem philosophischen Klassiker. Mehrfach wechselte er den Wohnort: von 1938-1940 lebte er in New York, von 1940-1941 in Marlborough/N. H., von 1942 bis 1949 in Cambridge/Mass. 1949 folgte er wie viele andere Antifaschisten – 64jährig – einem Ruf als Professor für Philosophie an die Leipziger Universität. 1955 wurde er mit dem Nationalpreis der DDR ausgezeichnet. Wegen seiner Kritik am DDR-Regime infolge der gewaltsamen Niederschlagung des Ungarn-Aufstandes 1956 und der damit verbundenen öffentlichen Kritik an der doktrinären Erstarrung des Marxismus wurde er 1957 zwangsemeritiert. Während einer Vortragsreise 1961 in der BRD kehrte das Ehepaar Bloch, überrascht vom Mauerbau, nicht mehr in die DDR zurück. Bloch folgte einem Ruf als Professor für Philosophie an die Universität Tübingen. Dort entwickelte er einen eigenen, von messianisch-eschatologischen und heilsgeschichtlich-marxistischen Motiven beeinflussten philosophischen Ansatz. Er begleitete die 68er Studentenbewegung, mit deren Vordenker Rudi Dutschke (1940-1979) er befreundet war, mit großer Sympathie. 1967 erhielt Ernst Bloch den `Friedenspreis des Deutschen Buchhandels´, 1969 verlieh ihm die Universität Zagreb die Ehrendoktorwürde, 1975 folgten die Pariser Sorbonne und die Universität Tübingen. 1970 wurde er Ehrenbürger von Ludwigshafen. Von 1959 bis 1978 erschien die 17bändige Gesamtausgabe seiner Werke. Bloch starb in Tübingen. Obwohl er keine eigene philosophische Schule begründet hat, hat er führende Philosophen (Burghart Schmidt) und auch Theologen (Jürgen Moltmann, Johann Baptist Metz) der Gegenwart nachhaltig beeinflusst. Besonders die Stadt Ludwigshafen am Rhein hat sich durch das `Ernst-Bloch-Archiv´ (gegründet 1979), den Bloch-Almanach (1981ff.), den `Ernst-Bloch-Preis´ (1985ff.), die `Internationale Bloch-

Gesellschaft´ (gegründet 1986) und das `Ernst-Bloch-Zentrum´ (er-
öffnet 2000) Blochs geistigen Erbes angenommen. 1989 wurde Ernst
Bloch in der DDR rehabilitiert. Als einer der populärsten Philosophen
des zwanzigsten Jahrhunderts hinterließ er ein umfangreiches Werk,
das in 30 Sprachen übersetzt wurde.

Bodelschwingh, sen., Friedrich von (1831-1910): Der evangelische Pastor, Sohn des preußischen Finanzministers in Berlin und als
Kind ausgewählter Spielgefährte für Kaiser Friedrich III., wirkte in der
Inneren Mission. Als junger Mann absolvierte er eine Ausbildung
zum Landwirt und lernte in der Zeit die materielle Not der Landbevöl-
kerung kennen, welche er lindern wollte. Nach dem Theologiestudium nahm er eine Pfarrstelle in Paris an, die er jedoch wegen der
Erkrankung seiner Frau verließ und in Unna eine Pfarrstelle annahm.
1869 starben seine vier Kinder an Diphtherie. Bis 1877 bekam das
Paar weitere vier Kinder. 1872 wurde er Leiter der 1867 gegründeten
Evangelischen Heil- und Pflegeanstalt für Epileptische bei Bielefeld.
1874 nannte er sie in `Bethel´ (hebr.: `Haus Gottes´) um. Er kümmerte sich um Kranke, Obdachlose und Wanderarbeiter. Die Gründung
der ersten Bausparkasse geht auf ihn zurück, auch die Idee des
`Brockenhauses´ in der Schweiz (nach Joh 6, 12); außerdem betrieb
er aktives `Fundraising´. Mit dem Antisemiten Adolf Stoecker (1835-
1909) war er befreundet. Später gehörte er dem Preußischen Abge-
ordnetenhaus an, war aber fraktionslos. Nach seinem Tod übernahm
sein Sohn die Leitung der nun nach dem Vater benannten `Bodel-
schwinghschen Anstalten´.

Bodelschwingh, jr., Friedrich von (1877-1946): Friedrich von Bodelschwingh arbeitete nach seinem Theologiestudium in Bonn, Basel, Tübingen, Greifswald und Göttingen und als Hilfsprediger in
Dortmund 1901 in der Arbeitsgemeinschaft mit seinem Vater zusammen und übernahm später die Leitung der Betheler Anstalten bei
Bielefeld, in denen psychisch Kranke, Epileptiker und Depressive
betreut wurden. Das Schulwesen in Bethel, das bis zum Abitur führte, erlebte unter seiner Leitung eine Blütezeit. 1914-18 nahm er
30.000 Verwundete in Bethel auf. Bodelschwingh, jr. wurde am 27.
Mai 1933 zum ersten Reichsbischof gewählt, trat aber aufgrund des
Drucks der Nazis von seinem Amt zurück. Der Hitler ergebene
`Deutsche Christ´ Wehrkreispfarrer Ludwig Müller ersetzte ihn und
übte das Amt bis 1945 aus. Bodelschwingh leistete 1938 den
Treueeid auf Hitler und stand zum NS-Staat. Nachdem Friedrich von

Bodelschwingh, jr. im Sommer 1940 Gerüchten nachgegangen war, dass Kranke aus den Heilanstalten herausgeholt und plötzlich verstorben waren, wurde er zum entschiedenen Gegner der nationalsozialistischen `Euthanasie´. Er protestierte in einem Brief vom 6. Januar 1941 an `Reichsmarschall´ Hermann Göring (1893-1946) gegen die `Ausmerzung lebensunwerten Lebens´. Durch eine geschickte Verhandlungspolitik mit den Reichsleitern erreichte er, dass aus Bethel kein einziger Kranker abgeholt wurde. 1945 gehörte er zu den Teilnehmern der Kirchenversammlung in Treysa.

Bongartz, Theodor Heinrich (1902-1945): Ausgebildet zum Gipser, trat er 1928 in die SA und vier Jahre später in die SS und die NSDAP ein. Er arbeitete als Heizer und Maschinist. 1939 wurde er Mitglied der Brunner Totenkopf-Standarte, im Jahr darauf des Kommandanturstabs des KZ Dachau, zunächst beim Wachbataillon. 1941 beging seine Frau, Mutter seiner vier Töchter, Suizid. Am 9. April 1945 gegen 23.00 Uhr ermordete der SS-Oberscharführer, Leiter der Krematoriumsabteilung des KZs Dachau, den Hitler-Attentäter Georg Elser durch Genickschuss. Er floh mit anderen SS-Männern vor den herannahenden US-amerikanischen Truppen, als Wehrmachtssoldat getarnt, wurde jedoch gefangen genommen und ins Kriegsgefangenenlager in Heilbronn-Böckingen gebracht. Dort starb er am 15. Mai 1945 an den Folgen von Tuberkulose. Sein Grabstein befindet sich seit 2008 in der Georg-Elser-Gedenkstätte Königsbronn.

Bonhoeffer, Emmi (1905-1991): Geboren als sechstes von sieben Kindern des Historikers und freikonservativen Politikers Hans Delbrück (1848-1929) wuchs Emilie Delbrück, die stets `Emmi´ genannt wurde, in Berlin auf. Am 3.9.1930 heiratete sie Klaus Bonhoeffer. Ihr jüngster Bruder, der Biophysiker und spätere Nobelpreisträger Max Delbrück (1906-1981), emigrierte 1936 in die USA. Ihr älterer Bruder Justus Delbrück (1902-1945) schloss sich dem Widerstand gegen Hitler an und wurde ermordet. Emmi Bonhoeffer begleitete ihren Ehemann, war aber zu ihrem eigenen Schutz nur wenig in die Umsturzpläne eingeweiht; sie gab allerdings Nachrichten weiter. Nach 1945 lebte sie zunächst in Schleswig-Holstein, dann in Frankfurt, schließlich zwanzig Jahre lang in Düsseldorf. Sie betreute die Zeugen im Auschwitz-Prozess, engagierte sich bei Amnesty international und protestierte gegen die Raketenstationierungen Anfang der achtziger Jahre.

Bonhoeffer, Karl (1868-1948): Karl Bonhoeffer, geboren in Neresheim/Württemberg, wuchs als Sohn des späteren Ulmer Landgerichtspräsidenten auf. Von Zeitgenossen wird er als zurückhaltend im Auftreten beschrieben, als sachlich und seinem Wesen nach scharfsinnig und kritisch. Er studierte Medizin in Tübingen, Berlin und München und legte seine Prüfungen in Tübingen ab. 1892 promovierte er in Tübingen und erhielt seine Approbation. Danach war er fünf Jahre Assistent von Carl Wernicke (1848-1905) in Breslau. 1897 habilitierte er sich in Breslau, wo seine wissenschaftlichen Studien über Alkohol sowie Degenerations- und symptomatische Psychosen entstanden. 1898 übernahm er in Breslau die Leitung einer städtischen Beobachtungsstation für geisteskranke Strafgefangene. In dieser Zeit heiratete er und wurde in den folgenden Jahren Vater von acht Kindern. 1903 folgte er einem Ruf nach Königsberg und 1904 nach Heidelberg – kehrte dann aber im selben Jahr nach Breslau zurück. 1912, mit Anfang vierzig, wurde er Nachfolger Theodor Ziehens (1862-1950) in Berlin. Dort blieb er die nächsten 25 Jahre. Ziel des Geheimen Medizinalrates und Ordinarius für Psychiatrie und Neurologie war es, die Psychiatrie als anerkanntes wissenschaftliches Fach innerhalb der Medizin fest zu etablieren und weiterzuentwickeln. Karl Bonhoeffer war ein gefragter Gutachter, vor allem zu den Renten-, Unfall- und Kriegsneurosen sowie zur Bekämpfung des Morphinismus und Kokainismus. Bei der Machtübernahme der Nazis war er 65 Jahre alt und bereits am Ende seiner beruflichen Karriere. Ende 1936 wurde er emeritiert, führte sein Amt aber vertretungsweise bis zum Sommersemester 1938 weiter. Im Juli 1938 hielt er seine Abschiedsvorlesung. Mehrfach verfasste er Gutachten zu Zwangssterilisationen. Karl Bonhoeffer hatte schon als Gutachter im Reichstagsbrandprozess zur Verfügung gestanden und ein psychologisches Gutachten für Marius van der Lubbe verfasst, aus dem hervorging, dass Marius van der Lubbe – er wurde 25jährig am 10.1.1934 hingerichtet – zurechnungsfähig gewesen sei. Karl Bonhoeffer wird heute nicht als Mitläufer oder Sympathisant der Nazis gesehen, wohl aber als Wegbereiter und Mittäter im Blick auf die Psychiatrie und die Medizin im NS-Staat. Sein Nachfolger wurde der SS-Mann und Freund Reinhard Heydrichs, Maximinian de Crinis (1889-1945, durch Suizid), der ganz offiziell in die Krankenmordaktionen einbezogen wurde. Nach 1945 wirkte Karl Bonhoeffer als `dirigierender Arzt´ der Wittenauer Heilanstalten weiter, die 1957 in Karl-Bonhoeffer-Heilstätten umbenannt wurden. Er war ein Vertreter der empirischen Wissenschaft: Ihr zufolge konnte die Wirklichkeit mittels rationaler

Erklärungsmuster begriffen und verstanden werden. Deswegen hatte Karl Bonhoeffer für den spekulativen Ansatz des Begründers der Psychoanalyse, Sigmund Freud (1856-1939), demzufolge sich der Mensch in Abhängigkeit von seinen unbewussten Regungen und Trieben befindet, nichts übrig. Bonhoeffers Gesamtwerk umfasst ca. 90 Publikationen zwischen 1894 und 1949, aber nur drei Bücher. Er erkannte sowohl die Theorie der Eugenik als auch ihre praktische Umsetzung im Sinne von Auslese und Ausmerzung als seriös an und rückte davon auch nach Kriegsende nicht ab. Unter anderem deswegen und wegen seiner Gutachten zur Zwangssterilisation – das heißt, einer Sterilisation gegen den Willen des Betroffenen – für den Erbgesundheitsgerichtshof (insgesamt ist von mindestens 55 Gutachten die Rede, von denen die Hälfte seine Empfehlung zur `Sterilisation´ erhalten hatten) und wegen seiner Richtertätigkeit am Berliner Erbgesundheitsobergericht ist der Vater Dietrich Bonhoeffers in den letzten Jahren in die Kritik geraten. Karl Bonhoeffer starb an den Folgen eines Schlaganfalls im 81. Lebensjahr am 4.12.1948. Zusammen mit seiner Frau und seiner Mutter Julie Bonhoeffer, geb. Tafel (1842-1936) wurde er auf dem Berliner Waldfriedhof Heerstraße, Trakehner Allee/Nähe Olympiastadion bestattet.

Bonhoeffer, Karl-Friedrich (1899-1957): Der älteste Sohn von Karl und Paula Bonhoeffer meldete sich 1917 freiwillig zum Militär und wurde leicht verwundet. Er studierte Naturwissenschaften in Tübingen und Berlin. Nach seiner Promotion 1922 wurde er zunächst Assistent am Kaiser-Wilhelm-Institut für physikalische Chemie und Elektrochemie in Berlin-Dahlem, dann nach seiner Habilitation 1927 Professor an der Universität Berlin. 1930 folgte er einem Ruf an die Universität Frankfurt, von dort ging er vier Jahre später als Professor für physikalische Chemie nach Leipzig. 1938 wurde der der SPD nahestehende Wissenschaftler Mitglied der Leopoldina, der Deutschen Akademie der Naturforscher. 1947 ging er zurück nach Berlin, wurde dort Direktor des Instituts für physikalische Chemie und Elektrochemie und 1949 erster Direktor des neu gegründeten Instituts für Physikalische Chemie der Max-Planck-Gesellschaft in Göttingen, das seit 1971 seinen Namen trägt. Karl-Friedrich Bonhoeffer war seit 1930 verheiratet mit Margarete (`Grete´) von Dohnanyi (1903-1993), der Schwester Hans von Dohnanyis. Mit ihr hatte er vier Kinder (Karl, Friedrich, Martin und Katharina). Er trat nicht der NSDAP bei, leistete aber auch nicht aktiv Widerstand, sondern nutzte seine persönlichen Spielräume im System. Aus seiner Hand, mit einem Gruß versehen,

erhielt Dietrich Bonhoeffer seinen `Plutarch´, der als letztes Lebens-
zeichen Dietrich Bonhoeffers gilt. Karl-Friedrich Bonhoeffer starb an
den Folgen eines Herzinfarktes.

Bonhoeffer, Klaus (1901-1945): Der Bruder Dietrich Bonhoeffers
erhielt nach dem Studium der Jurisprudenz in Heidelberg 1930 die
Zulassung zum Rechtsanwalt. Seit 1933 trug er sich mit dem Gedanken, das Hitler-Regime zu stürzen und stellte Verbindungen zwi-
schen dem kirchlichen, militärischen Widerstand und sozialdemokratischen Widerstand her. 1935 wird er Rechtsberater der Deutschen
Lufthansa (`Chefsyndikus´). Er war verheiratet mit Emilie (`Emmi´)
Delbrück (1905-1991), der Tochter des liberal-konservativen Historikers Hans Delbrück (1848-1929), mit der er drei Kinder hatte (sein
Sohn Thomas, geb. 1931, wurde später Professor für Praktische
Theologie und Pastoralpsychiatrie). Sein Schwager Hans von
Dohnanyi vermittelte Klaus Bonhoeffer 1940 ins Amt `Aus-
land/Abwehr des Oberkommandos der Wehrmacht´ unter Admiral
Canaris. Dort wurde er in die Pläne der Widerstandsgruppe um Ludwig Beck und Carl Friedrich Goerdeler eingeweiht. Er nutzte früh
seine Reisemöglichkeiten, um Kontakte zum diplomatischen und
kirchlichen Widerstand im In- und Ausland herzustellen. Am 1. Oktober 1944 wurde er im Zusammenhang mit dem Attentat vom 20. Juli
1944 verhaftet, gefoltert und am 2. Februar 1945 vom Volksgerichtshof zum Tod verurteilt. In der Nacht vom 22. auf den 23. April 1945,
als russische Truppen schon vor den Toren Berlins standen, wurde
Klaus Bonhoeffer von einem Sonderkommando des RSHA mit anderen Gefangenen aus dem Berliner Zellengefängnis Lehrter Straße
auf einem nahegelegenen Ruinengelände hinterrücks durch einen
Genickschuss ermordet. Er wurde in einem Bombenkrater auf dem
Dorotheenstädtischen Friedhof in Berlin, der als Massengrab für
Bombenopfer diente, 1945 mit den anderen Ermordeten bestattet
(Grabanlage 49, Chausseestraße 125, Berlin-Mitte). Darin wurden
unter anderen auch jene Häftlinge des Gefängnisses Lehrter-Straße
bestattet, die am 23. April nachts kurz vor der Ankunft der sowjetischen Armee von der SS aus ihren Zellen geholt und brutal ermordet
wurden. Zu ihnen gehörten neben Klaus Bonhoeffer sein Schwager,
Rüdiger Schleicher. Neben einem von Fritz Kuhn gestalteten Kreuz
findet sich beim Grab eine Steinplatte, auf der auch die Namen von
Dietrich Bonhoeffer und Hans von Dohnanyi aufgeführt sind.

Bonhoeffer, Paula (1876-1951): Paula Bonhoeffer, geb. in Königsberg (Kaliningrad), wuchs als Tochter Clara von Hases, geb. von Kalkreuth (1851-1903) und Karl Alfred von Hases (1842-1914) auf, der als Hofprediger an der Potsdamer Garnisonskirche bei Kaiser Wilhelm II. wirkte und später Konsistorialrat und Professor für Praktische Theologie in Berlin wurde. Paula Bonhoeffer, eine Enkelin des evangelischen Theologen Karl von Hases und des Kunstmalers Stanislaus von Kalkreuth (1820-1894) galt als lebhaft, kreativ und kontaktfreudig. Als ausgebildete Lehrerin unterrichtete sie ihre Kinder in den Anfangsjahren selbst und war für sie auch in religiöser Hinsicht prägend. Sie unterstützte ihren Sohn Dietrich und wurde später Mitglied der Bekennenden Kirche. Sie litt in den letzten Kriegstagen unter Schwächeanfällen mit Gedächtnisverlust als Folge körperlicher und seelischer Überanstrengung sowie Unterernährung und Aufregung.

Bonhoeffer, Walter (1899-1918): Der zweitälteste Sohn von Karl und Paula Bonhoeffer meldete sich nach seinem Abitur 1917 freiwillig zum Militär und fiel im Ersten Weltkrieg als Fahnenjunker in Frankreich. Es wird heute angenommen, dass sein jäher Tod Dietrich Bonhoeffer beeinflusste, sich nicht zum Militär zu melden.

Brecht, Bertolt (1898-1956): Der Dramatiker Bertolt Brecht, einer der einflussreichsten Schriftsteller des Zwanzigsten Jahrhunderts, wuchs als Sohn des Fabrikdirektors Berthold Friedrich Brecht (1869-1939) in Augsburg auf. 1917 machte er Notabitur und wurde 1918 als Sanitäter eingezogen. Im November wurde er Mitglied des Augsburger Arbeiter- und Soldatenrates. Der bekannte Stückeschreiber von `Trommeln in der Nacht´ und `Baal´ (beide 1922), der `Dreigroschenoper´ (1928) und von `Aufstieg und Fall der Stadt Mahagonny´ (1930) sympathisierte mit dem Marxismus, stand politisch der KPD nahe und wandte sich dem Berliner Proletariat zu. Einen Tag nach dem Reichstagsbrand, am 28. Februar 1933, verließ Brecht mit seiner Familie Deutschland und floh über die Tschechoslowakei, Österreich und die Schweiz zunächst nach Dänemark, dann nach Schweden und Finnland über Moskau in die USA. Im Exil entstanden weitere Werke, die gegen den Nationalsozialismus und gegen den Krieg gerichtet waren (`Mutter Courage und ihre Kinder´ und `Der unaufhaltsame Aufstieg des Arturo Ui´ [beide 1941]). Als 1947 im Zuge des Kalten Krieges in den USA eine antikommunistische Untersuchung begann, siedelte Brecht, dessen Bücher in Deutschland verbrannt worden waren und dem inzwischen die deutsche Staatsbürgerschaft aberkannt worden war, in die Schweiz, dann nach Ost-Berlin über, wo er mit dem `Berliner Ensemble´ ein eigenes Theater erhielt. 1951 wurde er mit dem Nationalpreis der DDR ausgezeichnet. 1954 erhielt er den `Stalinpreis für Frieden und Verständigung zwischen den Völkern´. 1955 wandte er sich in einer Petition gegen die `Pariser Verträge´, die die Aufnahme der Bundesrepublik Deutschland in die NATO regelten. Brechts Werk wurde in viele Sprachen übersetzt, die Weltauflage seiner Bücher liegt bei ca. 70 Millionen. Bertolt Brecht starb an den Folgen eines Herzinfarkts in Berlin und liegt auf dem Dorotheenstädtischen Friedhof neben seiner Frau Helene Weigel begraben.

Brüning, Heinrich (1885-1970): Der national-konservative Katholik, Mitglied der Zentrumspartei, war von 1930 bis 1932 der letzte Reichskanzler der Weimarer Republik. Seine Haltung befand sich zwischen Bekämpfung und Einbindung der Nazis. Er stimmte für das Ermächtigungsgesetz. Um einer drohenden Verhaftung zu entgehen, floh er 1934 über Großbritannien und die Schweiz in die USA. An der Harvard University erhielt er eine Professur für Verwaltungswissenschaft. In den fünfziger Jahren kehrte er nach Deutschland zurück. Er starb in Norwich/Vermont und liegt in seiner Heimatstadt Münster begraben.

Brunner, Emil (1889-1966): Der schweizerische reformierte Theologe und Mitbegründer der Dialektischen Theologie – teilweise im Gegensatz zu Karl Barth – arbeitete zunächst als Gymnasiallehrer in England und war dann von 1916-1924 in Obstalden. 1922 habilitierte er sich, von 1924-1953 war er Professor für Systematische und Praktische Theologie in Zürich und hatte als solcher Gastprofessuren in Princeton/USA und Tokio inne. An der Weltkirchenkonferenz in Oxford 1937 hatte er maßgeblichen Anteil und arbeitete später in der ökumenischen Bewegung mit.

Bultmann, Rudolf (1884-1976): Geboren als Sohn eines theologisch liberalen Pfarrers in Wiefelstede, besuchte Bultmann das humanistische Gymnasium in Oldenburg (1895-1903) und studierte nach dem Abitur Evangelische Theologie und Philosophie in Tübingen und Berlin. Wie Bonhoeffer, war er in Tübingen Mitglied der Studentenverbindung `Igel´. 1905 ging er nach Marburg, wo er 1907 das Erste Theologische Examen ablegte. Drei Jahre später promovierte er dort. 1912 folgte die Habilitation. Der Privatdozent folgte 1920 einem Ruf nach Gießen, kehrte aber schon ein Jahr später nach Marburg zurück. Bultmann war Mitglied der Bekennenden Kirche und des Pfarrernotbundes. 1951 wurde er emeritiert. Mit dem Namen Bultmann ist bis heute die `Entmythologisierung´ des Neuen Testaments verbunden, bei der es darum geht, die theologischen Aussagen der Bibel mit den Mitteln einer rationalen Erklärung dem modernen Menschen mit einem naturwissenschaftlichen Weltbild zu vermitteln und dadurch nachvollziehbar zu machen. Der neben Karl Barth vielleicht bedeutendste, aber auch umstrittenste Theologe des Zwanzigsten Jahrhunderts starb im Alter von 92 Jahren in Marburg.

Canaris, Wilhelm (1887-1945): Der Militär Wilhelm Canaris, Sohn eines westfälischen Industriellen, trat 1905 in die kaiserliche Marine ein und nahm im Ersten Weltkrieg an der Seeschlacht auf den Falklandinseln teil. 1917/18 kommandierte er ein U-Boot im Mittelmeer. In der Novemberrevolution 1918/19 war Canaris als Verbindungsoffizier zu den Bürgerwehren an der Niederschlagung der Aufstände beteiligt. 1919 war er Mitglied des Kriegsgerichts, das die Mörder von Rosa Luxemburg und Karl Liebknecht freisprach. 1920 unterstützte er den Kapp-Putsch und wurde kurzzeitig inhaftiert. Er lehnte den Versailler Vertrag und die Weimarer Republik ab; im Juli wurde er Erster Offizier auf dem Kreuzer `Berlin´. Von 1924-1928 gehörte er der Marineleitung an. 1933 begrüßte der dezidierte Antikommunist die Machtübernahme der Nationalsozialisten. 1935 wurde er als Konteradmiral zum Chef der Abwehrabteilung im Reichskriegsministerium berufen. Wie von Stauffenberg und Rommel, fand auch Canaris den Weg in den Widerstand erst in den späten Kriegsjahren, als die militärische Niederlage drohte. Nachdem er mit ihnen 1933 Hitlers `Revolution´ begrüßt hatte und erst später seine Haltung änderte, so hatten auch ihre Staatsvorstellungen nach 1945 wenig mit demokratischen als vielmehr mit autoritär-ständischen Vorstellungen zu tun. Canaris nutzte seine Stellung zur Organisation des Widerstands in der Wehrmacht und deckte die Widerstandsaktivitäten seines Stabschefs Hans Oster. 1940 wurde Canaris zum Admiral befördert. Ab 1941 verringerte sich sein Einfluss; man warf ihm vor, die alliierten Landungen nicht rechtzeitig erkannt zu haben. 1943 stand Canaris aufgrund der Verhaftung seines Mitarbeiters Hans von Dohnanyi und der Beurlaubung Hans Osters unter ständiger Beobachtung. 1944 wurde das Überlaufen eines Abwehragenten zu den Briten zum Anlass, Canaris des Amtes zu entheben und die Abwehrabteilung ins

RSHA einzugliedern. Drei Tage nach dem Attentat vom 20. Juli wurde Canaris verhaftet. In der Haft wurde ihm die Nase gebrochen. Am 9. April 1945 wurde er gemeinsam mit Hans Oster und Dietrich Bonhoeffer im KZ Flossenbürg von Angehörigen der SS erhängt. Wie Bonhoeffer, wurde er zuvor von einem SS-Standgericht unter Vorsitz von Otto Thorbeck zum Tode verurteilt. Laut bayerischem Gesetz vom 28. Mai 1946 gilt dieses Urteil heute als nichtig, wie 1996 das Berliner Landgericht bestätigte.

Churchill, Winston (1874-1965): Der Sohn eines dem britischen Hochadel angehörenden Politikers und einer US-amerikanischen Millionärin durchlief nach seiner Schulzeit auf britischen Elite-Gymnasien eine Karriere beim Militär. Er nahm zwischen 1895-1901 an fünf Kolonialkriegen, u.a. in Kuba und Südafrika, als Kriegsberichterstatter teil. 1901 zog er als Konservativer (Tory) ins britische Unterhaus ein, wechselte aber 1904 spektakulär zu den Liberalen. Er stieg durch eine geschickte Innenpolitik rasch auf. 1908 heiratete er Clementine Hozier, mit der er fünf Kinder hatte. Im Ersten Weltkrieg wirkte er an entscheidender Stelle, u.a. als Munitionsminister, mit, wo er maßgeblich am Bau und Einsatz von Tanks als neuen Waffen beteiligt war. 1919 wurde er nacheinander Kriegs-, Luftfahrts- und Kolonialminister. 1922 verließen die Tories das Kabinett und Churchill war zwei Jahre lang politisch abstinent. 1924 trat er erneut den Torys bei und wurde Finanz- und Wirtschaftsminister. Er schied aus der Politik aus und wurde Kanzler der Universität Bristol. Anfang der 30er Jahre warnte er vor Hitler, den er wie viele andere zuerst unterschätzt hatte und kritisierte die Appeasement-Politik. Er zog sich jedoch auf seinen Landsitz zurück und wandte sich der Malerei und der Schriftstellerei zu. Premierminister Neville Chamberlain holte Churchill mit Ausbruch des Zweiten Weltkriegs als Marineminister in sein Kabinett. Nach dessen wegen seiner erfolglosen Appeasement-Politik erfolgtem Rücktritt wurde Churchill Chamberlains Nachfolger. Churchills großes strategisches Geschick führte Großbritannien durch den Zweiten Weltkrieg zum Sieg der Alliierten gegen Hitler und machte ihn zum bedeutendsten britischen Staatsmann des Zwanzigsten Jahrhunderts. 1945 wurde er als Premier abgelöst, war sechs Jahre lang Oppositionsführer, schaffte aber 1951 nach einem weiteren Wahlsieg erneut den Einzug in die Downing Street No. 10. Churchill machte sich für die Schaffung eines `Vereinigten Europas´ stark, mit einem `geistig großen Frankreich und einem geistig großen Deutschland´. 1953 erhielt er den Nobelpreis für Literatur für sein historisches Werk. Im selben Jahr erlitt er einen Schlaganfall, der 1955 zu seinem Rücktritt führte. Winston Churchill lebte danach zurückgezogen bis 1965, starb im hohen Alter von 91 Jahren und wurde im Familiengrab in Bladon beigesetzt.

Dehn, Günther (1882-1970): Der in Schwerin/Mecklenburg geborene Sohn des Oberpostdirektors Carl Dehn studierte nach dem Abitur (1900) zunächst in Berlin und Halle Germanistik und Geschichte und ab 1902 ausschließlich evangelische Theologie in Bonn und in Berlin. Nach dem Ersten Theologischen Examen 1906 wurde er Lehrvikar in Boitzenburg/Uckermark. 1907 bis 1908 besuchte er das Domkandidatenstift und wurde nach dem Zweiten Theologischen Examen und seiner Ordination in der Berliner Marienkirche in die dritte Domhilfspredigerstelle berufen. Von 1909 bis 1911 war er Inspektor am Königlichen Domkandidatenstift (Predigerseminar), von 1911 bis 1931 dann Pfarrer der Reformationskirchengemeinde im Berliner Arbeiterviertel Moabit. In dieser Zeit beschäftigte ihn besonders das Problem `Kirche und Arbeiterschaft´. 1915 hatte er Luise Lahusen geheiratet, die älteste Tochter des Berliner Generalsuperintendenten Friedrich Lahusen. 1919 gehörte er zu den Gründungsmitgliedern des `Bundes sozialistischer Kirchenfreunde´. Als diese mit dem `Bund religiöser Sozialisten´ fusionierten, legte Dehn den Vorsitz nieder. Von 1920 bis 1922 war er Mitglied der SPD. In Moabit engagierte er sich auch im sozialen Bereich, veröffentlichte auch Studien über die großstädtische Arbeiterjugend (1912-1923). Ab 1923 war er mit der Betreuung der Berliner `Neuwerk´-Bewegung beauftragt, einer Jugendbewegung, die von der Ethik der Bergpredigt und der urchristlichen Gemeinde sehr geprägt war. Jeden Mittwoch trafen sich junge Leute im Alter von 20-30 Jahren aller Berufssparten (u.a. Lehrerinnen, Bankangestellte, Theologen etc.) mit einem kirchlichen Hintergrund im Hause Dehn, lasen gemeinsam die Bibel und erörterten allgemeine politische, soziale, literarische und kirchliche Probleme. Außerdem unterrichtete Dehn im Auftrag von Otto Dibelius am Berliner `Religionspädagogischen Institut´ Lehrer in Abendkursen in der Weitergabe christlicher Erziehung. 1926 verlieh ihm die Universität Münster in Anerkennung seiner Verdienste um die Predigt und Jugendarbeit die theologische Ehrendoktorwürde. Am 6.11.1928 hielt er auf Initiative seines Freundes, Pfarrer Gerhard Jacobi (1891-1971), in dessen Ulrichskirche in Magdeburg einen Vortrag zum Thema `Kirche und Völkerversöhnung´, in dem er sich dem Verhältnis von Christentum und Krieg und Frieden widmete. Seine kritische

Hinterfragung des `Todes für das Vaterland´ und das Errichten von Denkmälern für die im Krieg Gefallenen brachte ihm die Feindschaft nationalistischer Kreise ein. 1930 berief ihn das Badische Kultusministerium zum Professor für Praktische Theologie nach Heidelberg. Er wurde aber vom nationalistischen Herausgeber der `Eisernen Blätter´, Gottfried Traub (1869-1956), denunziert und verzichtete daraufhin auf den Lehrstuhl. 1931 wurde Dehn als Professor an die Universität Halle berufen, doch deutschnationale und nationalsozialistische Verbände in der Studentenschaft entwickelten massive Proteste gegen seine Person und es kam zu Ausschreitungen auf dem Universitätsgelände. 1932 wurde Günther Dehn beurlaubt. Nachdem er zunächst einige Monate in England gelebt hatte, zogen seine Familie und er Mitte 1933 nach Berlin zurück. Am 21.11.1933 wurde er aus dem Staatsdienst entlassen (`Der Fall Dehn´). Im selben Jahr noch wurde er für neun Monate Hilfsprediger in der BK-Gemeinde `Zum Heilbronner´ in Schöneberg und wirkte dann auf Vermittlung von Gerhard Jacobi, der inzwischen Präses der Berliner Bekennenden Kirche geworden war, in der Pastorenfortbildung in der Bekennenden Kirche. Er wurde Mitglied der Prüfungskommission und war von 1936 bis 1941 Dozent an der illegalen Kirchlichen Hochschule in Berlin (praktische und neutestamentliche Vorlesungen sowie homiletische und katechetische Seminare). 1941 wurde er wegen verbotener Lehr- und Prüfungstätigkeit verhaftet und kam für ein Jahr ins Gefängnis. Im Herbst 1942 übertrug ihm der Württembergische Landesbischof Theophil Wurm eine Pfarrverweserstelle in Ravensburg. Nach dem Ende des 2. Weltkrieges lehrte Günther Dehn von 1946 bis 1954 als Professor für Praktische Theologie an der Universität Bonn. Sein von seinen Söhnen Christoph und Karl-Friedrich übergebener Nachlass befindet sich heute im Archiv der Evangelischen Kirche im Rheinland.

Delbrück, Hans (1848-1929): Der auf Rügen geborene Historiker und Politiker war nach Studium und Promotion zunächst Prinzenerzieher (1874-1879). 1881 habilitierte er sich in Geschichte und gab zusammen mit Heinrich von Treitschke die `Preußischen Jahrbücher´ heraus, die von den Vertretern des Liberalismus gegründet worden waren. Als Nachfolger Treitschkes wurde er Professor in Berlin. Von 1882 bis 1885 saß er für die Freikonservativen im Reichstag. Er war verheiratet und hatte sieben Kinder. Seine Tochter Emmi (1905-1991) heiratete später Klaus Bonhoeffer, der im Widerstand gegen Hitler ermordet wurde. Sein Sohn Justus Delbrück

(1902-1945), Mitglied der DDP, beteiligte sich am Widerstand im Amt Abwehr. Er überlebte die Haft im Gestapo-Gefängnis Lehrter Straße und konnte bei der Eroberung Berlins fliehen. Er wurde dann aber von den Sowjets verhaftet und starb in einem sowjetischen Gefangenenlager an Diphterie. Sein anderer Sohn, Max Delbrück (1906-1981), emigrierte in die USA und erhielt 1969 den Nobelpreis für Medizin.

Dibelius, Otto (1880-1967): Geboren als Sohn des Geheimen Regierungsrats Otto Dibelius in Berlin, studierte er evangelische Theologie (1899-1904) u.a. bei Adolf von Harnack und promovierte 1902 in Gießen zum Dr. phil. und in Berlin zum Lic. theol. Nach dem Zweiten Theologischen Examen und einem Studienaufenthalt in Schottland wurde Dibelius 1906 ordiniert. Er absolvierte sein Vikariat in Crossen/Oder und wurde 1910 zunächst Pfarrer in Danzig, dann in Lauenburg/Pommern, schließlich 1915 in Schöneberg. 1921 war der Beginn seiner Mitarbeit im Berliner Oberkirchenrat. 1925 wurde er zum Generalsuperintendenten der Kurmark ernannt und nahm an der ökumenischen Konferenz in Stockholm teil. 1926 veröffentlichte er sein Buch ´Das Jahrhundert der Kirche´, in dem er die Revolution von 1918 kritisierte, da sie den christlich fundierten Staat zerstört hätte. Obwohl Dibelius, von dem es auch antisemitische Äußerungen gibt, den Nationalsozialismus zunächst begrüßt hatte, wurde er 1933 aller seiner Ämter enthoben und ging als Kurprediger ins italienische San Remo. Im Juli 1934 kehrte er nach Berlin zurück und arbeitete im Berlin-Brandenburgischen Bruderrat mit. Wie viele andere trat er für die Freiheit des Evangeliums ein. 1936 nahm er an der Bekenntnissynode der Deutschen Evangelischen Kirche in Bad Oeynhausen teil. Im Juli 1937, nach Martin Niemöllers Verhaftung, wurde er Mitglied des Kirchenrats der Altpreußischen Union, der größten der weitgehend selbständigen deutschen Landeskirchen. Im August wurde er wegen regimekritischer Äußerungen festgenommen, jedoch vom Gericht freigesprochen. 1938 berief man ihn ins Leitungsgremium der Bekennenden Kirche Preußens. 1943 war er Mitverfasser der ´Freiburger Denkschrift´, in der es um den kirchlichen Neubeginn nach 1945 ging. 1945 trat er in die Christlich-Demokratische Union (CDU) ein und war als Mitglied des vorläufigen Rats der EKD an der Formulierung des ´Stuttgarter Schuldbekenntnisses´ beteiligt. Von 1945 bis 1966 war er Bischof der Evangelischen Kirche in Berlin-Brandenburg, von 1945 bis 1951 Präsident des Evangelischen Oberkirchenrats in Berlin. Seit 1948 war er gewähltes Mitglied im

Zentralausschuss des Ökumenischen Rates der Kirchen und von 1949 bis 1961 Ratsvorsitzender der EKD. Von 1954 bis 1960 war er Präsident des Weltkirchenrats. 1967 starb Otto Dibelius in Berlin.

Dohnanyi, Christine von (1903-1965): Geboren als Tochter des Geheimen Medizinalrats Prof. Dr. Karl Bonhoeffer in Königsberg, heiratete Christine (genannt `Christel´) 1925 Dr. Hans von Dohnanyi, den Schulfreund ihrer Brüder Dietrich und Klaus Bonhoeffer. Mit ihm hatte sie drei Kinder: Barbara, genannt Bärbel, 1926-2016), Klaus (geb. 1928) und Christoph (geb. 1929). Sie war in alle Unternehmungen ihres Mannes, der später im Widerstand gegen Hitler ermordet wurde, eingeweiht und stand mit ihm während seiner Haft im Gedankenaustausch. Sie besorgte ihm auf seinen Wunsch hin Scharlach-Diphterie-Bakterien, damit er vernehmungsunfähig wurde. Sie sah ihren Mann zum letzten Mal am Donnerstag, den 5. April 1945. Nach dem Krieg suchte sie nach ihm – erfolglos. Ihr wurde schon 1945 die Einstufung als `Opfer des Faschismus´ zuerkannt. Sie gab ihr Haus in Berlin-Sakrow auf, zog nach Süddeutschland, kümmerte sich um die Ausbildung ihrer Kinder (Klaus von Dohnanyi wurde von 1981-1988 Erster Bürgermeister von Hamburg und Christoph von Dohnányi ein international gefeierter Dirigent) und beteiligte sich an der Sicherung der historischen Wahrheit über ihren Mann und den Widerstand. Sie starb am 2. Februar 1965 in Kassel.

Dohnanyi, Hans von (1902-1945): Geboren als Sohn des ungarischen Komponisten Ernö von Dohnányi (1877-1960) und der Pianistin Elisabeth Dohnányi, geb. Kunwald in Wien, wuchs der spätere Widerstandskämpfer gegen den Nationalsozialismus nach der Trennung seiner Eltern in Berlin auf und besuchte mit Dietrich und Klaus Bonhoeffer das Grunewald-Gymnasium. Nach dem Abitur studierte Hans von Dohnanyi von 1920-1924 Jura; das Studium schloss er mit seiner Promotion zum Dr. iur. 1926 ab. Nach seinem Staatsexamen (1924, `vollbefriedigend´) heiratete er 1925 Dietrich Bonhoeffers Schwester Christine von Dohnanyi; mit der Heirat legte er den Akzent auf seinem Namen ab. Seine Schwester Grete heiratete Dietrich Bonhoeffers Bruder, Karl Friedrich Bonhoeffer. Hans und Christine von Dohnanyi hatten drei Kinder: Barbara (1926-2016), Klaus (geb. 1928, später Bundesminister für Bildung und Wissenschaft im Kabinett Willy Brandt und Erster Bürgermeister Hamburgs) und Christoph (geb. 1929, später international bekannter Dirigent). 1928 bestand Dohnanyi die zweite juristische Staatsprüfung (`gut´). Ab 1929 wurde

302

er persönlicher Referent bei mehreren Reichsjustizministern (mit der Dienstbezeichnung Staatsanwalt und Regierungsrat), u.a. bei dem Liberalen Erich Koch-Weser (1875-1944) und bei Franz Gürtner (1881-1941). Sein Gegenspieler, Neider und Feind im Reichsjustizministerium war zu dieser Zeit der später gefürchtete `Blutrichter´ Roland Freisler. 1933 wurde Hans von Dohnanyi als Prozessbeobachter des Reichsjustizministers im Prozess gegen Marinus van der Lubbe entsandt. Von 1934 bis 1938 war er Regierungsrat und persönlicher Referent Gürtners und lernte als solcher Hitler, Goebbels, Himmler und Göring persönlich kennen. Da Dohnanyi kein Parteimitglied war, aber als persönlicher Referent des Reichsjustizministers unter Anpassungsdruck stand und zudem nicht genau seine `arische´ Abstammung mit einem `Ariernachweis´ belegen konnte (es existierte einzig die Geburtsurkunde von einer Synagogengemeinde in Ungarn für seinen Grossvater Anton Kunwald, die dessen Eltern als Angehörige der jüdischen Religion auswiesen), wurde ihm diese `arische Abstammung´ getreu dem Motto Görings `Wer Jude ist, bestimme ich´ durch `Führerbefehl´ von Hitler persönlich bescheinigt. Auf Fürsprache Gürtners und persönlichen mündlichen Führerbescheid Hitlers wurde entschieden, dass dem Büroleiter dadurch kein Nachteil entstehen sollte. Das rief die Gruppe aggressiver nationalsozialistischer jüngerer Beamter auf den Plan. Dohnanyi hatte in dieser Zeit Zugang zu geheimen Dokumenten im Reichsjustizministerium. Schon 1934 hatte er begonnen, vertrauliche Dossiers über die Verbrechen des NS-Regimes zu erstellen. 1938, ausgelöst durch willkürliche Morde im Zusammenhang des Röhm-Putsches, nahm Dohnanyi Kontakt zur militärischen Abwehr des OKW um Oberst Oster und Admiral Canaris auf. Er wurde zum geistigen Haupt des Widerstands gegen Hitler und war im September 1938 an Attentatsplänen beteiligt. Schon damals gab es Überlegungen, im Falle eines Staatsstreiches Hitler den Prozess zu machen oder ihn für geisteskrank zu erklären. Über die Legitimität eines Tyrannenmordes verschaffte sich Dohnanyi Klärung und Gewissheit bei Bonhoeffer. Als Folge seiner Kritik an der rassistischen Politik der Nazis – es existierte ohne sein Wissen ein Gutachten über ihn, in dem stand, dass er die nationalsozialistische Weltsicht für unvereinbar mit der Auffassung der evangelischen Kirche hielt – wurde er 1938 zum Reichsgericht nach Leipzig versetzt. Mit 36 Jahren war er der jüngste Reichsgerichtsrat an dem höchsten deutschen Gericht seit dessen Bestehen! Besoldungsmässig stand er im Rang eines Ministerialdirigenten. Am 25. August 1939, kurz vor Beginn des

Zweiten Weltkriegs, wurde er von Oster für das `Amt Ausland/Abwehr des OKW´ angefordert und dienstverpflichtet. Dohnanyi arbeitete nun als Zivilist, `Sonderführer B´ im Rang eines Majors, im Amt Ausland/Abwehr unter Admiral Canaris mit. 1941 trat er in den Vorstand der Rheinisch-Westfälischen Bodenkreditbank ein und wurde auf seinen Wunsch hin aus dem Beamtenverhältnis entlassen, blieb jedoch für die Abwehr tätig. 1942 verhalf er dreizehn verfolgten deutschen Jüdinnen und Juden, Berliner Rechtsanwälten mit ihren Familien, zur Flucht in die rettende Schweiz (`Unternehmen Sieben´). Im März 1943 war er am Putschversuch Henning von Tresckows (1901-1944) mit einer Flugzeugbombe in Smolensk beteiligt, indem er den Sprengstoff besorgt hatte. Die scharf gemachten Zeitzünder-Bomben versagten, das Attentat misslang bekanntlich. Hans von Dohnanyi wurde am 5.4.1943 wegen angeblicher Devisenvergehen in seinem Dienstzimmer im Berliner Bendlerblock festgenommen und in verschiedenen Gefängnissen und Gefängniskrankenhäusern inhaftiert. Mit Unterstützung des leitenden Heeresrichters Dr. Karl Sack (1896-1945) wurde das Verfahren gegen ihn verschleppt. 1944 wurde Dohnanyi ins KZ Sachsenhausen verlegt. Dohnanyis geheime Aufzeichnungen sowie ein Tagebuch von Canaris in einem Wehrmachtsbunker in Zossen wurden nach dem Attentat vom 20. Juli 1944 von der Gestapo gefunden und belasteten ihn schwer. Hitler befahl am 5. April 1945 Ernst Kaltenbrunner die sofortige Hinrichtung. Dieser gab den Befehl an Walter Huppenkothen, den Leiter der `Sonderkommission des 20. Juli´, weiter. Dohnanyi, der sich mit von seinem Schwiegervater Karl Bonhoeffer besorgten bakteriellen Krankheitserregern selbst infiziert hatte, um dadurch krank und verhandlungsunfähig zu werden und Zeit zu gewinnen und durch die Vermittlung seines Schwiegervaters aus seiner verdreckten Zelle ins Staatskrankenhaus verlegt worden war, wurde am 9.4.1945 im KZ Sachsenhausen nach einem Scheingericht auf einer Trage liegend und unter Luminal bzw. Morphium stehend von der SS am automatischen Galgen im Erschießungsgraben erhängt. Sein Leichnam wurde verbrannt, seine Asche verstreut. Erst am 18. März 1963 wurde Hans von Dohnanyi für tot erklärt. Im Sommer 1997 hob das Landgericht Berlin das Todesurteil vom 8. April 1945 auf und rehabilitierte Dohnanyi und all die anderen zu Unrecht Getöteten. Im Oktober 2003 wurde er in Yad Vashem unter die `Gerechten unter den Völkern´ aufgenommen und für seine Rettung der Familien Arnold und Fliess, die er unter Lebensgefahr und uneigennützig vorgenommen hatte, geehrt.

Ebeling, Gerhard (1912-2001): Gerhard Ebeling gehörte zu Dietrich Bonhoeffers Studenten im Predigerseminar Finkenwalde, was für ihn prägend wurde. Er hatte evangelische Theologie u.a. bei Rudolf Bultmann in Marburg studiert und 1938 in Zürich promoviert. 1939 heiratete er im Zürcher Großmünster Kometa Richner; mit ihr hatte er eine Tochter, Charitas. Von 1939 bis 1945 war er Pfarrer der Bekennenden Kirche in Berlin. 1947 habilitierte er sich und wurde zunächst Professor für Kirchengeschichte, dann für Systematische Theologie in Tübingen. 1956 kehrte er nach Zürich zurück, auf den Lehrstuhl für Dogmatik, Dogmengeschichte und Symbolik. Nach einer Zwischenstation 1965 in Tübingen wirkte er von 1968 bis 1979 als Professor für Fundamentaltheologie und Hermeneutik in Zürich. Ebeling gab u.a. die Kritischen Gesamtausgaben der Werke Luthers und Schleiermachers mit heraus.

Ebert, Friedrich (1871-1925): Der Vorsitzende der Sozialdemokratischen Partei Deutschlands (seit 1913), Sohn eines Heidelberger Schneidermeisters, wurde nach einer Sattlerlehre und Wanderjahren politisch aktiv. 1889 trat er in die Sozialistische Arbeiterpartei Deutschlands und in den Sattlerverband ein. Er zog nach Bremen, wo er zunächst als Redakteur für die SPD-Zeitung, die `Bremer Bürger-Zeitung´ arbeitete, dann aber eine Gastwirtschaft übernahm und agitatorisch wirkte. Er heiratete und bekam fünf Kinder. 1894 wurde er Parteivorsitzender in Bremen, 1902 darin bestätigt und war für die Gewerkschaft tätig. Als er 1900 von der Bremer Gewerkschaft als Arbeitersekretär angestellt wurde, konnte er die Gastwirtschaft aufgeben. 1904 machte ihn die Leitung des SPD-Reichsparteitages überregional bekannt. 1905 wurde er vom Parteitag zum Parteisekretär gewählt und gehörte damit dem SPD-Parteivorstand an. 1911 wurde er neben August Bebel (1840-1913) zu einem der Vorsitzenden der SPD gewählt. 1912 wurde er in den siebenköpfigen Fraktionsvorstand der SPD-Reichstagsfraktion gewählt, die mit 110 Abgeordneten damals die stärkste politische Kraft war. 1913 wählte ihn der SPD-Parteitag nach dem Tod August Bebels zum Parteivorsitzenden. Von 1919 bis zu seinem frühen Tod mit 54 Jahren war Friedrich Ebert, zu Lebzeiten wegen seiner pragmatischen Realpolitik umstritten, der erste Reichspräsident der Weimarer Republik. Er liegt auf dem Heidelberger Bergfriedhof begraben.

Eden, Anthony (1897-1977): Der Sohn eines Grundbesitzers ging nach seinem Orientalistikstudium und seiner Dienstzeit als Offizier 1923 in die Politik. Er gehörte der Conservative Party an und war mehrfach britischer Außenminister (1935-1938, 1940-1945 und 1951-1955). Im Krieg war er innenpolitisch auf Seiten Winston Churchills, der gegen eine Appeasement-Politik war. Er traf 1943 zweimal den polnischen Widerstandskämpfer Jan Karski (1914-2000), einer der wichtigsten Zeugen der Shoah, der ihm von den Verbrechen der Nazis berichtete. Von 1955 bis 1957 war er britischer Premierminister

Eidem, Erling (1880-1972): Der schwedische lutherische Pfarrer wurde nach Studium und Promotion in Göteborg und Lund von 1913 bis 1924 Dozent in Lund, dann Pfarrer und ab 1926 Professor in Uppsala (Neues Testament). 1931 wurde er Nachfolger von Friedensnobelpreisträger Nathan Söderblom (1866-1931) als Erzbischof von Uppsala. Von 1940 bis 1959 war der höchste Repräsentant der schwedischen Kirche Oberhofprediger. Er verhielt sich diplomatisch, gehörte aber zu den Unterstützern der BK. Über Dietrich Bonhoeffer hatte er Kontakte zum militärischen Widerstand gegen Hitler. 1945 wurde er Nachfolger von August Mahrarens (1875-1950), der sich als lutherischer Landesbischof ans Nazi-Regime angepasst hatte, beim Lutherischen Weltkonvent, dem Vorläufer des Lutherischen Weltbundes, des Dachverbands aller lutherischen Kirchen. Er erhielt zahlreiche Ehrendoktorwürden.

Eisner, Kurt (1867-1919): Der Sohn eines jüdischen Berliner Fabrikanten studierte nach dem Abitur 1886 Philosophie und Germanistik. Aus seiner Ehe mit Elisabeth Hendrich gingen fünf Kinder hervor. 1893-1898 arbeitete er als Journalist in Marburg. Wegen eines Zeitungsartikels musste der Monarchiekritiker neun Monate lang in Haft wegen Majestätsbeleidigung. Nach der Scheidung und erneuter Heirat mit Else Belli bekam das Paar zwei Töchter. Eisner arbeitete in dieser Zeit als freier Mitarbeiter der sozialdemokratischen `Münchner Post´. Er war entschiedener Weltkriegs-Gegner. Eisner, der erste Biograph von `Vorwärts´-Chefredakteur Wilhelm Liebknecht (1826-1900), führte mit den Arbeiter- und Soldatenräten die Novemberrevolution 1918 in Bayern und war der erste Ministerpräsident des `Freistaates Bayern´. Zuerst Mitglied der SPD, dann der USPD, wurde der pazifistische Politiker von dem völkischen Fanatiker Anton Graf von Arco auf Valley am 21.2.1919 hinterrücks ermordet. Der schwer verletzte Täter wurde in einer Notoperation durch Ferdinand Sauerbruch (1875-1951) gerettet, später amnestiert und starb 1945 an den Folgen eines Verkehrsunfalls in Salzburg. Die Urne Eisners wurde 1933 auf Befehl der Nazis vom Münchner Ostfriedhof auf den Neuen Israelitischen Friedhof in der sog. Selbstmörderecke in ein Grab mit dem ebenfalls durch einen Rechtsextremisten ermordeten jüdischen Anarchisten Gustav Landauer (1870-1919) umgebettet.

Elert, Werner (1885-1954): Geboren in Heldrungen/Halle, studierte Elert von 1906-1910 in Breslau, Erlangen und Leipzig Theologie, Philosophie, Geschichte, Psychologie und Jura und promovierte 1910 zum Dr. phil., 1911 zum Dr. theol. Im 1. Weltkrieg war er Feldprediger. 1919 wurde er Direktor des Theologischen Seminars der lutherischen Kirche in Preußen. 1923 wurde er zum Professor für Kirchengeschichte, Dogmatik und Symbolik in Erlangen berufen, wo er sich ganz der Erforschung des Luthertums zuwandte. 1932 wechselte er auf den Lehrstuhl für Systematische und Historische Theologie und arbeitete seine Dogmatik aus (`Der christliche Glaube´, 1940). In ihr gelangte er zu einer Entgegensetzung von `Gesetz´ und `Evangelium´. Werner Elert begrüßte anfangs den Nationalsozialismus, entwickelte aber später eine gewisse Distanz. Sein Werk ist heute theologisch in der Bedeutungslosigkeit verschwunden.

Elser, Georg (1903-1945): Der aus armen pietistischen Verhältnissen stammende Sohn eines Landwirts und Holzhändlers wurde im württembergischen Hermaringen geboren und wuchs in Königsbronn auf der Schwäbischen Alb auf. Er zählt heute zu den bedeutendsten Persönlichkeiten des deutschen Widerstands gegen Hitler. Vom ersten Tag an war der Schreiner (Jahrgangsbester bei der Gesellenprüfung 1922) ein Gegner des Nationalsozialismus. Von 1922-1925 arbeitete er als Bau- und Möbeltischler in der Schweiz, ab 1925 vier Jahre lang in einer Konstanzer Uhrenfabrik. Während der Weltwirtschaftskrise 1929 folgte er der Arbeit nach und ging wieder in die Schweiz, kehrte aber 1932 nach Heilbronn zurück und arbeitete im elterlichen Betrieb mit. Von 1936 bis 1939 war er Hilfsarbeiter in einer Heidenheimer Armaturenfabrik. Dort erfuhr er von der Rüstungsproduktion der Nazis. Um die Verhältnisse der Arbeiterschaft zu verbessern (Elser war 1928/29 Mitglied im Roten Frontkämpferbund) und einen bevorstehenden Krieg zu verhindern, brachte der unideologische Idealist, der sich weigerte, der Zerstörung Deutschlands durch die Nazis tatenlos zuzusehen, am 8. November 1939 im

Münchner Bürgerbräukeller eine Bombe zur Detonation, die – hätte sie ihr Ziel erreicht – die Shoah mit ihren sechs Millionen Ermordeten, die Euthanasiemorde und den Zweiten Weltkrieg mit seinen 50 Millionen Opfern vermutlich verhindert hätte! Nachdem er 1938 an einer Gedenkveranstaltung zum Hitler-Putsch teilgenommen und dort den Plan gefasst hatte, Hitler zu töten, arbeitete er als Hilfsarbeiter in einem Königsbronner Steinbruch. Er besorgte sich Sprengstoff, experimentierte damit herum und zog nach München um. Während er tagsüber an seiner Bombe bastelte, ließ er sich über einen Monat lang nachts im Bürgerbräu-Keller einschließen, um eine Säule auszuhöhlen, vor der Hitler zur Erinnerung an den 1923 gescheiterten Hitler-Putsch am 8. November 1939 reden würde – ohne dass ihn jemand bemerkte. Vom 1.-6. November 1939 baute er die Bombe ein, die in der mit 3.000 Anhängern voll besetzten NSDAP-Kundgebung wie geplant explodierte. Doch das Attentat schlug fehl: Wegen des Wetters hatte Hitler kurzfristig auf das Flugzeug am nächsten Morgen verzichtet und war stattdessen noch am selben Abend mit der Bahn nach Berlin zurückgereist. Deshalb hatte er seine pathetisch aufgeladene und mit frenetischem Jubel bedachte Rede unvorhergesehener Weise verkürzt: Um 21.07 Uhr hatte er den Saal verlassen, um 21.20 Uhr war die Zeitbombe automatisch detoniert und hatte den Saal zum Einsturz gebracht. Drei Menschen waren sofort, fünf später im Krankenhaus gestorben – außer der Kellnerin Maria Henle alles Mitglieder der NSDAP und der SA. Der 36jährige Attentäter, der Skizzen vom Tatort bei sich trug, wurde bei seinem Versuch, die deutsch-schweizerische Grenze zu passieren, zwischen Konstanz und Kreuzlingen vom Zollassistenten Xaver Rieger verhaftet (der ihn begleitende Hilfsgrenzangestellte Waldemar Zipperer erhielt dafür noch 1978 das Verdienstkreuz am Bande der Bundesrepublik Deutschland!). Georg Elser wurde von der Gestapo verhört und gefoltert, bekannte, das Attentat allein geplant und durchgeführt zu haben und wurde als Sonderhäftling ins Konzentrationslager Sachsenhausen verschleppt. Dort machte er als ´persönlicher Gefangener´ des Führers, der nach dem Krieg einen Schauprozess plante, ein Martyrium durch. Er wurde über fünf Jahre lang völlig isoliert, seine Angehörigen wurden im Unklaren gelassen, wo er sich aufhielt. Um den Jahreswechsel 1944/45 brachte man ihn ins KZ Dachau. Am 9. April 1945 wurde er dort ermordet. Lange Zeit blieb das Attentat des Individualisten Georg Elser, der als Einzeltäter aus dem Motiv der Gerechtigkeit heraus handelte und neben Stauffenberg der einzige bleibt, der dem Ziel, Hitler zu töten, nahegekommen war, von der Geschichtsforschung weitgehend unbeachtet. Lange Zeit kursierte das von den Nazis in die Welt gesetzte Gerücht, er sei Agent des britischen Geheimdienstes gewesen oder auch das Gerücht, Elser sei ein Provokateur in den Diensten der Gestapo gewesen. In Ostdeutschland existierte er für die offizielle Geschichtsschreibung nicht. Als Ende der sechziger Jahre erstmals die Gestapo-Verhörprotokolle publiziert und weitere Quellen ausgewertet wurden, geschah dies ohne große öffentliche Resonanz. Heute ist das anders: Seit 1997 gibt es zu Georg Elser eine Ausstellung der Berliner Gedenkstätte Deutscher Widerstand (in Zusammenarbeit mit dem Heidenheimer Georg-Elser-Arbeitskreis) sowie seit 1998 eine Georg-Elser-Gedenkstätte in Königsbronn.

Fischer-Hüllstrung, Hermann (1885-?): Der SS-Obersturmbannführer und Trägers des Totenkopfrings, Dr. Hermann Fischer-Hüllstrung stellte den Totenschein für Dietrich Bonhoeffer aus. Zu seinen Aufgaben gehörte die Wiederbelebung der halb Erdrosselten, damit ihr Leiden verlängert wurde. Seine spätere Aussage über Bonhoeffer als knienden, im Gebet versunkenen Gefangenen gehört ins Reich der Legenden. Die Bescheinigung des Todes gehörte zu den alltäglichen Aufgaben des Arztes, da Flossenbürg ein Vernichtungslager war. Das Papier, mit dem Bonhoeffers Tod bescheinigt wurde, ist aber wie alle Beweisdokumente vernichtet worden. Auch die Gummischläuche, mit denen die Häftlinge geschlagen wurden und der Holzblock, auf dem sie ausgepeitscht wurden, wurden wie die Haken, an denen man die Gefangenen erwürgte, beseitigt, vgl. Christoph U. Schminck-Gustavus, Der `Prozeß´, a. a. O., 29f. Fischer-Hüllstrung, dessen Nationalität in der Sammlung Rüter als unbekannt angegeben wird, stand 1955/56 selbst vor Gericht. Er wurde zunächst freigesprochen, später aber zu 3 Jahren Haft verurteilt: „Teilnahme eines Standortarztes des KL Flossenbürg an der Tötung von mindestens 40 kranken und arbeitsunfähigen Häftlingen durch Injektionen. Mitwirkung an der Hinrichtung von Häftlingen im Krematorium und auf dem Appellplatz" (Sammlung Rüter, Bd. XIII, Lfd. Nr. 436).

Fontane, Theodor (1819-1898): Der Schriftsteller und approbierte Apotheker gilt als der bedeutendste Repräsentant des poetischen Realismus in Deutschland. Der Sohn eines hugenottischen Apothekers und Enkel des Kabinettsekretärs von Königin Luise von Preußen (1776-1810) wuchs in Neuruppin auf, wo er zunächst das Gymnasium, dann in Berlin die Gewerbeschule besuchte. 1836 begann er eine Ausbildung zum Apotheker, arbeitete als solcher und veröffentlichte nebenher Gedichte. 1844 leistete er seinen Militärdienst ab und fing ein Jahr später in einer Apotheke in Berlin an zu arbeiten. 1947 erhielt er seine Approbation. Ab 1849 arbeitete er als freier Schriftsteller und schuf so bedeutende Werke wie `Effie Briest´. Fontane war verheiratet und hatte sieben Kinder, von denen einige im Kindesalter starben. Er selbst starb 1898 und liegt auf dem Friedhof II der Französischen Gemeinde zu Berlin-Mitte begraben.

Franco, Francisco (1892-1975): Der spanische Diktator, Sohn eines Offiziers und von 1939 bis 1975 Staatschef von Spanien, putschte gegen die demokratisch gewählte Regierung. Dies hatte den Spanischen Bürgerkrieg zur Folge, den Franco u.a. infolge deutscher faschistischer Unterstützung gewann. In Spanien `El Caudillo´ = `der Führer´ genannt, lebte Franco ab 1940 im ehemaligen Königspalast bei Madrid. Er hatte persönlich eine Abneigung gegen Hitler, kooperierte aber auf manchen Gebieten mit ihm bis 1944. Franco führte die Monarchie wieder ein, aber ohne einen König zu ernennen. Erst 1977 kam es wieder zu freien allgemeinen Wahlen in Spanien. Sein autoritäres System wird heute als `Franquismus´ bezeichnet.

Freisler, Rudolf (1893-1945): Der in Celle geborene Sohn eines Diplomingenieurs studierte ab 1912 Jura in Jena und meldete sich nach Ausbruch des Ersten Weltkriegs als Fahnenjunker im Oberelsässischen Infanterieregiment. 1915 geriet er in russische Kriegsgefangenschaft, lernte in Sibirien russisch und studierte den Marxismus. Bei der Oktoberrevolution 1917 schloss sich Freisler den Bolschewisten an. 1920 nach Deutschland zurückgekehrt, setzte er in Jena sein Jurastudium fort, wandte sich vom Kommunismus ab und dem Nationalismus zu. 1922 beendete er sein Studium mit der Promotion und legte 1923 das Assessorexamen ab. Ein Jahr später eröffnete er in Kassel eine Anwaltskanzlei, wurde Stadtverordneter und Mitglied im hessen-nassauischen Landtag für den `Völkisch-Sozialen Block´. 1925 trat er in die NSDAP ein und verteidigte straffällig gewordene Nazis, deren Stellvertretender Gauleiter er wurde. Von da an hatte er eine steile politische NS-Karriere vor sich: 1932 zog er für die NSDAP ins Preußische Abgeordnetenhaus ein. Im Februar 1933 wurde er Leiter der Personalabteilung im preußischen Justizministerium. Nach den Reichstagswahlen vom 5. März 1933 wurde er NSDAP-Abgeordneter, danach preußischer Staatsrat und

Mitglied der `Akademie für Deutsches Recht´, die das Recht im Sinne der Nazis reformieren sollte; dort leitete er die Strafrechtsabteilung. Nach der Auflösung der Länderregierungen 1934 wurde er Staatssekretär im Reichsjustizministerium und war für die Ausbildung kommender Juristen zuständig, die er im Sinne NS-Rechts zu prägen versuchte. 1936 veröffentlichte er zusammen mit Justizminister Franz Gürtner die Abhandlung `Das neue Strafrecht als nationalsozialistisches Bekenntnis´, in der er für eine Änderung der Prozessordnung eintrat. Immer mehr wurden durch Verordnungen rechtsstaatliche Maximen missachtet und die Rechte der Angeklagten eingeschränkt. 1942 nahm Freisler für das Justizministerium an der Wannsee-Konferenz teil, die unter Leitung von Reinhard Heydrich die Ermordung der europäischen Judenheit vorbereitete. Am 20. August 1942 berief ihn Hitler zum Präsidenten des für Hoch- und Landesverrat eingerichteten Volksgerichtshofes, mit erweiterten Kompetenzen bei Wirtschaftsvergehen, Wehrmachtsbeschädigung und Verbrechen aller Art. Das gab ihm die Möglichkeit, rechtlich fast unumschränkt vorzugehen. Die Todesurteile stiegen nach seiner Amtsübernahme rapide an, bis zu drei Todesurteile am Tag. 1944 führte er gegen die am 20. Juli beteiligten Widerstandskämpfer unfaire und menschlich widerliche Schauprozesse, die seinen Ruf als `Blutrichter´ begründeten. 1945 starb Roland Freisler in Folge eines alliierten Luftbombenangriffs auf Berlin – nachdem er tags zuvor das Todesurteil gegen Klaus Bonhoeffer, Rüdiger Schleicher und Friedrich Justus Perels unterschrieben hatte. Der erste Arzt, der zufällig hinzugezogen wurde, war der Bruder Rüdiger Schleichers. Er konnte nur noch den Tod feststellen. Freislers Witwe, die ihren Mädchennamen wieder angenommen hatte, bezog neben ihrer Angestellten- und Kriegsopferrente – wie die Angehörigen anderer Kriegsverbrecher – auch noch eine Schadenausgleichsrente aus der Bundeskasse. Roland Freisler wurde wie seine 1997 verstorbene Frau Marion Freisler, geb. Rusegger (1910-1997) im Grab seiner Schwiegereltern auf dem Berliner Waldfriedhof Dahlem anonym beerdigt. Sein Name wurde auf dem Grabstein nicht genannt.

Freudenberg, Adolf (1894-1977): Der deutsche Diplomat (Promotion nach Jurastudium zum Dr. iur.) und evangelische Pfarrer war im Dienst des Auswärtigen Amtes und 1934 Legationsrat in der kulturpolitischen Abteilung. Wegen der jüdischen Herkunft seiner Frau musste er den öffentlichen Dienst quittieren und begann an der Kirchlichen Hochschule in Bethel Theologie zu studieren. Ordiniert durch den Dahlemer Bruderrat, gelang ihm 1939 die Emigration nach London. Im Sommer 1939 wurde er von dem im Entstehen begriffenen ÖRK nach Genf berufen, um dessen Flüchtlingswerk aufzubauen. Dietrich Bonhoeffer war auf seinen konspirativen Reisen in die Schweiz einige Male bei ihm zu Gast. Seine Tochter Brigitte (1922-1986) heiratete später Helmut Gollwitzer (1908-1993).

Gandhi, Mohandas (1869-1948): Mohandas Karamchand Gandhi (Mahatma = `Die große Seele´) war ein indischer Rechtsanwalt und Freiheitskämpfer für die Unabhängigkeit Indiens. Gandhi erreichte, dass Indien von der britischen Kolonialherrschaft befreit wurde. Insgesamt acht Jahre in Gefängnissen Südafrikas und Indiens, fiel er 1948 einem Attentat zum Opfer. Gandhi, der heute in Indien als Nationalheld verehrt wird, ist wie zu seinen Lebzeiten weltberühmt – ein Vorbild für politisch gelingenden gewaltfreien Widerstand und zivilen Ungehorsam. Dietrich Bonhoeffer hatte die Absicht, Gandhi in Indien zu besuchen, um von ihm zu lernen und erhielt auch eine Einladung. Aber die Reise kam nicht zustande.

Gehre, Ludwig (1895–1945): Der in Düsseldorf geborene Offizier und spätere Widerstandskämpfer, mit dem Bonhoeffer zuletzt zusammen war und der am selben Tag wie er starb, trat in die NSDAP ein (Mitgliedsnummer 539), geriet aber mehrfach mit Hitler zusammen und trat aus der Partei wieder aus. Er hatte aber gute Kontakte in die Parteizentrale, in die NS–Führungsriege und zur SS. Gehre als Hauptmann im Amt Ausland/Abwehr beim OKW unter Admiral Canaris war in die Attentatspläne Henning von Tresckows im März 1943 eingeweiht. Im März 1944 wurde Gehre verhaftet, konnte jedoch fliehen und mit seiner Frau Hanna untertauchen. Er wurde verraten, seine Frau beim Schusswechsel mit der Gestapo getötet. Gehre selbst wollte sich selbst erschießen, was jedoch misslang. Er wurde mit schweren Verletzungen festgenommen. Unter der Folter soll Gehre viel Belastendes weitergegeben haben. Zusammen mit Dietrich Bonhoeffer wurde er aus dem RSHA zunächst ins KZ Buchenwald, dann ins KZ Flossenbürg transportiert. Wie Bonhoeffer, wurde er von einem SS-Standgericht unter Vorsitz von Otto Thorbeck zum Tode verurteilt und erhängt. Laut bayerischem Gesetz vom 28. Mai 1946 gilt dieses Urteil als nichtig, wie das Berliner Landgericht 1996 bestätigte.

Goerdeler, Carl Friedrich (1884-1945): Einer altpreußisch-konservativen Beamtenfamilie aus Schneidemühl in Posen entstammend, wuchs der spätere Jurist, nationalkonservative Politiker und Widerstandskämpfer gegen Hitler nach der Versetzung seines Vaters im westpreußischen Marienwerder auf, wo er am humanistischen Gymnasium 1902 Abitur machte. Er studierte Jura in Tübingen und Königsberg. 1905 war er ein Jahr lang beim Militär, danach Referendar. Nebenher promovierte er (Note: 'rite'). Nach dem zweiten Staatsexamen 1911 schlug er eine kommunalpolitische Verwaltungslaufbahn ein und absolvierte zunächst ein Praktikum bei einer Bank; dann begann er als Gerichtsassessor in der Stadtverwaltung von Solingen. In dieser Zeit heiratete er Anneliese Ulrich; fünf Kinder wurden dem Paar geboren. 1912 wurde er Beigeordneter der Stadt Solingen, d.h. er leitete das Schul-, Sozial-, Finanz-, Steuer- und Versicherungswesen und vertrat den Bürgermeister. Am Ersten Weltkrieg war er u.a. bei der Schlacht um Tannenberg beteiligt und diente zuletzt als Hauptmann. In der Revolution 1919 schloss er sich in den Straßenkämpfen in Berlin dem reaktionären Freikorps an und bekämpfte auch in den Folgejahren die Weimarer Republik. Der Reaktionär träumte von der Wiedererrichtung der Monarchie. 1919 trat er in die Deutschnationale Volkspartei ein. Zunehmend entwickelte er sich zu einem völkischen Nationalisten. 1920 bewarb er sich um das Amt des Zweiten Bürgermeisters von Königsberg und wurde gewählt. Er engagierte sich beim Deutschen Städtetag und wurde dadurch überregional bekannt. Zeitweise wurde er als Reichskanzlerkandidat gehandelt. 1930 wurde der als pragmatisch geltende Goerdeler mit den Stimmen aus allen politischen Lagern zum Oberbürgermeister von Leipzig gewählt. 1931 wurde er Reichskommissar zur Überwachung der Preise in der Regierung Brüning. 1933 weigerte er sich, die Hakenkreuzfahne vor dem Rathaus zu hissen. 1935 geriet er in Konflikt mit der NSDAP. Er weigerte sich, eine Statue des jüdischen Komponisten Mendelssohn-Bartholdy vor dem Gewandhaus zu entfernen. Die Nazis rissen sie dennoch ab, auch ohne seine Zustimmung. Goerdeler trat daraufhin 1937 als Oberbürgermeister von Leipzig zurück und wurde Berater bei Bosch. Er, der mehrere Denkschriften und Programme für den Neuaufbau nach Hitler verfasst hatte, wurde zum Zentrum des zivilen Widerstands gegen Hitler. Er war ein überzeugter Antidemokrat; zur Not hätte er die Hohenzollern oder die Wittelsbacher als Könige zurück auf den Thron geholt. Erst ab 1943 näherte er sich einem liberalen Staatsverständnis an. Nach dem Putsch gegen Hitler sollte Goerdeler

Reichskanzler werden. Nach dem gescheiterten Attentat vom 20. Juli 1944 gelang es ihm, unterzutauchen. Am 12. August 1944 wurde er in einem Gasthaus von Helene Schwärzel verraten, die ihn zufällig erkannt hatte und für diese Denunziation von Hitler persönlich eine Million Reichsmark Kopfgeld erhielt. Am 8. September 1944 vom `Volksgerichtshof´ zum Tode verurteilt, blieb er in Haft, um Informationen aus ihm herauszukommen. Am 2. Februar 1945 wurde er in Plötzensee hingerichtet.

Gogarten, Friedrich (1887-1967): Der spätere ordentliche Professor in Breslau (seit 1931) war zunächst Vikar im Rheinland (1913), dann Hilfsprediger in Bremen (1914), Pfarrer in Stelzendorf/Thüringen (1917) und in Dorndorf/Saale (1925). Von 1935-1955 lehrte er in Göttingen. Gogarten war einer der Begründer der `Dialektischen Theologie´, die gegen die historische und anthropozentrische Theologie des 19. Jahrhunderts den absoluten Gegensatz zwischen Gott und Mensch hervorhob. Später kam es zum Konflikt mit Karl Barth und Gogarten trat den `Deutschen Christen´ bei.

Gollwitzer, Helmut (1908-1993): Der Theologieprofessor und Schriftsteller Helmut Gollwitzer wurde als Sohn des nationalkonservativen Pfarrers Wilhelm Gollwitzer und seiner Frau Barbara in Pappenheim im bayerischen Altmühltal geboren und studierte nach dem Abitur 1928 evangelische Theologie und Philosophie in München, 1929 in Jena, 1930 bei Karl Barth in Bonn. Nach dem Ersten Examen in Erlangen und nach dem Predigerseminar in München begab er sich 1932 zur Arbeit an seiner theologischen Dissertation wieder nach Bonn. 1933 wurde er vom Prinzen Reuß zum Schlossprediger und Prinzenerzieher in Ernstbrunn bei Wien ernannt. Da dieser auch Güter in Thüringen besaß, kam es in dieser Zeit zu ersten Kontakten zum Bruderrat der Bekennenden Kirche in Thüringen und es erfolgte Gollwitzers Wechsel in diese Landeskirche. 1936 führte er eine öffentliche Diskussion mit Dietrich Bonhoeffer zur Frage der Kirchengemeinschaft in der Zeitschrift `Evangelische Theologie´. 1937 wurde er durch die Gestapo aus Thüringen ausgewiesen, nachdem er wie Dietrich Bonhoeffer in Preußen die illegalen Vikare in Thüringen ausgebildet hatte. Der Bruderrat der altpreußischen Union beauftragte ihn 1937 mit dem Referat für theologischen Nachwuchs; im selben Jahr erfolgte die Promotion bei Karl Barth in Basel. Nach der Verhaftung Martin Niemöllers wurde Gollwitzer dessen Nachfolger in Dahlem (gegen die Wahl des Gemeindekirchenrates, der Dietrich Bon-

314

hoeffers Schwager Walter Dress favorisierte!) Die Gemeinde war zu diesem Zeitpunkt gespalten. Gollwitzer verlobte sich mit Eva Bildt. Sie nahm sich während der letzten Kampfhandlungen 1945 in Berlin selbst das Leben. Am 3. September 1940 erhielt Gollwitzer Reichsredeverbot und wurde aus Berlin ausgewiesen. Nach einem kurzen Aufenthalt bei Ernst Wolf (1902-1971) in Halle/Saale wurde er am 5. Dezember zur Wehrmacht einberufen, zuerst zur Infanterie, dann zum Sanitätsdienst. 1945-1949 verbrachte er in russischer Kriegsgefangenschaft. Von 1950 bis 1957 lehrte er als Professor für Systematische Theologie in Bonn. Dies war der Beginn einer langjährigen Freundschaft zum späteren Bundespräsidenten Gustav Heinemann. 1951 heiratete er Brigitte Freudenberg. 1961 wurde seine Berufung auf den Lehrstuhl Karl Barths von den Basler Behörden abgelehnt. Von 1960 bis zu seiner Emeritierung 1975 war er deshalb Professor für Evangelische Theologie an der Freien Universität Berlin. Helmut Gollwitzer, der sich für die 68er Studentenbewegung einsetzte und mit Rudi Dutschke befreundet war, wurde einer der populärsten deutschen Theologen der Nachkriegszeit. Von ihm waren zahlreiche Impulse im Blick auf das Verhältnis von Kirche und Israel, Theologie und Politik, Philosophie und Theologie, Kirche und Friedensbewegung ausgegangen; außerdem war er in der deutschen Kirchentagsbewegung, der demokratischen Basisbewegung innerhalb der evangelischen Kirche, aktiv. Gollwitzer erhielt u.a. folgende Auszeichnungen: die Theologischen Ehrendoktorwürden der Universitäten Heidelberg (1954) und Aberdeen (1966); die Buber-Rosenzweig-Medaille (1973), die Carl-von-Ossietzky-Medaille der Internationalen Liga für Menschenrechte (1974) und die Ernst-Reuter-Plakette der Stadt Berlin (1989).

Gotthelf, Jeremias (1797-1854): Dieser Name ist ein Pseudonym, und zwar das des schweizerischen Schriftstellers Albert Bitzius, Sohn eines reformierten Pfarrers und seiner dritten Frau. Zunächst von seinem Vater selbst unterrichtet, besuchte er ab 1812 die Literarschule in Bern und dann ab 1814 als Externer die Hochschule für Theologen. 1821 studierte er in Göttingen und bereiste Deutschland. 1824 wurde er Pfarrverweser in Herzogenbuchsee und fünf Jahre später Pfarrgehilfe an der Heiliggeistkirche in Bern. 1831 wurde er in Lützelflüh zum Pfarrer gewählt. Pädagogisch stand er in der Schule Pestalozzis. Er setzte sich für Kinder aus sozial schwachen Familien ein und kämpfte gegen den Alkoholismus. 1833 heiratete er und wurde Vater von drei Kindern. 1835 wurde er Schulinspektor. Im Jahr darauf begann er mit der Schriftstellerei: Er veröffentlichte Romane, Erzählungen und Aufsätze und wurde bald bekannt. 1851 erkrankte er schwer, drei Jahre später starb er an den Folgen eines Schlaganfalls. Individualismus und Liberalismus nahm Gotthelf, der in seinem Werk auch viele antijüdische Klischees bedient, als Bedrohung wahr. Gotthelf ist gattungsmäßig dem Realismus zuzuordnen. Seine `Schwarze Spinne´ zählt noch heute zur Schulliteratur. Sein Nachlass befindet sich in Bern.

Gründgens, Gustaf (1899-1963): In einer großbürgerlichrheinischen Familie als Gustav Heinrich Arnold Gründgens geboren, war er in seinen jungen Jahren Kommunist; um der eigenen Karriere willen wurde er später zum Unterstützer und Profiteur des NS-Regimes. Seinen künstlerischen Durchbruch erzielte er mit seiner Rolle als 'Mephistopheles´ in Goethes 'Faust I´, die er 1932 zum ersten Mal unter der Regie von Max Reinhardt (1873-1943) im Berliner Staatlichen Schauspielhaus spielte. Der Exodus vieler Künstler erleichterte Gründgens´ kometenhaften Aufstieg unter den Nazis. Protegiert von Hermann Göring (1893-1946), wurde er einer der populärsten Theater- und Filmstars sowie einer der bestbezahlten kulturellen Repräsentanten des NS-Regimes: 1933 ernannte ihn Göring zum künstlerischen Leiter des Preußischen Staatstheaters und zum Senator der Reichskulturkammer, 1936 dann zum Preußischen Staatsrat und schließlich Generalintendant der Berliner Bühnen mit einem Jahreseinkommen von 200.000 Reichsmark (zum Vergleich: Ein NS-Staatssekretär verdiente ca. 20000 Reichsmark, ein Diplomingenieur in leitender Stellung ca. 10000 Reichsmark jährlich). 1934 war Gründgens in eine Villa gezogen, die einem jüdischen Bankier gehört hatte und die ihm von seinem Anwalt, einem Mitglied der SA, vermittelt worden war. Auf Partys war Gründgens ein gern gesehener Gast. Als Homosexueller musste er vorsichtig sein, da Homosexualität im NS-Staat strafbar war und mit KZ-Haft geahndet wurde. Er war deshalb nach seiner am 9. Januar 1929 geschiedenen Ehe mit Erika Mann von 1936 bis 1946 mit dem späteren Ufa-Star Marianne Hoppe (1909-2002) verheiratet, um Gerüchte seiner Homosexualität zu widerlegen und sich vor der Verfolgung zu schützen (`Lavendelehe´). Während die Scheinehe Gründgens/Hoppe kinderlos blieb, ging aus einer anderen Verbindung Marianne Hoppes mit dem britischen Journalisten Ralph Izzard deren Sohn Benedikt Hoppe (Jg. 1946) hervor. Gründgens verbannte zugunsten der Klassik zeitgenössische Stücke von Frank Wedekind (1864-1918) oder Carl

Sternheim (1878-1942) vom Spielplan. 1943 folgte er Goebbels Aufruf zum `totalen Krieg´ (18.2.1943) zum Militär, absolvierte eine militärische Ausbildung in Holland, wurde aber 1944 von Göring wieder ans Theater zurückgeholt. Mit anderen regimekonformen Künstlern stand er auf der `Gottbegnadetenliste´: So bezeichneten die Nazis eine 1944 zusammengestellte, 36 Seiten umfassende Liste des `Reichsministeriums für Volksaufklärung und Propaganda´, auf der die für die NS-Propaganda wichtigsten Künstler des NS-Regimes aufgelistet und unabkömmlich (= `uk´) gestellt wurden. Die Liste umfasste 1041 Kulturschaffende, die vom direkten Kriegsdienst ausgenommen waren, darunter ca. 500 Schauspieler, Filmautoren und -regisseure. Nachdem Goebbels am 1.9.1944 alle Theater hatte schließen lassen und alle Künstler in die Rüstungsindustrie abkommandiert worden waren, wurde es Gründgens gestattet, das Kriegsende in seiner Villa in Berlin abzuwarten. 1945/46 wurde er dort festgenommen und neun Monate von den Sowjets inhaftiert. Bei der Entnazifizierung verwendeten sich Kolleginnen und Kollegen für ihn, u.a. der kommunistische Schauspieler und Sänger Ernst Busch (1900-1980), den Gründgens 1943 durch Fürsprache bei Göring vor dem Tod durch den Galgen (wg. `Vorbereitung zum Hochverrat´) gerettet hatte; ferner Erich Ziegel (1876-1950), Wolfgang Kühne (1905-1969), Pamela Wedekind (1906-1986) und Paul Henckels (1885-1967). Auch Erich Kästner (1899-1974), Axel von Ambesser (1910-1988) und Paul Wegener (1874-1948) schrieben direkt an die Sowjets und baten um Freilassung Gründgens´. Doch Gründgens hatte schon in führenden Sowjets wie dem sowjetischen Kulturoffizier und späteren Philosophieprofessor Arsenij Gulyga (1921-1996) Fürsprecher gefunden. So wurde er unter der Bedingung freigelassen, sein Theatertalent auch im sowjetischen Sektor der Stadt einzusetzen. Für viele Emigranten unverständlich, setzte er seine Karriere nach 1945 fast bruchlos in der Bundesrepublik fort (Präsident des Deutschen Bühnenvereins, Generalintendant an den Städtischen Bühnen in Düsseldorf, Generalintendant und künstlerischer Leiter am Deutschen Schauspielhaus in Hamburg), u.a. erhielt er 1953 von Bundespräsident Theodor Heuss (1884-1963) für seine Verdienste um das deutsche Nachkriegstheater die höchste Auszeichnung, die die Bundesrepublik Deutschland zu vergeben hat: das `Große Bundesverdienstkreuz mit Stern´. 1959 spielte Gründgens in Moskau und Leningrad `Faust I´, `Der zerbrochene Krug´ und `Wallensteins Tod´. 1960 entstand die legendäre Hamburger Faust-Inszenierung mit Will Quadflieg als `Faust´, Elisabeth Flickenschildt als

'Marthe Schwerdtlein´ und Gustaf Gründgens als 'Mephisto´ (Regie: Peter Gorski). Er hatte es geschafft, einer der bekanntesten deutschen Schauspieler zu werden und mit dem Mephistopheles im `Faust´ dem Publikum im Gedächtnis zu bleiben. 1962/63 legte Gründgens überraschend die Intendanz am Deutschen Schauspielhaus in Hamburg nieder und begab sich auf Weltreise. In hohem Maße drogenabhängig, starb er am 7.10.1963 unter ungeklärten Umständen in Manila an einer Magenblutung bzw. an einer Überdosis Schlaftabletten. Gründgens ist, so faszinierend er als Schauspieler wirkte, wegen seiner Nähe zum NS-Regime bis heute umstritten. Er selbst argumentierte z.B. wie seine Kollegen Heinz Rühmann (1902-1994) oder Hans Albers (1891-1960) immer mit seiner für zweckfrei gehaltenen Schauspielerei, die ihn die Bühne als wahren Freiraum des Künstlers sehen ließ, als `heiligen Raum´, der von der Wirklichkeit zugunsten des Schönen und Wahren freigehalten werden müsse. Klaus Mann hielt mehrfach in seinem Tagebuch fest, wie sehr er über den Werdegang seines früheren Freundes Gründgens entsetzt war, der mit einem mörderischen Regime paktiert und diesem künstlerische und intellektuelle Glaubwürdigkeit verliehen hatte. Damit war Gründgens zu seinem eigenen Vorteil als künstlerischer Diener Hitlers ebenso wie breite Schichten der bürgerlichen Intellektuellen, die nicht in die Emigration gegangen waren, ein rückgratloser Komplize des NS-Regimes geworden.

Halder, Franz (1884-1972): Generaloberst Franz Halder, Sohn eines bayrischen Offiziers, war der Nachfolger von Generaloberst Ludwig Beck. Von 1938 bis 1942 war er Chef des Generalstabes des Heeres. Der Ritterkreuzträger, Vater von drei Töchtern und Generalmajor (1934), war bei Kriegsbeginn an allen strategischen Planungen beteiligt (Polenfeldzug, Westfeldzug, Russlandfeldzug), stand den Nazis kritisch gegenüber und wurde nach einem Konflikt mit Hitler suspendiert (1942). Beteiligte des gescheiterten Attentats vom 20. Juli 1944 nannten unter der Folter Halders Namen. Dieser wurde daraufhin mit seiner Frau und seiner Tochter verhaftet und ins KZ Flossenbürg verschleppt. Kurz vor Kriegsende wurden sie ins KZ Dachau verlegt und von der SS mit anderen Häftlingen mit Tötungsabsicht nach Südtirol gebracht. Dort wurden er und seine Frau am 4. Mai 1945 befreit. Von 1946 bis 1961 arbeitete er in der kriegsgeschichtlichen Forschung der US-Army mit. Für seine Arbeit erhielt er 1961 die höchste zivile Auszeichnung der US-Army.

Harnack, Adolf von (1851-1930): Der in Dorpat/Baltikum geborene Sohn des Lutherforschers Theodosius Harnack, der schon früh seine Mutter verlor, wuchs in Erlangen auf, wo er seit 1866 das Gymnasium besuchte. 1869 begann er in Dorpat Theologie zu studieren und zog 1872 nach Leipzig um. Dort promovierte er zum Dr. phil. und habilitierte sich im Januar 1874 in Theologie. In diesem Jahr gründete er eine `Kirchenhistorische Gesellschaft´ und begann seine Lehrtätigkeit mit seinem Spezialgebiet, der Gnosis. 1876 wurde der Leipziger Privatdozent zum außerordentlichen Professor ernannt und 1878 zum ordentlichen Professor nach Gießen berufen, wo er am Aufbau der Theologischen Fakultät mitwirkte. 1879 heiratete er und erhielt von der Theologischen Fakultät Marburg die Ehrendoktorwürde zuerkannt. 1885 erschien sein `Lehrbuch der Dogmengeschichte´, mit dem er sich von der lutherischen Orthodoxie trennte. 1885 wurde seine Kandidatur in Leipzig abgelehnt und er wurde 1886 an die Universität Marburg berufen. Einstimmig wählte ihn die Theologische Fakultät in Berlin 1887 auf den Lehrstuhl für Kirchengeschichte; allerdings hatte der Evangelische Oberkirchenrat Bedenken in Bekenntnis und Lehre, so dass Wilhelm II. erst 1888 die Versetzungsurkunde unterzeichnete. 1889 brachte er mit dem dritten Band seine `Dogmengeschichte´ zum Abschluss. 1890 wurde er Mitglied der Preußischen Akademie der Wissenschaften und beschäftigte sich mit der Herausgabe altchristlicher Literatur. In diesem Jahr gründete Harnack u.a. zusammen mit Adolf Stoecker den `Evangelisch-Sozialen Kongress´, dessen Vorsitzender er 1902 wurde und ihn bis 1911 leitete. 1892 ergriff er im Streit um das Apostolicum Partei für jene, die das Apostolicum aus der Verpflichtungsformel der Pfarrer und aus dem gottesdienstlichen Gebrauch heraushaben wollten und erntete dafür Proteste. Sein Buch `Das Apostolische Glaubensbekenntnis´ wurde weithin beachtet. Harnack hielt öffentlich am Bekenntnis zu Jesus Christus fest, hob aber auch auf das Recht der Wissenschaft in der Kirche ab. 1900 erschien sein Buch `Das Wesen des Christentums´, das auf eine von 600 Studenten aller Fakultäten gehörten Vorlesungsreihe zurückging und ihn populär machte. Er wurde politischer Berater mit Kontakten bis hin zu Kanzler Theobald von Bethmann-Hollweg (1856-1921). 1902 erhielt er den Orden 'Pour le mérite´ für Wissenschaften und Künste. 1906 ernannte man Harnack zum Generaldirektor der Königlichen Bibliothek (ab 1918 Preußische Staatsbibliothek) und seine Lehrverpflichtungen wurden auf seinen Wunsch hin eingeschränkt. Harnack widmete sich dem Neubau der Bibliothek, die 1914 eingeweiht wurde. An diesem Tag wurde Harnack der erbliche Adelstitel verliehen. Von 1911 bis zu seinem Tod war er Präsident der auf seinen Vorschlag hin gegründeten `Kaiser-Wilhelm-Gesellschaft zur Förderung der Wissenschaften´. Von 1920 bis 1929 war er Vorsitzender der `Notgemeinschaft der deutschen Wissenschaft´. 1921 veröffentlichte er eine Monographie über Marcion, einen Ketzer aus dem 2. Jahrhundert, der das Alte Testament als Offenbarungsbuch des Gottes der Juden verworfen hatte. Harnack selbst hielt die Beibehaltung des Alten Testaments als kanonische Urkunde im Protestantismus für eine Folge einer religiösen und kirchlichen Lähmungserscheinung und erntete für diese These Widerspruch. 1921 wurde er emeritiert, verwaltete aber bis 1924 die Professur. 1923 begann er in der Zeitschrift `Die Christliche Welt´ ein Streitgespräch unter dem Titel `Fünfzehn Fragen an die Verächter der wissenschaftlichen Theologie unter den Theologen´ mit Karl Barth, der 1906 sein Schüler gewesen war. Im Sommer 1929 schloss er sein kirchenhistorisches Seminar; 54 Jahre lang hatte er es ohne Unterbrechung gehalten! Dietrich Bonhoeffer dankte ihm beim Abschied. Harnack zu Ehren wurde 1929 in Berlin-Dahlem ein Harnack-Haus eingeweiht. Harnack starb, nachdem er im Frühjahr 1930 nach Heidelberg gereist war, um ein neues Institut der Kaiser-Wilhelm-Gesellschaft einzuweihen. Seine Urne wurde in Berlin beigesetzt. Der 24jährige Dietrich Bonhoeffer sprach im Namen der ehemaligen Schüler im Goethesaal des Harnack-Hauses bei der Gedächtnisfeier am 15. Juni 1930, vgl. DBW 10, 346-349. Nach Friedrich Daniel Ernst Schleiermacher war der vielfach Ausgezeichnete vermutlich der einflussreichste evangelische Theologe des 19. Jahrhunderts und ein bedeutender Vertreter der liberalen dogmenkritischen Theologie. Der parteilose, konservativ-liberale Demokrat engagierte sich nach 1918 im Unterschied zur Mehrheit des antidemokratisch gesinnten Protestantismus für die soziale Demokratie. Sein Sohn Ernst von Harnack (1888-1945) war Jurist, Mitglied der SPD und im Widerstand gegen Hitler aktiv. Ernst von Harnack gehörte dem `Bund Religiöser Sozialisten´ an und bekämpfte öffentlich die `Deutschen Christen´. 1933 kam er für kurze Zeit in Haft, weil er sich für verhaftete Sozialdemokraten und Gewerkschaftler eingesetzt hatte. Er hatte politische Verbindungen zu Julius Leber (1891-1945), Wilhelm Leuschner (1890-1944) und Carl Goerdeler. Mit den Zielen von `Operation Walküre´ vertraut, wurde er am 28. September 1944 verhaftet und am 1. Februar 1945 vom `Volksgerichtshof´ durch Roland Freisler zum Tode verurteilt. Am 5. März 1945 wurde er in Plötzensee hingerichtet. Der Widerstandskämpfer Arvid Harnack (1901-1942) war sein Cousin.

Hase, Paul von (1885-1944): Der Berufsoffizier aus Hannover, einer der Widerstandskämpfer des 20. Juli 1944, war der Sohn des gleichnamigen preußischen Oberstabsarztes, Enkel des Kirchengeschichtsprofessors Karl von Hase (1800-1890) und Urenkel des Verlegers Gottfried Christoph Härtel (1763-1827), dem Gründer des noch heute bestehenden bekannten Wiesbadener Musikverlags Breitkopf&Härtel. Er war verheiratet mit Margarethe Baronesse von Funck (1898-1968), mit der er vier Kinder hatte. Bis 1940 machte er eine steile Karriere im Militär: Leutnant, Zugführer, Hauptmann, Kompaniechef, Kommandant, Oberstleutnant, Oberst, Generalmajor, Artilleriekommandeur, Divisionskommandant. Ende 1940 wurde der Ritterkreuzträger und Generalleutnant, der nach dem Polenfeldzug nicht mehr kriegsverwendungsfähig war, zum Stadtkommandanten von Berlin ernannt. Ab jetzt festigte er den Kontakt zu Ludwig Beck und dem Widerstandskreis gegen Hitler, dem er seit 1938 angehörte. Bei den Planungen von 'Operation Walküre´ nahm er eine wichtige strategische Stellung ein. Am 20. Juli 1944 gab er dem ihm untergebenen Kommandanten des Wachbataillons, Major Rehmer, den Befehl zur Abriegelung des Berliner Regierungsviertels, um mit seinen Truppen Mitglieder des Regimes wie Josef Goebbels zu verhaften. Nachdem herausgekommen war, dass das Attentat misslungen war, wurde von Hase selbst noch am selben Abend festgenommen. Am 8. August 1944 wurde er vom `Volksgerichtshof´ zum Tode verurteilt und in Plötzensee auf persönlichen Befehl Hitlers mit anderen am Putschversuch Beteiligten am Fleischerhaken aufgehängt (mehrmals, nach Wiederbelebung). Der Todeskampf wurde gefilmt und dem Diktator anschließend vorgeführt. In der Giesebrechtstraße in Berlin befindet sich heute eine Gedenktafel für Paul von Hase, der einst Dietrich Bonhoeffer Hafterleichterungen verschafft hatte. Paul von Hases Sohn, der Archäologe Prof. Dr. Friedrich-Wilhelm von Hase (geb. 1937), der als Siebenjähriger nach dem missglückten Attentat verschleppt wurde und zusammen mit den Kindern der anderen Attentäter in ein Kinderheim in Bad Sachsa/Harz kam, hat über die Geschichte seines Vaters ein Buch geschrieben und gibt heute als Zeitzeuge Schülerinnen und Schülern Auskunft über die damaligen Ereignisse.

Heckel, Theodor (1894-1967): Nach Abitur und Theologiestudium, das er wegen des Ersten Weltkriegs unterbrach, um als Kriegsfreiwilliger teilzunehmen und als Mitglied des Freikorps Epp die Münchner Räterepublik zu bekämpfen, setzte er sein Studium in München fort. Danach war er Reiseprediger und Religionslehrer in Erlangen und ab 1928 – in diesem Jahr promovierte er auch – Oberkonsistorialrat am Deutschen Evangelischen Kirchenbundesamt in Berlin. Bis 1945 war er Leiter des Kirchlichen Außenamtes der DEK. 1934 war er zum Bischof ernannt worden. Er war ein Befürworter des sog. `Arierparagraphen´ und Vorgesetzter Dietrich Bonhoeffers in dessen Londoner Zeit. Heckel behinderte die Arbeit der BK. Nach 1945 wurde er des Amtes enthoben. Von 1950 bis 1964 war er Dekan von München. Von 1961 bis 1967 war er Mitglied im Bayerischen Senat, neben dem Bayerischen Landtag bis 1999 eine ständestaatliche zweite Kammer. Da sich Heckel als Beauftragter des Rates der DEK auch nach 1945 um Kriegsgefangene kümmerte, behielt er den Titel `Bischof´.

Heidegger, Martin (1889-1976): Der Sohn des Messners und Küfermeisters Friedrich Heidegger wurde in Meßkirch/Baden geboren und studierte nach dem Abitur (1909) katholische Theologie in Freiburg/Brsg. mit dem Ziel, Priester zu werden. 1911 begann er mit dem Studium der Mathematik, der Naturwissenschaften und der Philosophie, das er 1913 mit einer Promotion abschloss. 1916 habilitierte er sich in Philosophie. Am Ersten Weltkrieg nahm er aus gesundheitlichen Gründen nur eingeschränkt teil. 1917 heiratete er die Ökonomiestudentin Elfriede Petri. 1919 wurde er Assistent bei Edmund Husserl (1858-1938). Ab 1923 war er außerordentlicher Professor der Philosophie in Marburg. 1927 publizierte er sein Hauptwerk `Sein und Zeit´. 1928 wurde er als Nachfolger von Husserl an die Universität Freiburg berufen. 1933 trat Heidegger in die NSDAP ein und wurde Rektor der Freiburger Universität (`Freiburger Rektoratsrede´). 1934 trat er von diesem Amt zurück. Von 1936 bis 1938 arbeitete er an seinem zweiten Hauptwerk `Beiträge zur Philosophie´, das erst postum 1989 veröffentlicht wurde. 1947 entzogen ihm nach einem Entnazifizierungsverfahren die französischen Militärbehörden die Lehrbefugnis. Das Lehrverbot wurde 1950 aufgehoben; bis 1967 hielt er Seminare für einen kleineren Kreis von Hörern. 1952 wurde Martin Heidegger emeritiert. 1974 wurde mit der auf hundert Bände angelegten Gesamtausgabe seiner Werke begonnen.

Herrmann, Wilhelm (1846-1922): Der Sohn eines Melkower Pfarrers studierte in Halle Evangelische Theologie und wurde danach Sekretär von August Tholuck (1799-1877). Nach seinem Studium der Werke Albrecht Ritschls (1822-1889) und seiner Lizenziatenprüfung 1875 habilitierte er sich im selben Jahr. Vier Jahre darauf wurde er als Professor für systematische Theologie an die Universität Marburg berufen. 1889/90 wurde er deren Rektor. Für seine Verdienste erhielt er 1916 die Ehrendoktorwürde der Juristischen Fakultät. Karl Barth und Rudolf Bultmann zählten zu seinen bedeutendsten Schülern.

Hildebrandt, Franz (1909-1985): Der seit 1927 mit Dietrich Bonhoeffer befreundete deutsche Theologe und Pfarrer, Sohn eines Kunstprofessors und einer jüdischen Mutter, studierte nach dem Abitur 1926 Evangelische Theologie in Berlin, Marburg und Tübingen. 1930 beendete er seine Dissertation zur Lutherischen Abendmahlslehre (Lizentiat), wurde 1933 in der Berliner Nikolaikirche ordiniert und leistete sein Lehrvikariat in Kleinmachnow/Berlin ab. Nach der 'braunen Synode' im September 1933, die forderte, dass Pfarrer 'arischer' Abstammung zu sein und rückhaltlos für den NS-Staat einzutreten hätten, legte er aus Protest sein Amt nieder. Bis Januar 1934 lebte er mit Dietrich Bonhoeffer im Pfarrhaus in London zusammen. 1934 wurde er Assistent bei Martin Niemöller in Berlin-Dahlem, dann 1935 Dozent an der dortigen Kirchlichen Hochschule. Am 18. Juli 1937 wurde er wegen 'Kollektenvergehens' aus der Kirche heraus von der Gestapo verhaftet und ins Gefängnis Plötzensee gebracht. Mit Hilfe von Hans von Dohnanyi glückte ihm im August 1937 die Flucht über Zürich nach London, wo er bis 1938 Hilfsprediger an der dortigen St. Georgskirche war und sich dann mit Unterstützung des Weltkirchenrates von 1939 bis 1946 um deutsche evangelische Flüchtlinge in Cambridge kümmerte. 1940 wurde er kurzzeitig als 'enemy alien' auf der Isle of Man interniert. 1941 promovierte er in Cambridge und arbeitete für die BBC. Hildebrandt stand Bischof Bell von Chichester nahe. Er war verheiratet (1943) und hatte drei Kinder. Ab 1946 wirkte er als methodistischer Pfarrer und ab 1953 als Professor of Biblical Theology in England, den USA und Schottland (bis 1967). Er nahm als Beobachter am Zweiten Vatikanum teil und erhielt 1960 die Ehrendoktorwürde der Kirchlichen Hochschule Berlin. Später (1968) trat er aus der methodistischen Kirche aus und schloss sich der Church of Scotland an. Er äußerte sich kaum zur Theologie Bonhoeffers und starb an den Folgen eines Schlaganfalls.

Hindenburg, Paul von Beneckendorff und von (1847-1934): Der Sohn eines adligen preußischen Offiziers und Gutsbesitzers und einer Bürgerlichen wechselte nach einem kurzen Besuch des Gymnasiums 1863 an die Kadettenanstalt in Wahlstatt/Schlesien nach Berlin (1859-1866). 1865 wurde er Leibpage von Königin Elisabeth (1801-1873), der Witwe König Friedrich Wilhelms IV. von Preußen (1795-1861). 1866 wurde er Leutnant im 3. Garderegiment zu Fuß und nahm im Deutschen Krieg an der großen und verlustreichen Schlacht von Königgrätz teil, mit der Preußen Führungsmacht in Deutschland wurde. Im deutsch-französischen Krieg 1870/71 nahm er an der Schlacht von Sedan teil und schlug zu dieser Zeit die Militärlaufbahn ein. Er besuchte von 1873-1876 die Kriegsakademie in Berlin und qualifizierte sich für den Generalstab (mit anschließenden Beförderungen zum Hauptmann und Major). Er gehörte zu den Offizieren, die am aufgebahrten Leichnam Kaiser Wilhelms I. die Totenwache hielten. Nach weiteren Beförderungen (Oberstleutnant, Oberst, Generalleutnant, Divisionskommandeur, Kommandierender General) erfolgte 1911 die Verabschiedung in den Ruhestand, den er in Hannover verleben wollte. Bei Ausbruch des Ersten Weltkriegs wurde er 1914 Oberbefehlshaber der 8. Armee. Bei der Schlacht von Tannenberg wurde er zum Generaloberst befördert und mit dem Orden Pour le Mérite ausgezeichnet. Im selben Jahr noch wurde er zum Generalfeldmarschall befördert. Von 1916-1918 hatte er die Oberste Heeresleitung inne, die quasi die Regierungsgewalt ausübte – einige Historiker sprechen von einer Militärdiktatur – und wurde noch mehrfach geehrt, u.a. mit der höchsten Auszeichnung des Ersten Weltkriegs, dem `Stern zum Großkreuz des Eisernen Kreuzes´. Mit Abschluss des Versailler Vertrages 1919 trat er als Chef des Generalstabes des Heeres zurück und bat Reichspräsident Friedrich Ebert um seine Entlassung in den Ruhestand, den er von 1919-1925 in Hannover verbrachte. 1925 wurde der 77jährige, eigentlich ein Monarchist, u.a. dank seines Mythos und mit Unterstützung der Kamarilla, Weggefährten der politischen Rechten, im zweiten Wahlgang zum zweiten Reichspräsidenten der Weimarer Republik gewählt. Bis heute ist er das einzige deutsche Staatsoberhaupt, das je vom Volk direkt gewählt worden ist. Er ernannte nach seiner Wiederwahl 1932 – die von allen demokratischen Parteien erfolgt war, um Hitler als Reichspräsidenten zu verhindern – am 30. Januar 1933 Hitler zum Reichskanzler, den er geringschätzig den `böhmischen Gefreiten´ nannte und politisch unterschätzte. Am 1. Februar 1933 unterschrieb u.a. Hindenburg die Auflösung des Reichstags sowie in den Folgemonaten weitere antidemokratische Gesetze mit (z.B. `Verordnung des Reichspräsidenten zum Schutze des Deutschen Volkes´). Am 2. Juni 1934 starb Hindenburg auf seinem Gut Neudeck. Er wurde im Denkmal der Schlacht von Tannenberg beigesetzt. Beim Anrücken der Roten Arme im Januar 1945 wurde der Sarg mit den sterblichen Überresten zusammen mit den Särgen der preußischen Könige von der Wehrmacht in einem thüringischen Salzbergwerk eingelagert. Nachdem die US-Army Thüringen erobert hatte, kamen die Särge Hindenburgs und seiner Frau nach Marburg, wo sie in der Elisabethkirche endgültig beigesetzt wurden. Hindenburg gilt heute vor allem als derjenige, der mit der Ernennung Hitlers zum Reichskanzler dazu beitrug, die Demokratie in Deutschland zu beseitigen. Hindenburg wurde vielfach geehrt; nach dem Krieg gab es allerdings eine Welle von Umbenennungen. Die letzte Umbenennung einer nach ihm benannten Schule erfolgte 2013 in Bad Säckingen.

Hirsch, Emanuel (1888-1972): Der in Bentwisch in der Westprignitz geborene Sohn des Pfarrers Albert Hirsch verbrachte seine Schul- und Studienzeit in Berlin, wo er von 1906 bis 1911 evangelische Theologie, u.a. bei Karl Holl und Adolf von Harnack, studierte. Von 1912-1914 war er Stiftsinspektor in Göttingen, wo er 1913 promovierte. 1914 habilitierte er sich in Bonn in Kirchengeschichte und wurde dort zum Privatdozenten ernannt. Von 1914 bis 1917 vertrat er die beiden abwesenden Ordinarien für Kirchengeschichte, was er als seinen durch Untauglichkeit vom Militär zurückgestellten `Kriegsdienst´ bezeichnete. 1921 wurde er als Nachfolger Nathanael Bonwetschs (1848-1925) – zeitgleich mit Karl Barth – als Ordinarius für Kirchengeschichte nach Göttingen berufen. Er trat als Luther- und Kierkegaardforscher hervor und schrieb eine fünfbändige `Geschichte der neueren evangelischen Theologie´. Von 1921 bis 1930 gab er die Theologische Literaturzeitung (ThLZ) heraus, die älteste theologische Rezensionszeitschrift im deutschsprachigen Raum; ferner zeichnete er für die Herausgabe der `Zeitschrift für Systematische Theologie´ verantwortlich. In dieser Zeit war er zunächst Mitglied der DNVP, später Mitglied in nationalsozialistischen Organisationen wie dem NS-Dozentenbund. Hirsch war einer der extremistischen Vertreter einer deutschchristlichen Ideologie, die sich auf Volk, Blut, Boden und `Rasse´ gründete und in hohem Maße antisemitisch war. Die nationalsozialistische Machtübernahme begrüßte der antiliberale Ideologe in geistlichem Gewand enthusiastisch und verstand sie als rettenden göttlichen Eingriff. 1932/33 war er Mitherausgeber der deutschchristlichen Zeitschrift 'Glaube und Volk'. Von 1933 bis 1945 war er Vertrauensmann der Nazis und ständiger Dekan der theologischen Fakultät, ab 1936 Ordinarius für Systematische Theologie. Hirsch verherrlichte Hitler und den Krieg, in dem unter Aufnahme von Gedanken Hegels die Sittlichkeit des Staates hervortrat. 1945 erblindete er und wurde vorzeitig pensioniert. In den 27 Jahren danach lebte er in großer Einsamkeit, arbeitete aber weiter (u.a. übersetzte er das Werk Kierkegaards). Er starb am 17. Juli 1972 in der Friedrich-Zimmer-Klinik in Göttingen. Wegen seiner befürwortenden politischen Haltung zum Nationalsozialismus mit seiner Volkstumsideologie und seines Rassismus' – er hat nie etwas von dem, was er gesagt und geschrieben hat, zurückgenommen, ist er heute theologisch unbedeutend geworden.

Holl, Karl (1866-1926): Der evangelische Kirchenhistoriker studierte Philosophie und Theologie in Tübingen und promovierte nach seinem Vikariat in der Evangelischen Landeskirche in Württemberg zum Doktor der Philosophie und Lizentiaten der Theologie. 1891 wurde er Repetent am Tübinger Stift, drei Jahre später wissenschaftliche Hilfskraft bei Adolf von Harnack in der Berliner Akademie der Wissenschaften. 1896 habilitierte sich Holl in Berlin. 1900 wurde er zum außerordentlichen Professor in Tübingen, 1906 zum ordentlichen Professor in Berlin ernannt. Holl veröffentlichte zu zahlreichen Themen der Kirchengeschichte, u.a. zur Geschichte des griechischen Mönchtums oder zu den Grundlagen der russischen Kultur, vor allem aber zur Reformation und zum Werk Martin Luthers, dessen Theologie er von dessen inneren Nöten, Gewissensentscheidungen und Gotteserfahrungen her interpretierte. 1921 brachte ihm die Herausgabe seiner acht Lutheraufsätze große Beachtung. Holl sah seinen theologischen Ansatz zwischen den damals bestehenden theologischen Lagern 'positiv' und 'liberal'. Sein Werk wurde von der dialektischen Theologie kritisiert. Er ist heute theologisch bedeutungslos.

Hoof't, Vissert A. (1900-1985): Der niederländische reformierte Theologe war der erste Generalsekretär des Ökumenischen Rates der Kirchen. Er war 1924 zunächst Sekretär beim Weltbund des CVJM. 1931 wurde er Generalsekretär des christlichen Studentenweltbundes. Er unterstützte die Bekennende Kirche. 1938 wurde er Generalsekretär des vorläufigen Ausschusses in Utrecht, aus dem später der ÖRK hervorging. In seinem Haus in Genf trafen sich im Frühjahr 1944 Vertreter verschiedener Widerstandsorganisationen, um die Zukunft Europas nach Kriegsende zu planen. 1958 erhielt er das `Große Bundesverdienstkreuz mit Stern und Schulterband´. 1966 wurde er mit dem Friedenspreis des Deutschen Buchhandels geehrt.

Hossenfelder, Joachim Gustav Wilhelm (1899-1976): Nach dem Studium der evangelischen Theologie in Kiel und Breslau wurde Hossenfelder 1923 zum evangelischen Pfarrer ordiniert. Seine erste Stelle trat er 1925 in Simmenau/Oberschlesien an, es folgte eine zweite 1927 in Alt-Reichenau/Niederschlesien. 1931 wurde er Pfarrer an der Berliner Christuskirche. Hossenfelder schloss sich schon früh der `Glaubensbewegung Deutscher Christen´ an und spielte in ihr eine wichtige Rolle. In Hitler sah er den von Gott gesandten `Retter des deutschen Volkes´. 1933 wurde er Bischof von Brandenburg und Geistlicher Vizepräsident des Evangelischen Oberkirchenrates in Berlin. Hossenfelder war geistiger Impulsgeber der Deutschen Christen und vertrat die Errichtung einer Deutschen Christlichen National-kirche, die die Reformation im deutsch-nationalen Sinne vollenden sollte. Alles, was nicht `arisch´ war, hatte im Bekenntnis, im Gottesdienst und in der kirchlichen Unterweisung keinen Platz und sollte entfernt werden. Das Evangelium müsse `entjudet´ werden. Jesus interpretierte er als eine heldische Gestalt aus der nordisch-germanischen Mythologie. Hossenfelder war u.a. auch Schirmherr der Sportpalastkundgebung vom 13.11.1933, von der er sich auch später nicht distanzierte. 1940 wurde er Pfarrer an der Friedenskirche in Potsdam, 1946 in Vehlow/Kyritz und 1954 in Ratekau/Schleswig-Holstein. 1969 wurde er pensioniert.

Huppenkothen, Walter (1907-1978): Geboren als einziges Kind eines Werksmeisters in Haan (Rheinland), besuchte er das Realgymnasium in Opladen und studierte nach dem Abitur Rechts- und Staatswissenschaft in Köln und Düsseldorf, was er mit der Ersten Juristischen Staatsprüfung 1931 abschloss. Er trat 1933 der NSDAP und der SS bei. 1934 bestand er die Zweite juristische Staatsprüfung und war damit Volljurist. Er wurde zunächst Referent für Presse und Kulturelles in Düsseldorf und schloss sich 1935 der Gestapo an. 1936 wurde er zum Regierungsassessor ernannt und als stellvertretender Leiter der Gestapo nach Königsberg versetzt. 1937 wurde er Leiter der Stapostelle in Lüneburg. Von dort kam er im Herbst 1939 nach Polen zur `Einsatzgruppe 1´ und wurde deren Verbindungsführer zur 14. Armee. Dort war er an bis zu 800000 Morden beteiligt.

1939 wurde er `Kommandeur der Sicherheitspolizei und des SD in Krakau´, dem die zivilen Polizeikräfte unterstanden. Er war 1940 verantwortlich für Zwangsmaßnahmen und Ghettoisierung der Lubliner Juden. 1941 ins RSHA versetzt, leitete er als Oberregierungsrat und SS-Sturmbannführer die polizeiliche Spionageabwehr (`Gruppe E: Gegnererforschung und -bekämpfung´). 1942 heiratete er und wurde Vater eines Sohnes (geb. 1945). Nach dem 20. Juli 1944 wurde er Mitglied einer Sonderkommission, die sich mit dem `Zossener Aktenfund´ beschäftigte, worüber Huppenkothen einen 160 Seiten langen Bericht verfasste. Im Herbst des Jahres wurde er zum Regierungsdirektor und in den Rang eines SS-Standartenführers befördert. Dies entsprach militärisch dem Rang eines Obersts. Auf Befehl von Ernst Kaltenbrunner, dem Chef des RSA, führte Huppenkothen ein SS-Standgericht gegen Dietrich Bonhoeffer, Hans von Dohnanyi, Generalstabsrichter Sack, Generalmajor Oster und Admiral Canaris durch. Bei dem SS-Scheingerichtsverfahren – die Angeklagten bekamen weder einen Verteidiger zur Seite gestellt noch wurde Protokoll geführt – fungierte Huppenkothen als Ankläger. Die Todesstrafe wurde durch Erhängen bzw. Erdrosseln vollstreckt. Huppenkothen, der den Hinrichtungen persönlich beiwohnte, wurde von den US-amerikanischen Einheiten gefangen genommen und kam von 1945 bis 1949 in amerikanische Kriegsgefangenschaft. Er wurde wegen der Morde an Dohnanyi, an Oster und an den anderen Häftlinge wegen Beihilfe zum Mord zu sieben Jahren Gefängnis verurteilt und verbüßte die Strafe. Vom 1.12.1949 bis 5.11.1952 saß er in Untersuchungshaft. Verteidigt wurde er damals von dem CSU-Politiker und Juristen Alfred Seidl (1911-1993), der schon die Kriegsverbrecher Rudolf Heß (1894-1987) und Hans Frank (1900-1946) verteidigt hatte und dem später Kontakte zur rechtsextremen Szene nachgewiesen werden konnten. Huppenkothen arbeitete nach der Teilverbüßung seiner Strafe als Wirtschaftsjurist im Büro des FDP-Abgeordneten und Anwalts Ernst Achenbach (1909-1991), dem Beate Klarsfeld (geb. 1939) Verstrickungen ins NS-System nachwies. 1961 musste er im Eichmann-Prozess in Jerusalem aussagen. Er lebte in Mülheim und in Köln und starb am 5. April 1978 in Lübeck. 2002 wurden alle Standgerichtsverfahren in der NS-Zeit vom Bundesgerichtshof als Unrecht angesehen. Der Bundestag hob alle Urteile auf.

Jäger, August (1887-1949): Der Jurist, Sohn eines Pfarrers, war u.a. Rechtswalter der Deutschen Evangelischen Kirche (DEK) und

Reichsstatthalter in Posen. Als Ministerialdirektor im preußischen Kultusministerium war er Leiter der Kirchenabteilung, ab 1934 `Rechtswalter´ der DEK. Er war bekannt als `Kirchenhasser´ und `Kirchenjäger´. 1939 wurde er stellvertretender Chef der Zivilverwaltung im Warthegau, d.h. im heutigen Polen, zuletzt als SA-Brigadeführer und Regierungspräsident als Vertreter des Reichsstatthalters. 1948 machte man ihm als `Henker Großpolens´ in Polen den Prozess. 1949 wurde er hingerichtet.

Jaspers, Karl (1883-1969): Der in Oldenburg geborene Sohn eines Bankdirektors studierte 1901 Jura in Freiburg/Brsg. und in München. Nachdem bei ihm ein unheilbares Lungen- und Herzleiden konstatiert worden war, das ihn zwang, viel zu liegen, studierte er ab 1902 Medizin in Berlin und von 1903 bis 1908 in Göttingen und Heidelberg (Staatsexamen). Von 1908 bis 1915 war er Mitarbeiter an der psychiatrischen Klinik in Heidelberg. 1909 promovierte er und ein Jahr später heiratete er. Er beschäftigte sich mit der Philosophie Edmund Husserls und Wilhelm Diltheys (1833-1911) und habilitierte sich 1913. 1922 wurde er nach weiteren philosophischen Arbeiten als Professor für Philosophie nach Heidelberg berufen. 1932 erschien sein dreibändiges Hauptwerk `Philosophie´, in dem er seine Existenzphilosophie erläuterte. 1933 wurde er von den Nazis zunächst von der Universitätsverwaltung ausgeschlossen und 1937 zwangsweise in den Ruhestand versetzt. Er zog sich mit seiner jüdischen Frau aus dem öffentlichen Leben zurück. 1943 erhielt er Publikationsverbot. Nach dem Krieg beteiligte sich Jaspers am Aufbau der Heidelberger Universität und äußerte sich kritisch zur Haltung der Deutschen während des Nazi-Regimes. 1948 nahm er einen Ruf an die Universität Basel an. 1961 wurde er emeritiert. Karl Jaspers erhielt u.a. den Friedenspreis des Deutschen Buchhandels (1958) und den Orden `Pour le Mérite´ (Friedensklasse).

John, Hans (1911-1945): Der Jurist aus Hessen war Assistent Rüdiger Schleichers am Institut für Luftfahrtrecht in Berlin. 1940 wurde er zur Wehrmacht eingezogen und 1942 an der Ostfront schwer verwundet. Er wurde danach als wehruntauglich entlassen und arbeitete danach wieder wissenschaftlich. Mit seinem Bruder Otto John (1909-1997, später erster Präsident des Bundesamtes für Verfassungsschutz) nahm er an der 'Operation Walküre´ teil. Nachdem Oster und Dohnanyi verhaftet worden waren, unterstützte er den entkommenen Widerständler Hauptmann Ludwig Gehre (1895-1945) bei der Beschaffung von illegalen Quartieren. Hans John wurde 1944 verhaftet und schwer gefoltert. Von Freisler zum Tode verurteilt, wurde er zusammen mit Klaus Bonhoeffer und Rüdiger Schleicher von einem Sonderkommando nachts nahe des Zellengefängnisses Lehrter Straße rücklings erschossen. Sein Grab befindet sich auf dem Dorotheenstädtischen Friedhof in Berlin.

Jünger, Ernst (1895-1998): Der als Sohn eines promovierten Chemikers geborene Schriftsteller meldete sich 1913 als Gymnasiast zur französischen Fremdenlegion, wurde auf Intervention seines Vaters sechs Wochen später wieder entlassen und machte 1914 Notabitur wegen des Krieges. Er meldete sich freiwillig und wurde mit dem Eisernen Kreuz 1. Klasse und mit dem höchsten preußischen Militärorden 'Pour le mérite' ausgezeichnet. Seine 1920 im Selbstverlag erschienene Tagebuchskizze seiner Kriegserlebnisse, 'In Stahlgewittern', wurde ein großer Erfolg. Nach seiner Entlassung aus der Reichswehr 1923 studierte er Philosophie und Naturwissenschaften in Leipzig und Neapel, brach das Studium ab und wurde ab 1926 freier Schriftsteller in Berlin. Von 1925 bis 1960 war er mit Gretha von Jeinsen verheiratet, mit der er zwei Söhne hatte. Nach ihrem Tod heiratete er zwei Jahre später Dr. Lieselotte Lohrer, mit der er bis zu seinem Tod in Wilflingen (Baden-Württemberg) lebte. Er gab mehrere nationalistische Zeitschriften heraus, hatte Affinitäten zum Gedankengut der Nazis, auch Kontakte zu Goebbels und dem NS-Staatsrechtler Carl Schmitt (1888-1985), lehnte jedoch 1933 ein Reichstagsmandat für die NSDAP ab. Es kam zum Konflikt, er wurde aus der 'Dichterakademie' ausgeschlossen, sein Haus von der Gestapo durchsucht. 1939 als Hauptmann eingezogen, wurde er 1941 nach Paris in den Stab des deutschen Militärbefehlshabers und späteren Widerständlers Carl-Heinrich von Stülpnagel (1886-1944) versetzt. 1944 wurde seinem Sohn die Verbreitung von antinationalsozialistischer Propaganda vorgeworfen, Jünger erreichte die Versetzung seines Sohnes an die italienische Front; dort fiel er im selben Jahr. 1945 wurde Ernst Jünger unehrenhaft aus der Wehrmacht entlassen. Von 1945-1949 war er mit Publikationsverbot belegt. 1950 kam es zum Wendepunkt und er erhielt mehrere hohe Auszeichnungen für sein Werk, u.a. den 'Großen Verdienstorden der Bundesrepublik Deutschland' (1959), die 'Friedensmedaille der Stadt Verdun' (1977), den 'Goethepreis der Stadt Frankfurt' (1982), das 'Große Verdienstkreuz mit Stern und Schulterband der Bundesrepublik

Deutschland' (1985), den 'Großen Preis der Jury der Kunstbiennale in Venedig'.

Kaltenbrunner, Ernst (1903-1946): Der österreichische Nationalsozialist, Sohn eines großdeutsch-national gesinnten antikirchlichen Rechtsanwalts, ab 1931 Mitglied der SS und später Vorgesetzter seines ehemaligen Mitschülers Adolf Eichmanns (1906-1962), studierte nach dem Abitur zunächst Chemie, wechselte dann aber zu Jura und schloss sein Studium 1926 mit der Promotion ab. Der waffentragende Burschenschafter absolvierte seine Referendarzeit in Linz und Straßburg und wurde Rechtsanwalt (1928). 1930 trat er in die NSDAP Österreichs ein, ein Jahr darauf in die SS. 1932 wechselte er in die Anwaltskanzlei seines Vaters und leistete ab da anderen Nazis vor Gericht kostenlos Rechtsbeistand. Nach dem missglückten Putsch der österreichischen Nazis in Wien 1935 kam er in Haft und verlor seine Anwaltslizenz. Von 1936-1938 arbeitete er vorwiegend für die SS, ab 1937 als Kommandeur für die gesamte österreichische SS. 1938 wurde er Staatssekretär für öffentliche Sicherheit und Mitglied des Reichstags. Er baute die Gestapo in Österreich auf und war an der Judenverfolgung beteiligt. Von 1939 bis 1943 war er SS- und Polizeiführer in Wien. 1943 wurde er Chef der Sicherheitspolizei und des SD und nach dem Tod Heydrichs der Leiter des RSHA (verantwortlich für 50000 Mitarbeiter), ab 1943 SS-Obergruppenführer und General der Polizei. Er war Chef des Gestapo-Amts, des Reichskriminalpolizeiamtes und des SD und war für die Ermordung für ca. 1000000 Menschen verantwortlich. Als Chef des RSHA war er an zentraler Stelle an der Vernichtung der europäischen Juden beteiligt. Nach dem fehlgeschlagenen Attentat vom 20. Juli 1944 erschien er im Bendler-Block und stoppte die von Friedrich Fromm angeordnete Tötung der Putschisten mit dem Ziel, diese zu verhören. Er wurde im Nürnberger Kriegsverbrecherprozess vor dem Internationalen Militärgerichtshof wegen Verbrechen gegen die Menschlichkeit und Kriegsverbrechen als Hauptkriegsverbrecher angeklagt, zum Tod durch den Strang verurteilt und Mitte Oktober 1946 gehängt. Seine Asche wurde von der US-amerikanischen Luftwaffe in alle Winde zerstreut.

Kerrl, Hanns (1887-1941): Geboren als Sohn eines evangelischen Schulleiters in Fallersleben, nahm Kerrl am Ersten Weltkrieg teil, schloss sich der NSDAP an und wurde Justizbeamter, Lokalpolitiker und Mitglied des Reichstags. Er machte Karriere in der Justiz, wurde auf Vorschlag Hitlers 1932 Präsident des Preußischen Landtags und 1933/34 preußischer Justizminister. Als solcher verhängte er Berufsverbote für jüdische Anwälte. 1935 wurde Kerrl Reichsminister für die kirchlichen Angelegenheiten (`Reichskirchenminister´) und war als solcher verantwortlich für die Gleichschaltung der Kirchen im `Dritten Reich´. Kerrl bereicherte sich an jüdischem Eigentum. Er verlor an politischem Einfluss und starb, seit 1936 herzkrank, in Paris. Er wurde auf dem Waldfriedhof in Berlin-Dahlem beerdigt.

Kleist-Retzow, Ruth von (1867-1945): Die geborene Gräfin von Zedlitz-Trützschler, Tochter eines Regierungspräsidenten Bismarcks, ist als eine Unterstützerin Dietrich Bonhoeffers bekannt geworden. Sie war Mitglied der Bekennenden Kirche und im Widerstand gegen Hitler tätig. 1886 heiratete die Komtess den Regierungsreferendar Jürgen von Kleist-Retzow, den späteren Landrat des Kreises Belgard in Pommern. Mit 29 Jahren wurde Ruth von Kleist-Retzow Witwe. Sie zog nach Stettin, nahm zu ihren eigenen fünf Kindern noch zwei Pflegesöhne auf (`Enkelpension´) und übertrug ihr Gut in Kieckow einem Verwalter. 1914 kehrte sie dorthin zurück und zog 1919 im Alter von 52 Jahren in das benachbarte Gut Klein Krössin. Sie veröffentlichte Abhandlungen zu Fragen der demokratischen Veränderungen der Gesellschaft und zur Verantwortung eines Gutsbesitzers. Sie engagierte sich in der `Berneuchener Bewegung´ und korrespondierte mit ihrem Gutsnachbarn Ewald von Kleist-Schmenzin (1890-1945), der schon 1932 vor dem Nationalsozialismus gewarnt hatte und später in Plötzensee als Widerständler hingerichtet wurde. 1935 zog Ruth von Kleist-Retzow noch einmal nach Stettin und kümmerte sich um ihre Enkel, die dort die Schule besuchten. Dort lernte sie Dietrich Bonhoeffer kennen. Dieser leitete zu der Zeit in Finkenwalde bei Stettin (heute: Zdróje) das Predigerseminar der Bekennenden Kirche. Das Gutshaus in Klein Krössin wurde zum Ort regelmäßiger Treffen. Dort lernte Dietrich Bonhoeffer seine spätere Verlobte Maria von Wedemeyer, ihre Enkelin, kennen. Ruth von Kleist-Retzow versuchte mit vielen anderen vor der Roten Armee zu fliehen, was jedoch misslang. Die Sowjetarmee besetzte Kieckow. Dort starb sie im Alter von 78 Jahren.

Kleist auf Wendisch-Tychow, Ewald von (1882-1953): Geboren als ältester Sohn des deutschen Diplomaten Friedrich Wilhelm von Kleist (1851-1936), gewährte der Verwalter mehrerer Güter und Vorsitzende der konservativen DNVP des Kreises Schlawe Dietrich

Bonhoeffer in Sigurdshof Unterkunft. Er war der letzte Herr auf Wendisch-Tychow, das 1945 völlig zerstört wurde. Mit seiner Frau überlebte er den Krieg und starb in Rabenholz bei Flensburg.

Klepper, Jochen (1903-1942): Jochen Klepper wurde im niederschlesischen Beuthen, Kreis Glogau/Oder als Sohn eines deutschnationalen Pfarrers pietistischer Prägung geboren. Nach einem abgebrochenen Theologiestudium in Erlangen und Breslau absolvierte er eine journalistische Ausbildung beim Evangelischen Schlesischen Preßverband, arbeitete journalistisch und später als freier Schriftsteller in Berlin. 1931 heiratete er die 13 Jahre ältere wohlhabende Anwaltswitwe Hanni Stein, geb. Gerstel, die zwei Töchter mit in die Ehe brachte. Nach sieben Jahren Ehe konvertierte sie durch Taufe vom jüdischen Glauben zum Protestantismus. 1938 heirateten die beiden kirchlich. Die rassistische Politik der Nazis manövrierte die Kleppers ins berufliche und gesellschaftliche Abseits; 1933 verlor er seine Arbeit beim Rundfunk und 1935 beim Ullstein-Verlag; 1937 wurde er aus der Reichsschrifttumskammer ausgeschlossen. Da die Familie von seinen durch Schreiben erzielten Einkünften abhängig war, ging das von den Nazis verhängte Berufsverbot an die Existenz. 1940 wurde Klepper zur Wehrmacht eingezogen, aber ein Jahr später wegen `Wehrunwürdigkeit´ entlassen. Durch die NS-Gesetze nahm der Druck auf seine Familie zu. Seiner älteren Stieftochter Brigitte Stein gelang es 1939, nach England zu fliehen. Die drohende Deportation in ein KZ vor Augen, gingen die drei gemeinsam in den Tod, indem sie den Gashahn des Küchenherdes öffneten, nicht ohne zuvor an der Küchentür ein Schild mit der Aufschrift `Vorsicht, Gas!´ angebracht zu haben. „...vom nationalsozialistischen Regime in seiner Arbeit behindert und wegen seiner jüdischen Frau verfolgt, geht er 1942 in den Tod. Seine geistlichen Lieder in der Sammlung `Kyrie´ wurden bald vertont" (EG Baden 894). Von 1932-1942 führte Jochen Klepper minutiös Tagebücher, die sein Freund Reinhold Schneider (1913-1958) 1956 postum edierte. Jochen Kleppers Nachlass befindet sich heute im Deutschen Literaturarchiv in Marbach.

Koch, Werner (1910-1994): Der spätere Pfarrer wurde nach seinem Studium, u.a. bei Karl Barth in Bonn, als Schüler Dietrich Bonhoeffers in Finkenwalde wegen seiner guten Sprachkenntnisse ab 1935/36 von der Bekennenden Kirche für die Berichterstattung der internationalen Presse über den deutschen Kirchenkampf eingesetzt und versorgte vor allem die großen Nachrichtenagenturen in Europa und den USA. Wegen der Veröffentlichung einer geheimen Denkschrift an Hitler wurde er am 13. November 1936 wegen Landesverrats verhaftet und vom 13.2.1937 bis zum 2.12.1938 im KZ Sachsenhausen inhaftiert. Durch eine Sektlaune Himmlers kam er wieder frei, weil ein Freund von Kochs Vater diesen um einen Gefallen gebeten hatte. Im November 1939 wurde er eingezogen, zunächst als Dolmetscher eingesetzt und ab 1942 an die russische Front verlegt, wo er verwundet wurde. Er wurde nach seiner Genesung Wehrmachtsdolmetscher für Französisch im Ruhrgebiet, desertierte im März 1945 nach England und wurde dort Lagerpfarrer im Kriegsgefangenenlager Ascot. Gleichzeitig arbeitete er an den deutschen Programmen des Londoner Rundfunks mit. Von 1947 bis zu seinem Ruhestand 1969 war er Gemeindepfarrer in Berlin-Espelkamp, danach Religionslehrer in der Grafschaft Bentheim. 1972 promovierte er in Paris zum Dr. theol. mit einer Arbeit über Gustav Heinemann. Ehrenamtlich war er nach dem Krieg lange Vorsitzender der antifaschistischen niederländischen Organisation 'Nooit meer/Nie wieder' und einer der Präsidenten im Sachsenhausen-Komitee. 1982 veröffentlichte er seine Autobiografie, nach deren Erscheinen er sich mit dem Vorwurf konfrontiert sah, die Verbrechen der SS zu verharmlosen, weshalb er trotz der Haltlosigkeit der Vorwürfe 1983 von seinem Amt im Sachsenhausen-Komitee zurücktrat. 1991 erhielt er das Bundesverdienstkreuz 1. Klasse.

Koegel, Max (1895-1946): Der SS-Obersturmbannführer und Kommandant der KZs Majdanek, Ravensbrück und Flossenbürg, Sohn eines katholischen Schreiners, wurde mit 12 Jahren Waise. Nach einer Lehre zum Schäfer und zum Bergführer meldete er sich freiwillig im Ersten Weltkrieg und wurde verwundet. Danach ging er zum Zoll, hatte einen Souvenirladen und arbeitete als Handelsvertreter. 1931 ging er zur SA und trat ein Jahr später in die NSDAP ein. 1932 wechselte er zur SS und wurde im KZ Dachau eingesetzt. Da die SS Dachau an der Ermordung Röhms beteiligt war, machte er dort Karriere. Im Januar 1943 bis zu dessen Auflösung wurde er Kommandant des KZs Flossenbürg. In dieser Eigenschaft nahm er am Scheinprozess gegen Dietrich Bonhoeffer, Hans Oster und Wilhelm Canaris teil. Nach 1945 tauchte er unter, wurde aber im Juni 1946 von Soldaten der US-Army verhaftet. Im Gefängnis in Schwalbach beging er am 26. Juni 1946 Suizid durch Erhängen. Koegel war schuld an der Ermordung hunderttausender Menschen.

Künneth, Walter (1901-1997): Der Etzelwanger Pfarrerssohn Walter Künneth war Zeit seines Lebens eine umstrittene Person. Im Theologiestudium in Erlangen (1920-1924) von der dortigen neulutherischen Theologie geprägt, promovierte er 1924, wurde ein Jahr später zum Pfarrer ordiniert und schließlich 1926 zum Dozenten der Apologetischen Centrale im Evangelischen Johannesstift Berlin-Spandau berufen. Diese Abteilung des Centralausschusses für Innere Mission, eine Art Vorläuferin Evangelischer Akademiearbeit, beschäftigte sich mit den Weltanschauungen und religiösen Vorstellungen der Weimarer Republik und des heraufziehenden `Dritten Reiches´. 1924 promovierte er in Philosophie über die Gottesidee Richard Rothes. 1925 wurde er ordiniert. 1930 habilitierte er sich in Berlin, 1932 wurde er Leiter der Apologetischen Zentrale. 1935 antwortete er auf Alfred Rosenbergs `Mythos des 20. Jahrhunderts´. Das Buch verkaufte sich binnen kurzer Zeit 36.000 Mal. Deshalb wurde er von der Gestapo überwacht, die Apologetische Centrale 1937 geschlossen. Künneth erhielt Schreib- und Redeverbot, seine venia legendi wurde ihm entzogen. Der bayerische Bischof Hans Meiser vermittelte ihm eine Pfarrstelle in Starnberg, 1944 berief man ihn ins Dekanat von Erlangen. Am 24.12.1945 (!) wurde ihm durch den Theologen Paul Althaus (1888-1966) die Ehrendoktorwürde der Erlanger Theologischen Fakultät verliehen. 1953 erhielt er einen Ruf auf den theologischen Lehrstuhl Werner Elerts (1885-1954). 1966 wurde Künneth das Große Bundesverdienstkreuz verliehen, im selben Jahr vom Wartburg Theological Seminary in Iowa/USA die theologische Ehrendoktorwürde zugesprochen. In Auseinandersetzung mit Rudolf Bultmanns Entmythologisierungsprogramm, auf dessen Hintergrund sich Künneth zu einem zweiten Bekenntniskampf herausgefordert sah, wurde er Mitbegründer der Bekenntnisbewegung `Kein anderes Evangelium´ und vertrat diese evangelikale Richtung in den folgenden Jahren zusammen auch öffentlich, etwa auf Deutschen Evangelischen Kirchentagen, mit anderen wie Peter Beyerhaus (1929-2020) und Wilhelm Busch (1897-1966) gegen den Bonhoeffer-Schüler Ernst Fuchs (1903-1983), Ernst Käsemann (1906-1998), Heinz Zahrnt (1915-2003), Dorothee Sölle (1929-2003) und Jörg Zink (1922-2016). Als Theologieprofessor wurde er durch seine kompromisslosen konservativen theologischen Positionen zum Außenseiter. Er war noch im hohen Alter aktiv. Das Werkverzeichnis des konservativen Lutheraners umfasst heute mehr als 400 Veröffentlichungen.

Lasserre, Jean (1908-1983): Der französische Pfarrer studierte von 1926 bis 1930 an der protestantischen Fakultät in Paris und lernte Dietrich Bonhoeffer 1930 am Union Theological Seminary in New York kennen. Er war von 1961-1969 Reisesekretär des französischen Zweigs des Internationalen Versöhnungsbundes. Er wirkte bis 1973 als Pastor der französischen reformierten Kirche in verschiedenen Orten Frankreichs.

Lehmann, Paul (1906-1994): Der US-amerikanische Freund Dietrich Bonhoeffers mit deutschen Wurzeln aus seiner Zeit am Union Theological Seminary, wo er nach seinem Theologiestudium bei Reinhold Niebuhr und bei Karl Barth 1930 eine Assistenz erhielt, wurde 1947 Professor für Theologische Ethik (mit Schwerpunkt auf politischer Ethik, Menschenrechten, Friedensethik und Theologie der Revolution) an der Princeton University. 1956 dozierte er in Harvard und von 1963 bis 1974 wieder am Union Theological Seminary. Er erhielt 1971 einen Ehrendoktor der Universität Tübingen.

Leibholz, Gerhard (1901-1982): Der in Berlin geborene Sohn jüdischer Eltern, der sich taufen ließ, studierte nach dem Abitur Jura und Politische Ökonomie, promovierte und wurde 1929 auf einen Lehrstuhl in Greifswald berufen. 1931 folgte er einem Ruf als Professor für Staatsrecht an die Universität Göttingen. Leibholz wurde aus `rassischen Gründen´ von den Nazis verfolgt, erhielt Vorlesungsverbot und wurde 1935 in den Ruhestand versetzt. 1938 wanderte er mit seiner Familie – er war mit der Zwillingsschwester Dietrich Bonhoeffers, Sabine Leibholz, verheiratet und hatte mit ihr zwei Kinder – nach Großbritannien aus. Dort wurde er Berater von Bischof George Bell und setzte sich mit ihm für den deutschen Widerstand ein, indem er versuchte, das britische Flächenbombardement auf die deutsche Zivilbevölkerung zu stoppen. 1947 kehrte er nach Göttingen zurück und nahm auswärtige Lehrverpflichtungen wahr. Von 1951-1971 gehörte er als Richter dem zweiten Senat des Bundesverfassungsgerichts an und wirkte am Aufbau einer freiheitlich-demokratischen Verfassung mit. Gerhard Leibholz beschäftigte sich vor allem mit dem Gedanken der Volkssouveränität und der Gleichheit der Menschen im Blick auf politische Rechte und Pflichten. Seine Dissertation `Die Gleichheit vor dem Gesetz´ zählt noch immer zu den juristischen Standardwerken im Blick auf die demokratische Staatsform.

Liebknecht, Karl (1871-1919): Geboren als Sohn des Politikers Wilhelm Liebknecht (1826-1900), dem Mitbegründer der Sozialdemokratischen Partei Deutschlands, wurde er in Leipzig geboren und in der Thomaskirche evangelisch getauft. Seine Taufpaten waren Karl Marx (1818-1883) und Friedrich Engels (1820-1895). Nach Schulzeit und Abitur in Leipzig studierte er von 1890 bis 1893 Rechtswissenschaften und Kameralwissenschaften (eine Art Verwaltungswissenschaften) in Leipzig und Berlin. Nach Militärdienst und Referendariat beendete er 1897 seine juristische Doktorarbeit („magna cum laude"). Im April 1899 bestand er seine Assessorprüfung. Er wurde Rechtsanwalt, heiratete und gründete eine Familie (drei Kinder). Seit 1900 war Karl Liebknecht Mitglied der SPD. Er war SPD-Stadtverordneter und Mitglied im Preußischen Landtag. Als Mitglied der Sozialistischen Internationalen war er Gründer der Sozialistischen Jugendinternationale. Wegen einer antimilitaristischen Schrift wurde er des Hochverrats angeklagt und zu anderthalb Jahren Festungshaft verurteilt. Er verteidigte sich selbst, was ihm hohe Popularität einbrachte, so dass er wieder in den Landtag gewählt wurde. Nach dem Tod seiner Frau infolge einer Operation heiratete er erneut. 1912 zog er als einer der jüngsten Abgeordneten für die SPD in den Reichstag ein. Er wurde im Ersten Weltkrieg, gegen dessen Finanzierung er aus Überzeugung war, eingezogen, obwohl er als Abgeordneter Immunität genoss. Als er aus seiner pazifistischen Gesinnung keinen Hehl machte und gegen den Krieg demonstrierte, wurde er verhaftet und wegen Hochverrats zu über vier Jahren Zuchthaus verurteilt. 50000 Menschen erklärten sich mit ihm solidarisch und traten in den Streik. 1918 wurde er im Zuge einer allgemeinen Amnestie kurz vor Ende des Krieges begnadigt. Von der SPD hatte sich inzwischen die USPD, der linke Flügel der SPD, abgespalten. Liebknecht gründete mit Rosa Luxemburg den Spartakusbund, der 1919 in die Kommunistische Partei Deutschlands (KPD) mündete. Während der Novemberrevolution rief Liebknecht am 9.11.1918 die ˋfreie sozialistische Republik´ aus, nach Philipp Scheidemann (1865-1939). Er wurde von rechtsradikalen Freikorpstruppen von hinten aus nächster Nähe erschossen und später in einem Massengrab mit anderen Revolutionsopfern bestattet. Sein Begräbnis wurde zur Massendemonstration.

Lilje, Hans (1899-1977): Der in Hannover geborene Sohn des Diakons Theodor Lilje hatte nach dem ˋNotabitur´ 1917/18 im Ersten Weltkrieg teilgenommen und von 1919-1922 sein Studium der Theologie und Kunstgeschichte in Göttingen und Leipzig absolviert. Nach seiner Zeit im Predigerseminar in Loccum und nach seiner Ordination 1924 wurde er 1925 Studentenpfarrer an der Technischen Hochschule Hannover. 1927 schied er aus der Landeskirche Hannovers freiwillig aus, um das Amt des Generalsekretärs der Deutschen Christlichen Studentenvereinigung (DCSV) wahrzunehmen. Auf einer Tagung des Studentenweltbundes (`World Student Christian Federation´) in Indien 1928 wurde er ins Exekutivkomitee gewählt – was den Anfang von Liljes weitreichender ökumenischer Tätigkeit markierte. 1930 nahm er an der Tagung des `Weltbundes für Internationale Freundschaftsarbeit der Kirchen´ in Cambridge teil und wurde 1932 einer der Vizepräsidenten des Studentenweltbundes. In diesem Jahr promovierte er in Zürich mit einer Untersuchung zu Luthers Geschichtsanschauung. Als Gegner der nationalsozialistischen Kirchenpolitik war er 1933 einer der Mitbegründer `Jungreformatorischen Bewegung´. Lilje engagierte sich im Lutherischen Rat und nach der Spaltung der Bekennenden Kirche im Februar 1936 im Lutherrat, dem Rat der Evangelisch-lutherischen Kirche Deutschlands. Aufgrund seines Blicks für die Ökumene hielt er die Verbindung zur weltweiten Kirche, z.B. durch die Vorbereitung der Konferenz für Glaube und Kirchenverfassung in Edinburgh 1937. Von 1935 bis 1945 amtierte er als Generalsekretär des Lutherischen Weltkonvents. Nachdem der von Reichskirchenminister Hanns Kerrl eingesetzte Reichskirchenausschuss zurückgetreten war, bestimmte die Konferenz der nicht-deutschchristlichen Kirchenführer, die auf dem Boden der Verfassung der Deutschen Evangelischen Kirche vom 11. Juli 1933 standen, Lilje zum Vorsitzenden eines kirchenleitenden Gremiums für die Deutsche Evangelische Kirche – die vom NS-Staat nicht anerkannt wurde. Nach dem Attentat vom 20. Juli 1944 wurde Lilje wegen Verdachts auf Mitwisserschaft verhaftet und zu vier Jahren Haft verurteilt. Im Mai 1945 wurde er aus dem Nürnberger Gefängnis befreit und kehrte als Oberlandeskirchenrat in die Landeskirche Hannovers zurück. Er nahm an der Kirchenkonferenz in Treysa teil und wurde Mitglied des Rates der EKD (bis 1972, von 1949 bis 1967 als Stellvertretender Vorsitzender). Von 1947 bis 1971 war er Vorsitzender des Landesvereins für Innere Mission. Er bekannte sich zum schuldhaften Versagen der Kirche im Nationalsozialismus und gehörte zu den Unterzeichnern der `Stuttgarter Schulderklärung´. Im April 1949 wählte ihn die Evangelisch-lutherische Landeskirche Hannovers als Nachfolger von August Mahrarens zu ihrem Landesbischof – ein Amt, das er bis 1971 versah. Zwischen 1955 und 1969 war er Leitender Bischof in der Vereinigten Evangelisch-lutherischen Kirche und von 1947 bis 1970 Mitglied des Exekutivausschusses des Lutherischen Weltbundes, zu dessen Mitbegründern er gehörte. 1948 gründete er das `Deutsche Allgemeine Sonntagsblatt´ und wurde zum Herausgeber dieser `unabhängigen Wochenzeitung für Politik, Wirtschaft, Kultur´, aus der das heutige `chrismon´ hervorgegangen ist.

Lubbe, Marinus van der (1909-1934): In armen Verhältnissen aufgewachsen, wurde er 1929 infolge einer Schlägerei dauerhaft arbeitsunfähig und lebte von einer kleinen Unfallrente und Gelegenheitsjobs. 1931 unternahm er verschiedene Reisen, u.a. in die Sowjetunion. Er wurde mehrfach festgenommen, u.a. wegen `Hausiererei´. Er war mehrere Jahre Mitglied im kommunistischen Jugendverband. Am 27. Februar 1933 wurde er im brennenden Reichstag in Berlin festgenommen und galt seither als Brandstifter. Im Prozess am 23.12.1933 wurde er wegen `Hochverrats in Tateinheit mit vorsätzlicher Brandstiftung´ zum Tode verurteilt. Er kam zunächst in `Schutzhaft´ in ein KZ. Das Urteil wurde am 10.1.1934 mit dem Fallbeil im Hof des Leipziger Landgerichtsgebäudes vollstreckt. Die Nazis nahmen den Brand und van der Lubbe zum Anlass, um ihre Gegner – vor allem Kommunisten, denn der KPD wurde die Tat angelastet – brutal zu verfolgen. Über die `Reichstagsbrandverordnung´, die bis 1945 galt, wurden die bürgerlichen Freiheiten außer Kraft gesetzt. Die KPD bestritt damals jegliche Verantwortung für den Reichstagsbrand. Bis heute ist es unter Historikern umstritten, ob ein einzelner eine solche Tat begangen haben kann oder ob die Nazis selbst den Reichstag angezündet haben. 1946 sagte Hans Bernd Gisevius, ehemaliger Vizekonsul in Zürich, beim Nürnberger Prozess gegen die Hauptkriegsverbrecher vor dem Internationalen Gerichtshof in Nürnberg aus, dass Joseph Goebbels die Idee gehabt hatte, den Reichstag anzuzünden, um nachträglich den Kommunisten die Schuld in die Schuhe zu schieben. Ein zehnköpfiges SA-Kommando habe – durch Hermann Göring gedeckt – den Brand mit Brandbeschleunigern gelegt und sei durch einen unterirdischen Tunnel vom Reichspräsidentenpalais aus in den Reichstag eingedrungen. 1967 wurde das Urteil nachträglich in eine achtjährige Zuchthausstrafe ermäßigt. 1980 wurde das Reichsgerichtsurteil völlig aufgehoben und van der Lubbe freigesprochen. Nach einigem Hin und Her entschied der Bundesgerichtshof 1983, dass das Urteil von 1967 rechtens sei. Am 6.12.2007 hob die Bundesanwaltschaft das Urteil gegen van der Lubbe auf, weil nach dem NS-Unrechtsurteileaufhebungsgesetz von 1998 auf Nazi-Unrecht basierende Urteile von 1933 bis 1945 von Amts wegen aufzuheben sind. In den Niederlanden wird heute vielerorts an Marinus van der Lubbe erinnert.

Ludendorff, Erich (1865-1937): Der Militär durchlief von 1882-1904 die Laufbahn eines Generalstabsoffiziers und brachte es durch militärische Erfolge im Ersten Weltkrieg (Orden Pour le Mérite) neben Paul von Hindenburg zum Chef der Obersten Heeresleitung. Er trat für den uneingeschränkten U-Boot-Krieg ein und war nach dem Waffenstillstand 1918 für die Entstehung der Dolchstoßlegende verantwortlich, der zufolge die militärische Niederlage Deutschlands den Politikern angelastet wurde, die angeblich dem Militär in den Rücken gefallen waren. Im selben Jahr wurde er aus dem Dienst entlassen und floh nach Schweden. Als entschiedener Gegner der Weimarer Republik schloss er sich von 1920-24 mit Hitler zusammen, kandidierte erfolglos bei der Wahl zum Reichspräsidenten und brach 1928 mit der NSDAP. 1925 gründete er den Verein `Tannenbergbund, eine Art deutsch-germanische Religionsgemeinschaft, dann 1930 einen ähnlichen religiösen Verein namens `Deutschvolk´. Beide wurden 1933 verboten und von Hitler 1937 wieder zugelassen. Der Verein nannte sich nun `Bund für Deutsche Gotteserkenntnis´.

Lütgert, Wilhelm (1867-1938): Der Mentor Dietrich Bonhoeffers in der Zeit seiner Jahre als Assistent und seiner Habilitation hatte selbst nach seinem Theologiestudium an der Universität Greifswald studiert. Am 26.10.1892 wurde er zum Dr. theol. promoviert und schon zwei Tage später (!) habilitiert. 1895 wurde er zum außerordentlichen Professor für Neues Testament in Greifswald berufen. Er war verheiratet und hatte sieben Kinder. 1910 folgte er einem Ruf an die Universität Halle als Extraordinarius für Neues Testament, 1913 wechselte er auf den Lehrstuhl für Systematische Theologie. 1929 übernahm er als Ordinarius eine Professur in Berlin. Er dachte deutschnational, lehnte die Dialektische Theologie Karl Barths ab, sympathisierte aber mit der BK. 1935 wurde er seines Lehramtes enthoben und erhielt Vortragsverbot.

Lüttwitz, Walther Freiherr von (1859-1942): Der in Bodland/Schlesien geborene Militär absolvierte nach der Schule eine militärische Ausbildung (1878-1887) und schloss sie mit dem Offiziersdiplom ab. Von 1887-1890 besuchte er die Kriegsakademie. Danach befehligte er verschiedene Armeekommandos (1890-1912), bevor er Oberquartiermeister im Großen Generalstab wurde. Bei Kriegsbeginn 1914 wurde Lüttwitz Chef des Generalstabs der 4. Armee. 1915 nahm er als Kommandeur des 10. Armeekorps an der `Schlacht in der Champagne´ teil. 1916 erhielt er den Orden 'Pour le Mérite´ für seine militärischen Verdienste. 1918 hatte er nach der Novemberrevolution die Aufgabe, Berlin vor revolutionären Unruhen mit Freikorps zu schützen. 1919 leitete er die Niederschlagung des Spartakusaufstandes. Lüttwitz unterstellte Truppen waren an der Ermordung von Rosa Luxemburg und Karl Liebknecht beteiligt. Im Mai 1919 wurde Lüttwitz das gesamte Militär unterstellt. Er war damit der ranghöchste General der Reichswehr. Lüttwitz trat für den Sturz der Weimarer Republik ein. 1920 war er aus der Armee beurlaubt. Mit Wolfgang Kapp (1858-1922) plante er einen Putschversuch, bei dem die Reichsregierung verhaftet und die Republik vom Militär beherrscht werden sollte. Der Putsch misslang und konnte friedlich beigelegt werden. Lüttwitz entzog sich dem Hochverratsdelikt, indem er sich nach Österreich absetzte. 1924 wurde er amnestiert, kehrte nach Schlesien zurück und unterstützte dort die Deutschnationale Volkspartei (DNVP). 1931 rief er zur Harzburger Front zwischen DNVP und NSDAP auf. Er starb 1942 in Breslau.

Luxemburg, Rosa (1871-1919): Geboren in Russisch-Polen als Tochter eines jüdischen Holzhändlers, wuchs sie in bescheidenem Wohlstand auf und genoss eine umfassende Bildung. Später wurde sie eine bedeutende Theoretikerin des Marxismus und eine Repräsentantin des Antimilitarismus. Als Kind litt sie an einem Hüftleiden, das falsch behandelt wurde, so dass sie Zeit ihres Lebens leicht hinkte. Nach dem Abitur ging sie zum Studium der Philosophie, Mathematik, Botanik und Zoologie nach Zürich; später wechselte sie zur Volkswirtschaftslehre mit Schwerpunkt Finanzwissenschaft. Sie arbeitete für verschiedene sozialdemokratische Zeitungen wie der Sächsischen Arbeiterzeitung, gründete 1893 die `Sozialdemokratie des Königreichs Polen und Litauens´ und war in der Zweiten Internationalen aktiv. 1897 promovierte sie in Zürich (`magna cum laude´). Als Mitglied der SPD bekämpfte sie Nationalismus, Militarismus und Imperialismus und trat für Massenstreiks zur Verhinderung des Ersten Weltkriegs ein. Durch Heirat erhielt sie die deutsche Staatsbürgerschaft und zog nach Berlin. Dort trat sie in die SPD ein und wurde eine gefragte Rednerin. Mehrfach wurde sie wegen ihres politischen

Engagements verhaftet. 1914 gründete sie die `Gruppe Internationa-
le´, aus der der Spartakusbund hervorging. Sie forderte 1918 eine
Räterepublik und die Entmachtung des Militärs. 1919 war sie Mitbe-
gründerin der Kommunistischen Partei Deutschlands. Nach der Niederschlagung des Spartakusaufstands wurde sie von rechtsradikalen
Freikorps-Truppen ermordet. Ihre Leiche wurde in den Landwehrka-
nal geworfen, so dass ihr Sarg bei ihrer Beerdigung leer war und sie
nur symbolisch bestattet wurde. Später wurde sie gefunden und neben Karl Liebknecht beigesetzt. Großdemonstrationen und Streiks
begleiteten die Beerdigung. Ihr Mörder Hermann Souchon (1894-
1982) wurde nie bestraft. Ihr Todestag am 15. Januar wurde ein Ge-
denktag der Linken.

Mann, Heinrich (1871-1950): Der Sohn des Lübecker Kaufmanns
und Senators Heinrich Mann, sen. ging 1889 in der 12. Klasse vom
Gymnasium ab und absolvierte ein Volontariat beim S. Fischer Verlag in Berlin. Ab 1891 war er als freier Schriftsteller tätig. Er zog nach
dem Tod seines Vaters mit seiner Mutter nach München um und ging
von dort aus auf Reisen. 1910 beging seine Schwester Carla Suizid.
1914 heiratete er Maria Kanová (1886-1947), mit der er eine Tochter
(Leonie) bekam. 1930 ließ er sich scheiden. Der Bruder des späteren
Literaturnobelpreisträgers Thomas Mann und zeitweise dessen lite-
rarischer Antipode gab zunächst die konservative Monatsschrift `Das
zwanzigste Jahrhundert´ heraus, entwickelte sich aber bald als jour-
nalistischer Tagesschriftsteller zum Kritiker der deutschen Gesellschaft im Kaiserreich (`Der Untertan´). 1931 wurde sein Roman `Pro-
fessor Unrat´ unter dem Titel `Der blaue Engel´ erfolgreich verfilmt
und machte seinen Verfasser populär. 1932/33 gehörte Heinrich
Mann zusammen mit Käthe Kollwitz und Albert Einstein zu den Mitunterzeichnern der antinazistischen Aktionseinheit von KPD und
SPD. 1933, nach seinem Ausschluss aus der Akademie der Künste
durch die Nazis und die Aberkennung seiner deutschen Staatsbürgerschaft, flüchtete er nach der Machtübernahme der Nazis aus
München über die Tschechoslowakei nach Südfrankreich (von 1933
bis 1940 war Nizza sein Wohnsitz), von wo aus er gegen die Nazis
Flugschriften publizierte. 1939 heiratete er Nelly Kröger (1898-1944);
seine erste Frau wurde ins KZ Theresienstadt verschleppt. 1940
gelang Heinrich Mann u.a. mit seinem Neffen Golo Mann (1909-
1994) und dem Schriftsteller Lion Feuchtwanger (1884-1958) zu Fuß
die Flucht über die Pyrenäen nach Spanien und Portugal, von dort
aus in die USA. In seinem Werk kritisierte Heinrich Mann die bürger-

liche Gesellschaft um die Jahrhundertwende. Er kämpfte literarisch gegen den Nationalsozialismus und seinen Militarismus und trat für eine demokratische, soziale und friedliche Weltordnung ein. In den USA – er wohnte in Hollywood, Los Angeles und in Santa Monica – konnte er nicht Fuß fassen, seine zweite Frau Nelly Mann beging Ende 1944 mit einer Überdosis Schlaftabletten Selbstmord. 1947 starb seine erste Frau an den Folgen der erlittenen KZ-Haft. 1949 wurde ihm der 'Nationalpreis 1. Klasse für Kunst und Literatur' der DDR verliehen; ein Jahr später berief man ihn zum ersten Präsidenten der Akademie der Künste in Berlin-Ost. Vor seiner Rückkehr nach Deutschland starb Heinrich Mann verarmt in Santa Monica (Kalifornien). 1961 wurde die Urne mit seinen sterblichen Überresten in die ehemalige DDR überführt, wo sie auf dem Dorotheenstädtischen Friedhof in Berlin per Staatsakt beigesetzt wurde. Am 27. März 1996 kam es in Lübeck zur Gründung der 'Heinrich-Mann-Gesellschaft'.

Mann, Klaus (1906-1949): Als zweites Kind und ältester Sohn des Literaturnobelpreisträgers Thomas Mann wurde Klaus Mann in München geboren. Nach der Gymnasialzeit dort (1916-1922) besuchte er mit seiner Schwester Erika u.a. die reformpädagogische Odenwaldschule (1923). 1924 verlobte er sich mit Pamela Wedekind, der Tochter des Dichters Frank Wedekind. In der Folgezeit arbeitete er als Kritiker in Berlin, unternahm größere Reisen (England, Paris, Nordafrika, Italien), veröffentlichte Romane, Erzählungen und Theaterstücke und trat auch selbst bei Kammerspielen in München, Hamburg und in Leipzig als Schauspieler auf (1925-1927), u.a. mit Gustaf Gründgens (1927), der zwischenzeitlich Klaus Manns Schwester, Erika Mann, geheiratet hatte (die Ehe wurde 1929 geschieden). Von Oktober 1927 bis Juli 1928 ging er mit seiner Schwester Erika auf Weltreise (USA, Hawaii, Japan, Korea, Sowjetunion), die er literarisch verarbeitete ('Rundherum. Das Abenteuer einer Weltreise'). 1932 legte er seine erste Biografie vor ('Kind dieser Zeit'). Am 13. März 1933 begab er sich auf der Flucht vor den Nazis zunächst nach Sanary-sur-Mer, dann nach Paris, Amsterdam sowie Küsnacht bei Zürich und gab u.a. mit seinem Onkel Heinrich Mann, André Gide (1869-1951) und Aldous Huxley (1894-1963) die Exil-Zeitschrift 'Die Sammlung' heraus. Im November 1933 wurde ihm die deutsche Staatsangehörigkeit von den Nazis aberkannt. Er veröffentlichte in der Folgezeit mehrere Bücher (u.a. 'Symphonie Pathétique' [1935] und 'Mephisto' [1936]), hielt Vorträge in den USA und nahm die tschechische Staatsbürgerschaft an. Mehrfach musste der homosexuelle Autor wegen seiner Heroinabhängigkeit eine Entziehungskur machen. 1938 nahm er mit seiner Schwester als Presseberichterstatter am Spanischen Bürgerkrieg teil und befürwortete trotz seiner pazifistischen Grundhaltung den bewaffneten Kampf der Republikaner. Nach dem Münchner Abkommen floh er im September 1938 in die USA. Dort erschienen die erfolgreichen Bücher 'Escape to life´ (1939) und 'The Other Germany´ (1940, beide zusammen mit Erika Mann) sowie 1941 als Fortsetzung seiner Autobiografie `The Turning Point´. Klaus Mann veröffentlichte schon länger nur noch in englischer Sprache. Im Dezember 1942 meldete er sich bei der Army, um nicht länger publizistisch, sondern nunmehr militärisch als Soldat gegen das NS-Regime zu kämpfen. Ein Jahr später wurde ihm die amerikanische Staatsbürgerschaft verliehen. 1944 war er mit der US-Army in Casablanca und Italien im Einsatz, wo er in der psychologischen Kriegsführung eingesetzt war (er entwarf Flugblätter und Texte für Radiosender und Grabenlautsprecher). 1945 kehrte er als Korrespondent nach Deutschland zurück. Bei der Befragung des Kriegsverbrechers Hermann Göring war er als Reporter dabei. Ende 1945 wurde er ehrenhaft aus der Armee entlassen. In den Folgejahren hatte er mehrere Wohnsitze, u.a. in Rom, Amsterdam, New York und in Kalifornien. Am 21. Mai 1949 nahm er sich in Cannes mit einer Überdosis Schlaftabletten das Leben.

Meiser, Hans (1881-1956): Der lutherische Theologe, Sohn eines Kaufmannspaares, erster bayerischer Landesbischof, der 22 Jahre im Amt war (1933-1955), war verheiratet und Vater von vier Kindern. Nach dem Ende der Monarchie in Bayern und der Ausrufung der Räterepublik, wurde Meiser 1919 festgenommen und geriet mit anderen in Geiselhaft. Während er freigelassen wurde, wurden die anderen Geiseln kurze Zeit später ermordet. 1920 wurde er Mitglied der bayrischen verfassungsgebenden Generalsynode und des Landessynodalausschusses. 1928 wurde er Oberkirchenrat und war als solcher u.a. für das Schulwesen zuständig. Am 11. Juni 1933 wurde er unter starker Beteiligung von NSDAP und SA als Landesbischof eingeführt und von der Synode mit umfassenden Vollmachten ausgestattet. Auf dem Hintergrund des lutherischen Obrigkeitsgehorsams war er zunächst der Meinung, dass sich die NS-Weltanschauung und die Glaubensgrundlagen der evangelischen Kirche miteinander vereinbaren ließen und unterstützte bei der Wahl des Reichsbischofs den Kandidaten der Deutschen Christen, Ludwig

Müller (1883-1945). Meiser schwieg zur `Judenfrage´, vollzog jedoch nach der Sportpalastkundgebung (1933) und nach dem `Maulkorberlass´ des Reichsbischofs (1934), die verdeutlichten, dass eine Vereinbarkeit nicht möglich war, eine plötzliche Kehrtwende und schloss sich der Bekennenden Kirche an. Er wurde kurzzeitig festgenommen, konnte jedoch nach Protesten sein Amt wieder ausführen. Nach dem Krieg stellte er dieses Amt zur Verfügung, wurde aber wiedergewählt. Er war an der Gründung der kirchlichen Hochschule Neuendettelsau beteiligt (1947), war Mitbegründer der Evangelischen Akademie Tutzing, gehörte zu den Mitunterzeichnern der `Stuttgarter Schulderklärung´ (1945) und setzte sich im Lutherischen Weltbund (1947) für die internationalen Interessen der lutherischen Kirche ein. Er gehörte außerdem zu den Mitbegründern der VELKD. Meiser wurden verschiedene Ehrendoktorwürden verliehen. 1952 wurde er mit dem `Großen Verdienstkreuz mit Stern´ der Bundesrepublik Deutschland ausgezeichnet. In jüngster Zeit kam es im Zusammenhang mit seiner Rolle im Nationalsozialismus und diverser antijüdischer Äußerungen von ihm zu Umbenennungen von Straßen bzw. öffentlichen Gebäuden.

Müller, Josef (1898-1979): Der Abgeordnete der Bayrischen Volkspartei, Sohn eines Bauern, in der Weimarer Republik, wurde nach 1945 der erste Vorsitzende der CSU. Im Ersten Weltkrieg diente er zuletzt als Vizefeldwebel, holte das Abitur nach, studierte Rechtswissenschaften und Volkswirtschaft in München. Der promovierte Rechtsanwalt (1927, München) gehörte dem katholischen Widerstand an und verteidigte NS-Gegner vor Gericht. Seit 1939 war er im Dienst der Abwehr des OKW tätig, zuletzt als Hauptmann, deren Außenstelle `Luft´ er leitete. Seine Aufgabe bestand darin, über den Vatikan Kontakte zur britischen Regierung herzustellen, um dann Friedensbedingungen auszuhandeln. 1940 gab Müller Infos über den bevorstehenden Westfeldzug an römische V-Leute weiter. Dabei hatte er über den Privatsekretär von Papst Pius XII. direkten Zugang zum Papst und zum britischen Botschafter beim Heiligen Stuhl. 1943 wurde Müller verhaftet und kam ins KZ Buchenwald. Mit anderen Häftlingen des Buchenwalder Kellerbunkers (Ludwig Gehre, Franz-Maria Liedig, Alexander von Falkenhausen, Friedrich von Rabenau, Hermann Pünder, Wassilij Kokorin, Hugh M. Falconer, Payne Best und Dietrich Bonhoeffer) wurde er nach Flossenbürg gebracht. Während die anderen hingerichtet wurden, überlebte er zusammen mit Liedig und kam ins KZ Dachau. Von dort aus wurde er in einer Gruppe `Sonder- und Sippenhäftlinge´ als Geiseln nach Südtirol gebracht. Nach 1945 gründete er die CSU als liberale (!) und christliche Partei. Von 1946 bis 1949 war er deren Vorsitzender, von 1947 bis zu seinem Rücktritt 1952 Bayerischer Justizminister und von 1947 bis 1950 stellvertretender bayerischer Ministerpräsident.

Müller, Ludwig (1883-1945): Der Sohn eines Stationsvorstehers wuchs in Gütersloh auf und wurde durch die Erweckungsbewegung und den Antisemitismus Adolf Stoeckers geprägt. Nach dem Theologiestudium in Halle und Bonn, seinen Examina in Münster und diversen Hilfspredigerdiensten war er von 1908 bis 1914 Pfarrer in Rödinghausen, wo er vor allem gegen die Sozialdemokratie agitierte. Durch seine Heirat 1909 mit der Kaufmannstochter Paula Reineke erhielt der deutschnational gesinnte Pfarrer Zugang zu großbürgerlichen Kreisen. 1914 meldete er sich zur Marine, wurde nach dem traumatisch erlebten Kriegsende, für das er `die Juden´ verantwortlich machte, Marineoberpfarrer in Wilhelmshaven (1920-1926) und Wehrkreispfarrer in Königsberg (1926-1933). Unter dem Einfluss Hitlers wurde er 1931 Mitglied der NSDAP und sorgte für die Einflussnahme der Partei auf die Reichswehr. Er war an der Gründung der `Deutschen Christen´ beteiligt und wurde von Hitler 1933 zum Bevollmächtigtem für die Fragen des deutschen Protestantismus ernannt. Nachdem Friedrich von Bodelschwingh im Mai 1933 zum ersten Reichsbischof der neu gegründeten einheitlichen Deutschen Evangelischen Kirche (DEK) nominiert worden war, steuerte Müller einen Konfrontationskurs gegen die Kirchenvertreter und kooperierte mit dem radikalen DC-Reichsleiter Joachim Hossenfelder (1899-1976). Bei den allgemeinen Kirchenwahlen, die auf staatlichen Druck zustande gekommen waren, ging Müller, der von Hitler und den Nazis unterstützt worden war, als Sieger hervor. Bei seiner Wahl zum preußischen Landesbischof am 4. August 1933 und zum Reichsbischof am 27.9.1933 handelte es sich nur noch um eine Formsache. Seine Amtsführung, die immer mehr diktatorische Züge annahm und die Gleichschaltung der Landeskirchen und Verbände zum Ziel hatte, stieß nach der Eingliederung der Evangelischen Jugend (20.12.1933) und dem `Maulkorberlass´ zur Disziplinierung der Pfarrer (4.1.1934) auf heftigen Widerstand innerhalb der evangelischen Kirche. Bedingt durch die Unruhe im In- und Ausland, insbesondere nach der Absetzung der Bischöfe von Württemberg und Bayern im Herbst 1934, ließ Hitler Müller Ende 1934 fallen und entmachtete ihn de facto durch die Ernennung Hanns Kerrls zum Reichskirchenminister und durch die Einsetzung der Kirchenausschüsse im Herbst 1935. Der als machtgierig, intrigant und eitel bekannte Müller blieb im Amt, näherte sich der Seelenmystik Alfred Rosenbergs an und gab christliche Positionen immer mehr auf. 1936 übertrug er die Bergpredigt ins Vokabular der Nazis. 1941 wollte er aus der evangelischen Kirche austreten, wurde aber von Hitler zum Bleiben gezwungen. Der herzkranke Ludwig Müller verübte vermutlich im zerbombten Berlin Selbstmord.

Naumann, Friedrich (1860-1919): Der evangelische Theologe, liberale Politiker im Kaiserreich, nach dem später die FDP-nahe Stiftung der Freiheit benannt wurde, arbeitete nach seinem Theologiestudium in Leipzig und Erlangen im Rauhen Haus in Hamburg, als Pfarrer in Langenberg und in der Inneren Mission in Frankfurt/M. 1896 gründete er den `Nationalsozialen Verein´, eine nationalistisch-liberale Partei, die sich 1903 wieder auflöste. Er gab die sozialliberale Zeitschrift `Die Hilfe´ heraus, die später Theodor Heuss übernahm. Naumann wurde 1907 Reichstagsabgeordneter der linksliberalen Freisinnigen Vereinigung (Wahlkreis Heilbronn) und später Mitglied der Fortschrittlichen Volkspartei. Er gehörte zu den Mitbegründern des `Deutschen Werkbunds´, einer wirtschaftskulturellen Vereinigung von Künstlern und Unternehmern. Nach dem Ersten Weltkrieg wurde er zum Vorsitzenden der Deutschen Demokratischen Partei (DDP) und zum Mitglied der Weimarer Nationalversammlung gewählt, in der er die `Verfassung für das Deutsche Reich´ mit erarbeitete.

Niebuhr, Reinhold (1892-1971): Der einflussreiche US-amerikanische Theologe, Philosoph und Politikwissenschaftler, ab 1913 Pfarrer der unierten Evangelical Synod of North America (Vorgängerin der United Church of Christ) und von 1930 bis 1960 ordentlicher Professor für 'Applied Christianity´ (`Angewandtes Christentum´) am Union Theological Seminary in New York, setzte sich dafür ein, dass Dietrich Bonhoeffer 1939 eine Einladung in die USA erhielt.

Niemöller, Martin (1892-1984): Martin Niemöller war eine der schillerndsten Persönlichkeiten des deutschen Protestantismus im 20. Jahrhundert, weil er im Laufe seines Lebens eine 180-Grad-Drehung im Blick auf seine weltanschauliche Überzeugung und sein politisches Handeln vorgenommen hatte: Deutschnational und kaisertreu als Sohn eines Pfarrers in Lippstadt/Westfalen geboren und in Elberfeld erzogen, trat er als Abiturient 1910 (mit Auszeichnung) in die Kriegsmarine ein und wurde 1912 Leutnant zur See. 1918 kommandierte er sein eigenes U-Boot `UC 67´ (`Der Schrecken von Malta´) und versenkte erfolgreich gegnerische Transportschiffe. Nach Kriegsende, das er als Zusammenbruch der traditionellen politischen Ordnung und der bis dato geltenden sittlichen Normen empfand, schied der kaisertreue Offizier aus Enttäuschung über die politische Entwicklung Deutschlands hin zur Republik aus der Marine aus. Nach Aufhebung der allgemeinen Wehrpflicht zog er sich gemeinsam mit Else Bremer (1890-1961), mit der er seit 1919 verheiratet war (sie bekamen sieben Kinder), aufs Land zurück und fasste Pläne, als Schafzüchter nach Argentinien auszuwandern. Stattdessen beschloss Niemöller, Pastor zu werden, um dem deutschen Volk aus den Reihen der Kirche als einer der letzten Bastionen deutschnationaler Werte dienen zu können und dem Christentum als Ordnungsmacht wieder mehr Geltung zu verschaffen. 1920, im Alter von 28 Jahren, immatrikulierte er sich für Theologie in Münster, verdiente sich sein Studium als Bremser, Stellwerksaufseher und Rechnungsprüfer in einer Bank. Im Ruhrkampf meldete sich Niemöller freiwillig und kämpfte in der `Akademischen Wehr´ gegen aufständische Arbeiter. 1923 bestand er das Erste Theologische Examen und wurde 1924 zum Pfarrer ordiniert. In diesem Jahr wählte er erstmals die NSDAP, weil deren Ideologie seinen politischen Leitvorstellungen entsprach und er sich die Wiederherstellung der kulturellen Identität in Deutschland erhoffte. Von 1924 bis 1931 war er Landesgeschäftsführer der `Inneren Mission´ Westfalens mit ausgedehnter Reisetätigkeit. Er setzte sich für den Fortbestand und den Ausbau der Diakonie ein und entwickelte Konzepte zur Evangelisation und Re-Christianisierung der Gesellschaft. Ab 1929 engagierte er sich - parteipolitisch nicht gebunden – als Stadtverordneter und Fraktionsführer im Stadtrat von Münster. 1931 wurde er zum Pastor an der St.-Annen-Gemeinde in Berlin-Dahlem gewählt. Aufgrund seiner nationalkonservativen Grundhaltung begrüßte er 1933 zunächst die Machtübernahme der Nazis mit der Errichtung eines nationalen Führerstaates. Dennoch lehnte er die nationalsozialistische Kirchenpolitik und die Deutschen Christen ab, weil sie Christentum und Politik in für ihn unzulänglicher Weise vermischten. Als Mitbegründer der `Jungreformatorischen Bewegung´ und Adjutant des designierten Reichsbischofs Friedrich von Bodelschwingh bekämpfte er die DC und bündelte bei deren Sieg bei den Kirchenwahlen im Juli 1933 die kirchliche Opposition. Mit der Übernahme des staatlichen `Arierparagraphen´ in die Kirche sah er den 'status confessionis´, die Bekenntnisfrage, gegeben. Im September 1933 gründete er den reichsweiten ´Pfarrernotbund´, aus dem später die ´Bekennende Kirche´ hervorging. 1934 wurde er aufgrund seiner Ablehnung der Einführung des ´Arierparagraphen´ in die Kirche seiner Ämter enthoben und erhielt Reichsredeverbot. Im Frühjahr 1935, als Hitler die allgemeine Wehrpflicht einführte, erschien Martin Niemöllers Buch ´Vom U-Boot zur Kanzel´, das innerhalb kürzester Zeit 90.000 Mal verkauft und auch innerhalb der Bekennenden Kirche zu einem Bestseller wurde. In diesem Jahr wurde er mit mehreren hundert Pfarrern, die gegen die von Alfred Rosenberg propagierte NS-Ideologie protestiert hatten, verhaftet. 1937 liefen gegen Martin Niemöller wegen seines Eintretens für eine bibeltreue Verkündigung und seines daraus resultierenden Widerstands gegen die braunen Christen vierzig Gerichtsverfahren. Am 1. Juli 1937 wurde er in Gegenwart von Bonhoeffer, Hildebrandt und Bethge in seinem Dahlemer Pfarrhaus erneut verhaftet und ein halbes Jahr lang inhaftiert. Die Anklage gegen Niemöller lautete, er habe „seit langer Zeit in Gottesdiensten und Vorträgen Hetzreden geführt, führende Persönlichkeiten des Staates und der Bewegung verunglimpft und unwahre Behauptungen über staatliche Maßnahmen verbreitet, um die Bevölkerung zu verunsichern. Desgleichen hat er zur Auflehnung gegen staatliche Gesetze und Verordnungen aufgefordert. Seine Ausführungen gehören zum ständigen Inhalt der ausländischen deutschfeindlichen Presse" (Martin Niemöller. Ein Lesebuch, hg. von Hans Joachim Oeffler/Hans Prolingheuer et al., Köln 1987, 81). Der Prozess gegen ihn am 8. Februar 1938 endete jedoch mit Freispruch. Daraufhin machte ihn Hitler zum ´persönlichen Gefangenen des Führers´ und ließ ihn in die Konzentrationslager Sachsenhausen (1938) und Dachau (1941) verschleppen. Seinem Antrag auf freiwillige Meldung zum Fronteinsatz 1939, um dem KZ zu entweichen, wurde nicht stattgegeben. Martin Niemöller überlebte, anders als Dietrich Bonhoeffer, die NS-Diktatur: Die Alliierten, die ihn viele Jahre in der Presse als 'fighting pastor´ gefeiert hatten, befreiten den unbeugsamen Geist am 3. Mai 1945 in Tirol, wohin die SS die Gefangenen mit unbekanntem Ziel gebracht hatte – bei Dietrich Bonhoeffer hatte ein ähnlicher Transport in den Tod geführt. Martin Niemöller verstand sich im Unterschied zu Generalsuperintendent Otto Dibelius, der gemeint hatte, 1945 da wieder anzufangen, wo man 1933 aufgehört habe, als Mittäter. Niemöller bekannte, ´nicht brennend genug geliebt´ zu haben und besonders für die Jahre 1933-1937 kein ´Alibi´ zu haben. Er gehörte zu den

Mitverfassern und Erstunterzeichnern des 'Stuttgarter Schuldbekenntnisses' (1945). In diesem Jahr wurde er zum Präsidenten des Kirchlichen Außenamtes berufen, was eine ausgedehnte Reisetätigkeit mit sich brachte. 1947 wurde er zum Kirchenpräsidenten der Evangelischen Kirche in Hessen und Nassau gewählt. 1950 vollzog er angesichts der Wiederbewaffnung der Bundesrepublik Deutschland und des beginnenden atomaren Wettrüstens eine radikale Wende zum Pazifisten, protestierte gegen die Remilitarisierung Deutschlands ('Offener Brief an Adenauer') und engagierte sich in der Friedensbewegung. Mitten im Kalten Krieg trat er für die deutsche Einheit ein und wurde darum öffentlich als Kommunist diffamiert. 1956 wurde er wegen seines politischen Engagements aus dem Kirchlichen Außenamt entlassen und trat nun seinerseits aus dem Rat der EKD aus. 1957 wurde er zum Präsidenten der ältesten deutschen Friedensorganisation, der von Berta von Suttner (1843-1914) gegründeten 'Deutschen Friedensgesellschaft', gewählt, die 1976 zur 'Deutschen Friedensgesellschaft/Vereinigte Kriegsdienstgegner' (DFG/VK) fusionierte und deren Ehrenpräsident er wurde. 1961, nachdem er bei einem Autounfall seine Frau und eine Bekannte verlor und selbst überlebte, wurde er zu einem der sechs Präsidenten des Weltkirchenrates gewählt. 1968 erlitt er einen Herzinfarkt. 1971 heiratete er im Alter von 79 Jahren die geschiedene Amerikanerin Sibylla Donaldson, geb. von Sell, der er einst in Dahlem Konfirmandenunterricht erteilt hatte. Er engagierte sich in der Ökumene und sprach sich in den siebziger Jahren gegen den Vietnamkrieg und in den achtziger Jahren gegen den NATO-Doppelbeschluss aus. Er wurde mehrfach ausgezeichnet: 1972 mit der Albert-Schweitzer-Friedensmedaille und 1983 mit der Carl-von-Ossietzky-Medaille. Nach langem Leiden starb Martin Niemöller 1984 in Wiesbaden. Er selbst sagte von sich, er habe sich im Laufe seines Lebens entwickelt 'von einem sehr konservativen Menschen zu einem fortschrittlichen Menschen und am Schluss zu einem revolutionären Menschen.' Sein Freund Karl Barth äußerte sich einst über ihn mit dem ihm eigenen Humor: „Unseren Orthodoxen wäre er zu weltlich, unseren Liberalen zu geistlich, unseren Sozialisten zu militärisch und uns allen zu preußisch." Umstritten ist in letzter Zeit Niemöllers Rolle bei der Bewertung Georg Elsers als Widerstandskämpfer. Niemöller stellte sein ursprünglich für ihn vorgesehenes Doppelgrab dem Studentenführer Rudi Dutschke (1940-1979) zur Verfügung. Neben ihm liegt Gertrud Staewen (1894-1987), die Schwägerin von Bundespräsident Gustav Heinemann (1899-1976) begraben, die als Mitglied der

Bekennenden Kirche verfolgten Juden durch Beschaffung von Ausweisen, Lebensmittelkarten und Unterkünften geholfen hat. Niemöller selbst wollte in preußischer Erde bestattet werden. Sein Grab befindet sich in Lotte-Wersen bei Osnabrück.

Oster, Hans (1887-1945): Der in Dresden beheimatete Generalmajor der Wehrmacht stammte aus einer evangelischen Pfarrerfamilie. Nach dem Abitur schlug er eine militärische Laufbahn ein. Als Generalstabsoffizier war er Teilnehmer im Ersten Weltkrieg. Nach Kriegsende wurde er in die Reichswehr übernommen. Von 1924 bis 1929 diente er als Batteriechef und Stabsoffizier, später im Rang eines Majors. Er verließ die Reichswehr 1932 wegen einer außerehelichen Affäre. 1933 trat er als Zivilangestellter wieder in die Reichswehr ein. 1935 wurde er zum Oberstleutnant in der Abwehrabteilung berufen und 1939 zum Oberst befördert. Schon vor 1933 Hitlergegner, knüpfte er ein Netzwerk von Opponenten des NS-Staates und stand im Zentrum der Widerstandsgruppe in der Abwehr. Bereits 1938 hatte er sich für einen Militärputsch und die Tötung des Diktators ausgesprochen. Nach einem gelungenen Staatsstreich wäre Oster Präsident des Reichskriegsgerichts geworden. Mit Hans von Dohnanyi und Hans Bernd Gisevius (1904-1974, ab 1940 deutscher Vizekonsul in Zürich) sammelte er jahrelang Beweismaterial über die Verbrechen der Nazis. 1940 informierte er den niederländischen Militärattaché in Berlin über den bevorstehenden deutschen Überfall auf die Niederlande, um den Frankreichfeldzug zu verhindern. 1942 wurde er zum Generalmajor befördert und Chef des Stabes im Amt Ausland/Abwehr des OKW. Als Hans von Dohnanyi im April 1943 festgenommen und der Devisenvergehen beschuldigt wurde – er hatte Juden als Agenten getarnt in die Schweiz geschmuggelt und mit Geld ausgestattet –, schöpfte die Gestapo Verdacht, weil Oster sich auffällig bei der Festnahme verhielt. Er wurde am 5. April 1943 vom Dienst suspendiert und unter Hausarrest gestellt. Am 31.4.1944 schied er aus dem Dienst aus. Er wurde am 21. Juli 1944 verhaftet, am 8. April 1945 von einem SS-Schein-Standgericht unter Vorsitz von Otto Thorbeck im KZ Flossenbürg auf Befehl Hitlers zum Tode verurteilt und einen Tag später zusammen mit Dietrich Bonhoeffer durch Erhängen hingerichtet. Oster war mit Gertrud Knoop verheiratet und hatte mit ihr eine Tochter und zwei Söhne. Laut bayerischem Gesetz vom 28. Mai 1946 gilt dieses Urteil als nichtig, wie das Berliner Landgericht 1996 bestätigte.

Otto, Rudolf (1869-1937): Rudolf Otto, evangelischer Theologe in Göttingen (1897), Breslau (1914) und Marburg (1917) wandte sich in seinem Werk vor allem der Religion zu. Er versuchte in `Das Heilige´ (1917), eines der meistgelesenen theologischen Bücher des 20. Jahrhunderts, ein diffuses neues Gottesverständnis zum Ausdruck zu bringen, indem er Gott als den `ganz Anderen´, als 'Numinosum´, zu fassen versuchte, das sich jeglicher begrifflicher Bestimmung entzog und aller Erkenntnis vorgegeben war. Von daher näherte er sich vor allem den ostasiatischen Religionen an. Er gründete in Marburg den `Religiösen Menschheitsbund´ mit dem Ziel, Personen mit unterschiedlichem religiösen Hintergrund zum gemeinsamen Handeln zusammenzuführen. Seine Werke werden noch heute rezipiert.

Papen, Franz von (1879-1969): Der Berufsoffizier und Abgeordneter der katholischen Zentrumspartei Franz Joseph Hermann Michael Maria von Papen, Erbsälzer zu Werl und Neuwerk, Sohn eines Gutsbesitzers, war 1932 ein paar Monate Reichskanzler und 1933/34 Vizekanzler im Kabinett Hitler. Danach war er von 1934-1938 Botschafter des Deutschen Reiches in Wien und Ankara. Er war verheiratet mit Martha von Boch-Galhau (1880-1961), einer Erbin der Keramikfirma Villeroy & Boch, die sich noch heute in Familienbesitz befindet. Mit ihr bekam er einen Sohn und vier Töchter. Der konservativ-christliche Politiker wurde nach 1945 im Nürnberger Prozess gegen die Hauptkriegsverbrecher vor dem Internationalen Militärgerichtshof angeklagt und freigesprochen. Im Februar 1947 wurde er im Spruchkammerverfahren im Kontext der Entnazifizierung zu acht Jahren Arbeitslager verurteilt. 1949 wurde er vorzeitig entlassen, die Entziehung seines Vermögens wurde rückgängig gemacht. Er liegt in Wallerfangen begraben.

Perels, Friedrich Justus (1910-1945): Der Jurist und Widerstandskämpfer gegen den Nationalsozialismus war evangelisch, hatte aber einen jüdischen Großvater, der konvertiert war. Nach dem Abitur 1929 studierte er Rechtswissenschaften an der Universität Heidelberg (Examina 1933 und 1936), wurde aber aus `rassischen Gründen´ nicht in den Justizdienst übernommen. Er beriet in dieser Zeit den Pfarrernotbund und die Bekennende Kirche, deren Mitglied er war, in juristischen Fragen. Ab 1936 war er Justitiar der Bekennenden Kirche der Altpreußischen Union und Rechtsanwalt. Er verteidigte Mitglieder der BK, die mit dem NS-Staat in Konflikt geraten waren. In dieser Zeit arbeitete er eng mit Martin Niemöller und Dietrich Bonhoeffer zusammen. 1941 stellte er zusammen mit Dietrich Bonhoeffer, über den er im Jahr zuvor Kontakte zum Widerstandskreis um Hans von Dohnanyi geknüpft hatte, Berichte über die Deportation der Berliner Juden zusammen, die an General Ludwig Beck weitergeleitet wurden, um Oppositionelle im Militär zum Handeln zu bewegen. Perels wurde am 5. Oktober 1944 verhaftet, gefoltert und am 2. Februar 1945 durch den `Volksgerichtshof´ unter Freisler zum Tode verurteilt. Während sein Vater in Sippenhaft im KZ Flossenbürg starb, wurde Friedrich Justus Perels in der Nacht vom 22. auf den 23. April 1945 von einem Sonderkommando der SS erschossen. Perels war verheiratet und Vater eines Sohnes, Joachim Perels (geb. 1942).

Pétain, Philippe (1856-1951): Der Oberbefehlshaber der französischen Armee im Ersten Weltkrieg (`Held von Verdun´), Sohn eines Bauern, machte Karriere im Militär und brachte es bis zum Marschall von Frankreich. 1930 schloss er sich politisch der Rechten an und wurde 1939 Botschafter im faschistischen Spanien. Im Vichy-Regime war er nach kurzer Zeit als Ministerpräsident der `Chef de l´État´ (`Staatschef´). Er drängte bei der Niederlage Frankreichs 1940 auf einen Waffenstillstand und wurde, obschon schon 84 Jahre alt, von der Nationalversammlung mit der Regierungsbildung in Vichy im unbesetzten Teil Frankreichs betraut. Das Vichy-Regime half mit bei der Deportation der französischen Juden nach Auschwitz im Juli 1942. Nach der Landung der Alliierten 1944 floh er und wurde in Sigmaringen interniert. 1945 wurde Pétain wegen Kollaboration mit den Nazis von einem französischen Kriegsgericht zum Tode verurteilt. Die Strafe wurde in eine lebenslange Haft und Verbannung umgewandelt.

Planck, Erwin (1893-1945): Der Sohn eines Physikers und Nobelpreisträgers wurde Jurist. Er arbeitete als hoher Ministerialbeamter in der Reichskanzlei und wurde 1932 zum Staatssekretär ernannt. Nach Hitlers Ernennung zum Reichskanzler wurde Planck entlassen und ging nach China. Danach arbeitete er in der Wirtschaft. 1942/43 entstanden durch Johannes Popitz Verbindungen zum militärischen Widerstand (Ludwig Beck, Carl Goerdeler, Ulrich von Hassel, Friedrich Olbricht). Nach dem 20. Juli 1944 wurde er von der Gestapo verhaftet, am 23. Oktober 1944 vom Volksgerichtshof zum Tode verurteilt und am 23. Januar 1945 in Plötzensee hingerichtet.

Planck, Max (1858-1947): Der Begründer der Quantentheorie erhielt 1918 den Nobelpreis für Physik. 1930 übernahm er die Leitung der Kaiser-Wilhelm-Gesellschaft (heute Max-Planck-Gesellschaft). Er kritisierte die Politik des NS-Regimes öffentlich, sein Sohn Erwin Planck (1893-1944) schloss sich dem Widerstand des 20. Juli 1944 an und wurde deshalb hingerichtet.

Poelchau, Herbert (1903-1972): Der Sohn eines Pfarrers in einem kleinen schlesischen Dorf studierte nach dem Abitur 1921 ab 1922 evangelische Theologie in Bethel, Tübingen und Marburg, vor allem bei dem Religionsphilosophen und Dogmatiker Paul Tillich (1886-1965), der ihn – für ihn prägend – mit dem Religiösen Sozialismus in Verbindung brachte. Das Erste Theologische Examen legte er 1927 ab. Danach wurde er Werksstudent bei Bosch in Stuttgart und studierte dann in Breslau Wohlfahrtspflege und staatliche Fürsorgepolitik in Berlin. Er heiratete 1928, wurde Geschäftsführer der Deutschen Vereinigung für Jugendgerichte und Jugendgerichtshilfe sowie Assistent von Paul Tillich (2. Examen 1931), bei dem er auch promovierte. 1933 wurde er der erste Gefängnisseelsorger in Deutschland, der vom NS-Regime eingesetzt worden war (in Tegel, Plötzensee und Moabit). Poelchau schloss sich der BK an. Er begleitete bis 1945 ca. 1000 Häftlinge zu ihrer Hinrichtung. Insgeheim versteckte er verfolgte Juden. Seit 1941 gehörte Poelchau zum Kreisauer Kreis. Nach dem missglückten Attentat vom 20. Juli 1944 betreute er viele Widerständler. Seine Arbeit blieb von den Nazis unentdeckt. Nach 1945 baute er das Hilfswerk der EKD in Stuttgart mit auf und wurde dessen Generalsekretär. Zurück in der SBZ gehörte er dem Zentralvorstand der VVN an und wurde danach bis zu seinem Tod wieder Gefängnispfarrer. 1971 wurden seine Frau Dorothee und er in Yad Vashem unter die `Gerechten unter den Völkern´ aufgenommen. Unter anderem trägt heute ein S-Bahnhof in Berlin seinen Namen.

Rabenau, Friedrich von (1884-1945): Der jüngste Sohn eines Berliner Frauenarztes wuchs nach dem Tod des Vaters beim Großvater in Eberswalde auf. 1903 begann er eine Berufsoffizierslaufbahn und kämpfte im Ersten Weltkrieg als Truppen- und Generalstabsoffizier. Von 1922 bis 1927 arbeitete er im Truppenamt im Reichswehrministerium mit; 1924 wurde er zum Major, fünf Jahre später zum Oberstleutnant befördert, 1932 zum Oberst und Kommandanten von Breslau. 1935 erhielt er einen philosophischen Ehrendoktor der Universität Breslau. Von 1934 bis 1936 war er Chef der Wehrersatzinspektion in Münster und freundete sich dort mit dem katholischen Bischof Clemens August Graf von Galen (1878-1946) an, der später durch seinen öffentlichen Protest gegen das `Euthanasie´-Programm als `Löwe von Münster´ bekannt wurde. 1936 beauftragte ihn Generaloberst Ludwig Beck, Chef des Generalstabs, mit dem Aufbau und der Leitung der Heeres- und Kriegsarchive. Rabenau war von seiner christlichen Überzeugung her schon früh ein Gegner des NS-Regimes. Er wurde Verbindungsmann zwischen Beck und Carl Friedrich Goerdeler. Nach dem Polenfeldzug 1939 kritisierte der Ritterkreuzträger Hitlers Kriegsführung. 1942 wurde er in den frühzeitigen Ruhestand versetzt. Im Alter von 59 Jahren studierte er evangelische Theologie in Berlin (Lic. Theol.). In seinen Predigten wandte er sich gegen den Nationalsozialismus. Er versuchte, höhere Militärs wie Walther von Brauchitsch (1881-1948), Heinz Guderian (1888-1954) und Friedrich Fromm (1888-1945) für den Widerstand zu gewinnen. Ab 1941 wurde sein Telefon abgehört und sein Briefverkehr von der Gestapo überwacht. Obwohl er nicht direkt am Attentat vom 20. Juli beteiligt war, wurde er als Mitwisser verhaftet und im Militärgefängnis Moabit inhaftiert. Im Januar 1945 kam er ins KZ Sachsenhausen und von dort ins KZ Buchenwald. Er teilte sich die Zelle mit Dietrich Bonhoeffer. Rabenau wurde als letzter der Flossenbürg-Häftlinge gehängt.

Rathenau, Walther (1867-1922): Der jüdische Industrielle, Politiker und Schriftsteller, Sohn des Industriellen Emil Rathenau, der die Deutsche Edison-Gesellschaft gegründet hatte, die 1887 in die Allgemeine Elektricitäts-Gesellschaft (AEG) umbenannt worden war, machte mit 17 Jahren sein Abitur und studierte dann Physik, Chemie und Philosophie in Berlin und Straßburg (1886-1889). Er promovierte abschließend in Berlin (1889). Danach widmete er sich dem Studium des Maschinenbaus und der Chemie an der Technischen Hochschule in München. 1892 wurde er technischer Beamter der Aluminiumindustrie AG in Neuhausen/Schweiz. Von 1893-1898 baute er die Elektrochemischen Werke in Bitterfeld auf. 1899 wurde er AEG-Vorstandsmitglied, wechselte 1902 zur Berliner Handelsgesellschaft und trat 1904 in den AEG-Aufsichtsrat ein. 1910 wurde er dessen stellvertretender Vorsitzender, 1912 nach der Erkrankung des Vaters AEG-Aufsichtsratsvorsitzender. Zu Beginn des Ersten Weltkrieges 1914 organisierte er als Leiter der Kriegsrohstoffabteilung im preußischen Kriegsministerium die deutsche Kriegswirtschaft. 1915 wurde er nach dem Tod des Vaters AEG-Präsident mit Sondervollmachten, fünf Jahre später Wirtschaftssachverständiger der Deutschen Demokratischen Partei (DDP). 1921 trat er in das Kabinett Wirth als Wiederaufbauminister ein und gab alle anderen Ämter auf. 1922 war er offizieller Vertreter der Reichsregierung bei der Konferenz von Cannes, wo er die Herabsetzung der laufenden deutschen Reparationen erreichte. Am 1. Februar 1922 wurde er im zweiten Kabinett Wirth zum Reichsaußenminister ernannt und unterzeichnete den Vertrag von Rapollo, was den Beginn einer nach Russland orientierten deutschen Außenpolitik einleitete. Mit dem bilateralen Vertrag wurden die Reparationszahlungen gestrichen, gegenseitige wirtschaftliche Beziehungen nach Osten aufgebaut und damit die junge Republik aus der politischen Isolation befreit. Nach seiner Ermordung am 24. Juni 1922 durch zwei Rechtsradikale, die damit die Schwächung der Weimarer Republik bewirken wollten, wurde das `Gesetz zum Schutz der Republik´ erlassen, das eine Handhabe gegen Rechtsextreme bot, von der Justiz aber vor allem gegen Linke eingesetzt wurde. Rathenau galt als rhetorisch und organisatorisch talentiert, publizierte philosophische und sozialpolitische Studien, die 1918 gesammelt erschienen und Schriften zum Umbau von Wirtschaft und Gesellschaft. 1992 kam es im geheimen Sonderarchiv Russlands in Moskau zur Entdeckung seines umfangreichen Briefnachlasses, der noch auf seine Auswertung wartet.

Rieger, Julius (1901-1984): Der deutsche promovierte evangelisch-lutherische Pfarrer der deutschen Kirchengemeinde in London, der lutherischen St. Georgs-Kirche in Aldgate, war seit 1933 ein Freund Dietrich Bonhoeffers und unterstützte ihn im Widerstand gegen Hitler. Anfangs wie viele noch von den Nazis begeistert, änderte er durch den Kontakt zu Bonhoeffer seine Haltung um 180 Grad und wurde Mitglied der Bekennenden Kirche. Gemeinsam mit ihm bereiste er Klöster in Großbritannien, um sie als Modelle gemeinsamen Lebens und meditativer Frömmigkeit zu studieren. Impulse aus dieser Reise schlugen sich in Bonhoeffers Arbeit in Finkenwalde nieder. Im Krieg kümmerte sich Rieger um Flüchtlinge aus Deutschland, vor allem um Christinnen und Christen jüdischer Herkunft. 1940 wurde er interniert. Nach 1945 wurde er vom Rat der EKD mit der Aufsicht über die Seelsorge an deutschen Kriegsgefangenen in britischen Lagern beauftragt. 1953 kehrte er nach Deutschland zurück, erhielt das `Große Bundesverdienstkreuz´ und wurde Superintendent der Evangelischen Kirche in Berlin-Brandenburg.

Ritschl, Albrecht (1822-1889): Der Sohn des Bischofs der Provinz Pommern und Nachkomme böhmischer Ritter wurde nach dem Theologiestudium – beeinflusst von Hegel und Kant – Privatdozent für Alte Kirchengeschichte (1846-1852) und später außerordentlicher Professor für Neues Testament in Bonn (1852-1864). Danach folgte er einem Ruf an die Universität Göttingen, wo er ab 1864 bis zu seiner Emeritierung Professor für Dogmatik, Kirchen- und Dogmengeschichte und zeitweise deren Prorektor war. Ritschl, der auch Mitglied des Landeskonsistoriums in Hannover wurde, war bekannt für seinen theologischen Ansatz von der Diesseitigkeit des Reiches Gottes, das sich in Nächstenliebe und Pflichterfüllung offenbarte. Sein Sohn war der Bonner Theologe Otto Karl Albrecht Ritschl (1860-1944), der eine Biografie über seinen Vater schrieb. Der Enkel Albrecht Ritschls ist der schweizerische evangelisch-reformierte Theologe und Medizinethiker Dietrich Ritschl (1929-2018).

Roeder, Manfred (1900-1971): Der Militärrichter und Oberstkriegsgerichtsrat war für mindestens 45 Todesurteile gegen die Mitglieder der Widerstandsorganisation `Rote Kapelle´ verantwortlich und war federführend im sog. `Depositenkassen´-Prozess gegen Dietrich Bonhoeffer, Wilhelm Schmidhuber, Hans von Dohnanyi u.a. (`Depositum´ war eine Art Kaution, im Prozess ging es um den Vorwurf des Verstoßes gegen Devisenverkehrsbeschränkungen gegen W. Schmidhuber, in den Bonhoeffer und von Dohnanyi hineingezogen wurden). Geboren als Sohn eines Landgerichtsdirektors, studierte er nach Notabitur (1917) und Militärdienst Rechtswissenschaft in Berlin, Würzburg und Göttingen. 1921 promovierte er in Würzburg und arbeitete drei Jahre lang bei den Charlottenburger Wasser- und Industriewerken mit. Nach seiner Heirat mit einer adligen Gutsbesitzerin bewirtschaftete er von 1924 bis 1927 das Gut Estorff in Neetze. Von 1928 bis 1930 war er Syndikus bei der Unterelbischen Einkaufs- und Kommanditgesellschaft. 1931 legte er das 1. Juristische Staatsexamen (Referendarexamen) in Celle mit der Note `voll ausreichend´ ab und trat in den Staatsdienst ein. Er wurde Referendar in Lüneburg, Hannover und Berlin. Der rechtsextreme Roeder war Mitglied des `Stahlhelm´, des Bundes der Frontsoldaten und der DNVP. 1933 trat er dem `Bund Nationalsozialistischer Deutscher Juristen´ (BNSDJ) und der SA bei. 1934 bestand er sein Assessorexamen und wurde Richter an zwei Amtsgerichten in Berlin. Ab 1935 machte er als Günstling Görings Karriere im Militär, zunächst im Luftfahrtministerium. Er wurde Dienstaufsichtsführender Kriegsgerichtsrat beim Luftkreiskommando I in Königsberg, dann in Braunschweig, danach in Berlin. 1939 wurde er zum `Oberkriegsgerichtsrat´ befördert, 1941 zum `Oberstkriegsgerichtsrat´. Im Herbst 1942 glaubte er, mit der Gefangennahme einer losen Verbindung von Personen unterschiedlicher Herkunft im Widerstand gegen Hitler eine von der Sowjetunion gesteuerte kommunistische Spionageorganisation ausgehoben zu haben, die er deshalb `Rote Kapelle´ nannte. Als unerbittlicher NS-Richter, von Hans Oster als `Sadist´ bezeichnet, verbreitete er bei seinen Vernehmungen Furcht und Schrecken. Belegt ist, dass er die Angeklagten zusammenschrie und moralisch fertig machte. Bei Vollstreckungen war er mehrfach anwesend und zeigte sich teilnahmslos. Roeder war mit den Anklagen gegen Dohnanyi und Bonhoeffer befasst, wurde aber abgelöst und 1944 auf den Balkan versetzt, wo er Chefrichter der Luftflotte IV wurde. Er wurde zum Oberstrichter, dann zum Generalrichter ernannt. 1945 wurde er von US-amerikanischen Einheiten in Südtirol gefangen genommen und blieb bis 1948 in US-amerikanischer Gefangenschaft, wo er für den US-amerikanischen Geheimdienst CIC (`Counter Intelligence Corps´ = Spionageabwehr´) angeworben worden war. Nach dem Krieg blieben alle Versuche, Roeder, der zwischenzeitlich wieder in rechtsextremen Parteien aktiv geworden war, juristisch für seine Taten zur Rechenschaft zu ziehen, erfolglos. Roeder verkaufte 1961 sein Gut in Neetze (wo er begraben liegt) und lebte ab 1963 in Glashütten im Taunus von seiner Pension als Richter. Er trat in die CDU ein und wurde Gemeindevorsteher und Bürgermeisterstellvertreter im örtlichen Gemeinderat. Erst 2009 wurden seine Urteile vom Deutschen Bundestag aufgehoben und u.a. auch die Mitglieder der `Roten Kapelle´ rehabilitiert.

Röhm, Ernst (1887-1934): Der in München geborene Sohn eines Eisenbahndirektors besuchte nach dem Abitur 1906 die Kriegsschule, kämpfte bei Ausbruch des Ersten Weltkrieges als Bataillonsadjutant an der Westfront und wurde 1917 Hauptmann. Nach dem Krieg wurde er Stabschef der Stadtkommandantur München. 1919 beteiligte er sich an der Niederschlagung der Münchner Räterepublik und wurde mit der Anlage geheimer Waffenlager beauftragt, die durch den Versailler Vertrag verboten waren. Er schloss sich rechtsradikalen Gruppen an, hatte Kontakt zu Adolf Hitler und trat 1920 in die aus der Deutschen Arbeiterpartei (DAP) hervorgegangene NSDAP ein. Röhm gehörte zu denen, die an Hitlers Putschversuch 1923 in München beteiligt waren, und zwar mit seinem eigenen Wehrverband

`Reichskriegsflagge`. Nach dem Scheitern des Putsches wurde er aus der Wehrmacht entlassen und im April 1924 zu 15 Monaten Festungshaft auf Bewährung verurteilt. Bei den Reichstagswahlen vom 4. Mai 1924 wurde er für die Deutsch-Völkische Freiheitspartei ins Parlament gewählt. Er gründete die Dachorganisation der völkischen Wehrverbände, den `Frontbann`. 1925 kam es zum Konflikt zwischen Röhm und Hitler im Blick auf die Stellung des `Frontbanns`, da Hitler nicht mit paramilitärischen Verbänden an die Macht wollte, sondern auf `legalem` Wege. Nachdem Röhm 1928 für die bolivianische Regierung als Militärinstrukteur gearbeitet hatte, trat er nach seiner Rückkehr 1930 wieder in die NSDAP ein. Im Januar 1931 wurde Röhm auf Vorschlag Hitlers mit der Führung der SA beauftragt, die er als Terrororganisation in den Straßen ausbaute. 1933 forderte er eine `zweite Revolution`, was u.a. dem Ausbau seiner Macht innerhalb der SA, die inzwischen auf über vier Millionen Mitglieder gewachsen und zum Staat im Staate geworden war, dienen sollte. Damit trat die SA in Konkurrenz zur Reichswehr und zur NSDAP sowie besonders zur SS unter Heinrich Himmler. Um Röhm zufrieden zu stellen, ernannte Hitler Röhm daraufhin zum `Reichsminister ohne Geschäftsbereich`. In Wirklichkeit plante er, Röhm zu beseitigen, weil Gerüchte kursierten, denen zufolge Röhm gegen Hitler putschen wollte: Am 30. Juni 1934 lud Hitler die gesamte SA-Führung zu einer Tagung nach Bad Wiessee ein, ließ alle festnehmen und einen Tag später erschießen. Ernst Röhm wurde am 1. Juli in München-Stadelheim von SS-Mitgliedern ermordet. In einer anschließenden Liquidierungskampagne wurden zahlreiche weitere rivalisierende Nazis, unter ihnen der ehemalige Reichskanzler General Kurt von Schleicher und Gregor Strasser, ermordet. Die Morde wurden als `Notwehr des Staates` per Gesetz nachträglich für rechtens erklärt, Röhm wurde als Homosexueller von Hitler diffamiert. Damit wurde die SA bedeutungslos, die Reichswehr behielt das militärische Monopol und der Aufstieg der SS begann. Hitler hatte damit den letzten gefährlichen Gegner, der ihm seinen Anspruch auf seine Alleinherrschaft hätte streitig machen können, ausgeschaltet.

Rose, Eugen (1909-2003): Der Sohn eines Barmener Färbers und Bleichers studierte nach seinem Abitur (1929) Theologie und Indologie an den Universitäten Marburg, Königsberg und Bonn und promovierte zum Dr. phil. (1933). Nach den kirchlichen Examina und dem Vorbereitungsdienst in Deutz wurde er wegen seiner Zugehörigkeit zur Bekennenden Kirche und seiner `Widersetzlichkeit gegen die

Kirchenbehörde´ entlassen, setzte sein Vikariat aber 1934/1935 Köln-Mülheim fort. Nach dem Besuch des Predigerseminars der Bekennenden Kirche in Finkenwalde bei Stettin in Pommern legte er im Herbst die zweite Theologische Prüfung vor der Prüfungskommission der Bekenntnissynode in Barmen ab und wurde danach Pfarrer im Hilfsdienst (Düsseldorf, Köln und Berlin-Dahlem bei der Vorläufigen Kirchenleitung der Evangelischen Kirche). 1937 wurde er in Mülheim am Rhein ordiniert, beendete seine Lizenziatenarbeit und heiratete die Vikarin Martha Trube. Mit ihr hatte er fünf Kinder. 1937 wurde er zum Pfarrer in Gröben/Brandenburg gewählt, musste jedoch Nachprüfungen ablegen, da seine vor der BK abgelegten Prüfungen nicht anerkannt wurden. Erst 1939 wurde er anerkannt. 1942 wurde er eingezogen und kam zur Indischen Legion, wo er als Dolmetscher fungierte. Nach dem Krieg wurde er wieder Pfarrer im Rheinland (bis 1971) mit vielen Nebentätigkeiten, u.a. einer schriftstellerischen Tätigkeit. Er starb in seinem Wohnort Erkrath.

Rosenberg, Alfred (1893-1946): Der Publizist und NS-Politiker wurde als Sohn eines lettischen Kaufmanns und einer estnischen Mutter in Reval (Tallinn/Estland) geboren. 1917 schloss er sein Studium der Ingenieurwissenschaften und der Architektur an den Hochschulen in Reval und Moskau mit einem Diplom ab. Wegen der russischen Revolution 1918 floh er über Paris nach München und kam dort mit NS-Kreisen, u.a. mit Hitler, in Kontakt. 1920 trat er in die NSDAP ein und veröffentlichte antisemitische Hetzschriften, in denen er von einer `jüdisch-freimaurerischen Weltverschwörung´ ausging. 1923 wurde er zum Hauptschriftleiter des NS-Parteiorgans `Völkischer Beobachter´ ernannt. Am 9. November 1923 nahm er an Hitlers Putschversuch teil. 1924 ernannte ihn der in Haft sitzende Hitler zu seinem Stellvertreter. 1929 gründete er den `Kampfbund für deutsche Kultur´. 1930 wurde er als Abgeordneter der NSDAP für Hessen-Darmstadt in den Reichstag gewählt. In diesem Jahr erschien sein demagogisches Buch `Der Mythos des zwanzigsten Jahrhunderts´, das nach Hitlers `Mein Kampf´ zu einem der einflussreichsten Werke des Nationalsozialismus wurde. Von 1933 bis 1945 war Alfred Rosenberg Leiter des Außenpolitischen Amtes der NSDAP. Als NS-Chefideologe war er maßgeblich für die Plünderung jüdischer Bibliotheken und Archive und für den Raub von Kunstschätzen in den besetzten Gebieten verantwortlich. Rosenberg war als `Reichsminister für die besetzten Ostgebiete´ von 1941 bis 1945 einer der Hauptverantwortlichen für die Ghettoisierung und Ermordung der europäischen Juden. Am 16. Oktober 1946 wurde er in Nürnberg wegen Verbrechen wider die Menschlichkeit zum Tode verurteilt und hingerichtet.

Rühmann, Heinz (1902-1994): Geboren als Sohn Essener Gastwirte und Hoteliers, gehörte Heinz Rühmann zu den bekanntesten und erfolgreichsten deutschen Schauspielern des 20. Jahrhunderts. Er wurde berühmt als Komiker (`Die Feuerzangenbowle´, Rühmanns größter Erfolg) und Charakterdarsteller (`Der Hauptmann von Köpenick´). Nach dem Abitur in München trat er einer Laienspielgruppe bei, nahm Schauspielunterricht und ging zum Theater, zunächst nach Breslau, dann nach Hannover und Bremen, wo er Bühnenerfolge feiern konnte. Filmstreifen wie `Die drei von der Tankstelle´ verhalfen ihm in Deutschland zu großer Popularität und Wohlstand. 1932 war Rühmann einer der bestbezahlten Schauspieler im Deutschen Reich – im Volk beliebt als kleiner Mann, der durchkommt und andere zum Durchhalten bringt. Rühmann, der auch Schallplattenaufnahmen einspielte, pflegte den Kontakt zu Goebbels, Göring und Hitler und stand als Staatsschauspieler auf der `Gottbegnadetenliste´. Nach 1945 hatte er es deshalb zunächst schwer, im Filmgeschäft wieder Fuß zu fassen; es gelang ihm jedoch eine `zweite´ Karriere. Sein letzter Auftritt war bei `Wetten, dass...´ im Jahre 1994. Heinz Rühmann liegt in Aufkirchen am Starnberger See begraben.

Sack, Karl (1896-1945): Karl Sack, aus einer protestantischen Pfarrersfamilie stammend, studierte nach dem Abitur Jura, u.a. in Heidelberg. Bei Ausbruch des Ersten Weltkriegs unterbrach er sein Studium und meldete sich freiwillig. Mehrfach an der Front schwer verwundet, wurde er aus dem Militärdienst entlassen. Er setzte sein Studium fort und begann nach Abschluss der Examina seine juristische Laufbahn als Amtsrichter, trat aber 1934 in die Militärgerichtsbarkeit über. Er macht eine rasche Karriere im Reichskriegsministerium und brachte es bis zum Richter am Reichskriegsgericht für Hoch- und Landesverratssachen. Als solcher verhängte er 14 Todesurteile. 1942 wurde Sack zum Chef der Heeresjustiz beim OKH ernannt, zunächst zum Ministerialdirektor, dann zum Generalstabsrichter befördert. Er war von den Putschisten im Falle eines Gelingens des Attentats als Justizminister einer neuen Regierung vorgesehen. Sack, der Kontakte zu Widerstandskreisen der Abwehr und der Wehrmacht hatte, wurde wegen Hoch- und Kriegsverrats gefangen genommen und zum Tode verurteilt. Er wurde mit Dietrich Bonhoeffer 1945 auf Befehl Hitlers im KZ Flossenbürg von einem SS-Standgericht unter Vorsitz von Otto Thorbeck zum Tode verurteilt und erhängt. Laut bayerischem Gesetz vom 28. Mai 1946 gilt dieses Urteil als nichtig, was vom Berliner Landgericht 1996 bestätigt wurde.

Sasse, Hermann (1895-1976): Der lutherische Theologe, in frühen Jahren geprägt von der Theologie Ernst Troeltschs (1865-1923), wurde nach seinem Theologiestudium 1920 in Berlin ordiniert und war danach Pfarrer in Oranienburg, Templin und Berlin. Parallel dazu promovierte er zum Dr. theol. 1933 wurde er außerordentlicher Professor in Erlangen. Er zählte zu den Mitbegründern der `Jungreformatorischen Bewegung´, aus der später der `Pfarrernotbund´ hervorging. Sasse war zusammen mit Dietrich Bonhoeffer der Hauptverfasser des `Betheler Bekenntnisses´. Im Zuge der Auseinandersetzungen um den Bekenntnischarakter und die Sakramente kam es zum Bruch mit Bonhoeffer. Nach 1945 wurde Hermann Sasse Professor für Kirchen- und Dogmengeschichte in Erlangen und bald darauf Prorektor der Universität. 1948 trat er aus Protest gegen die Gründung der EKD zu den Altlutheranern über und nahm einen Lehrauftrag am Immanuel Seminar in Adelaide/Australien an. Dort ist er gestorben.

Scheidemann, Philipp (1865-1939): Als Sohn eines Tapezier- und Polsterermeisters in Kassel geboren, absolvierte er nach dem Besuch der Höheren Bürgerschule von 1871-1879 eine Schriftsetzerlehre in Kassel und trat in die SPD ein (1883). Bis 1895 arbeitete er u.a. als Schriftsetzergehilfe, bis er in diesem Jahr Redakteur bei sozialdemokratischen Zeitungen in Gießen, Nürnberg, Offenbach und Kassel wurde. Von 1903 bis 1933 war er Mitglied des Reichstags, von 1906 bis 1911 Stadtverordneter in Kassel. 1911 berief man ihn in den SPD-Parteivorstand, von 1913 bis 1918 war er als Nachfolger August Bebels 1840-1913) einer von zwei Fraktionsvorsitzenden der SPD. In der Zeit des Ersten Weltkriegs trat er für einen Frieden ohne Kriegsentschädigungen und Annexionen ein. Nach der Abspaltung der USP wurde er neben Friedrich Ebert in den SPD-Parteivorstand gewählt. In der ersten parlamentarischen Reichsregierung unter Prinz Max von Baden vom Oktober 1918 wurde Scheidemann Staatssekretär. Am 9. November 1918 legte er mit anderen SPD-Regierungsmitgliedern sein Amt nieder und rief vom Reichstag die `deutsche Republik´ aus. 1918/19 war er Mitglied im Rat der Volksbeauftragten. Von Februar bis Juni 1919 führte er als Ministerpräsident des Reiches die erste demokratisch gewählte Regierung (bestehend aus SPD, Zentrum und DDP). Da er die Bedingungen des Versailler Vertrages nicht akzeptieren konnte, trat er zurück. Von 1920 bis 1925 war er Oberbürgermeister von Kassel. In dieser Zeit wurde erfolglos ein Blausäureattentat auf ihn verübt (1922). Seine Enthüllung der Zusammenarbeit von Reichswehr und Roter Armee führte zum Rücktritt des Kabinett Marx. 1933 emigrierte Philipp Scheidemann über die Tschechoslowakei, die Schweiz, Frankreich und die USA nach Dänemark. Er starb 1939 in Kopenhagen.

Schlabrendorff, Fabian von (1907-1980): Der Offizier, Widerstandskämpfer gegen Hitler und spätere Richter am Bundesverfassungsgericht (1967-1975) hatte nach Abitur und Promotion in Rechtswissenschaft als Assistent im Preußischen Innenministerium gearbeitet. Der Konservative gehörte schon früh zu den Hitlergegnern. Er wurde 1942 Adjutant seines Cousins Henning von Tresckow, der an der Ostfront eingesetzt war und fungierte als Verbindungsmann zwischen diesem und der Widerstandsgruppe um Ludwig Beck, Carl Goerdeler, Hans Oster und Friedrich Olbricht. Als Hitler von einem Frontbesuch am 13. März 1943 nach Ostpreußen in die `Wolfsschanze´ bei Rastenburg (heute: Kętrzyn) zurückfliegen wollte, schmuggelte Schlabrendorff zwei als Cognacflaschen getarnte Bomben mit lautlosen Säurezündern in Hitlers Flugzeug. Wegen der großen Kälte explodierte der Sprengsatz jedoch nicht. Schlabrendorff flog am nächsten Morgen hinterher und es gelang ihm, das Paket wieder auszutauschen, so dass der Attentatsversuch unbemerkt blieb. Er wurde im Zuge des Attentats vom 20. Juli 1944 verhaftet und schwer gefoltert. Im Prozess Mitte März wurde Schlabrendorff zwar freigesprochen, aber in die KZs Sachsenhausen, Flossenbürg und Dachau verschleppt. Im April 1945 gelangte er mit einem Häftlingstransport nach Südtirol, wo er am 4. Mai 1945 von US-amerikanischen Truppen befreit wurde. Fabian von Schlabrendorff war verheiratet mit Luitgarde von Bismarck (1914-1999), einer Cousine Maria von Wedemeyers. Er starb 1980 in Wiesbaden und liegt auf Sylt begraben.

Schlatter, Adolf (1852-1938): Der aus einem pietistischen Elternhaus stammende schweizerische Theologe Adolf Schlatter, Sohn eines Kolonialwarenhändlers, wirkte nach seinem Dienst als Pfarrer in Zürich-Neumünster und nach seiner Habilitation (1880) als ordentlicher Professor an der Universität Bern. Er folgte einem Ruf als

Professor für Neues Testament nach Greifswald, wo er mit dem Bibeltheologen Hermann Cremer (1834-1903) und später mit Wilhelm Lütgert die Zeitschrift `Beiträge zur Förderung christlicher Theologie´ herausgab. Von dort folgte er 1893 einem Ruf nach Berlin, wo er sich – als Kollege Adolf von Harnacks – zusammen mit Adolf Stoecker und Friedrich von Bodelschwingh für eine biblisch orientierte Theologie stark machte. Er widmete sich insbesondere der Erforschung des Neuen Testaments – dies lehrte er von 1898-1930 in Tübingen – unter Berücksichtigung der jüdisch-rabbinischen Parallelen und versuchte als Vertreter eines biblischen Realismus die Weite der Ökumene für sein Denken fruchtbar zu machen. Seit 1965 gibt es in Stuttgart die Adolf-Schlatter-Stiftung.

Schleicher, Kurt von (1882-1934): Der Infanteriegeneral, der aus einer Offiziersfamilie stammte und von Dezember 1932 bis Januar 1933 als Reichskanzler amtierte und sich danach ins Privatleben zurückzog, wurde mit seiner Frau im Zuge des Röhm-Putsches ermordet. Hans von Dohnanyi als persönlicher Referent von Justizminister Gürtner war zusammen mit seinem Kollegen Roland Freisler mit der Untersuchung des Mordes beauftragt. Die Mörder wurden nie zur Rechenschaft gezogen.

Schleicher, Rüdiger (1895-1945): Rüdiger Schleicher war mit einer der Schwestern Dietrich Bonhoeffers, Ursula Schleicher (1902-1983), verheiratet. Mit ihr hatte er drei Töchter und einen Sohn. Er studierte Jura und promovierte 1923 über internationales Luftfahrtrecht in Tübingen, wo er wie Bonhoeffer Mitglied der Studentenverbindung `Igel´ war. Nach Tätigkeiten, u.a. im Auswärtigen Amt, wurde er 1927 Beamter im Reichsverkehrsministerium, später Ministerialdirektor im Reichsluftfahrtministerium. 1933 trat er der NSDAP bei und konnte seine Karriere so bruchlos fortsetzen. Seit 1939 leitete er als Honorarprofessor zusätzlich das Institut für Luftrecht an der Berliner Universität. Schleicher, ein Anhänger des Liberalen Friedrich Naumanns, der ab 1915 dessen `Hilfe´ las, über seine Schwäger Dohnanyi und Bonhoeffer zum Kreis der Hitler-Gegner in der Abwehr gehörend, wurde nach dem `Zossener Aktenfund´, mit dem eine Beteiligung der Abwehr-Mitarbeiter am Putschversuch belegt werden konnte, verhaftet. Wäre das Attentat vom 20. Juli 1944 gelungen, wäre er für die Neuorganisation der Luftfahrt zuständig gewesen. Am 2. Februar 1945 wurde Rüdiger Schleicher vom Volksgerichtshof von Freisler zum Tode verurteilt. Am 23. April 1945 wurde er von einem

Sonderkommando des RSHA zusammen mit zwölf weiteren Mitgefangenen, darunter sein Schwager Klaus Bonhoeffer, sein Assistent Hans John und Friedrich Justus Perels, in der Nähe des Zellengefängnisses Lehrter Straße in Berlin nachts durch einen Genickschuss erschossen. Sein Grab befindet sich auf dem Dorotheenstädtischen Friedhof in Berlin. Rüdiger Schleichers Tochter Renate war mit Eberhard Bethge verheiratet und erwarb bleibende Verdienste im Kontext des Erbes Dietrich Bonhoeffers.

Schleiermacher, Friedrich Daniel Ernst (1768-1834): Der evangelische Theologe, Altphilologe, Publizist, Philosoph und Pädagoge wuchs als Sohn eines Pfarrers in Breslau, Pleß und Anholt auf und wurde im Geist der Herrnhuter Brüdergemeine erzogen. Nach seinem Theologiestudium in Halle arbeitete er von 1790-1793 als Hauslehrer des Grafen Dohna-Schlobitten und wurde 1794 Hilfsprediger in Landsberg/Warthe. 1796 wurde er Prediger an der Berliner Charité und 1802 Hofprediger in Stolp. Zwei Jahre später folgte er einem Ruf als außerordentlicher Professor für Theologie und Philosophie nach Halle. 1807 ging er nach Berlin und wirkte 1809 an der dortigen Dreifaltigkeitskirche. Er lehrte ab 1810 bis zu seinem Tod als ordentlicher Professor für Theologie an der Friedrich-Wilhelms-Universität Berlin. Er liegt auf dem Dreifaltigkeitsfriedhof II in Berlin-Kreuzberg begraben. Der frühe Schleiermacher knüpfte in seinen Veröffentlichungen an die Romantiker an und verlieh ihrem Gefühl für das `Religiöse´ Ausdruck. Religion definierte er als Anschauung des Universums, als `schlechthinnige Abhängigkeit´ des Menschen – der Mensch würde sich selbst vom Unendlichen als abhängig erleben. Schleiermacher betonte das religiöse Subjekt: Glaubenssätze seien nicht Ausdruck objektiven Wissens, sondern Äußerungen des frommen Selbstbewusstseins. Er gilt heute als Stammvater der liberalen Theologie.

Schmidhuber, Wilhelm (1898-1965): Der promovierte Außenhandelskaufmann und Berater beim Reichsverband der Deutschen Industrie war von 1924 bis 1932 Honorarkonsul von Portugal, Mexiko und Nicaragua in München. Er war Großaktionär mehrerer bayrischer Brauereiunternehmen. Der Hauptmann der Reserve gehörte als Major zur von seinem Freund Dr. Josef Müller geleiteten `Abwehr´ München. 1942 begleitete er Hans von Dohnanyi und Dietrich Bonhoeffer nach Rom, um mit Freunden in der Schweiz und Großbritannien geheim Kontakt aufzunehmen. Über Schmidhuber konnte Dohnanyi Hilfsaktionen, z.B. Geldüberweisungen an Juden in südfranzösischen Lagern, einleiten. Schmidhuber hatte Bonhoeffer als V-Mann in München übernommen und ihm Reisefreiheit ermöglicht. 1942 wurde Schmidhuber im Zusammenhang eines Schwarzmarktgeschäfts in Prag mit Dollars und Juwelen verhaftet. Es fanden Hausdurchsuchungen bei ihm statt. Bei Vernehmungen Schmidhubers durch die Gestapo im RSHA belastete er Josef Müller. Ab jetzt intensivierte die Gestapo ihre Untersuchungen der ´Abwehr´. Im Februar 1944 wurde Schmidhuber wegen Devisenvergehens zu vier Jahren Zuchthaus verurteilt. Infolgedessen wurden Dohnanyi, Müller und Bonhoeffer verhaftet und Oster beurlaubt. Schmidhuber überlebte den Krieg und wurde nach 1949 Schatzmeister der ´Bayernpartei´.

Schneider, Paul (1897-1939): Der evangelische Pfarrer, geboren in Pferdsfeld im Hunsrück als Sohn eines Pfarrers, war nach dem Abitur zunächst Soldat, studierte dann Theologie, arbeitete im Ruhrbergbau und in der Berliner Stadtmission. Nach der NS-Machtergreifung wurde er Mitglied der Bekennenden Kirche und übernahm eine Pfarrstelle in Dickenschied. Schneider, Vater von sechs Kindern, geriet erstmals 1943 bei der Beerdigung eines Angehörigen der Hitler-Jugend mit einem NS-Kreisleiter in Konflikt. Er wurde am nächsten Tag festgenommen und war danach dem Psychoterror in seiner Gemeinde ausgesetzt. 1937 wurde er in ´Schutzhaft´ der Gestapo in Koblenz genommen und ins KZ Buchenwald vor den Toren Weimars gebracht, wo damals vor allem politisch, religiös und ´rassisch´ Verfolgte inhaftiert waren. Dort wurde er zur Zwangsarbeit verurteilt. Als er an Hitlers Geburtstag bei einem Fahnenappell den Hitlergruß vor der Hakenkreuzfahne verweigerte, seine Mütze nicht abnahm und dies entsprechend kommentierte, wurde er mit Stockschlägen misshandelt und in Einzelarrest gesperrt. Mehr als ein Jahr lang befand sich Paul Schneider in Einzelhaft und wurde gefoltert. An Ostern rief er aus seiner Zelle gegenüber seinen Aufsehern zu: „So spricht der Herr: Ich bin die Auferstehung und das Leben!", bevor er weiter geschlagen wurde. Sein brutaler und sadistischer Folterknecht Martin Sommer (1915-1988), bekannt als der „Henker von Buchenwald" (so Eugen Kogon), „folterte und tötete inhaftierte Insassen mit besonders qualvollen Methoden. (…) Zu seinen bevorzugten Mordmethoden zählten diese: er ließ Häftlinge verhungern, erhängte sie in ihrer Zelle, vergiftete das wenige Essen oder erschlug sie einfach mit einem Stück Eisen. Auch versuchte er sich gern darin, Häftlingen Phenol, Evipan oder Luft in die Venen zu spritzen. Die Leichen schob er zum Teil nachts unter sein Bett im Dienstzimmer des Arrestbaus, wo sie die Leichenträger am nächsten Morgen wegschaffen mussten. In einem Fall soll Sommer den Schädel eines Häftlings mit einer Schraubzwinge zerquetscht haben, ein anderes Mal kettete er einen Pfarrer an das Arrestgebäude, übergoss ihn mit kaltem Wasser und ließ ihn erfrieren. Zu Sommers Gräueltaten gibt es viele Zeugenberichte, insbesondere von ehemaligen Kalfaktoren, d. h. Häftlingen, die im Bunker arbeiten mussten" (hier zitiert nach: https://de.wikipedia.org/wiki/Martin_Sommer_(SS-Mitglied) (aufgerufen am 11.10.2024). Am 18. Juli 1939 wurde Paul Schneider durch den KZ-Arzt Erwin Ding-Schuler (1912-1945), später Leiter der Fleckfieber-Versuchsabteilung in Buchenwald, nach 14 Monaten Einzelheft und bis auf die Knochen abgemagert, mit einer Überdosis Strophantin ermordet. Dings Arztschreiber war der jüdische Häftling Eugen Kogon (1903-1987), der u.a. dem französischen Résistance-Kämpfer Stéphane Hessel (1917-2013) das Leben rettete, später gegen die Verbrecher aussagte und ein bedeutender Publizist wurde (Eugen Kogon, `Der SS-Staat´). Paul Schneiders geschundener Leichnam wurde in seine Gemeinde Dickenschied überführt und unter großer Anteilnahme der Bevölkerung, darunter ca. 200 Pfarrer, beigesetzt. Dietrich Bonhoeffer sah in Paul Schneider den ersten evangelischen Märtyrer. Seine Witwe Margarete Schneider (1904-2002) wurde nach dem Krieg zusammen mit Gustav Heinemann (1899-1976) die Begründerin der Gesamtdeutschen Volkspartei. Sie wurde nach ihrem Tod neben ihrem Ehemann Paul in Dickenschied bestattet. Der `Prediger von Buchenwald´ wurde von Papst Johannes Paul II. im Kolosseum in Rom im Jahr 2000 als Zeuge Jesu Christi namentlich gewürdigt. Seine evangelische Kirche hatte sich damals nicht schützend vor ihn gestellt, sondern ihn an die NS-Schergen ausgeliefert.

Scholl, Sophie (1921-1943): Sie ist die vermutlich bekannteste deutsche Widerstandskämpferin gegen die Nazi-Diktatur, gehörte zur `Weißen Rose´ und wurde mit 22 Jahren enthauptet. Aufgewachsen mit mehreren Geschwistern in Ludwigsburg und Ulm, begrüßte sie wie viele zunächst den Nationalsozialismus und trat dem BDM bei. 1937 lernte sie auf einer Tanzveranstaltung den vier Jahre älteren Offizier Fritz Hartnagel (1917-2001) kennen, der ihr Freund wurde (1945 heiratete Hartnagel, der später Richter wurde, eine Schwester Sophie Scholls, Elisabeth Scholl [geb. 1920] und gründete mit ihr eine Familie). 1940 begann Sophie Scholl eine Lehre zur Kindergärtnerin. Unter anderem durch die Lektüre von Werken Augustinus von

Hippo (354-430) änderte sich ihre Einstellung zum Nazi-Regime. 1942 begann sie mit dem Studium der Biologie und der Philosophie in München. In den Semesterferien arbeitete sie in einem Rüstungsbetrieb in Ulm. Über ihren Bruder Hans, der in München Medizin studierte, lernte sie andere oppositionelle Studenten, die sich in der `Weißen Rose´ zusammengeschlossen hatten, kennen und beteiligte sich an der Verbreitung von Flugblättern, in denen dazu aufgerufen wurde, das Nazi-Regime zu stürzen und ein `neues geistiges Europa´ zu errichten. Über James Graf von Moltke kam das Flugblatt nach Großbritannien und wurde im Herbst 1943 von britischen Flugzeugen massenhaft über Deutschland abgeworfen und sein Inhalt im BBC gesendet. Am 18. Februar 1943 wurde Sophie Scholl von dem SA-Mitglied Jakob Schmid (1886-1964), dem Hausschlosser und Hörsaaldiener (Pedell) der Universität München, bei einer Flugblattaktion entdeckt, festgehalten und der Gestapo übergeben. Am 22. Februar wurde sie vom `Volksgerichtshof´ unter Vorsitz von Roland Freisler wegen `landesverräterischer Feindbegünstigung, Vorbereitung zum Hochverrat und Wehrkraftzersetzung´ unter Aberkennung ihrer Bürgerehre zum Tode verurteilt. Um 17.00 Uhr wurde sie zusammen mit ihrem Bruder Hans Scholl (1918-1943) und ihrem Kommilitonen Christoph Probst (1919-1943) am 22.2.1943 in München-Stadelheim durch Scharfrichter Johann Reichhart (1893-1972) mit der Guillotine hingerichtet. Die drei Hingerichteten wurden im Perlacher Forst bestattet. Für die Festnahme wurde Schmid befördert und erhielt eine Belohnung von 3000 RM. Nach dem Krieg wurde er zu fünf Jahren Haft verurteilt. Anfang 2014 tauchte im Depot des Bayrischen Nationalmuseums das Fallbeil wieder auf, mit dem die Geschwister Scholl seinerzeit hingerichtet worden waren.

Schumann, Clara (1819-1896): Die bedeutende Pianistin und begabte Komponistin wurde als Tochter des Klavierpädagogen Friedrich Wieck in Leipzig geboren. Im Alter von fünf Jahren erhielt sie ihren ersten Klavierunterricht, mit neun Jahren trat sie als `Wunderkind´ zum ersten Mal im Leipziger Gewandhaus öffentlich auf. Bereits mit 11 Jahren veröffentlichte sie ihre erste Komposition. Im Alter von 13 Jahren begab sie sich auf mehrere Konzertreisen. Ihr von der Kritik hoch gelobtes Klaviertrio op. 17 schrieb sie mit 14 Jahren. 1840 heiratete sie Robert Schumann, den sie als Schüler ihres Vaters kennen gelernt hatte. Sie interpretierte seine Werke und wurde mitverantwortlich für dessen Ruhm. Nach dem Tod Schumanns 1856 musste sie sich und ihre acht Kinder alleine durchbringen. 1863 zog sie nach Baden-Baden. Von 1878-1892 leitete sie eine Meisterklasse für Klavier am Hochschulkonservatorium in Frankfurt/M. Sie betreute das Werk ihres Mannes, spielte aber auch selber wieder. Besonders mit Johannes Brahms (1833-1897) verband sie eine langjährige Freundschaft.

Seeberg, Reinhold (1859-1935): Der Doktorvater Dietrich Bonhoeffers studierte nach dem Abitur in Reval von 1878 bis 1883 evangelische Theologie in Dorpat (Estland), Berlin, Leipzig und Erlangen und arbeitete danach als Privatdozent für Systematische Theologie und als Religionslehrer in Dorpat. 1889 wurde ihm die Ehrendoktorwürde verliehen und er wurde ordentlicher Professor für Systematische Theologie in Erlangen. 1898 wechselte er von dort nach Berlin, wo er bis 1927 Systematische Theologie an der Universität Berlin lehrte. Dort war er zweimal Dekan der Theologischen Fakultät. 1910 wurde er zum Geheimen Konsistorialrat ernannt. Er war Mitglied der DNVP und Mitbegründer der Internationalen Konferenz für Innere Mission und Diakonie. 1927 gründete er das Institut für Sozialethik an der Universität Berlin. Er erhielt mehrere Ehrendoktorwürden von unterschiedlichen Universitäten in Philosophie, Jura und Medizin. Seeberg galt als antiliberal und antisemitisch. Er war der Erste, der die These aufgriff, dass Jesus ein Arier war. Sein Sohn Erich Seeberg (1888-1945), der wie sein Vater Theologieprofessor wurde, war Mitglied der NSADP und im Vorstand der Deutschen Christen.

Sonderegger, Franz Xaver (1898-?): Der Polizeibeamte, über den es nur spärliche Informationen gibt, ging 1939 zur Gestapo Berlin. 1943 wurde er Oberstkriegsgerichtsrat Dr. Manfred Roeder im Reichskriegsgericht für den `Depositenkassen´-Fall (u.a. gegen Hans von Dohnanyi und Dietrich Bonhoeffer) zugeteilt. 1944 gehörte er, inzwischen zum Kriminalhauptkommissar befördert, zur `Sonderkommission 20. Juli´ im RSHA.

Stauffenberg, Claus Schenk Graf von (1907-1944): Geboren im Familienschloss Jettingen in Bayern als Sohn des letzten Oberhofmarschalls des Königs von Württemberg, stammte Claus Schenk Graf von Stauffenberg, der das missglückte Attentat auf Hitler vom 20. Juli 1944 verübte, aus einer katholischen Familie. Er wuchs in Stuttgart und in Schloss Jettingen zusammen mit zwei älteren Zwillingsbrüdern auf. Nach dem Abitur 1926 ging er als Fahnenjunker zur Reichswehr und schloss die Offiziersprüfung als Jahrgangsbester ab. Stauffenberg lehnte wie andere Adlige den aufkommenden Nationalsozialismus ab, dachte aber selbst keineswegs fortschrittlich, sondern revisionistisch: antiliberal, antidemokratisch und antiegalitär. Die Wahl Hitlers zum Reichskanzler begrüßte er. Mit Nina Gräfin von Stauffenberg (1913-2006) hatte er fünf Kinder. Stauffenberg machte in der Wehrmacht Karriere, er wurde am 1. Juli 1944 zum Oberst befördert. In Nordafrika war er bei einem Tieffliegerangriff am 7. April 1943 schwer verwundet worden, so dass sein linkes Auge, die rechte Hand und zwei Finger der linken Hand amputiert werden mussten. Stauffenberg fühlte sich lange an den Treueeid auf Hitler gebunden. Ab 1943 wurde er eine der zentralen Persönlichkeiten des militärischen Widerstands gegen den Nationalsozialismus. Er hatte den verbrecherischen Charakter des NS-Regimes erkannt und ging von einer Niederlage Nazi-Deutschlands seit der Landung der Alliierten Anfang Juni 1944 aus. Er schloss sich dem militärischen Widerstand an, verübte am 20. Juli 1944 das Bombenattentat auf Hitler im `Führerhauptquartier Wolfsschanze´ und war anschließend entscheidend an dem Versuch eines Staatsstreiches beteiligt (`Operation Walküre´). Noch in der Nacht des 20. Juli 1944 wurde er von regimetreuen Offizieren verhaftet und mit anderen beteiligten Militärs im Hof des Bendlerblocks – angeblich standrechtlich, aber gegen Stauffenberg gab es weder einen Prozess noch ein Todesurteil –, auf alleinigen Befehl von Generaloberst Friedrich Fromm erschossen. Stauffenbergs Adjutant Werner von Haeften (1908-1944), der wie er an der Planung und Ausführung des Hitler-Attentats beteiligt gewesen war, hatte sich zuvor in die Gewehrsalve geworfen, die für Stauffenberg gedacht war und war gestorben. Die Exekutierten wurden zunächst auf dem Alten St.-Matthäus-Kirchhof in Berlin bestattet. Himmler gab aber später den Befehl, die Leichen zu exhumieren, zu verbrennen und die Asche dann zu verstreuen. Stauffenbergs schwangere Frau wurde ins KZ Ravensbrück deportiert und kam zur Entbindung in ein Heim der Nazis in Frankfurt/Oder. Ihre anderen vier Kinder wurden getrennt, erhielten andere Nachnamen und sollten NS-Familien zur Adoption freigegeben werden. Nach dem Krieg fanden jedoch Mutter und Kinder wieder zusammen. Die Geschichte des Attentats wurde oft verfilmt; einer der letzten Filme entstand 2008: `Operation Walküre – Das Stauffenberg-Attentat´. In diesem Film spielte Stauffenbergs Enkel Philipp von Schulthess (geb. 1973) in der Rolle von Fabian von Schlabrendorff, Henning von Tresckows Adjutant, mit.

Stifter, Adalbert (1805-1868): Der österreichische Maler und Pädagoge ist vor allem als Schriftsteller des Biedermeiers bekannt geworden. Er wurde im heutigen Tschechien als Sohn eines Leinwebers geboren und begann nach der Matura 1826 mit dem Studium der Rechte in Wien, das er jedoch nicht beendete. Bis zu seinem literarischen Durchbruch 1842 lebte er in materiell äußerst bescheidenen Verhältnissen. Er arbeitete viele Jahre als Lehrer und wurde 1853 zum Schulrat ernannt. Nach verschiedenen Krankheiten und Kuren wurde er als Hofrat pensioniert. An Leberzirrhose erkrankt, öffnete er sich 1868 mit einem Rasiermesser die Halsschlagader und starb zwei Tage darauf. Er liegt auf dem St. Barbara-Friedhof in Linz begraben. Sein bekanntestes Werk ist `Witiko´, ein historischer Entwicklungsroman.

Stoecker, Adolf (1835-1909): Der aus Halberstadt stammende Sohn eines Wachtmeisters arbeitete nach seinem Theologiestudium (1854-1857) als Hauslehrer bei adligen Familien. 1863 wurde er Pfarrer in Seggerede/Altmark, 1866 im industriell geprägten Hamersleben bei Magdeburg. Nach dem Ende des deutsch-französischen Krieges wurde er ab 1871 zunächst Divisionspfarrer in Metz, dann vierter Hof- und Domprediger in Berlin. 1874 wurde er Mitglied des Generalvorstands der altpreußischen Landeskirche. 1877 gründete er die Berliner Stadtmission, vier Jahre später die `Christlich-Soziale Arbeiterpartei´, die 1881 in `Christlich Soziale Partei´ umbenannt wurde und sich als Gegenprogramm zur Sozialdemokratie verstand. Antisemitismus und Sozialpolitik mit christlich-monarchischem Profil gehörten zu ihrem Programm. Da sich die Partei bei den Reichstagswahlen von 1878 nicht durchsetzen konnte (sie schloss sich 1881 der Deutschkonservativen Partei an), war Stoecker von 1879-1898 Abgeordneter für die Deutschkonservative Partei und von 1880 bis 1893 Mitglied des Reichstags. 1880 gründete er die `Berliner Bewegung´, ein Zusammenschluss aller antisemitischer Gruppierungen. Von 1881 bis 1890 war er zweiter Hof- und Domprediger in Berlin. Zunehmend geriet Stoecker, der nicht ohne Einfluss auf den späteren Kaiser Wilhelm II. war, wegen seiner deutschkonservativen Ausrichtung in Konflikt mit Otto von Bismarck (1815-1898), der Stoecker 1889 zu einer öffentlichen Verzichtserklärung seiner politischen Betätigung zwang. 1890 gründete Stoecker den `Evangelischsozialen Kongress´, der die soziale Frage in Deutschland erörtern wollte und dem Friedrich Naumann und Adolf von Harnack angehörten. Nachdem Stoeckers Einfluss durch die Entlassung Bismarcks wieder zugenommen und 1896 im `Evangelisch-sozialen Kongress´ die Liberalen die Mehrheit übernommen hatten, trat er aus diesem aus, gründete die `freie kirchlich-soziale Konferenz´ und war von 1898-1908 nochmals Mitglied des Reichstags, allerdings politisch ohne großen Einfluss. Adolf Stoecker starb in Bozen.

Strünck, Theodor (1895-1945): Nach dem Jurastudium promovierte Strünck 1924 und ging als Rechtsanwalt in die Versicherungsbranche, zuletzt als Versicherungsdirektor. 1937 wurde er als Hauptmann der Reserve eingezogen und im Amt Abwehr des OKW unter Hans Oster eingesetzt. Anfangs vom Nationalsozialismus überzeugt, wandte er sich aufgrund der offenkundigen Rechtsbrüche nach 1933 von den Nazis ab und begab sich in Opposition zum Regime. Er hatte engen Kontakt zu Carl Goerdeler und organisierte konspirative Treffen in seiner Wohnung. Nach dem gescheiterten Attentat 1944 lehnte er es ab, sich in die Schweiz abzusetzen, um seine Angehörige keiner Sippenhaft auszusetzen und wurde unehrenhaft aus der Wehrmacht ausgestoßen. Er wurde ins KZ Flossenbürg überführt und dort mit Dietrich Bonhoeffer und den anderen Gefangenen auf Befehl Hitlers ermordet. Sein Todesurteil gilt wie das seiner Mitgefangenen heute als nichtig.

Thomas, Georg (1890-1946): Der General der Infanterie im Zweiten Weltkrieg, von 1939 bis 1942 Chef des Wehrwirtschafts- und Rüstungsamtes im OKW, war wesentlich an der Ausarbeitung eines Hungerplans beteiligt, der zugunsten der Soldaten der Wehrmacht bei einem Feldzug gegen die Sowjetunion den Hungertod von Millionen russischer Zivilisten einkalkulierte. Thomas war durch Kontakte zum militärischen Widerstand, u.a. zu seinem früheren Vorgesetzten Ludwig Beck, schon früh an Plänen zu einem Militärputsch beteiligt. Nach dem `Zossener Aktenfund´ wurde er am 11.10.1944 verhaftet, kam ins KZ Flossenbürg und nach Dachau. Er wurde nach einem Transport nach Südtirol befreit und starb 1946 in US-amerikanischer Gefangenschaft.

Thorbeck, Otto (1912-1976): Aufgewachsen mit vier Geschwistern in Brieg/Niederschlesien in einer preußischen Offiziersfamilie, in der Ehrgeiz, Drill, Disziplin und Haltung bewahren an erster Stelle im Wertekanon standen, machte er 1932 Abitur im Kant-Gymnasium in Berlin-Spandau, weil sein Vater ins Kriegsministerium versetzt worden war. Eine Offizierslaufbahn blieb ihm wegen seiner starken

Kurzsichtigkeit verwehrt. Von 1932 bis 1936 studierte er Rechtswissenschaften in Berlin und Göttingen und war Corpsstudent im Jungstahlhelm, 1933 Mitglied der SA und später der SS. Nach seinem Referendariat war er von 1939 bis 1945 im Kriegsdienst als Offizier und Richter, seit 1941 als Chefrichter beim SS- und Polizeigericht München I und Inspektionsrichter Süd (Chef der SS- und Polizeigerichte in Nürnberg, München, Salzburg und Laibach) tätig. In dieser Eigenschaft war er Vorsitzender des Standgerichts gegen Dietrich Bonhoeffer und seine Mithäftlinge in Flossenbürg 1945. Eigentlich war Thorbeck für die Widerständler nicht zuständig, weil es sich bei den Angeklagten nicht um SS-Mitglieder handelte; für sie wäre ein Kriegsgericht zuständig gewesen. Es handelte sich um reine Schauprozesse, bei denen das Ergebnis – der Tod der Angeklagten – schon vorher feststand. Auch nach den Gesetzen des NS-Staates waren die Verhandlungen rechtswidrig; durch sie sollten politische Morde mit dem Deckmäntelchen der Legalität bedeckt werden. 1948 wurde Thorbeck aus dem Internierungslager entlassen, zwei Jahre später ließ er sich in Stein bei Nürnberg als Rechtsanwalt nieder. Von 1945 bis 1955 wurde er in mehreren Prozessen wegen seiner Urteile angeklagt. 1955 wurde er wegen Beihilfe zum Mord vom Landgericht Augsburg zu vier Jahren Zuchthaus verurteilt, vom Strafsenat des Bundesgerichtshofs jedoch ein Jahr später freigesprochen. Insgesamt befand er sich vom 8.10. bis 5.11.1952 und vom 16.10.1955 bis zum 19.6.1956 in Untersuchungshaft. Thorbeck war verheiratet und hatte vier Kinder. Bis 1975 arbeitete er als Rechtsanwalt in Stein. In seiner Familie galt er als kalt und mitleidslos. Während der Rassist und Antisemit einerseits beherrscht, kühl und distanziert war, war er andererseits jähzornig und schlug seine Kinder. Mit seiner Vergangenheit setzte er sich zeitlebens nicht auseinander, kritischen Fragen seiner Kinder stellte er sich nicht. Bis zu seinem Lebensende blieb er ein überzeugter Nazi. Er starb, nachdem er vier Jahre an Parkinson erkrankt war, am 10. Oktober 1976. Die Urteile, die Thorbeck einst fällte, wurden vom Bundestag 1998 als Unrechtsurteile aufgehoben.

Thurneysen, Eduard (1888-1974): Der schweizerische reformierte Theologe, Sohn des Pfarrers Eduard Thurneysen, war der engste theologische und persönliche Weggefährte Karl Barths. Im Herbst 1922 gründete er mit Friedrich Gogarten und Karl Barth die Zeitschrift der Dialektischen Theologie: `Zwischen den Zeiten´. Seit Oktober 1933 gab Thurneysen mit Karl Barth die Reihe `Theologische

Existenz heute´ heraus. Der Erfolg der dialektischen Theologie war u.a. dem Engagement Albert Lempps (1884-1943), dem Inhaber des ehemaligen Münchner Verlagshaus Christian Kaiser (1814-1866), mit zu verdanken. Später legte er die Seelsorgekonzeption der Dialektischen Theologie vor. Eduard Thurneysen studierte nach dem Abitur (1907) Theologie. Von 1911-1913 arbeitete er als Reisesekretär des Christlichen Vereins Junger Männer (CVJM) und trat 1913 in den Pfarrdienst ein. Von 1913-1920 war er Pfarrer der Gemeinde Leutwil (Aargau) und von 1920-1927 in St. Gallen Bruggen. 1927 wurde er zum Pfarrer ans Basler Münster gewählt, zwei Jahre später Privatdozent und 1941 zum außerordentlichen Professor für Praktische Theologie in Basel berufen. Eine seiner Töchter heiratete den bekannten französischen Systematischen Theologen Georges Casalis (1917-1987). Thurneysens Werk wurde von den Universitäten Gießen (1927) und Aberdeen (1934) gewürdigt.

Tillich, Ernst (1910-1985): Der Sohn eines Amtsgerichtsrats wurde nach seinem Theologiestudium in Berlin, Bonn und Tübingen und einer Assistenz an der Friedrich-Wilhelms-Universität Berlin Vikar in Kleichmachnow/Berlin. Der Neffe des berühmten in die USA ausgewanderten Theologen Paul Tillich (1886-1965) studierte bei Dietrich Bonhoeffer und nahm an der Ökumenischen Jugendkonferenz des Weltbundes für Freundschaftsarbeit der Kirchen 1934 auf Fanö teil. 1936 wurde er zusammen mit Werner Koch von der Gestapo verhaftet, weil er eine Denkschrift der BK an Hitler an die ausländische Presse weitergegeben hatte. Nach drei Jahren Gestapo-Einzelhaft und KZ wurde er entlassen. Er fand danach Arbeit beim Elektrokonzern Siemens&Halske und wurde 1942 zur Wehrmacht eingezogen. Er überlebte den Krieg und wurde in Fürstenfeldbruck Leiter des Jugendamtes und Stellvertreter des Landrats. 1950 trat er der `Kampfgruppe gegen Unmenschlichkeit´ bei, einer militanten antikommunistischen Organisation, die später von der CIA finanziert wurde.

Weber, Max (1864-1920): Der protestantische Soziologe, Nationalökonom und Jurist war das älteste von acht Kindern des preußischen Reichstagsabgeordneten der Nationalliberalen Partei, Dr. Max Weber sen. Nach dem Abitur in Berlin-Charlottenburg 1882 studierte er bis 1886 in Heidelberg, Straßburg, Berlin und Göttingen Jura, Nationalökonomie, Philosophie und Geschichte. Er wurde 1886 Referendar am Amtsgericht Charlottenburg und promovierte 1889 in Jura (`magna cum laude´). Nach dem Militärdienst in Straßburg habilitierte sich Max Weber 1892 für römisches und deutsches Handelsrecht und wurde Privatdozent in Berlin. 1983 wurde er dort mit 29 Jahren außerordentlicher Professor für Handelsrecht. In diesem Jahr heiratete er auch. 1894 wurde er auf den Lehrstuhl für Nationalökonomie in Freiburg berufen. 1886 nahm er einen Ruf nach Heidelberg an. 1898 erlitt er einen Nervenzusammenbruch, der ihn bedingt arbeitsunfähig machte. 1903 musste er seine Professur aufgeben und von seinem Vermögen leben. 1909 zählte er zu den Mitbegründern der Deutschen Gesellschaft für Soziologie. Den Ersten Weltkrieg erlebte er in Heidelberg. 1917 wurde er an die Universität Wien berufen. Nach Kriegsende war er Mitbegründer der Deutschen Demokratischen Partei (DDP). Er wurde als Sachverständiger zu Beratungen beim Versailler Vertrag hinzugezogen. 1918 kehrte Weber wegen Arbeitsüberlastung wieder nach Heidelberg zurück und folgte 1919 einem Ruf an die Universität München; andere Lehrstühle lehnte er ab. Der ohnehin gesundheitlich angegriffene Weber erkrankte an der Spanischen Grippe und starb an den Folgen einer Lungenentzündung. Er liegt auf dem Bergfriedhof in Heidelberg begraben. Weber gilt heute als bedeutender Klassiker der Soziologie und der Kultur- und Sozialwissenschaften und hat nach wie vor Einfluss in allen drei Disziplinen.

Wedemeyer, Hans von (1888-1942): Der deutsche Großgrundbesitzer, Vater Maria von Wedemeyers und Freund und persönlicher Berater von Reichskanzler Franz von Papen (1879-1969, 1947 im Rahmen der Entnazifizierung zu acht Jahren Arbeitslager verurteilt), mit dem zusammen er im Ersten Weltkrieg Jerusalem besucht hatte, war Mitglied des Stahlhelm-Kampfbund, Gastgeber der Berneuchener Bewegung und Michaelsbruder. Wedemeyer stand dem Nationalsozialismus wie andere Nationalkonservative ablehnend gegenüber. Er fiel 1942 in Stalingrad und wurde auf dem Soldatenfriedhof in Kiesljakoff begraben. Horst-Klaus Hofmann (1928-2021) entdeckte 1990 das verloren geglaubte Erinnerungsbuch von dessen Witwe Ruth von Wedemeyer für ihre Kinder in den Beständen des Klosters Kirchberg und veröffentlichte es.

Wedemeyer, Maria von (1924-1977): Die Enkelin von Bonhoeffers Gönnerin Ruth von Kleist-Retzow wuchs als Tochter von Hans von Wedemeyer und Ruth von Wedemeyer zusammen mit sechs Geschwistern, drei Schwestern und drei Brüdern, auf Gut Pätzig/Kreis

Königsberg auf, wo sie auch die ersten Schuljahre verbrachte. Ihr Abitur machte sie 1942 im evangelischen Internat in Wieblingen bei Heidelberg, das von Elisabeth von Thadden (1890-1944), einer Nazigegnerin, die für ihren Widerstand später enthauptet wurde, gegründet und geleitet wurde. Maria von Wedemeyer verlobte sich – trotz des großen Altersunterschieds – mit Dietrich Bonhoeffer im Jahr 1943. Bonhoeffer war zu dieser Zeit als Agent der Spionageabwehr tätig und im Widerstand gegen Hitler aktiv. Deshalb wurde er im selben Jahr inhaftiert. 1944 arbeitete Maria von Wedemeyer eine Zeitlang als Rotkreuzschwester in Hannover, als Aushilfe in Kniephof, als Erzieherin im Magdalenenstift in Altenburg/Thüringen und als Kindermädchen bei ihrer Cousine Hedwig von Truchseß auf Schloß Bundorf bei Bamberg/Unterfranken. Im August dieses Jahres zog sie zu Dietrich Bonhoeffers Eltern nach Berlin und arbeitete offiziell als Sekretärin des Vaters. Noch vor Kriegsende machte sie sich auf die Suche nach ihrem Verlobten – erfolglos. Am 31. Januar 1945 führte sie den Treck an, auf dem ihre Geschwister und sechs weitere Personen in den Westen Deutschlands gelangten. Nach dem Krieg studierte Maria von Wedemeyer Mathematik. In Göttingen kam es zu einer unglücklichen Beziehung mit dem jungen Diplomatensohn Hartmut von Hentig (geb. 1925), dem späteren deutschen `Reformpädagogik-Papst´ und einflussreichen Publizisten mit Kontakten in höchste Regierungskreise, der wegen seiner Freundschaft zu dem pädophilen Pädagogen Gerold Becker (1936-2010) und den Missbrauchsfällen an der einst renommierten reformpädagogischen Odenwaldschule in den letzten paar Jahren in die Schlagzeilen geraten ist. Maria von Wedemeyer wanderte in die USA aus, heiratete den Pfarrerssohn und Juristen Paul Werner Schniewind (geb. 1923) und lebte ab 1948 permanent in den USA. Für die Trauung legte Präses Ernst Wilm (1901-1989), der in Dachau inhaftiert gewesen war, weil er gegen die Behindertenmorde protestiert hatte, den 123. Psalm zugrunde, den sich Maria von Wedemeyer für ihre Trauung mit Dietrich Bonhoeffer ausgesucht hatte. Auch der Choral, den sie sich für ihre Trauung mit Bonhoeffer gewünscht hatte, wurde bei ihrer Trauung mit Schniewind gesungen. Bei der Hochzeit anwesend war auch ihre Freundin Emmi Bonhoeffer. Maria von Wedemeyer bekam später zwei Kinder von Schniewind, Christopher und Paul Schniewind-Weller, die amerikanische Staatsbürger wurden. Das Paar trat zur Episcopal Church, der anglikanischen Kirche in den USA, über. Die Ehe wurde nach zehn Jahren geschieden. Maria Schniewind heiratete nochmals, den amerikanischen Selfmademan

Barton Weller (1916-1990) und erzog dessen Tochter. Doch auch diese zweite Ehe scheiterte 1965 nach sechs Jahren. Sie wagte dann, mit Anfang 40, einen Neuanfang als Computerspezialistin, kam bald in eine leitende Funktion und ging nochmal eine neue Beziehung zu Bob Graham, einem Professor für Computerwissenschaft am Massachusetts Institute of Technology (MIT), ein. Mit der einsetzenden Bonhoeffer-Renaissance äußerte sie sich zum ihrem Verhältnis zu Bonhoeffer, nahm 1976 an einem internationalen Symposion anlässlich des 70. Geburtstages von Dietrich Bonhoeffers teil und publizierte auch über diese Zeit. Kurz darauf wurde bei ihr Krebs diagnostiziert. Sie starb am 16.11.1977. Ihre sterblichen Überreste wurden von Boston/Massachusetts ins badische Gernsbach überführt, wo ihr Bruder wohnte und auf dem dortigen Friedhof bestattet. Zu großer Bekanntheit gelangte sie, nachdem ihr Briefwechsel mit Dietrich Bonhoeffer nach ihrem Tode – sie hatte für die Publikation der Briefe eine jahrelange Sperrfrist nach ihrem Tod festgelegt – veröffentlicht worden war.

Wedemeyer, Ruth von, geb. Kleist (1897-1985): Maria von Wedemeyers Mutter, geboren als Tochter des Landrats Jürgen von Kleist-Rützow und seiner Ehefrau Ruth, geb. Gräfin von Zedlitz-Trützschler, in Belgard/Pommern, wuchs zusammen mit vier Geschwistern vaterlos auf. Sie war letztlich verantwortlich dafür, dass ihre Tochter Maria und Dietrich Bonhoeffer nicht zusammenkamen, weil sie eine 'Kontaktsperre' verhängt hatte. Nach dem Krieg litt sie deshalb unter Schuldgefühlen. Sie versuchte sich eine Existenz als Gärtnerin aufzubauen, scheiterte aber. Zum Schluss leitete sie ein Erholungsheim für Kinder in Berchtesgaden. Sie überlebte ihre Tochter Maria um fünf Jahre.

Weißler, Friedrich (1891-1937): Der in Königshütte in Schlesien (im heutigen Ckorzów/Polen) geborene Sohn eines jüdischen Rechtsanwaltes, der als Kind evangelisch getauft worden war, studierte Jura und schloss sein Studium mit der Promotion 1914 in Halle ab. Er meldete sich als Kriegsfreiwilliger zu Beginn des Ersten Weltkrieges, wurde Leutnant der Reserve und für seine Verdienste mit dem Eisernen Kreuz ausgezeichnet. 1920 machte er sein Zweites Staatsexamen und wurde 1925 Hilfsrichter am Amtsgericht in Halle. In diesem Jahr heiratete er Johanna Schäfer (das Paar bekam zwei Söhne). 1932 wurde er Landgerichtsdirektor in Magdeburg. Im Februar 1933 verurteilte er einen SA-Mann zu einer Ordnungsstrafe. Verleumdungen gegen ihn waren die Folge. Am 1. April 1933 wurde er von SA-Männern im Gericht geschlagen. Wenig später vom Dienst suspendiert, wurde er am 21. Juli 1933 aufgrund des ˋArierparagraphen´ aus dem Staatsdienst entlassen. 1934 wurde er ehrenamtlicher juristischer Berater der vorläufigen Kirchenleitung der Bekennenden Kirche in Berlin, zwei Jahre danach Bürochef der Kirchenkanzlei. Er kämpfte dafür, dass sich die evangelische Kirche für ihre ˋnichtarischen´ Mitglieder einsetzte. Er war Mitverfasser einer Denkschrift der Kirchenleitung gegen Hitler, in der die nationalsozialistische Blut-und-Boden-Ideologie, die Religionsfeindlichkeit, der Antisemitismus, die Gestapo und die KZs kritisiert wurden. Die geheime Verlautbarung gelangte an die internationale Presse – es ist historisch nicht ganz klar, ob die Gestapo die Denkschrift gezielt weitergegeben hatte, um dann Mitglieder der BK verhaften zu können – und Weißler wurde beschuldigt, das eigentlich geheime Papier an Dritte weitergegeben zu haben. Die Kirchenleitung distanzierte sich von ihrem Büroleiter und gab ihn damit der Verfolgung preis. Im Oktober 1936 wurde er unter dem Verdacht konspirativer Auslandsbeziehungen verhaftet, im Februar 1937 ins KZ Sachsenhausen eingeliefert. Er starb nach einer Woche an den Folgen der dort erlittenen Misshandlungen. Dr. Friedrich Weißler gilt als der erste Märtyrer der evangelischen Kirche im ˋDritten Reich´.

Wilhelm II. (1859-1941): Der Deutsche Kaiser und König von Preußen wurde als erstes Kind des Prinzen Friedrich Wilhelm von Preußen, dem späteren Kaiser Friedrich III. und seiner Frau Viktoria, in Berlin geboren. Nach der Gymnasialzeit in Kassel von 1874-77 begann er das Studium der Rechts- und Staatswissenschaften in Bonn. 1881 heiratete er Prinzessin Auguste Viktoria von Schleswig-Holstein-Sonderburg-Austenburg, mit der er sieben Kinder hatte. Durch den Tod des Vaters wurde Kronprinz Wilhelm II. Deutscher Kaiser und König von Preußen. Seine Regierungszeit war durch extensive koloniale und imperiale Politik gekennzeichnet: 1890 bewegte er Reichskanzler Fürst Otto von Bismarck (1815-1898) zum Rücktritt. Er rüstete die deutsche Flotte auf und provozierte durch sein Handeln in den Kolonien außenpolitische Spannungen mit England und Frankreich. Nachdem der Erste Weltkrieg mit der Ermordung des habsburgischen Thronfolgers Franz Ferdinand durch serbische Nationalisten zuerst zum Ausbruch gekommen und vier Jahre später verloren worden war, verkündete Prinz Max von Baden die Abdankung des Kaisers. Dieser floh ins Exil nach

Doorn/Niederlande. Am 28. November 1918 unterzeichnete er die Abdankungsurkunde. 1931/32 kooperierte Wilhelm II. mit den Nationalsozialisten, von denen er die Wiedereinführung der Monarchie in Deutschland erwartete. Auf Geheiß Hitlers wurden seine sterblichen Überreste später in Doorn beigesetzt. Sein Sohn, Prinz August Wilhelm zu Preußen (1887-1949), `Auwi´ genannt, trat früh in die NSDAP ein, wurde preußischer Staatsrat, Mitglied des deutschen Reichstages und SA-Brigadeführer im Rang eines Obergruppenführers. Er wurde nach dem Krieg verhaftet und zu drei Jahren Gefängnis verurteilt, die er auch verbüßte.

Wurm, Theophil (1868-1953): Der württembergische evangelische Landesbischof kam über die kirchliche Karriereleiter `Pfarrer-Dekan-Prälat´ zum Amt des württembergischen Kirchenpräsidenten (1929-1949), der sich ab 1933 Landesbischof nannte. Er vertrat einen protestantischen Konservativismus und Nationalismus sowie eine antijudaistische Haltung und kooperierte zunächst mit den Nazis, schloss sich dann aber 1934 der Bekennenden Kirche an. Wurm war einer der wenigen, die gegen die Euthanasiepolitik der Nazis protestierten. Er gilt als Begründer der Kirchenführerkonferenz in Treysa von 1945, die zur Gründung des Hilfswerkes der EKD führte. Von 1945-1949 hatte er den Vorsitz des Rates der neugegründeten EKD inne.

Zoellner, Wilhelm (1860-1937): Nach Abitur in Gütersloh und Theologiestudium in Leipzig, Halle und Bonn legte er 1883 und 1885 beide kirchlichen Examina ab und wurde Vakanzvertreter in Gütersloh und Friedrichsdorf. 1889 heiratete er und wurde Pfarrer in Barmen. Ab 1897 stand er der Kaiserswerther Diakonie vor. 1905 wurde er zum Generalsuperintendenten der Kirchenprovinz Westfalen in Münster berufen. 1931 trat er in den Ruhestand. 1935 wurde er zum Vorsitzenden des neu geschaffenen Reichskirchenausschusses berufen und war damit oberster Repräsentant des systemkonformen deutschen Protestantismus. 1937 trat er von diesem Amt zurück.

Zum Bild des Einbands

Das Bild auf dem Cover dieses Buches, das Dietrich Bonhoeffer zeigt, stammt von der Dogerner Künstlerin Ruth Rüttinger (geb. 1947). Es trägt die Nummer 5034.2006. Material: Mischtechnik (Öl) und ist am 11. August 2006 im `Atelier Schwungrad´ in Tiengen entstanden. Die Größe des Bildes ist 90 x 90 cm. Ein paar ihrer Gedanken zu ihrem Bonhoeffer-Bild:

„1. Ebene: Porträt mit Filzstift auf Leinwand gemalt. Epoxid Harz über die Zeichnung gepinselt (abgedeckt/fixiert).
2. Ebene: Wie stelle ich dar, was Dietrich Bonhoeffer für mich, für uns heute bedeutet? Gefängnis, Stacheldraht, Lebenslinien, Impulse, Frequenzen, Denkanstöße, Denken, nachdenken, umdenken, EKG, Stromstöße, Ausstrahlung, senden, ... Traum von Freiheit, Fitness, sich bewegen können, tanzen, leben, lieben, lachen, sorglos sein...
3. Ebene: seine Arbeiten, seine Briefe, seine Gebete, Lieder, die letzten Briefe aus der Zelle.
4. Ebene: meine Grundform mit Ölfarben darüber gelegt, nur mit den Farben zinnoberrot, gemischt zu ocker.
5. Ebene: mit dem Spachtel das Verdeckte, Verborgene (die verdeckte Zeichnung) wieder herauskratzen. Schauen, was bleibt...."
Ruth Rüttinger hat eine persönliche Verbindung zum Schicksal Dietrich Bonhoeffers und dem militärischen Widerstand gegen Hitler. Baronin Hedwig (`Hesi´) von Truchsess, die Nichte Hans von Wedemeyers und die

Cousine Maria von Wedemeyers, auf deren Schloss Maria 1944 eine Zeit lang als Kindermädchen arbeitete, war Ruth Rüttingers Patentante. Deren Ehemann, Dietz Baron Truchsess von Wetzhausen, gehörte zu den adligen Offizieren des Widerstands, die sich mit Oberst Claus Schenk Graf von Stauffenberg einst auf der Bettenburg getroffen hatten. Ruth Rüttinger schrieb mir am 22.4.2014: „Meine Eltern haben am 10. Juli 1946 in Bundorf geheiratet. Die Baronin, Freifrau Hesi von Truchsess von und zu Wetzhausen, hat die Hochzeit meiner Eltern auf der Bettenburg gestaltet. Sie hat einfach gesagt: `Jetzt wird geheiratet!´ Ich selbst bin am 3.10.1947 in Hofheim (das ist ein Ort nahe bei Bundorf) geboren, Freifrau Hesi von Truchsess von und zu Wetzhausen war meine Patentante. Ich bin in diesem Schloss in Bundorf (damals eine verfallene Ruine) nach dem Krieg als Kind die ersten Jahre in bitterer Armut aufgewachsen, bis wir so ca. im Alter von 4-5 Jahren nach Konstanz gezogen sind. Meine Mutter erzählte mir, dass Maria von Wedemeyer immer die letzten Briefe von Dietrich Bonhoeffer unter dem Oberteil ihrer Schürze trug (oberhalb der Taille hatten die Schürzen doch früher so `ne Art `Latz´). In der Kapelle ganz oben in dem dicken Turm wurde ich getauft. Zu meiner Konfirmation kam meine Patentante nach Konstanz und schenkte mir eine Bibel mit einem handschriftlichen Spruch von Hebr 11, 1. Das ist bis heute meine Bibel."

Ruth Rüttingers Bild `Dietrich Bonhoeffer´ ist heute im Dietrich-Bonhoeffer-Haus in Kadelburg zu sehen.

Nachwort

Ich habe Dietrich Bonhoeffer schon als Jugendlicher geschätzt – damals vor allem als Dichter[614]. Irgendwie bin ich in jungen Jahren an ein Poster geraten – ich glaube, es stammte von der Diakonie –, auf dem vor einem Sonnenuntergang die berühmten Worte von „Von guten Mächten" zu sehen waren. Obwohl ich das Plakat eher als kitschig empfand, hat mich das Gedicht – oder war es ein Gebet? – von Anfang an berührt. Deshalb hing es auch viele Jahre an der Wand in meinem Jugendzimmer in meinem Elternhaus. Von dem Widerstandskämpfer gegen Hitler und den Nationalsozialismus und von Bonhoeffers konspirativer Tätigkeit als Geheimagent hatte ich damals nicht die leiseste Ahnung gehabt. Mich sprach der Dichter an…

Dietrich Bonhoeffer ist in meinem Leben seither immer wieder einmal punktuell aufgetaucht und hat mich bis heute begleitet. Für die Zeit, in der er gelebt hat, die Zeit der Weimarer Republik und des Nationalsozialismus, habe ich mich schon immer interessiert: Ich habe vom Wintersemester 1982 bis zum Sommersemester 1988 in Heidelberg Evangelische Theologie studiert. Besonders die neuere Kirchengeschichte hatte es mir damals ange-

---

[614] Entgegen seiner eigenen Einschätzung habe ich Dietrich Bonhoeffer schon immer auch für einen Dichter gehalten, vgl. sein Diktum „Ich bin ja kein Dichter!" als Appendix zu seinem Geburtstagswunsch für Eberhard Bethge, in: DBA 6, 188.

tan. So habe ich mich u.a. bei Prof. Dr. *Leonore Siegele-Wenschkewitz*[615], in deren Hauptseminar ich zum Thema „Die Evangelische Kirche im `Dritten Reich´" ein Referat über das Leben Dietrich Bonhoeffers gehalten habe und bei dem Mitherausgeber der Werke Bonhoeffers, dem Heidelberger Sozialethiker Prof. Dr. Wolfgang Huber, in einigen Seminaren mit Dietrich Bonhoeffer beschäftigt, u.a. zu Bonhoeffers `Ethik´. Es war damals die Zeit der Proteste und Demonstrationen gegen den NATO-Doppelbeschluss, das atomare Wettrüsten und die Umweltzerstörung. Die Grenzen des Wachstums wurden diskutiert. In theologischen Diskussionen wurden diese gesellschaftlichen Fragen aufgenommen. Bonhoeffers Interpretation der Bergpredigt Jesu, sein Pazifismus und seine Reflexionen zur Friedensfrage aus den 30er Jahren waren für mich damals richtungsweisend.

Von einer ganz anderen Seite näherte ich mich der deutschen Geschichte, als ich als studentische wissenschaftliche Hilfskraft an der Dietrich-Bonhoeffer-

---

[615] Prof. Dr. Leonore Siegele-Wenschkewitz (1944-1999) war Pfarrerin der Evangelischen Kirche in Hessen und Nassau, promovierte Kirchenhistorikerin (1972) und Direktorin der Evangelischen Akademie Arnoldshain. Die feministische Theologin beschäftigte sich mit der Rolle der Kirchen und Theologischen Fakultäten im Nationalsozialismus, dem Verhältnis von Christen und Juden und publizierte Arbeiten über antijudaistische Tendenzen in der christlichen Theologie. 1990 wurde sie an der Johann Wolfgang Goethe Universität Frankfurt/M. habilitiert und 1997 zur außerplanmäßigen Professorin ernannt. Von 1988 bis zu ihrem Tod war sie Mitglied der Evangelischen Arbeitsgemeinschaft für Kirchliche Zeitgeschichte, deren Geschäftsführerin sie zum Schluss war.

Forschungsstelle in Heidelberg Mitte der 80er Jahre dann Teile des Briefwechsels von Christine und Hans von Dohnanyi aus Sütterlinschrift in Maschinenschrift transkribierte – eine spannende Aufgabe, die mir zudem eine Zeit lang meinen studentischen Etat auf zu bessern half.[616] Seither fasziniert mich der Bonhoeffer-Dohnanyi-Kreis. Mit dem deutschen militärischen Widerstand gegen Hitler hatte ich mich bis dato noch nicht beschäftigt. Auch Gespräche mit einem engen Vertrauten und Mitstreiter Dietrich Bonhoeffers im Kirchenkampf 1933/34, Prof. Dr. Helmut Gollwitzer, bei einem meiner Israel-Aufenthalte Ende der 80er-Jahre waren für mich im Blick auf die Einschätzung der NS-Zeit und der BK erhellend. Bei Prof. Dr. Wolfgang Huber habe ich nach dem Ersten Kirchlichen Examen über „Versöhnung in Gerechtigkeit im Kontext Südafrikas"[617] promoviert. Dietrich Bonhoeffer hat mich sicher nachhaltig für mein eigenes theologi-

---

[616] Einen Überblick zu den einzelnen Arbeiten dieses Projekt gibt Heinz Eduard Tödt, Der Bonhoeffer-Dohnanyi-Kreis in der Opposition und im Widerstand gegen das Gewaltregime Hitlers (Zwischenbilanz eines Forschungsprojekts), in: Christian Gremmels/Ilse Tödt (Hg.), Die Präsenz des verdrängten Gottes. Glaube, Religionslosigkeit und Weltverantwortung nach Dietrich Bonhoeffer, München 1987, 205-263. Dr. Heinz Eduard Tödt, Professor für Systematische Theologie an der Ruprecht-Karls-Universität Heidelberg, war der ausgewiesene Leiter dieses Projekts; seine Beiträge zur Forschung waren richtungsweisend.

[617] Vgl. Thomas O. H. Kaiser, Versöhnung in Gerechtigkeit. Das Konzept der Versöhnung und seine Kritik im Kontext Südafrika, Neukirchen-Vluyn 1996 (diss. theol. Heidelberg 1993). Die Arbeit wurde in die Reihe `Neukirchner Theologische Dissertationen und Habilitationen aufgenommen und dafür von mir gekürzt.

sches Denken im Blick auf den rassistischen Apartheid-Konflikt in Südafrika geprägt. Dort ging es seit langem um den Kampf um Freiheit, Gerechtigkeit und Menschenrechte. Besonders südafrikanische Theologen wie *Dr. Wolfram Kistner*[618], der mit seinem Kollegen und Freund *Dr. Christiaan Frederick Beyers Naudé*[619] im Ecumenical

---

[618] Ich bin 1990 oftmals zu Gast bei Dr. Wolfram Kistner (1923-2006) und seiner Frau Adelheid in Johannesburg gewesen und habe Wolfram Kistner mehrfach interviewt. `Dr. K´, wie ihn seine Mitarbeiterinnen und Mitarbeiter nannten, hatte Evangelische Theologie, Erziehungswissenschaften und Geschichte in Südafrika, Deutschland und den Niederlanden studiert und dort in Geschichte promoviert. Er wurde 1952 zum Pfarrer der Evangelischen Landeskirche Hannovers ordiniert. In diesem Jahr heiratete er auch; fünf Kinder gingen aus der Ehe hervor. Kistner arbeitete in Deutschland als Pastor und als Lehrer an der Deutschen Schule Hermannsburg, die er vier Jahre lang leitete und danach Superintendent der Hermannsburger Mission und Dozent wurde. Ab 1976 war er Direktor der Abteilung `Gerechtigkeit und Versöhnung´ des Südafrikanischen Kirchenrats (SACC) in Johannesburg. Als solcher leistete er dem Apartheid-Regime viele Jahre lang erbitterten Widerstand und erlitt einige Repressalien des Apartheid-Systems, unter anderem als Angeklagter vor der `Eloff´-Kommission im Mai 1983. Zum März 1988 wurde er pensioniert. Danach eröffnete er mit C.F. Beyers Naudé das Ecumenical Advice Bureau in Johannesburg. 1988 wurde er mit dem Bundesverdienstkreuz der Bundesrepublik Deutschland ausgezeichnet. 2006 erhielt er den `Order of the Baobab´, jenen südafrikanischen Verdienstorden, der seit 2002 vom südafrikanischen Präsidenten an Zivilpersonen vergeben wird. Wolfram Kistner, der leise sprach, nicht polarisierte und gern im Hintergrund blieb, starb im Kreise seiner Familie in seinem Haus in Johannesburg am 4. Dezember 2006 an den Folgen eines Magentumors.
[619] Christiaan Frederick Beyers Naudé (1915-2004) wuchs mit sieben Geschwistern als Sohn eines Pastors der Niederländisch-Reformierten Kirche, des Gründungsmitglieds des rassistischen `Afrikaner Broederbond´ und späteren Interimspräsidenten der Republik Südafrika in Roodeport bei Johannesburg auf. Er studierte Theologie und wurde 1940 jüngstes Mitglied des `Broederbond´. Das Massaker von Sharpeville 1960 bewirkte bei ihm eine Kehrtwende in seinem Denken und Handeln: In den folgenden Jahren wurde er zu einem erbitterten Gegner der `Rassentrennung´. Er geriet des-

---

385

Advice Office in Johannesburg zusammenarbeitete, sind sehr von Dietrich Bonhoeffer beeinflusst worden und haben in ihrem Kampf gegen das rassistische Unrecht in Südafrika Zeugnis abgelegt von der Botschaft des Gekreuzigten. Im Südafrika Anfang der 1990er-Jahre habe ich mich noch einmal theologisch intensiv mit Bonhoeffer auseinandersetzen und auf dem Hintergrund des theologischen Ansatzes von Dietrich Bonhoeffer und Karl Barth das Verhalten der Kirchen Südafrikas angesichts des rassistischen staatlichen Unrechtssystems reflektieren können. Eindrücklich ist mir ein Seminar an der University of Cape Town bei dem südafrikanischen Dietrich-Bonhoeffer-Experten Prof. Dr. *John W. de Gruchy*[620] in Erinnerung, in dem Parallelen zwischen Nazi-Deutschland und Apartheid-Südafrika evident wurden.[621]

---

halb mit dem Gesetz in Konflikt und wurde mehrfach unter Hausarrest gestellt (`Bann´). Von 1984-1987 war er Generalsekretär des Südafrikanischen Kirchenrates (SACC). Bei den Verhandlungen mit der Regierung Frederik Willem de Klerk 1990 war er Mitglied der Delegation des African National Congress (ANC). Beyers Naudé wurde mit 14 Ehrendoktortiteln ausgezeichnet; in Johannesburg wurde eine Straße nach ihm benannt (Beyers Naudé Drive). Seine letzten Jahre verbrachte er im Rollstuhl. Nach seinem Tod wurde seine Asche in dem Johannesburger Stadtteil Alexandra in der Nähe der Schwarzen Reformierten Kirche verstreut. Mit seiner Frau Ilse Naudé (gest. 2011) hatte er vier Kinder. Vgl. im Blick auf Bonhoeffer den Nachruf auf ihn von Gisela Albrecht, Gehorsam gegen Gott, in: der überblick 04/2004, 98.

[620] John W. de Gruchy ist Prof. em. für `Christian Studies´ an der Universität Kapstadt/Südafrika und Mitherausgeber der US-amerikanischen Ausgabe der Werke Dietrich Bonhoeffers.

[621] Diese Parallelen hatten 1975 schon Eberhard Bethge und andere erkannt (vgl. Eberhard Bethge, Bekennende Kirche in Südafrika? Folgerungen aus

In dieser Zeit, als ich mich mit der `Schwarzen Theologie in Südafrika´[622] auseinandersetzte, habe ich mich auch viel mit der nordamerikanischen Theologie der Befreiung, der `Black Theology´, insbesondere mit dem Werk von Prof. Dr. *James H. Cone*[623] beschäftigt, der in seinem Ansatz ebenfalls stark von Dietrich Bonhoeffer beeinflusst worden ist.[624]

Sei es bei der Einweihung der Bonhoeffer-Briefmarke in Wertheim 1995, sei es bei einem Aufenthalt in New York im Jahr 2000 mit einem Besuch des Union Theological

---

einer Reise, in: ders., Am gegebenen Ort, a. a. O., 131-139. Bethge beendet seinen Aufsatz mit der Befürchtung einer Militärdiktatur – was dann schließlich de facto auch eintraf). Renier A. Koegelenberg aus Südafrika hat in seiner von Prof. Dr. Wolfgang Huber betreuten Heidelberger Dissertation fünfzehn Jahre später Parallelen von der völkischen Ideologie der Nazis im kirchlichen Gewand zur völkischen Ideologie der Kirchen Südafrikas gezogen, vgl. Koegelenberg, Renier Adriaan, Volk als Raum der Kirche? Kritische Überlegungen zum Selbstverständnis der `Nederduitse Gereformeerde Kerk´ (NGK) Südafrikas am Leitfaden Dietrich Bonhoeffers, Heidelberg 1990 (diss. theol.).

[622] Vgl. Thomas O. H. Kaiser, Schwarze Theologie in Südafrika. Auf den Spuren des theologischen Kampfes gegen den Rassismus (APHORISMA; 41), Trier 1998.

[623] James H. Cone (1938-2018) war ein afroamerikanischer Theologe, der besonders für seine Arbeiten zur `Schwarzen Theologie´ bekannt wurde. Vgl. ausführlich Thomas O. H. Kaiser, „Oh, freedom…!" Die nordamerikanische Theologie der Befreiung. Eine kritische Skizze des theologischen Werkes von James H. Cone, (APHORISMA; 46), Trier 2000.

[624] Vgl. Larry Rasmussen, Bonhoeffer´s Song of Songs and Christianities as Earth Faiths, in: Christian Gremmels/Wolfgang Huber (Hg.), Religion im Erbe. Dietrich Bonhoeffer und die Zukunftsfähigkeit des Christentums, Gütersloh 2002, 186-193, bes. 187, Anm. 6 und Christiane Tietz, Dietrich Bonhoeffer, a. a. O., 128.

Seminary in Harlem, an dem er studierte - erneut trat Dietrich Bonhoeffer in meinen Focus.

Besonders gefreut hat mich, dass die Kirchengemeinde Kadelburg sich am 22. Juli 2005 dazu entschlossen hat, ihrem bis dato namenlosen Gemeindehaus den Namen Dietrich Bonhoeffers zu geben.[625] Die Einweihung durch den EKD-Ratsvorsitzenden Bischof Wolfgang Huber, die Lesung mit seiner Frau Kara Huber aus dem Briefwechsel von Dietrich Bonhoeffer und Maria von Wedemeyer in der Bergkirche[626] sowie das anschließende Fest sind bis heute vielen in der Gemeinde in guter Erinnerung geblieben.[627]

Die Evangelische Kirchengemeinde Kadelburg, in der viele Flüchtlinge nach 1945 eine zweite Heimat gefunden

---

[625] Es ist dem Kirchengemeinderat der Evangelischen Kirchengemeinde Kadelburg dieser Zeit unter dem Vorsitz von Else Haberstock, dafür zu danken: Hans-Jürgen Bachmann, Silvia C. Baumgartner, Hans Bernhard, Petra Fesser, Rosi Haas, Arthur Ips, Gisela Kaminski, Edith Moranz, Ingrid Nordhausen und Joachim Weszkalnys. Immer wieder hatten wir uns mit Dietrich Bonhoeffer in der Gemeindearbeit beschäftigt, auch auf dem Hintergrund dessen, dass insbesondere Gemeindeglieder in Hohentengen aus Deutschlands Osten nach 1945 am Hochrhein zugezogen waren. So haben wir u.a. nach dem Erscheinen von `Die letzte Stufe´ im Jahr 2000 im Gemeindehaus einen Bonhoeffer-Filmabend veranstaltet. Im Religions- und natürlich auch im Konfirmandenunterricht waren Gedanken Dietrich Bonhoeffers fester Bestandteil.

[626] Vgl. SÜDKURIER v. 26.7.2005: „Gebanntem Lauschen folgt langer Beifall".

[627] Vgl. SÜDKURIER v. 25.7.2005: „Richtiger Name zum richtigen Zeitpunkt." Die Kirchengemeinde beging die Namensgebung mit einem Gemeindefest für Jung und Alt. Im Bonhoeffer-Haus war zu diesem Anlass ein Bonhoeffer-Bild ausgestellt, das der damals auf Kuba lebende Maler Siegfried Kaden (1945-2021) gemalt hatte, vgl. SÜDKURIER v. 4.8.2005.

haben, hat, um an Leben und Werk Dietrich Bonhoeffers zu erinnern und sein Erbe zu bewahren, einen `Dietrich-Bonhoeffer-Preis´ für Schülerinnen und Schüler ausgelobt.

Last but not least wurde mir selbst ein Wort Dietrich Bonhoeffers zum Trost. Meine Mutter hatte für den Fall ihres Todes für uns Kinder eines von Bonhoeffers Worten für ihre Todesanzeige herausgesucht: „Es gibt nichts, was uns die Abwesenheit eines geliebten Menschen ersetzen kann. Je schöner und voller die Erinnerung ist, desto härter die Trennung, aber die Dankbarkeit schenkt in der Trauer eine stille Freude. Man trägt das vergangene Schöne wie ein kostbares Geschenk in sich."[628] Wir haben ihr gerne diesen letzten Wunsch erfüllt.

Gewidmet ist dieses Buch meinen vier Kindern: Salome, Balthasar, Gloria und Gabriel. Wenn dieses Buch zumindest ihnen die neuere deutsche Geschichte ein stückweit näher bringen würde, hätte sich die Mühe für mich schon gelohnt.

Kadelburg, 20. Juli 2014   Thomas O.H. Kaiser

---

[628] Traueranzeige für Lilli Müller (1929-2007), in: TAH v. 6.2.2007. Das verwendete Zitat Bonhoeffers stammt aus einem in Tegel am 24.12.1943 geschriebenen Brief an Renate und Eberhard Bethge. Es ist abgedruckt in DBW 8, 255f., oder ist online hier zu finden: https://www.dietrich-bonhoeffer.net/zitat/689-es-gibt-nichts-was-uns-die/ (aufgerufen am 11.10.2024).

Glossar

der fachlichen und historischen Begriffe sowie der verwendeten Abkürzungen in Kurzform:

A.A.: Auswärtiges Amt
a. a. O.: am angegebenen Ort
APU: Altpreußische Union
BDM: `Bund Deutscher Mädel´ (Nazi-Terminologie)
BK: Bekennende Kirche
BNSDJ: Bund Nationalsozialistischer Deutscher Juristen
CCS: Combined Chiefs of Staff
CIC: Counter Intelligence Corps
CSU: Christlich Soziale Union
DAP: Deutsche Arbeiterpartei
DB: Dietrich Bonhoeffer. Theologe, Christ, Zeitgenosse (Biographie von Eberhard Bethge)
DBA: Dietrich Bonhoeffer Auswahl
DBW: Dietrich Bonhoeffer Werke
DC: Deutsche Christen
DDP: Deutsche Demokratische Partei
DEK: Deutsche Evangelische Kirche
DNVP: Deutschnationale Volkspartei
DtPfrBl: Deutsches Pfarrerblatt
DVP: Deutsche Volkspartei
EG: Evangelisches Gesangbuch. Stammausgabe der Evangelischen Kirche in Deutschland
EKBO: Evangelische Kirche Berlin-Brandenburg-schlesische Oberlausitz
EKD: Evangelische Kirche in Deutschland
EKG: Evangelisches Kirchengesangbuch
f.: folgende (die folgende Seite)
ff.: fortfolgende (die folgenden Seiten)
geb.: geboren
GEE: Gemeinschaft Evangelischer Erzieher in Baden

Gestapo: Geheime Staatspolizei (Nazi-Terminologie)
GS: Gesammelte Schriften
IBF: Internationales Bonhoeffer Forum
KL: Konzentrationslager (veraltet)
KPD: Kommunistische Partei Deutschlands
KZ: Konzentrationslager
LWB: Lutherischer Weltbund
NS: Nationalsozialismus
NSDAP: Nationalsozialistische Deutsche Arbeiterpartei
OKH: Oberkommando des Heeres
OKW: Oberkommando der Wehrmacht
ÖRK: Ökumenischer Rat der Kirchen
Pfr.: Pfarrer
Prof.: Professor
RGG: Religion in Geschichte und Gegenwart
RKG: Reichskriegsgericht
RSHA: `Reichssicherheitshauptamt´ (Nazi-Terminologie)
RWB: Reformierter Weltbund
SBZ: Sowjetische Besatzungszone
SD: `Sicherheitsdienst´ (Nazi-Terminologie)
SA: `Sturmabteilung´ (Nazi-Terminologie)
SPD: Sozialdemokratische Partei Deutschlands
SS: `Schutzstaffel´, paramilitärische Einheit (Nazi-Terminologie)
TRE: Theologische Realenzyklopädie
UCC: The United Church of Christ (USA)
uk-Stellung: Unabkömmlichkeitsstellung hinsichtlich des Kriegsdienstes
vgl.: Vergleiche
WE: Widerstand und Ergebung
WEN: Widerstand und Ergebung Neuausgabe

Literaturverzeichnis

Literatur von und über Dietrich Bonhoeffer

Bonhoeffer Brevier, zusammengestellt von Otto Dudzus, München 1963.

Bonhoeffer, Dietrich, Akt und Sein. Transzendentalphilosophie und Ontologie in der systematischen Theologie, Gütersloh 1931, München [4]1976 (Theologische Bücherei: Systematische Theologie 5) (abgekürzt: AS).

___, Ethik. Zusammengestellt und hg. von Eberhard Bethge, München 1949 (abgekürzt: E).

___, Ethik. Zusammengestellt und hg. von Eberhard Bethge. Neugeordnet seit der 6. Auflage, München [11]1985 (abgekürzt: EN).

___, Fragmente aus Tegel. Drama und Roman, hg. von Renate und Eberhard Bethge, München 1978 (abgekürzt: FT).

___, Gemeinsames Leben, München 1939, [20]1985 (abgekürzt: GL).

___, Nachfolge, München 1937, [15]1985 (abgekürzt: N).

___, Predigten – Auslegungen – Meditationen 1925-1945, hg. von Otto Dudzus, Bd. I-II, München 1984-1985 (abgekürzt: PAM).

___, Sanctorum Communio. Eine dogmatische Untersuchung zur Soziologie der Kirche, Berlin 1930, München [4]1969 (Theologische Bücherei: Systematische Theologie 3) (abgekürzt: SC).

___, Schöpfung und Fall. Versuchung, München 1968 (abgekürzt: SF).

___, Schweizer Korrespondenz 1941/42. Im Gespräch mit Karl Barth, hg. v. E. Bethge (Theologische Existenz heute; 214), München 1982.

___, Widerstand und Ergebung. Briefe und Aufzeichnungen aus der Haft, hg. von Eberhard Bethge, München 1951 (abgekürzt: WE).

___, Widerstand und Ergebung. Briefe und Aufzeichnungen aus der Haft, hg. von Eberhard Bethge. Neuausgabe, München 1970, [3]1985 (abgekürzt: WEN).

Bonhoeffer, Dietrich, Gesammelte Schriften, 6 Bände, hg. von Eberhard Bethge, Bd. I-VI, München 1958-1974 (abgekürzt: GS).

___, I: Ökumene, Briefe, Aufsätze, Dokumente. 1928-1942, München [2]1965.

___, II: Kirchenkampf und Finkenwalde. Resolutionen, Aufsätze, Rundbriefe. 1933 – 1943, München [2]1965.

___, III: Theologie – Gemeinde. Vorlesungen, Briefe, Gespräche. 1927-1944, München [2]1966.

___, IV: Auslegungen – Predigten. 1931-1944, München [2]1965.

___, V: Seminare – Vorlesungen – Predigten. 1924-1945, München 1972.

___, VI: Tagebücher – Briefe – Dokumente. 1923-1945, München 1974.

Bonhoeffer, Dietrich, Dietrich Bonhoeffer Werke (DBW), 17 Bände, hg. von Eberhard Bethge, Christian Gremmels, Ernst Feil, Wolfgang Huber, Hans Pfeifer, Albrecht Schönherr, Heinz Eduard Tödt und Ilse Tödt, München bzw. Gütersloh 1986-1999.

___, 1: Sanctorum Communio. Eine dogmatische Untersuchung zur Soziologie der Kirche (1930), hg. von Joachim von Soosten, München 1986.

___, 2: Akt und Sein. Transzendentalphilosophie und Ontologie in der systematischen Theologie (1931), hg. von Hans-Richard Reuter, München 1988.

___, 3: Schöpfung und Fall. Theologische Auslegung von Genesis 1-3 (1933), hg. von Martin Rüter und Ilse Tödt, München 1989.

___, 4: Nachfolge (1937), hg. von Martin Kuske und Ilse Tödt, München 1989, 2. Auflage Gütersloh 1994.

___, 5: Gemeinsames Leben. Das Gebetbuch der Bibel (1940), hg. von Gerhard Ludwig Müller und Albrecht Schönherr, München 1987.

___, 6: Ethik, hg. von Ilse Tödt, Heinz Eduard Tödt, Ernst Feil, Clifford Green, München 1991, 2. Auflage Gütersloh 1998.

___, 7: Fragmente aus Tegel, hg. von Renate Bethge und Ilse Tödt, Gütersloh 1994.

___, 8: Widerstand und Ergebung. Briefe und Aufzeichnungen aus der Haft, hg. von Christian Gremmels, Eberhard Bethge und Renate Bethge in Zusammenarbeit mit Ilse Tödt, Gütersloh 1998.

___, 9: Jugend und Studium 1918-1927, hg. von Hans Pfeifer in Zusammenarbeit mit Clifford Green und Carl-Jürgen Kaltenborn, München 1986.

___, 10: Barcelona, Berlin, Amerika 1928-1931, hg. von Reinhard Staats und Hans Christoph von Hase in Zusammenarbeit mit Holger Roggelin und Matthias Wünsche, München 1991.

___, 11: Ökumene, Universität, Pfarramt 1931-1932, hg. von Eberhard Amelung und Christoph Strohm, Gütersloh 1994.

___, 12: Berlin 1932-1933, hg. von Carsten Nicolaisen und Ernst-Albert Scharffenorth, Gütersloh 1997.

___, 13: London 1933-1935, hg. von Hans Goedeking, Martin Heimbucher und Hans-Walter Schleicher, Gütersloh 1994.

___, 14: Illegale Theologenausbildung: Finkenwalde 1935-1937, hg. von Otto Dudzus und Jürgen Henkys in

Zusammenarbeit mit Sabine Bobert-Stützel, Dirk Schulz und Ilse Tödt, Gütersloh 1996.

___, 15: Illegale Theologenausbildung: Sammelvikariat 1937-1940, hg. von Dirk Schulz, Gütersloh 1998.

___, 16: Konspiration und Haft 1940-1945, hg. von Jörgen Glenthoj, Ulrich Kabitz und Wolf Krötke, bearbeitet von Herbert Anzinger, Gütersloh 1996.

___, 17: Register und Ergänzungen, hg. von Herbert Anzinger und Hans Pfeifer unter Mitarbeit von Waltraud Anzinger und Ilse Tödt, Gütersloh 1999.

Bonhoeffer, Dietrich, Italienreise 1924, hg. von Fulvio Ferrario und Manuel Kromer, Gütersloh 2012.

Bonhoeffer, Dietrich/von Wedemeyer, Maria, Brautbriefe Zelle 92. Dietrich Bonhoeffer Maria von Wedemeyer 1943-1945, hg. von Ruth-Alice von Bismarck und Ulrich Kabitz, München 1992, ²1995.

Dietrich Bonhoeffer Auswahl (DBA), hg. von Christian Gremmels/Wolfgang Huber, 6 Bde., München 2006.

Dietrich Bonhoeffer Ergänzungsband: So ist es gewesen. Briefe im Kirchenkampf 1933-1942 von Gerhard Vibrans, aus seinem Familien- und Freundeskreis und von Dietrich Bonhoeffer, hg. von Dorothea und Gerhard Andersen, Eberhard Bethge und Elfriede Vibrans, Gütersloh 1995.

Dietrich Bonhoeffer Ergänzungsband zu DBW 6: Dietrich Bonhoeffer, Zettelnotizen für eine `Ethik´, hg. von Ilse Tödt, Gütersloh 1993.

Dietrich Bonhoeffer Ergänzungsband zu DBW 14: Die Finkenwalder Rundbriefe. Briefe und Texte von Dietrich Bonhoeffer und seinen Predigerseminaren 1935-1946, hg. v. Ilse Tödt, Gütersloh 2013.

Dietrich-Bonhoeffer-Lesebuch, hg. von Otto Dudzus, München 1987.

Dietrich Bonhoeffer lesen und verstehen, hg. von Roland Biewald, Leipzig 2005.

Dietrich Bonhoeffer, Von guten Mächten. Gebete und Gedichte, interpretiert von Johann Christoph Hampe, München [4]1983.

Dietrich Bonhoeffer, Wer ist und wer war Jesus Christus? Seine Geschichte und sein Geheimnis. Ein Stundenbuch, hg. v. Otto Dudzus, Hamburg 1962.

Weihnachten mit Dietrich Bonhoeffer. Besinnliche Texte, hg. von Manfred Weber, Gütersloh 2004.

Sekundärliteratur zu Dietrich Bonhoeffer

Abromeit, Hans-Jürgen, Das Geheimnis Christi. Dietrich Bonhoeffers erfahrungsbezogene Christologie, Neukirchen-Vluyn 1990 (diss. theol.).

Ackermann, Josef, Dietrich Bonhoeffer – Freiheit hat offene Augen, Gütersloh 2005.

____, „...und mit Euch gehen in ein neues Jahr", in: Täglicher Anzeiger Holzminden (TAH) v. 10. April 1995, 7.

Bahr, Petra, Wunderbare Verwandlung, in: Taufe und Freiheit, hg. vom Rat der EKD, Hannover 2011, 32+33.

Barnett, Victoria, For the Soul of the People: Protestant Protest Against Hitler, New York 1992.

Barth, Friederike, Die Wirklichkeit des Guten. Dietrich Bonhoeffers Ethik und ihr philosophischer Hintergrund (Beiträge zur historischen Theologie; 156), Tübingen 2011.

Barz, Paul, Ich bin Bonhoeffer. Roman eines glaubwürdigen Lebens, Gütersloh 2006.

Bassewitz, Gert von/Bunners, Christian, Auf den Spuren von Dietrich Bonhoeffer, Hamburg 2004.

Bautz, Friedrich Wilhelm, Art. Bonhoeffer, Dietrich, in: Biographisch-Bibliographisches Kirchenlexikon, Bd. I (1990), 681-684.

Best, Sigismund Payne, The Venlo Incident, London 1950.

Bethge, Eberhard, Am gegebenen Ort. Aufsätze und Reden 1970-1979, München 1979.

___, Bekennen und Widerstehen. Aufsätze – Reden – Gespräche, München 1984.

___, Bonhoeffer. Dietrich Bonhoeffer in Selbstzeugnissen und Bilddokumenten, Reinbek bei Hamburg 1983 (rowohlts monographien, Erstauflage 1976).

___, Christlicher Glaube ohne Religion. Hat sich Dietrich Bonhoeffer geirrt?, in: Evangelische Kommentare 8, 1975, 395-397 [= Am gegebenen Ort, 32-38].

___, Dietrich Bonhoeffer. Eine Biographie, Gütersloh [8]1994 (Taschenbuchausgabe, entspricht: Dietrich Bonhoeffer. Theologe – Christ – Zeitgenosse. Eine Biographie, München 1967; abgekürzt: DB).

___, Dietrich Bonhoeffer: Man of Vision, Man of Courage, New York 1970.

___, Dietrich Bonhoeffer und die Juden, in: Ernst Feil/Ilse Tödt (Hg.), Konsequenzen. Dietrich Bonhoeffers Kirchenverständnis heute (IBF Bd. 3), München 1980, 171-214.

___, Dietrich Bonhoeffer und die Juden, in: Heinz Cremers (Hg.), Die Juden und Martin Luther – Martin Luther und die Juden, Neukirchen-Vluyn, [2]1987, 211-248.

___, Dietrich und Karl-Friedrich. Zum 50. Todestag von Dietrich Bonhoeffer, in: Christoph Meier (Hg.), Dietrich Bonhoeffer. Seine Wirkungsgeschichte im geteilten und vereinigten Deutschland, Tutzing 1995, 5-14.

___, Erstes Gebot und Zeitgeschichte. Aufsätze und Reden (1980-1990), München 1991.

___, Zwischen Bekenntnis und Widerstand: Erfahrungen in der Altpreußischen Union, in: Jürgen Schmädeke/Peter Steinbach (Hg.), Der Widerstand gegen den Nationalsozialismus. Die deutsche Gesellschaft und der Widerstand gegen Hitler, München-Zürich 1985, [3]1994, 281-294.

Bethge, Eberhard/Bethge, Renate (Hg.), Letzte Briefe im Widerstand. Aus dem Kreis der Familie Bonhoeffer, München 1984, [2]1988.

Bethge, Eberhard/Bethge, Renate/Gremmels, Christian (Hg.), Dietrich Bonhoeffer. Bilder aus seinem Leben, München 1986, [2]1989.

Bethge, Eberhard, Renate Bethge and Christian Gremmels (eds.), Dietrich Bonhoeffer: A Life in Pictures, Philadelphia 1986.

Bethge, Eberhard/Huber, Wolfgang/Gremmels, Christian/Laurien, **Hanna-Renate/Meyer, Winfried/Schmude, Jürgen,** Mut in böser Zeit. Gedenken an Dietrich Bonhoeffer und seine Freunde, hg. von Wolfgang Huber, Berlin 1995.

Bethge, Eberhard/Jasper, Ronald C. D. (Hg.), An der Schwelle zum gespaltenen Europa. Der Briefwechsel zwischen George Bell und Gerhard Leibholz (1939-1951), Stuttgart 1974.

Bethge, Renate, Bonhoeffers Familie und ihre Bedeutung für seine Theologie (Gedenkstätte Deutscher Widerstand: Beiträge zum Widerstand 1933-1945; Heft 30), Berlin 2003.

___, Dietrich Bonhoeffer. Eine Skizze seines Lebens, Gütersloh 2004.

___, Wunderbar geborgen. Dietrich Bonhoeffer, Gütersloh 1998, [2]2000.

Beyer-Henneberger, Ute, Mit Engeln gegen den Strom. Ein Gottesdienstentwurf zum Leben Bonhoeffers mit Konfirmandinnen und Konfirmanden, in: Arbeitsstelle Gottesdienste. Zeitschrift der Gemeinsamen Arbeitsstelle für gottesdienstliche Fragen der Evangelischen Kirche in Deutschland (Hg.), ...dann musst du dazwischenspringen. Dietrich Bonhoeffer 1906-2006, 19. Jg., 02/2005, Hannover 2005, 95-105.

Bobert-Stützel, Sabine, Dietrich Bonhoeffers Pastoraltheologie. Theologenausbildung im Widerstand zum ˋDritten Reichˊ, dargestellt anhand der Finkenwalder Vorlesungen 1935-1937, Gütersloh 1995 (diss. theol).

Chowaniec, Elisabeth, Der „Fall Dohnanyi 1943-1945". Widerstand, Militärjustiz, SS-Willkür (Schriftenreihe der Vierteljahreshefte für Zeitgeschichte, Bd. 62), München 1991.

Claß, Gottfried, Der verzweifelte Zugriff auf das Leben. Dietrich Bonhoeffers Sündenverständnis in ˋSchöpfung und Fallˊ(NSTB 15), Neukirchen-Vluyn 1994 (diss. theol.).

Dannowski, Hans Werner, Das Dokumentarische und das Fiktive. Einige Anmerkungen zu Eric Tills Bonhoeffer-Film ˋDie letzte Stufeˊ, in: „...dann musst du dazwischenspringen." Dietrich Bonhoeffer 1906-2006, hg. v. GAGF, 81-84.

Dieterich, Veit-Jakobus, Dietrich Bonhoeffer 1906-1945. Ein Materialheft für die Oberstufe, Stuttgart 2006.

Dietrich Bonhoeffer Jahrbuch 2003, hg. v. Victoria Barnett u.a., Gütersloh 2003.

Dietrich Bonhoeffer, Von guten Mächten. Gebete und Gedichte, interpretiert von Johann Christoph Hampe, München [4]1983.

Dietrich Bonhoeffer. Vorbild im Glauben. Texte und Predigten anlässlich des 100. Geburtstages von Dietrich Bonhoeffer (EKD Texte; 83) hg. v. Kirchenamt der EKD, Hannover 2006.

Dietrich Bonhoeffer Jahrbuch 2/Dietrich Bonhoeffer Yearbook 2, 2005/2006, hg. v. Victoria J. Barnett u.a., Gütersloh 2005.

Dietrich Bonhoeffer Jahrbuch 4/Dietrich Bonhoeffer Yearbook 4, 2009/2010, hg. v. Victoria J. Barnett u.a., Gütersloh 2010.

Dinger, Jörg, Auslegung, Aktualisierung und Vereinnahmung. Das Spektrum der deutschsprachigen Bonhoeffer-Interpretationen in den 50er Jahren, Neukirchen-Vluyn 1998.

Dramm, Sabine, Dietrich Bonhoeffer, Eine Einführung in sein Denken, Gütersloh 2001.

___, Dietrich Bonhoeffers `religionsloses Christentum´ – eine überholte Denkfigur?, in: Christian Gremmels/Wolfgang Huber (Hg.), Religion im Erbe. Dietrich Bonhoeffer und die Zukunftsfähigkeit des Christentums, Gütersloh 2002, 308-320.

___, V-Mann Gottes und der Abwehr? Dietrich Bonhoeffer und der Widerstand, Gütersloh 2005.

Dudzus, Otto (Hg.), Bonhoeffer Brevier, München 1963.

Endraß, Elke, Bonhoeffer und seine Richter. Ein Prozess und sein Nachspiel, Stuttgart 2006.

Esche, Albrecht (Hg.), Widerspruch und Verehrung. Bonhoeffers Aktualität, Bad Boll 2007.

Eulenberger, Klaus, Überraschungen sind möglich. Impressionen zur Spiritualität in Predigerseminaren heute, in: Arbeitsstelle Gottesdienste. Zeitschrift der Gemeinsamen Arbeitsstelle für gottesdienstliche Fragen der Evangelischen Kirche in Deutschland (Hg.), ...dann musst du dazwischenspringen. Dietrich Bonhoeffer 1906-2006, 19. Jg., 02/2005, Hannover 2005, 85-89.

Feldmann, Christian, „Wir hätten schreien müssen". Das Leben des Dietrich Bonhoeffer, Freiburg im Breisgau 1998.

Feil, Ernst, Die Theologie Dietrich Bonhoeffers. Hermeneutik – Christologie – Weltverständnis, München 1971, ⁴1991, ⁵2005.

___, Ende oder Wiederkehr der Religion? Zu Bonhoeffers umstrittener Prognose eines `religionslosen Christentums´, in: Christian Gremmels/Ilse Tödt (Hg.), Die Präsenz des verdrängten Gottes. Glaube, Religionslosigkeit und Weltverantwortung nach Dietrich Bonhoeffer (IBF Bd. 7), München 1987, 27-49.

Feil, Ernst (Hg.), Verspieltes Erbe? Dietrich Bonhoeffer und der deutsche Nachkriegsprotestantismus (IBF Bd. 2), München 1979.

___, Internationale Bibliographie zu Dietrich Bonhoeffer (unter Mitarbeit von Barbara E. Fink), Gütersloh 1998.

Fleischer, Christoph, Bonhoeffers Präsenz. Ist Dietrich Bonhoeffer in der Darstellung von Medien ein `evangelischer Heiliger´?, in: Deutsches Pfarrerblatt 7/2006, 362-368 (= Tà katoptrizómena. Das Magazin für Kunst, Kultur, Theologie, Ästhetik, Heft 40 [`Religion und Moderne´], 08/2006).

___, Die Ethik Dietrich Bonhoeffers, in: Tà katoptrizómena. Das Magazin für Kunst, Kultur, Theologie, Ästhetik, Heft 59 (`Ethica´), 11/2009, 1-23.

Ford, Charles E., Eine Diskussion des Films `Bonhoeffer: Agent of Grace´ und des Buches `E. Bethge, Dietrich Bonhoeffer. A Biography´, in: Dietrich Bonhoeffer Jahrbuch 2003, Gütersloh 2003, 129-151.

Gafga, Hedwig, Berufung in Manhattan, in: Chrismon 3/2004, 25-31.

Gerrens, Uwe, Medizinisches Ethos und theologische Ethik. Die Position von Karl Bonhoeffer und Dietrich Bonhoeffer in den Auseinandersetzungen um Zwangssterilisation und Euthanasie im Nationalsozialismus, Heidelberg 1994 (diss.).

Glazener, Mary, Der Kelch des Zorns. Ein Roman über Dietrich Bonhoeffer, Gießen 2006.

Glenthoj, Jörgen, Zwei neue Zeugnisse von der Ermordung Dietrich Bonhoeffers, in: Rainer Mayer/Peter Zimmerling (Hg.), Dietrich Bonhoeffer aktuell. Biografie – Theologie – Spiritualität, Gießen-Basel 2001, 84-96.

Gosda, Petra, „Du sollst keine anderen Götter haben neben mir". Gott und die Götzen in den Schriften Dietrich Bonhoeffers (NTDH 26), Neukirchen-Vluyn 1999 (diss. theol).

Grabner, Sigrid/Röder, Hendrik (Hg.), Emmi Bonhoeffer. Essay, Gespräch, Erinnerung, Berlin 2004.

___, Emmi Bonhoeffer. Bewegende Zeugnisse eines mutigen Lebens, Reinbek 2006.

Green, Clifford J., Bonhoeffer. A Theology of Sociality, Grand Rapids/Mich. 1972, rev. Auflage 1999.

Green, Clifford/Pfeifer, Hans, Texte von Dietrich Bonhoeffer in der Houghton Library, Harvard University, Boston, in: Dietrich Bonhoeffer Jahrbuch 2003, Gütersloh 2003, 193-194.

Green, Clifford J./Nielsen, Kirsten Busch/Tietz, Christiane (Hg.), Dietrich Bonhoeffer Jahrbuch 5/Dietrich Bonhoeffer Yearbook 5. 2011/2012, Gütersloh 2012.

Gremmels, Christian, Art. Dietrich Bonhoeffer, in: Religion in Geschichte und Gegenwart (RGG). Handwörterbuch für Theologie und Religionswissenschaft, Bd. 1, Tübingen [4]1998, 1683f.

___, Mut zur Verantwortung. Dietrich Bonhoeffer als Vorbild, in: Arbeitsstelle Gottesdienste. Zeitschrift der Gemeinsamen Arbeitsstelle für gottesdienstliche Fragen der Evangelischen Kirche in Deutschland (Hg.), ...dann

musst du dazwischenspringen. Dietrich Bonhoeffer 1906-2006, 19. Jg., 02/2005, Hannover 2005, 63-70.
___, Theologie und Lebenswelt. Beiträge zur Theologie der Gegenwart, hg. von Florian Schmitz, Gütersloh 2012.
Gremmels, Christian (Hg.), Bonhoeffer und Luther. Zur Sozialgestalt des Luthertums in der Moderne (IBF Bd. 6), München 1983.
Gremmels, Christian/Grosse, Heinrich W., Dietrich Bonhoeffer. Der Weg in den Widerstand. Mit Beiträgen von Renate Bethge, Eberhard Bethge, Gaetano Latmiral und Albrecht Schönherr, Gütersloh 1996, [2]2004.
Gremmels, Christian/Huber, Wolfgang (Hg.), Theologie und Freundschaft. Wechselwirkungen Eberhard Bethge und Dietrich Bonhoeffer, Gütersloh 1994.
Gremmels, Christian/Pfeifer, Hans, Theologie und Biographie. Zum Beispiel Dietrich Bonhoeffer, München 1983.
Gremmels, Christian/Tödt, Ilse (Hg.), Die Präsenz des verdrängten Gottes. Glaube, Religionslosigkeit und Weltverantwortung nach Dietrich Bonhoeffer (Internationales Bonhoeffer Forum; Bd. 7), München 1987.
Gruchy, John W. de, Christus bekennen in Südafrika, in: Christian Gremmels/Ilse Tödt (Hg.), Die Präsenz des verdrängten Gottes. Glaube, Religionslosigkeit und Weltverantwortung nach Dietrich Bonhoeffer (IBF Bd. 7), München 1987, 120-142.
___, Eberhard Bethge. Freund Dietrich Bonhoeffers, Gütersloh 2007.
___, Nationale Seelsorge. Bonhoeffers Wirkung in Südafrika, in: Evangelische Kommentare 4/95, 198-200.
John de Gruchy, (Hg.), Dietrich Bonhoeffer: Witness to Jesus Christ, Minneapolis 1991.
Gruchy, John W. de/Plant, Stephen/Tietz, Christiane (Hg.), Dietrich Bonhoeffers Theologie heute – Dietrich

403

Bonhoeffer's Theology Today: Ein Weg zwischen Fundamentalismus und Säkularismus? – A Way between Fundamentalism and Secularism?, Gütersloh 2009.

Grunow, Richard, Begegnung mit Dietrich Bonhoeffer. Zu seinem 20. Todestag am 9. April 1965, in: botschaft und dienst (bud). Monatshefte für kirchliche Männerarbeit, 16. Jg. Nr. 4, Gütersloh April 1965, 70-74.

Gutman, Israel/Fraenkel, Daniel/Borut, Jacob, Lexikon der Gerechten unter den Völkern. Deutsche und Österreicher, Bd. 1, Göttingen 2005.

Hauerwas, Stanley, Performing the Faith: Bonhoeffer and the Practice of Nonviolence, Grand Rapids 2004.

Heider-Rottwilm, Antje, „Jagt dem Frieden nach mit jedermann..." Erinnerung an Bonhoeffers ökumenisches Engagement – eine Andacht, in: Arbeitsstelle Gottesdienste. Zeitschrift der Gemeinsamen Arbeitsstelle für gottesdienstliche Fragen der Evangelischen Kirche in Deutschland (Hg.), ...dann musst du dazwischenspringen. Dietrich Bonhoeffer 1906-2006, 19. Jg., 02/2005, Hannover 2005, 107-112.

Heitz, Jean-Jacques/Frank, Eberhard, Dietrich Bonhoeffer, 1906-1945, in Wort und Bild (Gestalten des Protestantismus, hg. v. Evangelisches Medienhaus GmbH), Stuttgart 2009.

Henkys, Jürgen, Geheimnis der Freiheit. Die Gedichte Dietrich Bonhoeffers aus der Haft, Gütersloh 2005.

Herntrich, Hans-Volker, Umkehr zu Tat und Leben. Dietrich Bonhoeffers Friedensethik für kommende Generationen, in: Lutherische Monatshefte 4/95, 6-8.

Huber, Wolfgang, „...das geistige Haupt der Bewegung zur Beseitigung des Führers", in: Eberhard Bethge u.a., Mut in böser Zeit. Gedenken an Dietrich Bonhoeffer und seine Freunde, hg. von Wolfgang Huber, Berlin 1995, 37-42.

___, Dietrich Bonhoeffer – ein evangelischer Heiliger. Vortrag zur Eröffnung des Internationalen Bonhoeffer-Kongresses am 3. Februar 2006 in Breslau, in: Dietrich Bonhoeffer. Vorbild im Glauben. Texte und Predigten anlässlich des 100. Geburtstages von Dietrich Bonhoeffer (EKD Texte; 83), hg. v. Kirchenamt der EKD, Hannover 2006, 6-12.

___, Die Kirche vor der `Judenfrage´, in: Rolf Rendtorff/Eckhard Stegemann (Hg.), Auschwitz – Krise der christlichen Theologie. Eine Vortragsreihe (Abhandlungen zum christlich-jüdischen Dialog; 10), München 1980, 60-81.

___, Er war ein Heiliger, der das Leben genoss. Wolfgang Huber über Dietrich Bonhoeffer, in: chrismon 02/2006, 54-59.

___, In der Verantwortung. Die Kirche muss einschreiten, wenn der Staat seine Macht missbraucht, meinte Dietrich Bonhoeffer. Und bereit sein, dabei auch Schuld auf sich zu laden, in: Kirchenamt der EKD (Hg.), Fürchtet Gott, ehrt den König! Reformation. Macht. Politik, Hannover 2014, 40-44.

___Kritik der Religion. Worin der Theologe und Widerstandskämpfer Dietrich Bonhoeffer aktuell bleibt, in: zeitzeichen 4/2005, 52-54.

___, Wahrheit und Existenzform. Anregungen zu einer Theologie der Kirche bei Dietrich Bonhoeffer, in: Ernst Feil/Ilse Tödt (Hg.), Konsequenzen. Dietrich Bonhoeffers Kirchenverständnis heute (IBF Bd. 3), München 1980, 87-139.

___, „Was das Christentum oder auch wer Christus für uns heute eigentlich ist". Dietrich Bonhoeffers Bedeutung für die Zukunft der Christenheit, in: Christian Gremmels/Ilse Tödt (Hg.), Die Präsenz des verdrängten Gottes. Glaube, Religionslosigkeit und Weltverantwortung nach Dietrich Bonhoeffer (IBF Bd. 7), München 1987, 87-100.

Huber, Wolfgang (Hg.), Schuld und Versöhnung in politischer Perspektive. Dietrich-Bonhoeffer-Vorlesungen in Berlin (Internationales Bonhoeffer Forum; Forschung und Praxis 10), Gütersloh 1996.

Huber, Wolfgang/Tödt, Ilse (Hg.), Ethik im Ernstfall. Dietrich Bonhoeffers Stellung zu den Juden und ihre Aktualität (Internationales Bonhoeffer Forum; Bd. 4), München 1982.

Hüneke, Martin/Bedford-Strohm, Heinrich (Hg.), Eberhard Bethge – Weggenosse, Gesprächspartner und Interpret Dietrich Bonhoeffers, Gütersloh 2011.

Internationales Bonhoeffer-Forum, Bde. 1-10, München 1976-1996.

International Bonhoeffer Interpretations, Bd. 1ff., Frankfurt a. M. 2008ff.

Kaiser, Thomas O. H., Hans von Dohnanyi. Ein Liberaler im Widerstand gegen Hitler, in: liberal. Vierteljahreshefte für Politik und Kultur 2/1995, 61-70.

___, Rezension zu Christoph U. Schminck-Gustavus, Der `Prozeß´ gegen Dietrich Bonhoeffer und die Freilassung seiner Mörder, in: Aufbruch. Evangelische Kirchenzeitung für Baden v. 14. 5. 1995.

___, Dietrich Bonhoeffer – Theologe der Freiheit in Verantwortung, in: liberal. Vierteljahreshefte für Politik und Kultur 2/2006, 54-58.

Kaltenborn, Carl-Jürgen, Dietrich Bonhoeffer, Berlin [4]1985.

___, Adolf von Harnack als Lehrer Dietrich Bonhoeffers, Berlin 1973 (diss. theol.).

Kelly, Geffrey B./Nelson, Burton F. (eds.), A Testament to Freedom: The Essential Writings of Dietrich Bonhoeffer (revised edition), New York 1995.

Kelly, Geffrey B./Nelson, Burton F./Bethge, Renate, The Cost of Moral Leadership: The Spirituality of Dietrich Bonhoeffer, Grand Rapids 2002.

Kodalle, Klaus-M., Dietrich Bonhoeffer. Zur Kritik seiner Theologie, Gütersloh 1991.

___, Von der Mündigkeit des Christenmenschen, in: NZZ v. 4./5.2.2006, 69.

Koegelenberg, Renier Adriaan, Volk als Raum der Kirche? Kritische Überlegungen zum Selbstverständnis der `Nederduitse Gereformeerde Kerk´ (NGK) Südafrikas am Leitfaden Dietrich Bonhoeffers, Heidelberg 1990 (diss. theol.).

Koop, Volker, In Hitlers Hand. Sonder- und Ehrenhäftlinge der SS, Weimar-Wien 2010.

Krause, Gerhard, Art. Dietrich Bonhoeffer, in: TRE VII (1981), 55-66.

Kuhlmann, Helga, Die Ethik Dietrich Bonhoeffers – Quelle oder Hemmschuh für feministisch-theologische Ethik?, in: ZEE 37, Gütersloh 1993, 106-120.

Kuratorium Bonhoeffer Haus (Hg.), Begleitheft zur Ausstellung, Berlin ²1996.

Lange, Christina, Dietrich Bonhoeffer im Religionsunterricht (diss.), Kassel 2008.

Lapide, Pinchas E., Bonhoeffer und das Judentum, in: Ernst Feil (Hg.), Verspieltes Erbe? Dietrich Bonhoeffer und der deutsche Nachkriegsprotestantismus (IBF Bd. 2), München 1979, 116-130.

Leibholz–Bonhoeffer, Sabine, vergangen – erlebt – überwunden. Schicksale der Familie Bonhoeffer, Wuppertal-Barmen 1968.

___, Weihnachten im Hause Bonhoeffer, Gütersloh 1991, ¹³2005.

Lepkowska, Ewa, Anna Morawska, Dietrich Bonhoeffer und die politische Wende in Polen. Ein Kapitel Bonhoeffer-Rezeption in Polen, in: Deutsches Pfarrerblatt 1/2014, 10-14.

Lessing, Eckhard, Dietrich Bonhoeffer, in: ders., Geschichte der deutschsprachigen evangelischen Theologie von Albrecht Ritschl bis zur Gegenwart, Bd. 2, 1918 bis 1945, Göttingen 2004, 509-519.

Luibl, Hans Jürgen, Dietrich Bonhoeffer – ein seltsamer Heiliger der Postmoderne, in: reformierte presse Nr. 16 v. 21. April 2006, 7-9.

Martin, Karl, Ich möchte glauben lernen. Die Wandlungsprozesse in der Biographie Dietrich Bonhoeffers, in: Deutsches Pfarrerblatt 5/2005, 246-255.

Martin, Karl (Hg.), Bonhoeffer in Finkenwalde. Briefe, Predigten, Texte aus dem Kirchenkampf gegen das NS-Regime 1935-1942. Studienausgabe mit Hintergrunddokumenten und Erläuterungen, unter Mitarbeit von L.- Maximilian Rathke, Wiesbaden/Berlin 2012.

Maurer, Bernhard, Beten und Tun des Gerechten. Dietrich Bonhoeffers Theologie und pädagogische Konsequenzen, in: Gemeinschaft Evangelischer Erzieher in Baden (Hg.), Beiträge pädagogischer Arbeit, 29. Jg., Halbjahresheft 1986/II, Karlsruhe 1986, 26-54.

Mayer, Rainer, Brautbriefe aus der Zelle. Maria von Wedemeyer und Dietrich Bonhoeffers Verbindungen zu den Gutsbesitzer-Familien in Pommern, in: ders./Zimmerling, Peter (Hg.), Dietrich Bonhoeffer aktuell. Biografie – Theologie – Spiritualität, Gießen-Basel 2001, 54-83.

___, Christuswirklichkeit. Grundlagen, Entwicklung und Konsequenzen der Theologie Dietrich Bonhoeffers, Stuttgart 1969, ²1980.

___, Die theologische Begründung des Widerstandes bei Dietrich Bonhoeffer und ihre Aktualität, in: ders./Peter Zimmerling (Hg.), Dietrich Bonhoeffer aktuell. Biografie – Theologie – Spiritualität, Gießen 2001, 149-173.

___, Hat sich Bonhoeffer geirrt? Seine These von der religionslosen Zukunft und das Wiedererwachen der Religion in der Gegenwart, in: ders./Peter Zimmerling (Hg.), Dietrich Bonhoeffer aktuell. Biografie – Theologie – Spiritualität, Gießen 2001, 174-196.

Mayer, Rainer/Zimmerling, Peter (Hg.), Dietrich Bonhoeffer aktuell. Biografie – Theologie – Spiritualität, Gießen-Basel 2001.

___, Dietrich Bonhoeffer – Mensch hinter Mauern. Theologie und Spiritualität in den Gefängnisjahren, Gießen-Basel 1993.

Meier, Christoph (Hg.), Dietrich Bonhoeffer. Seine Wirkungsgeschichte im geteilten und vereinigten Deutschland. Dokumentation einer Tagung in Heilbronn vom 24. bis 26. März 1995 (Tutzinger Materialien; 77), Tutzing 1995.

Metaxas, Eric, Bonhoeffer. Eine Biografie in Bildern, Holzgerlingen 2013.

___, Bonhoeffer. Pastor, Agent, Märtyrer und Prophet, Holzgerlingen 2011, [4]2012.

Meyer Bernhard, 26 Jahre auf dem Psychiatrie-Lehrstuhl – Der Arzt Karl Bonhoeffer (1868-1948), in: Berlinische Monatsschrift beim Luisenstädtischen Bildungsverein, Berlin 9/2000, 124-132.

Meyer, Winfried, Hans von Dohnanyi und die Häftlinge des 20. Juli im KZ Sachsenhausen, in: Eberhard Bethge u.a., Mut in böser Zeit. Gedenken an Dietrich Bonhoeffer und seine Freunde, hg. von Wolfgang Huber, Berlin 1995, 20-36.

___, „Unternehmen Sieben" Eine Rettungsaktion für vom Holocaust Bedrohte aus dem Amt Ausland/Abwehr im Oberkommando der Wehrmacht. Mit einem Begleitwort von Klaus von Dohnanyi, FfM 1993.

Milstein, Werner, Einen Platz in der Welt haben. Dietrich Bonhoeffer entdecken, Gütersloh 2005.

Möser, Peter, Gewissenspraxis und Gewissenstheorie bei Dietrich Bonhoeffer, Heidelberg 1983 (diss. theol.).

Mogensen, L. F., Ein Zeuge aus dem KZ Flossenbürg, in: Rainer Mayer/Peter Zimmerling (Hg.), Dietrich Bonhoeffer – Mensch hinter Mauern. Theologie und Spiritualität in den Gefängnisjahren, Gießen-Basel 1993, 107ff.

Mokrosch, Reinhold/Johannsen, Friedrich/Gremmels, Christian, Dietrich Bonhoeffers Ethik. Ein Arbeitsbuch für Schule, Gemeinde und Studium, Gütersloh 2003.

Moltmann, Jürgen, Theologie mit Dietrich Bonhoeffer. Die Gefängnisbriefe, in: John W. de Gruchy/Stephen Plant/Christiane Tietz (Hg.), Dietrich Bonhoeffers Theologie heute – Dietrich Bonhoeffer's Theology Today: Ein Weg zwischen Fundamentalismus und Säkularismus? – A Way between Fundamentalism and Secularism?, Gütersloh 2009, 17-34.

Morawska, Anna, Dietrich Bonhoeffer. Ein Christ im Dritten Reich (1970). Aus dem Polnischen übertragen und herausgegeben von Winfried Lipscher, Münster 2011.

Moskopp, Dag/Jäkel, Dorothea (Hg.), Karl Bonhoeffer – ein Nervenarzt. Vorträge zum 60. Todestag, Berlin 2009.

Müller, Christine-Ruth, Dietrich Bonhoeffers Kampf gegen die nationalsozialistische Verfolgung und Vernichtung der Juden. Bonhoeffers Haltung zur Judenfrage im Vergleich mit Stellungnahmen aus der evangelischen Kirche und Kreisen des deutschen Widerstandes, München 1990 (diss. theol.).

Müller, Gerhard Ludwig, Bonhoeffers Theologie der Sakramente (= FTS 28), Frankfurt 1979.

___, Dietrich Bonhoeffer begegnen, Augsburg 2010.

___, Für andere da. Christus – Kirche – Gott in Bonhoeffers Sicht der mündig gewordenen Welt (= KKTS 44), Paderborn 1980.

___, Kirche und Sakramente im religionslosen Christentum. Bonhoeffers Beitrag zu einer ökumenischen Sakramententheologie, Mainz 1977.

Müller, Günter, Dietrich Bonhoeffer und seine Richter, in: Begegnung&Gespräch. Ökumenische Beiträge zu Erziehung und Unterricht Nr. 129 v. Juli 2001, 1-8.

Murakami, Hiroshi, „Remember Bonhoeffer". Bonhoeffers Wirkungen in Japan, in: Dietrich Bonhoeffer – Wagnis Kirche. botschaft und dienst. Zeitschrift für Erwachsenenbildung 1, v. Januar/Februar 1986, 31-35.

Nation, Mark K., Pacifist and Enemy of the State: Bonhoeffer's `Straight and Unbroken Course´ from Costly Discipleship to Conspiracy, in: Journal of Theology for Southern Africa, 77, Dez. 1991, 61-77.

Nielsen, Kirsten Busch/Wüstenberg, Ralf Karolus/ Zimmermann, Jens (Hg./Eds.), Dem Rad in die Speichen fallen. Das Politische in der Theologie Dietrich Bonhoeffers./A Spoke in the Wheel. The Political in the Theology of Dietrich Bonhoeffer, Gütersloh 2014.

Pangritz, Andreas, Karl Barth in der Theologie Dietrich Bonhoeffers – eine notwendige Klarstellung (Dahlemer Heft Nr. 9), Westberlin 1989.

___, Polyphonie des Lebens. Zu Dietrich Bonhoeffers `Theologie der Musik´ (Dahlemer Heft Nr. 13), Berlin 1994.

Peters, Tiemo Rainer, Die Präsenz des Politischen in der Theologie Dietrich Bonhoeffers. Eine historische Untersuchung in systematischer Absicht (Gesellschaft und Theologie, Systematische Beiträge Nr. 18), München-Mainz 1976.

____, Jenseits von Radikalismus und Kompromiß. Die politische Verantwortung der Christen nach Dietrich Bonhoeffer, in: Ernst Feil (Hg.), Verspieltes Erbe? Dietrich Bonhoeffer und der deutsche Nachkriegsprotestantismus (IBF Bd. 2), München 1979, 94-115.

Pfeifer, Hans, Bonhoeffers Aktualität. Ein Gedenkseminar in Genf, in: Evangelische Kommentare Nr. 3 v. März 1976, 166-167.

____, Gewaltloser Kampf oder Tyrannenmord?, in: standpunkte 6/2005, 36+37.

____, Kirche muss für andere da sein, in: standpunkte 7/2005, 36-37.

Peukert, Detlef, Die Edelweißpiraten. Protestbewegung jugendlicher Arbeiter im Dritten Reich. Eine Dokumentation, Köln 1980.

Plant, Stephen/Wüstenberg, Ralf K. (Hg.), Religion, Religionlessness and Contemporary Western Culture: Explorations in Dietrich Bonhoeffer's Theology (International Bonhoeffer Interpretations; 1), FfM 2008.

Ponnath, Heinz, Ein schändliches Urteil. Für den Bundesgerichtshof war Bonhoeffer Hochverräter, in: Evangelische Kommentare 4/95, 200-203.

Rabus, Hans Frieder, Auf den Spuren Dietrich Bonhoeffers. Gruppenreise der Evangelischen Diakonissenanstalt Stuttgart, in: Deutsches Pfarrerblatt 8/1996, 421+422+432+433.

Rasmussen, Larry L., Bonhoeffer´s Song of Songs and Christianities as Earth Faiths, in: Christian Gremmels/Wolfgang Huber (Hg.), Religion im Erbe. Dietrich Bonhoeffer und die Zukunftsfähigkeit des Christentums, Gütersloh 2002, 186-193.

____, Dietrich Bonhoeffer: Reality and Resistance, Louisville 2005.

Reihlen, Helmut, Mein Interesse an Dietrich Bonhoeffer, in: Aspekte 4/1995, 14-17.

Rintala Paavo, Marias Liebe – ein biographischer Bonhoeffer-Roman, Leipzig 2006.

Robertson, Edwin, Dietrich Bonhoeffer. Leben und Verkündigung (mit einer Einführung von Renate Bethge), Göttingen 1989.

Roggelin, Holger/Pangritz, Andreas, Wer singt gregorianisch? These und Kommentar, in: Dietrich Bonhoeffer Jahrbuch/Yearbook 2, 2005/2006, Gütersloh 2005, 196-209.

Rüegger, Heinz, Kirche als seelsorgerliche Gemeinschaft. Dietrich Bonhoeffers Seelsorgeverständnis im Kontext seiner bruderschaftlichen Ekklesiologie, Bern 1992 (diss. theol.).

Scharffenorth, Ernst-Albert, Bonhoeffers Stellung zu Krieg und Frieden, in: Dietrich Bonhoeffer – Wagnis Kirche. botschaft und dienst. Zeitschrift für Erwachsenenbildung 1, v. Januar/Februar 1986, 8-13.

Schließer, Christine, Schuld durch rechtes Tun? Verantwortliches Handeln nach Dietrich Bonhoeffer, Neukirchen-Vluyn 2006 (diss. theol.).

Schlingensiepen, Ferdinand, Dietrich Bonhoeffer 1906-1945. Eine Biographie, München 2005.

Schminck-Gustavus, Christoph U., Der `Prozeß´ gegen Dietrich Bonhoeffer und die Freilassung seiner Mörder, Bonn 1995.

Schmitt, Gunter, Dietrich Bonhoeffers Lieblingslektüre im Gefängnis. Literarische Berührungen zu Adalbert Stifter, in: Deutsches Pfarrerblatt 1/2014, 4-10.

Schmitt, Stefanie, „Für eine Weile in die Wüste gehen – Dietrich Bonhoeffer in London 1933-1935" (Deutsch-Englisch), anlässlich des 60. Todestages Dietrich Bonhoeffers am 9. April 2005 und seines 100. Geburtstages am

4. Februar 2006 herausgegeben vom Kirchenvorstand der Dietrich-Bonhoeffer-Kirche, London, Forest Hill, im Dezember 2005.

Schoenborn, Paul Gerhard, Nachfolge – Mystik – Martyrium. Studien zu Dietrich Bonhoeffer, Münster 2012.

Schulz, Wilfried, Bonhoeffers Konfirmanden kamen nicht aus dem Stadtteil Wedding, wie Eberhard Bethge meinte, in: Dietrich Bonhoeffer Jahrbuch 4, 2009/2010, hg. v. Victoria Barnett u.a., Gütersloh 2010, 257-259.

Schwikart, Georg, Wunderbar geborgen. Trauerfeiern und Beerdigungsansprachen mit Texten von Dietrich Bonhoeffer, Gütersloh 2005.

Seehaber, Wolfgang, Maria von Wedemeyer – Bonhoeffers Verlobte. Ein Lebensbild, Basel 2012.

Smid, Marikje, Deutscher Protestantismus und Judentum 1932/1933. Dietrich Bonhoeffers Wendung gegen die Diskriminierung des Judentums zu Beginn des Dritten Reiches (diss. theol., Heidelberg 1986), München 1990.

___, Hans von Dohnanyi – Christine Bonhoeffer. Eine Ehe im Widerstand gegen Hitler, Gütersloh 2002.

Soosten, Joachim von, Die Sozialität der Kirche. Theologie und Theorie der Kirche in Dietrich Bonhoeffers ʼSanctorum communioʼ, Gütersloh 1992 (diss. theol. Heidelberg 1989).

___, Die theologischen Anfänge Dietrich Bonhoeffers, in: Deutsches Pfarrerblatt 1/1986, 12-15.

Spiegel, Yorick, Dietrich Bonhoeffer und die ʼprotestantisch-preußische Weltʼ, in: Ernst Feil (Hg.), Verspieltes Erbe? Dietrich Bonhoeffer und der deutsche Nachkriegsprotestantismus (IBF Bd. 2), München 1979, 58-93.

Steinbach, Peter, Seelsorger des Widerstands. Dietrich Bonhoeffer bleibt ein Stachel im Fleisch seiner Kirche, in: F.A.Z. v. 12.10.2005.

Stoellger, Philipp, Ein ausserordentlicher Protestant – zum 100. Geburtstag Dietrich Bonhoeffers, in: Reformierte Presse 5 v. 3.2.2006, 8-10.

Strohm, Christoph, Der Widerstandskreis um Dietrich Bonhoeffer und Hans von Dohnanyi. Seine Voraussetzungen zur Zeit der Machtergreifung, in: Jürgen Schmädeke/Peter Steinbach (Hg.), Der Widerstand gegen den Nationalsozialismus. Die deutsche Gesellschaft und der Widerstand gegen Hitler, München-Zürich 1985, [3]1994, 295-313.

___, Theologische Ethik im Kampf gegen den Nationalsozialismus. Der Weg Dietrich Bonhoeffers mit den Juristen Hans von Dohnanyi und Gerhard Leibholz in den Widerstand (Heidelberger Untersuchungen zu Widerstand, Judenverfolgung und Kirchenkampf im Dritten Reich, hg. von Heinz Eduard Tödt unter Mitarbeit von Ernst-Albert Scharffenorth; Bd. 1), München 1989 (diss. theol.).

Tietz, Christiane, Dietrich Bonhoeffer. Theologe im Widerstand, München 2013.

Tietz-Steiding, Christiane, Bonhoeffers Kritik der verkrümmten Vernunft. Eine erkenntnistheoretische Untersuchung, Tübingen 1999.

Tödt, Heinz Eduard, Der Bonhoeffer-Dohnanyi-Kreis in der Opposition und im Widerstand gegen das Gewaltregime Hitlers (Zwischenbilanz eines Forschungsprojekts), in: Christian Gremmels/Ilse Tödt (Hg.), Die Präsenz des verdrängten Gottes. Glaube, Religionslosigkeit und Weltverantwortung nach Dietrich Bonhoeffer (IBF Bd. 7), München 1987, 205-263.

___, Der Bonhoeffer-Dohnanyi-Kreis in der Opposition und im Widerstand gegen das Gewaltregime Hitlers. Zwischenbilanz eines Forschungsprojekts, in: ders., Theologische Perspektiven nach Dietrich Bonhoeffer, hg. von Ernst-Albert Scharffenorth, Gütersloh 1993, 170-216.

____, Der schwere Weg in den aktiven Widerstand, in: Glaube als Widerstandskraft: Edith Stein, Alfred Delp, Dietrich Bonhoeffer, hg. von Gotthard Fuchs, FfM 1986, 194-214.

____, Die Not und der Kampf der Gefangenen, in: Komplizen, Opfer und Gegner des Hitlerregimes. Zur `inneren Geschichte´ von protestantischer Theologie und Kirche im `Dritten Reich´, hg. von J. Dinger und Dirk Schulz, Gütersloh 1997, 372-381.

____, Gewissenspraxis und ethische Gewissenstheorie bei Dietrich Bonhoeffer, in: ders., Theologische Perspektiven nach Dietrich Bonhoeffer, hg. von Ernst-Albert Scharffenorth, Gütersloh 1993, 146-160.

____, Gewissenskonflikte im Widerstand gegen das nationalsozialistische Unrechtsregime, in: ders., Theologische Perspektiven nach Dietrich Bonhoeffer, hg. von Ernst-Albert Scharffenorth, Gütersloh 1993, 161-169.

____, Glauben in einer religionslosen Welt. Muß man zwischen Barth und Bonhoeffer wählen?, in: Evangelische Kommentare 3 v. März 1976, 148-151.

____, Judendiskriminierung 1933 – der Ernstfall für Bonhoeffers Ethik, in: Wolfgang Huber/Ilse Tödt (Hg.), Ethik im Ernstfall. Dietrich Bonhoeffers Stellung zu den Juden und ihre Aktualität (IBF Bd. 4), München 1982, 139-183.

____, Nicht auf Seiten der Befürworter (Karl Bonhoeffer zur Zwangssterilisierung), in: DIE ZEIT Nr. 21 vom 16. Mai 1986, 23 (Leserbrief).

____, Theologische Perspektiven nach Dietrich Bonhoeffer, hg. von Ernst-Albert Scharffenorth, Gütersloh 1993.

Vogel, Bernd/Roedenbeck-Wachsmann, Petra, Glaubenskurs mit Dietrich Bonhoeffer, Göttingen-Hamburg 2009.

Weber, Manfred (Hg.), Mitten im Leben Gott erkennen. Texte für das Kirchenjahr, Gütersloh 2003.

___, Dietrich Bonhoeffer von A-Z. Sein Denken und Reden, sein Predigen und Beten in Schlagworten erschlossen, Gütersloh-München 2010.

___, Freiheit zum Leben. Dietrich Bonhoeffer für Jugendliche, Gütersloh [2]2001.

___, Dietrich Bonhoeffer, Worte für jeden Tag, Gütersloh 1995.

Wedemeyer, Ruth von, In des Teufels Gasthaus. Eine preußische Familie 1918-1945, hg. von Peter von Wedemeyer/Peter Zimmerling, Moers 1993, [17]2007.

Welker, Ulrike, Dietrich Bonhoeffer entdecken, Neukirchen-Vluyn [3]2005.

Wind, Renate, Dem Rad in die Speichen fallen. Die Lebensgeschichte des Dietrich Bonhoeffer, Weinheim und Basel 1990.

___, Wer leistet sich heute noch eine wirkliche Sehnsucht? Maria von Wedemeyer und Dietrich Bonhoeffer, Gütersloh 2006.

Wüstenberg, Ralf Karolus, Eine Theologie des Lebens: Dietrich Bonhoeffers `nichtreligiöse Interpretation biblischer Begriffe´, Berlin 2006.

___, Glauben als Leben. Dietrich Bonhoeffer und die nichtreligiöse Interpretation biblischer Begriffe, FfM 1996.

Wüstenberg, Ralf Karolus (Hg.), Dietrich Bonhoeffer lesen im internationalen Kontext: Von Südafrika bis Südostasien, FfM 2006.

___, Bonhoeffer and Beyond: Promoting a Dialogue Between Religion and Politics (International Bonhoeffer Interpretations; 2), FfM 2008.

Wüstenberg, Ralf K./Heuser, St./Hornung, Esther (Hg.), Bonhoeffer and the Biosciences: An Initial Exploration (International Bonhoeffer Interpretations (Ibi 3), FfM 2010.

Zimmermann, Wolf-Dieter (Hg.), Begegnungen mit Dietrich Bonhoeffer, München 1964, [4]1969.

___, „Es gibt Krieg." Gespräch mit Wolf-Dieter Zimmermann über seine Erinnerungen an Dietrich Bonhoeffer, in: Lutherische Monatshefte 4/95, 8-11.

___, Wir nannten ihn Bruder Bonhoeffer. Einblicke in ein hoffnungsvolles Leben, Berlin [3]2004.

Zimmerling, Peter, Bonhoeffer als Praktischer Theologe, Göttingen 2006.

___, Dietrich Bonhoeffer und George Bell. Ökumenische Freundschaft im Ernstfall, in: Christian Möller/Christoph Schwöbel/Christoph Markschies/Klaus von Zedtwitz, (Hg.), Wegbereiter der Ökumene im 20. Jahrhundert, Göttingen 2005, 294-313.

___, Das Problem der toten Gemeinde bei Dietrich Bonhoeffer, in: Deutsches Pfarrerblatt 4/2005, 180-183.

___, Spirituelles Grundnahrungsmittel. Dietrich Bonhoeffer und die Losungen, in: Deutsches Pfarrerblatt 1/2012, 4-8.

___, Was heißt evangelisch sein? Ein Versuch, Bonhoeffer angesichts des religiösen Pluralismus neu zu lesen, in: Christian Gremmels/Wolfgang Huber (Hg.), Religion im Erbe. Dietrich Bonhoeffer und die Zukunftsfähigkeit des Christentums, Gütersloh 2002, 321-332.

Zimmermann, Jens/Wüstenberg, Ralf K. (Hg.), God speaks to us. Dietrich Bonhoeffer's Biblical Hermeneutics (International Bonhoeffer Interpretations [Ibi]), FfM 2013.

Zinggl, Hermann, In die Schule Dietrich Bonhoeffers gehen, in: Gemeinschaft Evangelischer Erzieher in Baden (GEE, Hg.), Beiträge pädagogischer Arbeit 1996/I, 12-20.

Sekundärliteratur allgemein

Adorno, Theodor W., Negative Dialektik, FfM 1966, 1975, [5]1988.

Adorno, Theodor W./Horkheimer, Max, Die Dialektik der Aufklärung (1944), FfM 1969, 1984.

Albertz, Heinrich, Blumen für Stukenbrock, Stuttgart 1981.

___, Dagegen gelebt – von den Schwierigkeiten, ein politischer Christ zu sein. Gespräche mit Gerhard Rein (rororo aktuell 4001), Reinbek 1976.

___, Die Reise. Vier Tage und siebzig Jahre, München 1985.

___, Der Wind hat sich gedreht. Gedanken über uns Deutsche, München 1991.

Albertz, Heinrich/Böll, Heinrich/Gollwitzer, Helmut u.a. (Hg.), `Pfarrer, die dem Terror dienen´? Bischof Scharf und der Berliner Kirchenstreit 1974. Eine Dokumentation (rororo aktuell 1885), Reinbek 1974.

Aly, Götz, Die Belasteten: `Euthanasie´ 1939-1945. Eine Gesellschaftsgeschichte, FfM 2013.

___, Endlösung. Völkerverschiebung und der Mord an den europäischen Juden, FfM 1995.

___, Hitlers Volksstaat. Raub, Rassenkrieg und nationaler Sozialismus, ffM 2005, [2]2011.

___, Warum die Deutschen? Warum die Juden? Gleichheit, Neid und Rassenhass 1800-1933, FfM 2011, 2012.

Aly, Götz (Hg.), Aktion T4. 1939-1945. Die `Euthanasie´-Zentrale in der Tiergartenstraße 4, Berlin [2]1989.

Anders, Günther, Wir Eichmannsöhne, München 1964, [2]1988.

Arendt, Hannah, Antisemitismus und faschistische Internationale, in: dies., Nach Auschwitz. Essays & Kommentare 1, hg. von Eike Geisel und Klaus Bittermann, Berlin 1989, 31-48.

___, Nach Auschwitz. Essays & Kommentare 1, hg. von Eike Geisel und Klaus Bittermann, Berlin 1989.

___, Die Krise des Zionismus. Essays & Kommentare 2, hg. von Eike Geisel und Klaus Bittermann, Berlin 1989.

Aretin, Karl Otmar von (Hg.), Opposition gegen Hitler. Bilder, Texte, Dokumente (aktualisierte Neuauflage), Berlin 1994.

Bach, Ulrich, Ohne die Schwächsten ist die Kirche nicht ganz. Bausteine einer Theologie nach Hadamar, Neukirchen-Vluyn 2006.

Bar-On, Dan, Die Last des Schweigens. Gespräche mit Kindern von NS-Tätern, Hamburg 2003, [2]2004.

Barth, Karl, Der Römerbrief 1919, [2]1921, Zürich [9]1954.

___, Die protestantische Theologie im 19. Jahrhundert, Zürich 1947.

___, Dogmatik im Grundriß, Zürich 1947, [6]1983.

___, Eine Schweizer Stimme 1938-1945, Zollikon 1945.

___, Einführung in die evangelische Theologie, Zürich 1962, [3]1985.

___, Kirchliche Dogmatik, ausgewählt und eingeleitet von Helmut Gollwitzer, München 1987.

___, Karl Barth, Reformation als Entscheidung (THE 3), München 1933.

Bayer, Oswald, Leidend loben. Zum 50. Todestag Jochen Kleppers, in: Evangelische Kommentare 12, 1992, 744-745.

Bekenntnisschriften der Evangelischen Landeskirche in Baden, Karlsruhe [9]1995.

Bekenntnis und Widerstand. Kirchen Südafrikas im Konflikt mit dem Staat. Dokumente zur Untersuchung des Südafrikanischen Kirchenrats durch die Eloff-

Kommission, hg. von Gisela Albrecht und Hartwig Liebich, Hamburg 1983.

Benjamin, Walter, Gesammelte Schriften. Unter Mitwirkung von Theodor W. Adorno und Gershom Scholem herausgegeben von Rolf Tiedemann und Hermann Schweppenhäuser, Bände I-VII, FfM 1978-1989.

Benz, Wolfgang, Der Holocaust, München 1995, [5]2001.

Benz, Wolfgang/Graml, Hermann/Weiß, Hermann, Enzyklopädie des Holocaust, Stuttgart 1997.

Benz, Wolfgang/Pehle, Walter H. (Hg.), Lexikon des deutschen Widerstandes, FfM 1999.

Bethge, Eberhard, Adolf Stoecker und der kirchliche Antisemitismus. Judenhaß und Sozialistenfeindschaft – eine christlich-deutsche Tradition?, in: ders., Am gegebenen Ort. Aufsätze und Reden 1970-1979, München 1979, 202-223.

___, Bekennende Kirche in Südafrika? Folgerungen aus einer Reise, in: ders., Am gegebenen Ort, München 1979, 131-139.

___, Bericht vom Roeder-Prozess. Heilbronn, 27. Juli 1976, in: ders., Am gegebenen Ort, München 1979, 148-157.

___, In Zitz gab es keine Juden. Erinnerungen aus meinen ersten vierzig Jahren, München 1989.

___, Kirchenkampf und Antisemitismus. Ein autobiographischer Beitrag (1978), in: ders., Am gegebenen Ort, München 1979, 224-242.

___, Lob des Pfarramts. Zur Rolle des kirchlichen Amtsträgers (1972), in: ders., Am gegebenen Ort, München 1979, 17-23.

___, Schoah und Protestantismus, in: ders., Erstes Gebot und Zeitgeschichte. Aufsätze und Reden (1980-1990), München 1991, 41-68.

Bloch, Ernst, Gesammelte Werke, FfM 1977.

Bode, Sabine, Kriegsenkel. Die Erben der vergessenen Generation, Stuttgart 2009, [5]2013.

Boyens, Armin, Kirchenkampf und Ökumene 1939-1945, München 1973.

Bracher, Karl Dietrich, Die deutsche Diktatur. Entstehung, Struktur, Folgen des Nationalsozialismus, Köln 1993, 2003.

Brakelmann, Günter, Helmuth James von Moltke, 1907-1945, München 2009.

Brecht, Bertolt, Gesammelte Werke, FfM 1977.

Brinkel, Wolfgang/Hilgendiek, Heike (Hg.), Gollwitzer Brevier, München 1988.

Brinkel, Wolfgang/Aktion Sühnezeichen/Friedensdienste Berlin/Kirchengemeinde Berlin-Dahlem (Hg.), Helmut Gollwitzer. Es geht nichts verloren, 1908-1993, Göttingen 1994.

Brodersen, Momme, Spinne im eigenen Netz. Walter Benjamin - Leben und Werk, Bühl-Moos 1990.

___, Walter Benjamin. Eine kommentierte Bibliographie, Morsum/Sylt 1995.

Broszat, Martin, Der Staat Hitlers. Grundlegung und Entwicklung seiner inneren Verfassung, München 2000.

Buch, Jürgen, Jochen Klepper – ein Schicksal im Dritten Reich, in: Deutsches Pfarrerblatt 5/2003, 232-235.

Büttner, Ursula, `Wohl dem, der auf die Seite der Leidenden gehört´. Der Untergang des Dichters Jochen Klepper mit seinen jüdisch-christlichen Angehörigen, in: Ursula Büttner/Martin Greschat, Die verlassenen Kinder der Kirche. Der Umgang mit Christen jüdischer Herkunft im `Dritten Reich´, Göttingen 1998, 12-149.

Büttner, Ursula/Greschat, Martin, Die verlassenen Kinder der Kirche. Der Umgang mit Christen jüdischer Herkunft im `Dritten Reich´, Göttingen 1998.

Bundeszentrale für politische Bildung (Hg.), Gedenkstätten für die Opfer des Nationalsozialismus. Eine Dokumentation, Band II (Bundeszentrale für politische Bildung), Bonn1999.

Burgsmüller, Alfred (Hg.), Kirche als `Gemeinde von Brüdern´ (Barmen III) [Veröffentlichungen des Theologischen Ausschusses der Evangelischen Kirche der Union; 1], Gütersloh 1980.

Burgsmüller, Alfred/Weth, Rudolf (Hg.), Die Barmer Theologische Erklärung. Einführung und Dokumentation, Neukirchen 1983.

Busch, Eberhard, Karl Barths Lebenslauf. Nach Briefen und autobiographischen Texten, München 1976, [4]1986.

___, Die große Leidenschaft. Einführung in die Theologie Karl Barths, Gütersloh 1998.

___, Unter dem Bogen des einen Bundes. Karl Barth und die Juden 1933-1945, Neukirchen-Vluyn 1996.

Das Tagebuch der Anne Frank, 12. Juni 1942 – 1. August 1944, 42. Auflage FfM o. D.

Dehn, Günther, Die alte Zeit, die vorigen Jahre. Lebenserinnerungen, München 1962.

Deichgräber, Reinhard, Der Tag ist nicht mehr fern. Betrachtungen zu Liedern von Jochen Klepper, Göttingen 2002.

DER SPIEGEL Geschichte Nr. 3/2010: Der Krieg. 1939-1945: Als die Welt in Flammen stand, Hamburg 2010.

Die Barmer Theologische Erklärung (1934), in: Bekenntnisschriften der Evangelischen Landeskirche in Baden, Karlsruhe [9]1995, 141-146.

___, in: Evangelisches Gesangbuch, Karlsruhe 1995, 888.

Doerr, Werburg, Flieg, Maikäfer, flieg. Eine Kindheit jenseits der Oder 1932-1945, Hamburg 2003.

Duchrow, Ulrich (Hg.), Zwei Reiche und Regimente: Ideologie oder evangelische Orientierung? Internationale Fall- und Hintergrundstudie zur Theologie und Praxis lutherischer Kirchen im 20. Jahrhundert (Studien zur evangelischen Ethik; 13), Gütersloh 1977.

Dumbach, Annette/Newborn, Jud, Die Geschichte der Weißen Rose, Stuttgart 1988, Freiburg 2002.

Erbacher, Volker/Kaiser, Andrea/Kaiser, Thomas O. H., „Wenn das Geld im Kasten klingt" – die Kirche und das Geld, Stuttgart-Berlin-Köln 2004.

„...es geschah am hellichten Tag!" Die Deportation der badischen, pfälzer und saarländischen Juden in das Lager Gurs/Pyrenäen. Historische Darstellung/Materialien für den Unterricht (Geschichte und Verantwortung; Materialien), hg. von der Landeszentrale für politische Bildung Baden-Württemberg, Stuttgart [4]2005.

Evangelische Kirche im Rheinland (Hg.), Reformation und Politik. 80 Jahre Barmer Theologische Erklärung (Thema: Gottesdienst, 38/2013), Wuppertal 2014.

Evangelisches Gesangbuch (EG). Ausgabe für die Evangelische Landeskirche in Baden, Karlsruhe 1995.

Evangelisches Gesangbuch (EG). Ausgabe für die Evangelisch-Lutherischen Kirchen in Bayern und Thüringen, München-Weimar 1994.

Evangelisches Kirchengesangbuch (EKG). Ausgabe für die Evangelische Landeskirche in Baden, Karlsruhe 1951,[26]1988.

Falkenstein, Sigrid, Annas Spuren. Ein Opfer der NS-"Euthanasie", München 2012.

Flesch-Thebesius, Zu den Außenseitern gestellt. Die Geschichte der Gertrud Staewen (1894-1987), Berlin 2004.

Flügge, Manfred, Wider Willen im Paradies. Deutsche Schriftsteller im Exil in Sanary-sur-Mer, Berlin 1996.

Gailus, Manfred (Hg.), Kirchliche Amtshilfe. Die Kirchen und die Judenverfolgung im `Dritten Reich´, Göttingen 2008.

GEO EPOCHE. Das Magazin für Geschichte Nr. 57, Deutschland unter dem Hakenkreuz, Teil 1: 1933-1936, Hamburg 2011.

GEO EPOCHE. Das Magazin für Geschichte Nr. 58, Deutschland unter dem Hakenkreuz, Teil, Teil 2: 1937-1939, Hamburg 2012.

GEO EPOCHE. Das Magazin für Geschichte Nr. 33, New York 1625-1945. Die Metropole der Moderne, Hamburg 2008.

GEO EPOCHE. Das Magazin für Geschichte Nr. 14, Der Erste Weltkrieg. Von Sarajewo bis Versailles: Die Zeitenwende 1914-1918, Hamburg 2004.

GEO EPOCHE. Das Magazin für Geschichte Nr. 65, 1914. Das Schicksalsjahr des 20. Jahrhunderts, Hamburg 2014.

GEO EPOCHE. Das Magazin für Geschichte Nr. 27, Die Weimarer Republik. Drama und Magie der ersten deutschen Demokratie, Hamburg 2007.

GEO EPOCHE. Das Magazin für Geschichte Nr. 43, Der Zweite Weltkrieg Teil 1, 1939-1943. Von Polen bis zum Pazifik: Wie die Katastrophe begann, Hamburg 2010.

GEO EPOCHE. Das Magazin für Geschichte Nr. 44, Der Zweite Weltkrieg Teil 2, 1943-1945. Von der Ostfront bis Nagasaki: Wie die Katastrophe endete, Hamburg 2010.

GEO EPOCHE. Das Magazin für Geschichte Nr. 38, Stalin. 1917-1953: Der Tyrann und das Sowjetreich, Hamburg 2009.

Gerlach, Wolfgang, Als die Zeugen schwiegen. Bekennende Kirche und die Juden (SKI Bd. 10), hg. v. Peter von der Osten-Sacken, Berlin 1993 (diss. theol.).

Gerwarth, Robert, Reinhard Heydrich. Biographie, München 2011.

Gniewoss, Ute/Keller, Christian/Loerbroks, Matthias/Pangritz, Andreas/Wilsdorf, Till/Winzeler, Peter (Hg.), Störenfriedels Zeddelkasten. Geschenkpapiere zum 60. Geburtstag von Friedrich-Wilhelm Marquardt, Berlin 1991.

Goeters, J. F. Gerhard, Art. Günther Dehn, in TRE VIII, Berlin 1981, 390-392.

Goldenstein, Johannes, Inszenierte Erinnerung. Zwei Fernseh-Gottesdienste zum Todestag Dietrich Bonhoeffers, in: Arbeitsstelle Gottesdienste. Zeitschrift der Gemeinsamen Arbeitsstelle für gottesdienstliche Fragen der Evangelischen Kirche in Deutschland (Hg.), ...dann musst du dazwischenspringen. Dietrich Bonhoeffer 1906-2006, 19. Jg., 02/2005, Hannover 2005, 43-54.

Goldhagen, Daniel Jonah, Hitlers willige Vollstrecker. Ganz gewöhnliche Deutsche und der Holocaust, München 2000.

Gollwitzer, Helmut, Ausgewählte Werke in 10 Bänden, hg. von Mitarbeitern des Instituts für Evangelische Theologie an der Freien Universität Berlin, München 1988.

___, Befreiung zur Solidarität. Einführung in die Evangelische Theologie, München 1978, [2]1984.

___, Die marxistische Religionskritik und der christliche Glaube (GTB; 33), Gütersloh 1977, [7]1981.

___, Ich frage nach dem Sinn des Lebens, München 1974, [7]1987.

___, Krummes Holz – aufrechter Gang. Zur Frage nach dem Sinn des Lebens, München [8]1970.

___, Skizzen eines Lebens, Gütersloh 1998.

___, Tod und Auferstehung nach dem Bericht des Lukas, München 1941, [3]1953.

___, `und führen, wohin du nicht willst.´ Bericht einer Gefangenschaft, München 1954.

___, Zuspruch und Anspruch. Predigten, München 1954.

Gollwitzer, Helmut/Kuhn, Käthe/Schneider, Reinhold (Hg.), Du hast mich heimgesucht bei Nacht. Abschiedsbriefe und Aufzeichnungen des Widerstandes 1933 bis 1945, Gütersloh 1951, 1990, [8]1994.

Goltermann, Svenja, Die Gesellschaft der Überlebenden. Deutsche Kriegsheimkehrer und ihre Gewalterfahrungen im Zweiten Weltkrieg, München 2011.

Gottwaldt, Alfred, Orte der `Judendeportation´ in Berlin, in: Hirsch, Nikolaus u.a.: Gleis17/Track 17, Berlin, 2009, 168-191.

Graf, Friedrich Wilhelm, Adolf von Harnack, in: Pfarramtskalender 2001, hg. vom Verband der Vereine evangelischer Pfarrerinnen und Pfarrer Deutschland e.V., Schifferstadt 2001, 9-25.

Graff, Gerti/Klewitz, Hertha von/Richers, Hille/Schäberle, Gerhard (Hg.), Unterwegs zur mündigen Gemeinde. Die evangelische Kirche im Nationalsozialismus am Beispiel der Gemeinde Dahlem, Stuttgart 1982.

Greschat, Martin, Koste es, was es wolle. Welche Rolle das Christentum für die Männer des 20. Juli spielte, in: zeitzeichen 7/2004, 36-38.

Grosch, Heinz, `Die Nacht ist vorgedrungen...´, in: Quatember 50, 1986, 197-203.

___, Nach Jochen Klepper fragen. Annäherung über Selbstzeugnisse, Bilder und Dokumente, Stuttgart 2003.

Grosse, Heinrich W., Ankläger von Widerstandskämpfern und Apologet des NS-Regimes nach 1945 – Kriegsgerichtsrat Manfred Roeder, in: Kritische Justiz 1/2005, Jg. 38, 36-55.

___, Manfred Roeder, der Ankläger Dietrich Bonhoeffers – eine deutsche Karriere, in: ders., Niemand kann zwei

Herren dienen. Die Geschichte der evangelischen Kirche im Nationalsozialismus und in der Nachkriegszeit, Hannover [2]2010, 71-100.

___, `Niemand kann zwei Herren dienen´. Zur Geschichte der evangelischen Kirche im Nationalsozialismus und in der Nachkriegszeit, Hannover [2]2010.

___, „Tu deinen Mund auf für die Stummen!" – Dietrich Bonhoeffers Kampf gegen Judendiskriminierung und -verfolgung, in: ders., Niemand kann zwei Herren dienen. Die Geschichte der evangelischen Kirche im Nationalsozialismus und in der Nachkriegszeit, Hannover [2]2010, 37-70.

Grotefeld, Stefan, Friedensförderung durch internationale Freundschaftsarbeit der Kirchen von 1919 bis 1933. Das Beispiel der deutschen Weltbundvereinigung, in: Kirchliche Zeitgeschichte (KZG). Internationale Halbjahresschrift für Theologie und Geschichtswissenschaft 1/1991, 46-72.

___, Friedrich Siegmund-Schultze. Ein deutscher Ökumeniker und christlicher Pazifist (Heidelberger Untersuchungen zu Widerstand, Judenverfolgung und Kirchenkampf im Dritten Reich; 7). Gütersloh 1995.

Haasis, Hellmut G., `Den Hitler jag´ ich in die Luft´. Der Attentäter Georg Elser. Eine Biographie, Berlin 1999.

Hägglund, Bengt, Geschichte der Theologie. Ein Abriß, München 1983.

Härle, Wilfried/Wagner, Harald (Hg.), Theologenlexikon. Von den Kirchenvätern bis zur Gegenwart, München 1987.

Haffner Sebastian, Anmerkungen zu Hitler, München [22]1978.

Hahlweg, Werner (Hg.), Carl von Clausewitz: Vom Kriege (1832), Bonn [19]1980.

Hamann, Brigitte, Der Erste Weltkrieg in Wahrheit und Lüge in Bildern und Texten, München 2004.

Harnack, Adolf von, Das Wesen des Christentums, Leipzig 1902.

Harnack, Axel von, Ernst von Harnack 1888-1945. Ein Kämpfer für Deutschlands Zukunft, Schwenningen 1951.

Harpprecht, Klaus, Harald Poelchau. Ein Leben im Widerstand, Reinbek 2004.

Hartnagel, Thomas (Hg.), Sophie Scholl/Fritz Hartnagel, Damit wir uns nicht verlieren. Briefwechsel 1937-1943, FfM 2008.

Hecht, Werner (Hg.), Brecht. Sein Leben in Bildern und Texten. Mit einem Vorwort von Max Frisch, FfM 1988.

Hektor, Corinna, Zukunftsmusik, in: Badische Pfarrvereinsblätter 1/2014, 10-18.

Henkys, Reinhard, Heinrich Albertz – Stationen, Wege, Wendepunkte, in: Reinhard Henkys u.a. (Hg.), Und niemandem untertan. Heinrich Albertz zum 70. Geburtstag (rororo aktuell 5536), Reinbek 1985, 13-44.

Henkys, Reinhard/Deile, Volkmar/Karnetzki, Manfred/Rau, Gerhard (Hg.), Und niemandem untertan. Heinrich Albertz zum 70. Geburtstag (rororo aktuell 5536), Reinbek 1985.

Henkys, Jürgen, Jochen Klepper im Spiegel seiner persönlichen, politischen und geistlichen Gedichte, in: Die Zeichen der Zeit 42, 1988, 170-176.

Hentig, Hartmut von, Mein Leben – bedacht und bejaht. Schule, Polis, Gartenhaus, München 2007.

Hentschel, Markus, Gewissenstheorie als Ethik und Dogmatik. Emanuel Hirschs `Christliche Rechenschaft´, Neukirchen-Vluyn 1995.

Herbert, Karl, Der Kirchenkampf. Historie oder bleibendes Erbe?, FfM 1985.

Hermle, Siegfried, Art. Hanns Lilje, in: TRE XXI, 202-205.

Heydecker, Joe J./Leeb,Johannes, Der Nürnberger Prozeß, Köln 1995.

Himmler, Katrin, Die Brüder Himmler. Eine deutsche Familiengeschichte, FfM 2005.

Höhne, Heinz, Canaris – Patriot im Zwielicht, München 1984.

Hofer, Walther (Hg.), Der Nationalsozialismus. Dokumente 1933-1945, FfM 1957, [3]1978.

Hoffmann, Peter, Claus Schenk Graf von Stauffenberg und seine Brüder, München 1992.

Hollenweger, Walter J., Umgang mit Mythen. Interkulturelle Theologie 2, München 1982.

Huber, Ernst-Rudolf/Huber, Wolfgang, Staat und Kirche im 19. und 20. Jahrhundert. Dokumente zur Geschichte des deutschen Staatskirchenrechts, Bd. I-V, Berlin 1973-1995.

Huber, Wolfgang, Barmer Theologische Erklärung und Zweireichelehre. Historisch-systematische Überlegungen, in: Ulrich Duchrow (Hg.), Zwei Reiche und Regimente: Ideologie oder evangelische Orientierung? Gütersloh 1977, 33-52.

____, Der christliche Glaube. Eine evangelische Orientierung, Gütersloh [5]2009.

____, Der gemachte Mensch. Christlicher Glaube und Biotechnik, Berlin 2002.

____, Die Grundfragen unseres Lebens. Von der Geburt bis zum Tod, München 2013.

____, Die wirkliche Kirche, in: Burgsmüller, Alfred (Hg.), Kirche als `Gemeinde von Brüdern´(Barmen III), Gütersloh 1980, 249-277.

____, Ein Leben für Protestantismus und Politik, hg. v. Philipp Gessler, Freiburg im Breisgau 2012.

___, Folgen christlicher Freiheit. Ethik und Theorie der Kirche im Horizont der Barmer Theologischen Erklärung (NSTB;4), Neukirchen-Vluyn 1983.

___, Gerechtigkeit und Recht. Grundlinien christlicher Rechtsethik, Gütersloh 1996.

___, Konflikt und Konsens. Studien zur Ethik der Verantwortung, München 1990.

___, Kirche, München 1988.

___, Kirche und Öffentlichkeit (Forschungen und Berichte der Evangelischen Studiengemeinschaft; Bd. 28), München [2]1991.

___, Kirche in der Zeitenwende. Gesellschaftlicher Wandel und Erneuerung der Kirche, Gütersloh 1998.

___, Protestantismus und Demokratie, in: ders. (Hg.), Protestanten in der Demokratie. Positionen und Profile im Nachkriegsdeutschland, München 1990, 11-35.

___, Rundgespräch: Zur Problematik von Barmen V heute, in: W. Hüffmeier/M. Stöhr (Hg.), Barmer Theologische Erklärung 1934-1984. Geschichte – Wirkung – Defizite, Bielefeld 1984, 211-241.

Huber, Wolfgang (Hg.), Protestanten in der Demokratie. Positionen und Profile im Nachkriegsdeutschland, München 1990.

Huber, Wolfgang/Reuter, Hans-Richard (Hg.), Friedensethik, Stuttgart-Berlin-Köln 1990.

Hüffmeier, Wilhelm/Stöhr, Martin (Hg.), Barmer Theologische Erklärung 1934-1984. Geschichte – Wirkung – Defizite, Bielefeld 1984.

Iber, Harald, Die Apologetische Centrale und der Centralausschuß für die Innere Mission. Zur Geschichte der Apologetischen Centrale bis 1934, in: Theodor Strohm/Jörg Thierfelder (Hg.), Diakonie im `Dritten Reich´: Neuere Ergebnisse zeitgeschichtlicher Forschung, Heidelberg 1990, 108-124.

Informationszentrum Berlin (Hg.), Stätten des Widerstands in Berlin 1933-1945, Berlin o. D.

Jacobsen, Hans-Adolf (Hg.), `Spiegelbild einer Verschwörung´. Die Opposition gegen Hitler und der Staatsstreich vom 20. Juli 1944 in der SD-Berichterstattung. Geheime Dokumente aus dem ehemaligen Reichssicherheitshauptamt, 2 Bde., Stuttgart 1984.

Jahr, Christoph, Wer fehlt? Etwa du?, in: DIE ZEIT Nr. 23 v. 28. Mai 2014, 17.

Jünger, Ernst, In Stahlgewittern. Aus dem Tagebuch eines Stosstruppführers, Berlin ²1922, Stuttgart ³⁴1994 und (broschiert) ²2014.

Kabitz, Ulrich/Marquardt, Friedrich-Wilhelm (Hg.), Begegnungen mit Helmut Gollwitzer, München 1984.

Käßmann, Margot/Silomon, Anke (Hg.), Gott will Taten sehen. Christlicher Widerstand gegen Hitler. Ein Lesebuch mit Originaltexten, München 2013.

Kaiser, Thomas O. H., Versöhnung in Gerechtigkeit. Das Konzept der Versöhnung und seine Kritik im Kontext Südafrika (Neukirchner theologische Dissertationen und Habilitationen; Bd. 3), Neukirchen-Vluyn 1996.

___, Leo Baeck. Deutscher Jude, Wahrer des Geistes, Lehrer der Menschlichkeit, in: Lutherische Monatshefte 11/1996, 25-27.

___, Franz Rosenzweig. Dem jüdischen Theologen und Philosophen zum Gedächtnis, in: Deutsches Pfarrerblatt 12/1996, 648-651.

___, Martin Rade. Pfarrer, Publizist, Demokrat, in: Deutsches Pfarrerblatt 4/1997, 174-177.

___, Martin Luther King – Stimme der Freiheit, in: Deutsches Pfarrerblatt 8/1998, 466-469.

___, Heinrich Mann. Auf den Spuren eines vergessenen Schriftstellers, in: Horst Lickert (Hg.), Grenzgänge. Festgabe für Prof. Dr. Hans Geißer, Zürich 2003, 267-284.

___, „Oh, freedom...!" Die nordamerikanische Theologie der Befreiung. Eine kritische Skizze des theologischen Werkes von James H. Cone, Trier 2000.

___, Hermann Maas. Ein Gerechter unter den Völkern, in: liberal. Vierteljahreshefte für Politik und Kultur 4/94, 83-90.

___, Rezension zu Jizchak Katzenelson, Dos lied vunem ojsgehargetn jidischn volk, hg. und übersetzt von Wolf Biermann, in: Junge Kirche 12/1995, 733.

___, Rezension zu Hans-Richard Reuter, Rechtsethik in theologischer Perspektive, in: Lutherische Monatshefte 1/1998, 45.

___, Rezension zu Ralf K. Wüstenberg, Die politische Dimension der Versöhnung. Eine theologische Studie zum Umgang mit Schuld nach den Systemumbrüchen in Südafrika und Deutschland, in: zeitzeichen 4/2004, 63f.

___, Schwarze Theologie in Südafrika. Auf den Spuren des theologischen Kampfes gegen den Rassismus, Trier 1998.

Kaiser, Andrea/Müller, Thomas O. H. (Hg.), Das neue Südafrika. Politische Portraits, Bonn 1993.

Kaiser, Andrea/Kaiser, Thomas O. H. (Hg.), Kirche von morgen denken, Gütersloh 2000.

___, Gott und Mensch. Theologische Gespräche mit Wolfgang Huber, Dorothee Sölle, Jürgen Gohde, Jacques Gaillot, Gerd Lüdemann, Norbert Greinacher, Rolf Koppe, Heinz Zahrnt, Stuttgart-Berlin-Köln 2001.

Karnick, Hannes/Richter, Wolfgang (Hg.), Was würde Jesus dazu sagen? Eine Reise durch ein protestantisches Leben, FfM 1986.

Keller, Werner u.a. (Hg.), Redet mit Jerusalem freundlich. Zeugnisse von und über Hermann Maas, Karlsruhe 1986.

Kershaw, Ian, Der NS-Staat. Geschichtsinterpretation und Kontroversen im Überblick, Reinbek bei Hamburg 1999.

___, Hitler. 1889-1936 (Bd. 1), München 2013; 1936-1945 (Bd. 2), München 2013.

Kindheit und Jugend unter Hitler. Helmut Schmidt und Willi und Wilfriede Berkhan, Ruth Loah, Ursula Philipp, Dietrich Strothmann, Hannelore Schmidt, Berlin 1994.

Kirchentag ´89. Berichte und Materialien aus Berlin, hg. im Auftrag des DEKT von Rüdiger Runge, München 1989.

Klee, Ernst, Das Personenlexikon zum Dritten Reich. Wer war was vor und nach 1945, FfM [2]2005.

___, `Euthanasie´ im Dritten Reich. Die `Vernichtung lebensunwerten Lebens´, FfM 1983, überarbeitete Neuausgabe 2010.

Kleines Nachschlagewerk zum Evangelischen Gesangbuch. Ausgabe für die Evangelisch-Lutherischen Kirchen in Bayern und Thüringen, München-Weimar o. D.

Klemperer, Klemens von, German Resistance Against Hitler, 1938-1945, Oxford 1992.

Klepper, Jochen, Kyrie. Geistliche Lieder, Witten/Ruhr 1950.

___, Ziel der Zeit. Die gesammelten Gedichte, Bielefeld [6]2001.

___, Unter dem Schatten deiner Flügel. Aus den Tagebüchern der Jahre 1932-1942, hg. von Reinhold Schneider, Stuttgart 1956.

Kloppenburg, Heinz/Kogon, Eugen u.a. (Hg.), Martin Niemöller. Festschrift zum 90. Geburtstag, Köln 1982.

Knopp, Guido, Sie wollten Hitler töten, München 2004.

Koch, Werner, Friedrich Weißler. Christlicher Blutzeuge des Rechts, in: Streitbare Juristen. Eine andere Tradition, Baden-Baden 1988, 330-341.

Koch, Werner, Sollen wir K. weiter beobachten? Ein Leben im Widerstand (mit einem Geleitwort von Helmut Gollwitzer), Stuttgart 1982.

Kogon, Eugen, Der SS-Staat. Das System der deutschen Konzentrationslager, München 1974, [7]1979.

Kohler, Oliver, Wir werden sein wie die Träumenden. Jochen Klepper – Eine Spurensuche, Neukirchen-Vluyn 2003.

Konzentrationslager Dokument F 321, hg. vom Französischen Büro des Informationsdienstes über Kriegsverbrechen, durchgesehen, erläutert und mit einem Nachwort versehen von Peter Neizke und Martin Weinmann, FfM [17]2001.

Kramer-Mills, Hartmut, Wilhelminische Moderne und das fremde Christentum. Zur Wirkungsgeschichte von Friedrich Naumanns „Briefe über Religion" (NTDH; 18), Neukirchen-Vluyn 1997.

Kraus, Hans-Joachim, Theologische Religionskritik (Neukirchener Beiträge zur Systematischen Theologie, Bd. 2), Neukirchen-Vluyn 1982.

Kretschmar, G. (Hg.), Dokumente zur Kirchenpolitik des Dritten Reiches, 2 Bände, München 1971+1975.

Krüger, Hanfried (Hg.), Bis an das Ende der Erde. Ökumenische Beiträge. Zum 70. Geburtstag von Martin Niemöller, München 1962.

Krumwiede, Hans-Walter, Evangelische Kirche und Theologie in der Weimarer Republik (Grundtexte zur Kirchen- und Theologiegeschichte, hg. von Heiko A. Oberman, Adolf Martin Ritter und Hans-Walter Krumwiede; Bd. 2), Neukirchen-Vluyn 1990.

Krumwiede, H.-W./Greschat, M./Jacobs, M./Lindt, A., Kirchen- und Theologiegeschichte in Quellen, Bd. IV/2, Neukirchen-Vluyn 1980.

Kubisch, Karl (Hg.), Quellen zur Geschichte des deutschen Protestantismus 1871-1945, Göttingen 1960, 264.

Künzel, Friedrich/Pabst, Ruth (Hg.), „Ich will dir schnell sagen, daß ich lebe, Liebster." Helmut Gollwitzer – Eva Bildt. Briefe aus dem Krieg 1940-1945, mit einem Nachwort von Antje Vollmer (Beck'sche Reihe 1877), München 2008.

Kuropka, Joachim, Bischof ohne Furcht, in: F.A.Z v. 8.10.2005, 7.

KZ-Gedenkstätte Flossenbürg (Hg.), Flossenbürg 1938-1945. Katalog zur ständigen Ausstellung, Göttingen 2008.

Lebert, Norbert/Lebert, Stephan, Denn Du trägst meinen Namen. Das schwere Erbe der prominenten Nazi-Kinder, München 2000.

Leicht, Robert, Eine Frage des Gewissens, in: ZEIT Geschichte Nr. 4/2009: Der deutsche Widerstand gegen Hitler, Hamburg 2009, 69-71.

Lickert, Horst (Hg.), Grenzgänge. Festschrift für Hans Geißer, Zürich 2003.

Lienemann, Wolfgang, Frieden. Vom `gerechten Krieg´ zum `gerechten Frieden´ (Bensheimer Hefte; 92), Göttingen 2000.

Longerich, Peter, Heinrich Himmler, München 2008.

Lustiger, Arno, Zum Kampf auf Leben und Tod. Vom Widerstand der Juden in Europa 1933-1945, Erfstadt 2004.

Mai, Gunther, Die Weimarer Republik, München 2009.

Mann, Heinrich, Der Untertan. Roman (Berlin 1918), München 1964, [20]1980.

___, Im Schlaraffenland. Ein Roman unter feinen Leuten, München 1900, FfM 1988.

Mann, Klaus, Mephisto. Roman einer Karriere (1936), mit einem Vorwort von Berthold Spangenberg, Reinbek 1981.

___, Der Vulkan. Roman unter Emigranten (1939), mit einem Nachwort von Martin Gregor-Dellin, Reinbek 1981.

___, Der Wendepunkt. Ein Lebensbericht. Mit einem Nachwort von Frido Mann (engl.: `The turning point´, 1942), München 1981.

Mann, Thomas, Buddenbrooks. Verfall einer Familie, 2 Bde, Berlin 1901. **Markner, Reinhard (Hg.),** Literatur über Walter Benjamin, Hamburg 1993.

Marquardt, Friedrich-Wilhelm, Helmut Gollwitzer, in: ders., Verwegenheiten. Theologische Stücke aus Berlin, München 1981, 69-78.

___, Helmut Gollwitzer als Theologe, in: ders., Verwegenheiten. Theologische Stücke aus Berlin, München 1981, 79-90.

___, Muß ein Christ Sozialist sein?, in: ders., Verwegenheiten. Theologische Stücke aus Berlin, München 1981, 491-510.

___, Verwegenheiten. Theologische Stücke aus Berlin, München 1981.

Marquardt, Friedrich-Wilhelm/Brinkel, Wolfgang/Weber, Manfred (Hg.), Helmut Gollwitzer – Skizzen eines Lebens. Aus verstreuten Selbstzeugnissen gefunden und verbunden, Gütersloh 1998.

Meding, Dorothee von, Mit dem Mut des Herzens. Die Frauen des 20. Juli, München 1997.

Michalka, Wolfgang/Niedhart, Gottfried (Hg.), Die ungeliebte Republik. Dokumente zur Innen- und Aussenpolitik Weimars 1918-1933, München 1980.

Milstein, Werner, Mut zum Widerstand. Sophie Scholl – ein Porträt, Neukirchen-Vluyn 2003, ^{2}2004.

Missalla, Heinrich, „Gott mit uns"?, in: Publik Forum Nr. 14/2004, 24-26.

Möller, Christian, Dietrich Bonhoeffer – Prophetische Rede in Widerstand und Ergebung, in: Michael Heymel/Christian Möller, Sternstunden der Predigt. Von Johannes Chrysostomos bis Dorothee Sölle, Stuttgart 2010, 192-207.

Moll, Helmut, im Auftrag der Deutschen Bischofskonferenz (Hg.), Zeugen für Christus. Das deutsche Martyrologium des 20. Jahrhunderts, 2 Bde., Paderborn u.a. 1999.

Moltke, Helmuth James von Moltke, Briefe an Freya 1933-1945, hg. von Beate Ruhm von Oppen, München 2007.

Müller, Ingo, Furchtbare Juristen. Die unbewältigte Vergangenheit unserer Justiz, München 1987.

Müller-Kent, Jens, Vermächtnis für die Zukunft. Gespräche mit Helmut Gollwitzer und Kurt Scharf, München 1989.

Neuer, Werner, Adolf Schlatter. Ein Leben für Theologie und Kirche, Stuttgart 1996.

Nicolaisen, Carsten, Martin Niemöller, in: Theologische Realenzyklopädie (TRE) Bd. 24, 1994, 502-506.

Niemöller, Jan, Golli, der Kirchenkampf und die Gemeinde Dahlem – ein bleibendes Lehrstück für das Christsein, in: Wolfgang Brinkel/Aktion Sühnezeichen/Friedensdienste Berlin/Kirchengemeinde Berlin-Dahlem (Hg.), Helmut Gollwitzer. Es geht nichts verloren, 1908-1993, Göttingen 1994, 55-62.

Niemöller, Martin, Vom U-Boot zur Kanzel, Berlin 1934.

___, Was würde Jesus dazu sagen? Reden – Predigten – Aufsätze 1937 bis 1980, hg. von Walter Feurich, Berlin (Ost) 1980.

Niemöller, Wilhelm, Der Pfarrernotbund, Hamburg 1973.

Norden, Günther van, Der deutsche Protestantismus im Jahr der nationalsozialistischen Machtergreifung, Gütersloh 1979.

Norden, Günther van/Schoenborn, Gerhard/Wittmütz, Volker (Hg.), Wir verwerfen die falsche Lehre. Arbeits- und Lesebuch zur Barmer Theologischen Erklärung und zum Kirchenkampf, Wuppertal-Barmen 1984.

Norden, Günther van/Wittmütz, Volkmar (Hg.), Evangelische Kirche im Zweiten Weltkrieg, Köln 1991.

Noss, Peter, Martin Albertz (1883-1956). Eigensinn und Konsequenz. Das Martyrium als Kennzeichen der Kirche im Nationalsozialismus, Neukirchen-Vluyn 2001 (diss. theol.).

Nottmeier, Christian, Adolf von Harnack und die deutsche Politik 1890-1930 (Beiträge zur historischen Theologie; 124), Tübingen 2004.

___, Religion, Krieg und Demokratie. Berliner Theologieprofessoren im Ersten Weltkrieg, in: DtPfrBl 8/2005, 413-415.

Oeffler, Hans Joachim/Prolingheuer, Hans/Schuck, Martin/Werner, Heinrich/Wischnath, Rolf (Hg.), Martin Niemöller. Ein Lesebuch, Köln 1987.

Orth, Gottfried, Helmut Gollwitzer. Zur Solidarität befreit, Mainz 1995.

Ortner, Helmut, Der Hinrichter. Mörder im Dienst Hitlers, Wien 1993.

Perels, Joachim, Das juristische Erbe des `Dritten Reiches´, FfM 1999.

___, Die schrittweise Rechtfertigung der NS-Justiz. Der Huppenkothen-Prozeß, in: Peter Nahamowitz/Stefan Breuer (Hg.), Politik – Verfassung – Gesellschaft, Baden-Baden 1995, 1-65.

Peters, Tiemo Rainer, Der andere ist unendlich wichtig. Impulse aus Bonhoeffers Ekklesiologie für die Gegenwart, in: Christian Gremmels/Ilse Tödt (Hg.), Die Präsenz des verdrängten Gottes. Glaube, Religionslosigkeit und Weltverantwortung nach Dietrich Bonhoeffer, München 1987, 166-184.

Peuker, Detlef, Die Edelweißpiraten. Protestbewegung jugendlicher Arbeiter im Dritten Reich. Eine Dokumentation, Köln 1980.

Piper, Ernst, Kurze Geschichte des Nationalsozialismus. Von 1919 bis heute, Hamburg 2007.

Poelchau, Harald, Die letzten Stunden. Erinnerungen eines Gefängnispfarrers, aufgezeichnet von Graf Alexander Stenbock-Fermor, Berlin 1949.

Pöhlmann, Horst Georg, Abriß der Dogmatik. Ein Kompendium, Gütersloh 1973, [4]1985.

Prolingheuer, Hans, Ausgetan aus dem Land der Lebendigen. Leidensgeschichten unter Kreuz und Hakenkreuz, Neukirchen-Vluyn 1983.

___, Der Fall Karl Barth. Chronologie einer Vertreibung 1934-1935, Neukirchen-Vluyn [2]1984.

___, Kleine Politische Kirchengeschichte. Fünfzig Jahre evangelischer Kirchenkampf von 1919 bis 1969, Köln 1984.

___, Wir sind in die Irre gegangen. Die Schuld der Kirche unterm Hakenkreuz, nach dem Bekenntnis des ʹDarmstädter Wortesʹ von 1947, Köln 1987.

Quadflieg, Josef, Sie bewegten die Welt. Lebensbilder unserer Zeit, Düsseldorf 2000, [6]2004.

Raabe, Wilhelm, Der Hungerpastor, Berlin 1864, Berlin 2013.

Raina, Peter (Hg.), Bischof George Bell. Ökumeniker, Brückenbauer, Fürsprecher, Europäer. Reden vor dem Oberhaus des Britischen Parlaments und Briefwechsel mit Rudolf Heß, Wiesbaden und Berlin 2012.

Reich-Ranicki, Marcel, Sein Leben in Bildern, hg. von Frank Schirrmacher, Stuttgart-München 2000.

Richter, Gabriel u.a., Sie holten sie mit grauen Bussen. Die Heil- und Pflegeanstalt Emmendingen 1933-1945, Emmendingen 1993.

Rickers, Folkert, Zwischen Kreuz und Hakenkreuz. Untersuchungen zur Religionspädagogik im `Dritten Reich´, Neukirchen-Vluyn 1995.

Röhm, Eberhard/Thierfelder, Jörg, Juden – Christen – Deutsche, Bde. 1-3, 1933-1945, Stuttgart 1990-1995.

___, Evangelische Kirche zwischen Kreuz und Hakenkreuz. Bilder und Texte einer Ausstellung, Stuttgart 1982.

Roggelin, Holger, Franz Hildebrandt, Göttingen 1999.

Roloff, Stefan, Die Rote Kapelle. Die Widerstandsgruppe im Dritten Reich und die Geschichte Helmut Roloffs, München 2002.

Rosh, Lea/Jäckel, Eberhard, „Der Tod ist ein Meister aus Deutschland." Deportation und Ermordung der Juden, Kollaboration und Verweigerung in Europa, Hamburg 1990, München 1992.

Roth, Harald (Hg.), Verachtet, verstoßen, vernichtet. Kinder und Jugendjahre unterm Hakenkreuz, Würzburg 1995.

Rubinstein, Arthur, Erinnerungen. Die frühen Jahre, FfM 1973.

Rürup, R. (Hg.), Topographie des Terrors. Gestapo, SS und Reichssicherheitshauptamt auf dem `Prinz-Albrecht-Gelände´. Eine Dokumentation, Berlin 1987.

Scharf, Kurt, Martin Niemöller, in: Wolfgang Huber (Hg.), Protestanten in der Demokratie. Positionen und Profile im Nachkriegsdeutschland, München 1990, 193-204.

___, Wir gehen unseren Weg weiter, Brief vom 29. Mai 1935, in: Heinrich Albertz/Heinrich Böll/Helmut Gollwitzer u.a. (Hg.), `Pfarrer, die dem Terror dienen´? Bischof

Scharf und der Berliner Kirchenstreit 1974. Eine Dokumentation (rororo aktuell 1885), Reinbek 1974, 19-21.
___, Widerstehen und Versöhnen. Rückblicke und Ausblicke, Stuttgart 1987, ²1988.
Scheer, Regina, Im Schatten der Sterne. Eine jüdische Widerstandsgruppe, Berlin 2004.
Scheurenberg, Klaus, Der Judenstern, in: Harald Roth (Hg.), Verachtet, verstoßen, vernichtet. Kinder und Jugendjahre unterm Hakenkreuz, Würzburg 1995, 55-60.
Scheurig, Bodo, Preußischer Ungehorsam – Tradition und Verfall, in: DIE ZEIT Nr. 29 v. 16. Juli 1993.
Schmädeke, Jürgen/Steinbach, Peter (Hg.), Der Widerstand gegen den Nationalsozialismus. Die deutsche Gesellschaft und der Widerstand gegen Hitler, München-Zürich 1985, ³1994.
Schmidt, Dietmar, Martin Niemöller. Eine Biographie, Hamburg 1959, ³1983.
Schmitz, Florian, `Nachfolge´. Zur Theologie Dietrich Bonhoeffers (Forschungen zur systematischen und ökumenischen Theologie; Bd. 138), Göttingen 2013 (diss. theol.).
Schmitz, Florian/Tietz, Christiane (Hg.), Dietrich Bonhoeffers Christentum. Festschrift für Christian Gremmels, Gütersloh-München 2011.
Schneider-Flume, Gunda, Die politische Theologie Emanuel Hirschs 1918-1933, Bern-FfM 1971 (diss. theol.).
Schneider, Michael, Unterm Hakenkreuz. Arbeiter und Arbeiterbewegung 1933 bis 1939, Bonn 1999.
Schneider, Thomas Martin, Reichsbischof Ludwig Müller. Eine Untersuchung zu Leben, Werk und Persönlichkeit (Arbeiten zur Kirchlichen Zeitgeschichte; Reihe B; 19), Göttingen 1993.

Schoeller, Wilfried F., Heinrich Mann. Bilder und Dokumente, München 1991.

Scholder, Klaus, Die Kirchen und das Dritte Reich, Bd. I: Vorgeschichte und Zeit der Illusionen 1918-1934, FfM-Berlin-Wien 1977.

___, Die Kirchen und das Dritte Reich, Bd. II: Das Jahr der Ernüchterung 1934: Barmen und Rom, Berlin 1986.

___, Politischer Widerstand oder Selbstbehauptung als Problem der Kirchenleitungen, in: Jürgen Schmädeke/Peter Steinbach (Hg.), Der Widerstand gegen den Nationalsozialismus. Die deutsche Gesellschaft und der Widerstand gegen Hitler, München-Zürich 1985, [3]1994, 254-264.

Scholl, Inge, Die Weiße Rose, FfM [11]2005.

Schottroff, Willy, Theologie und Politik bei Emanuel Hirsch. Zur Einordnung seines Verständnisses des Alten Testaments, in: ders., Das Reich Gottes und der Menschen. Studien über das Verhältnis der christlichen Theologie zum Judentum, München 1991, 137-193.

Schreiber, Matthias, Friedrich Justus Perels. Ein Weg vom Rechtskampf der Bekennenden Kirche in den politischen Widerstand (Heidelberger Untersuchungen zu Widerstand, Judenverfolgung und Kirchenkampf im Dritten Reich; Bd. 3), München 1989 (diss. theol.).

___, Martin Niemöller (rm 50550), Reinbek 1997.

Schröder, Beate/Nützel, Gerdi, Die Schwestern mit der roten Karte. Gespräche mit Frauen aus der Bekennenden Kirche, Berlin 1992.

Schröter, Klaus, Heinrich Mann (rm 125), Reinbek 1990.

Schroven, Brigitte, Theologie des Alten Testaments zwischen Anpassung und Widerspruch. Christologische Auslegung zwischen den Weltkriegen, Neukirchen-Vluyn 1995 (diss. theol.).

Schubert, Elke, Günther Anders (rm 431), Reinbek 1992.

Schwendemann, Heinrich, Architekt des Todes, in: DIE ZEIT Nr. 45 v. 28.10.2004, 104.

Seligmann, Rafael, Hitler. Die Deutschen und ihr Führer, München-Zürich 2005.

Selinger, Suzanne, Charlotte von Kirschbaum und Karl Barth. Eine biografisch-theologiegeschichtliche Studie, Zürich 2004.

Siegele-Wenschkewitz, Leonore, Adolf Schlatters Sicht des Judentums im politischen Kontext. Die Schrift „Wird der Jude über uns siegen?" von 1935, in: dies. (Hg.), Christlicher Antijudaismus und Antisemitismus. Theologische und kirchliche Programme Deutscher Christen, FfM 1994, 95-110.

___, Die vergessene Kumpanei mit den Mördern, in: Das Sonntagsblatt Nr. 4 v. 21. Januar 1997, 20+21.

Siegele-Wenschkewitz, Leonore (Hg.), Christlicher Antijudaismus und Antisemitismus. Theologische und kirchliche Programme Deutscher Christen, FfM 1994.

Sigmund, Anna Maria, Die Frauen der Nazis, Bd. I+II, Wien 1998, München [11]2000.

Sölle, Dorothee, Die Hinreise. Zur religiösen Erfahrung. Texte und Überlegungen, Stuttgart 1975, [4]1977.

___, Politische Theologie, Stuttgart 1971 und 1982.

Sparn, Walter, Art. Lütgert, Wilhelm (1867-1938), in: TRE XXI, 497-500.

Stein, Sabine und Harry, Buchenwald. Ein Rundgang durch die Gedenkstätte, Weimar-Buchenwald 1993.

Stern, Carola, An den Wassern des Lebens. Gustaf Gründgens und Marianne Hoppe, Köln 2005.

Stiftung Topographie des Terrors (Hg.), Das `Hausgefängnis´ der Gestapo-Zentrale in Berlin. Terror und Widerstand 1933-1945, Berlin 2006.

___, Geländerundgang Topographie des Terrors. Geschichte des historischen Ortes, Berlin 2010.

___, Topographie des Terrors. Gestapo, SS und Reichssicherheitshauptamt in der Wilhelm- und Prinz-Albrecht-Straße. Eine Dokumentation, Berlin 2010.

Stöckle, Thomas, Grafeneck 1940. Die Euthanasie-Verbrechen in Südwestdeutschland, Tübingen 2002.

Stöhr, Martin, Bonhoeffer und die Juden, in: Dietrich Bonhoeffer – Wagnis Kirche. botschaft und dienst. Zeitschrift für Erwachsenenbildung 1, v. Januar/Februar 1986,14-19.

Strauch, Dietmar, Ihr Mut war grenzenlos. Widerstand im Dritten Reich, Weinheim-Basel 2006.

Strohm, Theodor/Thierfelder, Jörg (Hg.), Diakonie im `Dritten Reich´: Neuere Ergebnisse zeitgeschichtlicher Forschung, Heidelberg 1990.

Strohmeyr, Armin, Klaus Mann (dtv portrait, hg. von Martin Sulzer-Reichel), München 2000.

Steinbach, Peter/Tuchel, Johannes, Der Mann, der es tat. Leben und Nachleben des Widerstandskämpfers Georg Elser, in: DIE ZEIT Nr. 44 vom 28. Oktober 1999, 90.

___, Kein Denkmal für Elser. Wie der Widerstandskämpfer nach dem Krieg verleumdet wurde, in: DIE ZEIT Nr. 45, vom 4. November 1999, 96.

___, Georg Elser. Ein Lebensbild, Berlin 2008.

Steinbach, Peter/Tuchel, Johannes (Hg.), Lexikon des Widerstandes 1933-1945, München 1994.

Steinbacher, Sybille, Auschwitz. Geschichte und Nachgeschichte, München 2004.

Thalmann, Rita, Jochen Klepper. Ein Leben zwischen Idyllen und Katastrophen, München 1977, ^{2}1992.

Thies, Jochen, Die Dohnanyis, Berlin 2004.

Tödt, Heinz Eduard, Perspektiven theologischer Ethik, München 1988.

Ueberschär, Gerd R., Stauffenberg. Der 20. Juli 1944, FfM 2004.

___, Für ein anderes Deutschland. Der Widerstand gegen den NS-Staat, FfM [2]2006.

Ullrich, Volker, Der Kreisauer Kreis. Das Wichtigste in Kürze, Reinbek 2008.

Unterwegs zur mündigen Gemeinde. Die evangelische Kirche im Nationalsozialismus am Beispiel der Gemeinde Dahlem. Bilder und Texte einer Ausstellung, hg. von Gerti Graff u.a., Stuttgart 1982.

Ustorf, Anne-Ev, Wir Kinder der Kriegskinder. Die Generation im Schatten des Zweiten Weltkriegs, Freiburg/Brsg. 2008, [5]2013.

Verhoeven, Michael/Krebs, Mario, Die Weiße Rose. Der Widerstand Münchner Studenten gegen Hitler. Informationen zum Film, mit einem Geleitwort von Helmut Gollwitzer, FfM 1982.

Vinke, Hermann, Das kurze Leben der Sophie Scholl, Ravensburg 1986.

Völker, Klaus, Bertolt Brecht. Eine Biographie, München 1978.

Völklein, Ulrich, Josef Mengele. Der Arzt von Auschwitz, Göttingen 1999, [2]2000.

Vogel, Bernd, Glauben lernen. Auf Spurensuche bei Dietrich Bonhoeffer, Neukirchen-Vluyn 2006.

Wallmann, Johannes, Die Evangelische Kirche verleugnet ihre Geschichte. Zum Umgang mit Martin Luthers Judenschriften, Teil I, in: Deutsches Pfarrerblatt 6/2014, 332-336.

Wandel, Jürgen, Das vergessene Konzil von Konstanz. Vor neunzig Jahren versammelten sich Pazifisten am

Bodensee und versuchten, den Ersten Weltkrieg aufzuhalten, in: zeitzeichen 8/2004, 12-15.

Was würde Jesus dazu sagen? Eine Reise durch ein protestantisches Leben. Ein Film-Bilder-Lesebuch von Hannes Karnick und Wolfgang Richter, FfM 1986.

Wecht, Martin, Jochen Klepper. Ein christlicher Schriftsteller im jüdischen Schicksal (Studien zur Schlesischen und Oberlausitzer Kirchengeschichte 3), Düsseldorf und Görlitz 1998 (diss. theol. Heidelberg 1996).

Weinmann, Martin (Hg.), Das nationalsozialistische Lagersystem, FfM 1990, ^{4}2001.

Wesseling, Klaus-Gunther (Hg.), Walter Benjamin. Eine Bibliographie, Nordhausen 2003.

Wette, Wolfram, Sie wollten den totalen Krieg, in: ZEIT Geschichte Nr. 2/2011, 16-24.

Weyer, Rüdiger, ʼGott weiß, dass ich es nicht ertragen kann...ʼ Zum 50. Todestag von Jochen Klepper, in: Junge Kirche 53, 1992, 705-707.

Wiegrefe, Klaus, Der Unfriede von Versailles, in: DER SPIEGEL Nr. 28 v. 6.7.2009: 90 Jahre Versailler Vertrag: Der verschenkte Frieden. Warum auf den Ersten Weltkrieg ein zweiter folgen musste, 44-53.

Witt, Peter-Christian, Friedrich Ebert. Parteiführer – Reichskanzler – Volksbeauftragter – Reichspräsident, 3., überarbeitete und aktualisierte Auflage Bonn 1992.

Wollstein, Günter, Evangelische Kirche und Weimarer Republik. Erschütterung – Besinnung – Deformation, in: Richard Ziegert (Hg.), Die Kirchen und die Weimarer Republik, Neukirchen-Vluyn 1994, 7-22.

Wort des Bruderrates der Bekennenden Kirche (Darmstadt, 8. August 1947), in: Hans Prolingheuer, Wir sind in die Irre gegangen. Die Schuld der Kirche unterm Hakenkreuz, nach dem Bekenntnis des ʼDarmstädter Wortesʼ von 1947, Köln 1987, 10-11.

Wunderlich, Dieter, Göring und Goebbels. Eine Doppelbiografie, Regensburg 2002.

Zahrnt, Heinz, Die Sache mit Gott. Die protestantische Theologie im 20. Jahrhundert, München [3]1996.

ZEIT Geschichte Nr. 1/2014, Der Erste Weltkrieg. 1914-1918, Der Große Krieg: Wie er begann und wie die Menschen ihn erlebten, Hamburg 2014.

ZEIT Geschichte Nr. 2/2011, 22. Juni 1941. Der Überfall auf die Sowjetunion: Hitlers Krieg im Osten, Hamburg 2011.

Zentner, Kurt, Illustrierte Geschichte des Zweiten Weltkrieges, München 1963, [8]1973.

Ziegert, Richard (Hg.), Die Kirchen und die Weimarer Republik, Neukirchen-Vluyn 1994.

Zimmerling, Peter, Evangelische Spiritualität. Wurzeln und Zugänge, Göttingen 2003.

Zudeick, Peter, Der Hintern des Teufels. Ernst Bloch. Leben und Werk, Bühl-Moos 1985.

Ruth Rüttinger, Dietrich Bonhoeffer (2006)